Les Luthiers
de la L a la S

Les Luthiers
de la L a la S

DANIEL SAMPER PIZANO
ÁLEX GRIJELMO

Papel certificado por el Forest Stewardship Council'

MIXTO
Papel | Apoyando la
silvicultura responsable
FSC
www.fsc.org   FSC® C117695

Penguin
Random House
Grupo Editorial

Primera edición: mayo de 2024

© 2024, Daniel Samper Pizano, por el texto de la primera parte
© 2024, Álex Grijelmo, por el texto de la segunda parte
© 2024, Penguin Random House Grupo Editorial, S. A. U.
Travessera de Gràcia, 47-49. 08021 Barcelona

Printed in Spain – Impreso en España

ISBN: 978-84-19951-48-9
Depósito legal: B-4.434-2024

Compuesto en Comptex&Ass., S. L.
Impreso en Black Print CPI Ibérica
Sant Andreu de la Barca (Barcelona)

C951489

Índice

Prefacio al prólogo del prólogo   13
Prólogo al prólogo   15
Prólogo   17
Introducción   19

PRIMERA PARTE

1. DOnde se relata cómo nació y las tribulaciones
   que ha atravesado el conjunto a lo largo de la historia   23
   Se trata de una agrupación   25
   El baúl del pirata   26
   Un bautismo de altura   30
   El luthier hijo pródigo   31
   «Yo fui empleado de Les Luthiers»   33
   La quimera del ómnibus   35
   No propiamente un Mar de Plata   37
   Sí, *voglio entrare*   38
   ¿Puede esta cosa ser una profesión?   41
   La banda va a Caracas   43
   Lost in Translation   43
   La muerte de un fundador   46
   Les Luthiers saltan el charco   48
   El humor del dinero   51
   El tamaño no importa   52
   Los colosos del colosal Coliseo   54

Les Luthiers encuentran a la bestia negra 56
Las noches locas de Jorge Maronna 57
Veinte años no es nada. Y cuarenta tampoco 60
¿Hay un médico entre el público? 61
Prohibido enfermarse 64
   Jorge Maronna 65
2. REfiriéndose aquí la manera como trabajan y
las relaciones internas de los miembros del conjunto 69
   El grupo 69
   Paulina era un huracán 71
   De lo brutal a lo tolerable 73
   Un matrimonio grupal 75
   Atención al siguiente testimonio 76
   La división del trabajo 78
   Les Luthiers se enfrentan a la nada 80
   Por fin una mano amiga 81
   La masacre como método 84
   Bergantín salvado del naufragio 85
   Todos para una 87
   El eterno tema femenino 89
   ¿Genios, locos o qué? 90
      Marcos Mundstock 91
3. MIentras se preparan y afinan los instrumentos,
hacemos un breve *intermezzo* para presentar
a los Hombres de Negro 94
   Risas entre nos 97
      Carlos Núñez Cortés 102
4. FAmosos fabricantes de instrumentos informales,
Les Luthiers cuentan la historia de su taller
de artesanos 107
   Biografías de instrumentos ilustres 110
   Tráfico de coco 111
   Por quién queman las campanas 113
   Viva la informalidad 113
   Se va lontano 115
   Dolores de cabeza electrónica 116
      Carlos López Puccio 118

5. *SOL*amente nos ocupamos en este capítulo
   de los espectáculos y canciones del conjunto. 123
   La silenciosa danza del moscardón. 124
   Música de purgante 125
   Thales por cuales. 127
   Línea de flotación 128
   Música de cámara vernácula 129
   Eleuterio Manzano cabalga de nuevo 130
   Bailar a todas luces. 131
   Llueva, truene u oscurezca 133
   La presencia hace el milagro 134
   Como mandan los cánones. 137
   Al cine con Les Luthiers. 139
   Palabras al viento. 143
   Festival de Canes 146
        Daniel Rabinovich 149
6. *LA* horda entusiasta que los sigue ocupa el capítulo
   que ahora abrimos 153
   No hay lugar para herejes 154
   Todos somos luthiers 155
   El lado flaco del grueso público 157
   El verdadero sexo de Les Luthiers 158
7. Biografía de Johann Sebastian Mastropiero.
   Una investigación de Carlos Núñez Cortés, basada
   en los espectáculos de Les Luthiers. 160
   Orígenes. 160
   Formación musical 160
   Su familia 161
   Vida amorosa 162
   Los hijos de Mastropiero 165
   Los discípulos 166
   Viajes 167
   Brevísima iconografía 168
8. Otrosí: nuevos éxitos, espectáculos, canciones,
   instrumentos, premios, reconocimientos y novedades
   de Les Luthiers en los últimos años 169
   El gran jolgorio de los siglos. 169
   La esfera cultural 171

La mejor terapia   172
Más o menos.   173
Les Luthiers con decoro   174
Los juegos de niñez   176
Un gramófono para Les Luthiers   177
El Zoilo   178

Segunda parte

1. Enlace de ediciones   183
2. Introducción a la segunda parte   184
3. Presentación de un cholulo.   190
4. Perfiles vistos de frente   193
   Tato Turano   193
   Martín O'Connor   196
   Robert Antier.   199
   Tomás Mayer-Wolf   202
5. Distinciones muy distinguidas   206
   Congreso de la Nación (2017)   206
   Doctorado *honoris causa* (2017)   207
   Placa de recuerdo del Di Tella (2018)   215
   Legado en el Instituto Cervantes (2019).   219
   Premio Princesa de Asturias (2017)   227
   El libro académico sobre Mastropiero   228
   Homenaje en Gijón.   232
   · Niños con pajarita   235
   La candidatura.   238
   La ceremonia.   241
6. Actuaciones señaladas   245
   Barenboim y Argerich (2014).   245
   Oviedo sin Daniel (2015).   247
   El bicentenario, frente al Colón (2016)   249
   El Teatro Romano de Mérida (España) (2017)   251
   Córdoba (Argentina). Congreso Internacional
     de la Lengua Española (2019)   253
   Actuación   255

Ponencia de Marcos. 257
Última presencia de Marcos. Teatro Gran Rex (2019). . 263
7. Nuevos libros. 265
   Memorias de un luthier 265
   La vida privada de Les Luthiers. 266
8. Nuevos espectáculos. 268
   ¡Chist! (2011-2018) 268
   Viejos hazmerreíres (2014-2022) 271
   Gran reserva (2017-2022). 275
   Más tropiezos de Mastropiero (2022-2023). 280
9. La pandemia 281
   Gira interrumpida en España. Confinamiento 281
   Acuerdo favorable para todos 284
   Nuevos ensayos. Nuevo espectáculo 286
   Regreso a España 288
10. Despedida y cierre. Por todo lo alto 291
   Los números de *Más tropiezos* 293
11. Nuevos reemplazantes 298
12. Bahía Blanca 302
13. ¿Aquí acaba todo? 306
14. Anécdotas para terminar el relato. 309

APÉNDICES

Instrumentología informal. 317
Espectáculos luthieranos 337
Discografía. 361
Videografía. 367
Elogios de la crítica. 377
Bibliografía sobre Les Luthiers 385
Índice alfabético 387

Prefacio al prólogo del prólogo

En 1991 se publicó en Argentina la primera edición de *Les Luthiers de la L a la S*. El mundo era más joven y Les Luthiers también. Su repertorio menos vasto, muchos personajes que adquirieron vida en su obra no habían saltado aún a escena y no pocos instrumentos reposaban aún en la mente de estos artesanos de artilugios sonoros, canciones y risas.

Dieciséis años después, cuando el grupo cumplió su cuadragésimo aniversario sin cesar de recorrer escenarios, ciudades, países y, sobre todo, aeropuertos, se publicó una nueva edición de aquella obra, que, dicho sea de paso, estaba agotada.

Ahora, en 2024, llega una tercera versión de la vida y milagros del grupo que durante cincuenta y siete años sembró risas y admiración en cientos de miles de espectadores.

Han cambiado muchas cosas en el mundo y en Les Luthiers. También en la edición que el lector tiene en sus manos. El reloj inclemente de la vida también ha corrido para el grupo. Debido al fallecimiento de dos de sus miembros —Daniel Rabinovich y Marcos Mundstock—, el retiro de otro —Carlos Núñez Cortés— y la sucesiva incorporación al equipo titular de varios reemplazantes, el conjunto dejó de ser un quinteto y volvió a ser un sexteto, como en otros tiempos. Además, al cabo de una gira triunfal de despedida, el exquinteto, exsexteto y exsepteto —pues en una primera etapa los chiflados eran siete— se retiró de los escenarios. Los históricos Jorge Maronna y Carlos López Puccio decidieron que había llegado el momento de interpretar el compás final. Ellos y sus últimos compañeros (Roberto Antier, Tomás Mayer-Wolf, Martín O'Connor y

Horacio «Tato» Turano) emprendieron la ronda del adiós con su nuevo y postrer espectáculo —*Más tropiezos de Mastropiero*—, recogieron en ella calurosas ovaciones y abundantes lágrimas, y una noche triste y feliz, al terminar la función, colgaron los esmóquines, guardaron los instrumentos, se abrazaron con el personal invisible y los Hombres de Negro y se marcharon a casa.

La versión 2024 de *Les Luthiers de la L a la S* recoge y actualiza el material que escribió el luthierómano periodista colombiano Daniel Samper Pizano en las primeras ediciones, y publica una extensa, divertida y documentada segunda parte cuyo autor ha sido el también luthierómano y también periodista, pero no colombiano sino español, Álex Grijelmo García. Se reproducen una vez más los prólogos clásicos del Negro Fotanarrosa y se enriquece el contenido con más fotografías, más datos personales, más estadísticas y más anécdotas de este grupo de chicos geniales que un día tuvieron la absurda pretensión de hacer reír a la gente con números de humor y música y, contra todo pronóstico, lo consiguieron de forma apoteósica.

Prólogo al prólogo

Con cierta frecuencia, algunos escritores, en el trance de enviar trabajos a concursos literarios, echan mano al consabido recurso de narrar las peripecias de un escritor en trance de enviar un trabajo a un concurso literario. Siempre me ha parecido muy poco imaginativa dicha opción. No sería ese mi caso, ya que, a los efectos de escribir un prólogo, son infinitos los enfoques de que dispongo para afrontarlo. Fue así que me sentí ligeramente contrariado cuando Les Luthiers, más que pedirme, me suplicaron que aceptara la responsabilidad de tratar de escribir unas palabras introductorias para este libro. Les confesé, tratando de ser lo más convincente posible, que nunca he sido amante de los prólogos —uso literario que siempre me ha parecido tan inútil como pedante—, donde un supuesto conocedor explica, con visos de superioridad, qué es lo que vamos a leer.

No obstante, Les Luthiers insistieron.

—Tenemos mucho temor —dijo uno de ellos— de que lo que escriba Daniel Samper Pizano sea de una tediosa monotonía.

—En cambio —aportó otro—, es bien sabido que si las primeras palabras de un libro atrapan al lector, este ya no podrá abandonarlo, pagará por él el dinero requerido y, cuando menos se acuerde, tendrá el libro metido en la intimidad de su casa, sin chance de devolverlo, aun cuando la continuidad de la escritura sea de una pobreza manifiesta.

—La enseñanza de los best sellers en este aspecto es ampliamente demostrativa —agregó otro de los componentes del conjunto.

—Es más —aventuró un cuarto—, pensamos que podrías fragmentar el prólogo en varios prólogos e insertarlos a intervalos criteriosos en el libro, a efectos de que, cuando la atención del lector comience a languidecer, el hallazgo de un nuevo «Prólogo II» o «Prólogo III» excite de nuevo su poder de concentración.

Yo persistí en disuadirlos.

—Lo que pasa —les dije— es que la vida de ustedes, a nivel conjunto o individual, es de tal riqueza, de tal magnitud en lo que respecta a aventuras, pasiones, desdichas y amoríos, que incluso un negado para el periodismo podría conseguir una obra inolvidable. En una palabra, con tamaño tesoro potencial, hasta un inepto podría hacerlo bien.

Ellos, tal vez halagados, acordaron con mi teoría, pero insistieron en que elaborara el prólogo, con esa misma obcecación y obsesividad que los ha llevado, hoy por hoy, al exclusivo pináculo donde se pavonean.

Finalmente, doblegada mi voluntad, acepté el encargo.

ROBERTO FONTANARROSA
1991

Prólogo

Entiendo que hubo una fecha puntual en mi relación con Les Luthiers que significó para mí una demostración palmaria de que había sido aceptado definitivamente dentro del grupo. Se trata de una fecha de connotaciones un tanto religiosas, con matices paganos, que se repite de año a año con cronométrica precisión. No se me ha permitido develar el día exacto. Es la jornada que ellos llaman «El Día de la Revelación», y son muy pocos los seres humanos que han podido acceder a ser testigos del evento. Corresponde a la ceremonia en que Carlos López Puccio abre su cartera personal y vacía la totalidad de su contenido sobre la mesa de reuniones creativas. Aparecen entonces allí, ante la sorpresa, emoción y también —¿por qué no?— desagrado de los presentes, una serie increíble, alucinante y conmovedora de los más disímiles, inesperados y perturbadores objetos. No abundaré en detalles sobre ellos por un elemental prurito de buen gusto y discreción. Tan solo diré, a fin de orientar al lector, que muchos de ellos son de naturaleza perecedera, y otros, privativos del uso íntimo. Lo cierto, lo evidente, es que solo una mínima logia de iniciados puede ser partícipe del ritual, dado que, a través de la lectura de dichos objetos, cualquier testigo podrá deducir, devanar y descubrir el pasado, presente y futuro del grupo humorístico-musical.

La misma inquietante sensación de asomarme a un abismo insondable y de fatal atractivo experimenté al leer este libro pergeñado por la pluma de una de las figuras mayúsculas de la literatura latinoamericana, don Daniel Samper Pizano, vecino de Bogotá y Madrid. Este libro expone al gran público, en descarnada cirugía, las abyectas miserias y los enceguecedores resplandores del conjunto de bufos argentinos con la misma cruda veracidad con que podría hacerlo el conjunto visceral de la cartera de mano de Carlos López Puccio.

E incluso yo, que me precio de conocer al grupo en sus más recónditos vericuetos, resulté sorprendido ante la lectura de diversos pasajes, como aquel que revela que Les Luthiers cobran dinero por sus actuaciones. Ellos siempre me dijeron, desde que me uní al conjunto como colaborador creativo en 1977, que se mantenían económicamente gracias a sus profesiones particulares, y que las funciones eran benéficas. Que se trataba de actuaciones con fines de caridad cristiana, y que a dicha tesitura de no percibir remuneración alguna debían unirse voluntariamente todos los ayudantes, técnicos y administrativos. Ahora comprendo, gracias a estas páginas iluminadas, que podré replantear mi relación laboral con más elementos a mi alcance.

Ojalá esta obra épica de Daniel Samper Pizano, amigo lector, te enseñe a ti también el camino para admirar, gustar, perdonar y comprender a los maravillosos Les Luthiers.

ROBERTO FONTANARROSA
1991

Introducción

Ele, u, te, hache, i, e, erre, ese.

Luthiers.

Les Luthiers.

¿Por qué un nombre tan extraño, que incluye dos eses que no se pronuncian, una u que se pronuncia como si fuera hija bastarda de i, y una hache que no modifica la pronunciación de la te?

Según todas las reglas de la lógica, un grupo dedicado al humorismo musical que escoja semejante nombre está condenado al más calamitoso fracaso.

Pero una vez más se demuestra que la lógica no existe. Con tan pesada cruz a cuestas, Les Luthiers no solo no han fracasado, sino que, cuatro décadas después de haberse ungido con nombrecito tal, han logrado incorporarlo a la lengua española y hacerlo suyo.

Luthier, en francés, es el artesano que fabrica instrumentos musicales. Viene de *luth*, que significa «laúd», y posiblemente —digo yo— de *hier*, que significa «ayer»: el que manufacturaba instrumentos musicales antaño.

El término había pasado al léxico especializado en español. Pero para el hispanohablante de la calle (y hay que ver cuántos de estos especímenes pueblan las calles de Hispanoamérica y España) no significaba nada.

Y en eso llegaron ellos. En octubre de 1980, cuando una revista les pidió su vocabulario preferido de la A a la Z, al tropezar con la L escribieron:

Luthier: *Señor de esmoquin que realiza espectáculos de música-humor valiéndose de instrumentos fabricados por él mismo. Por extensión: artesano que construye o repara instrumentos musicales.*

Parecería un apunte gracioso. Pues no: no era un mero apunte. Como sucede muchas veces, la vida acabó imitando al chiste. El 4 de febrero de 1991, cuando Radio España quiso informar a sus oyentes que el *luthier* francés Étienne Vatelot había terminado la reparación de cinco instrumentos Stradivarius del Palacio Real de Madrid, el locutor oyó cantar el violín y creyó saber dónde. Pero se equivocó la emisora, se equivocaba. Con la más absoluta seriedad, la noticia repitió tres veces que el señor Vatelot, «miembro del conjunto argentino de Les Luthiers», había cumplido el trabajo a solicitud del rey de España y se había negado a cobrar por ello. Luthier había pasado a ser un término específico.

Para saber quiénes son Les Luthiers y cómo fue que lograron imponer una absurda palabra detrás de la cual se esconde un culto casi religioso de cientos de miles de fanáticos —que a veces los llaman *leslu* a fin de no complicarse la vida—, hay que remontarse en el tiempo y, si fuera preciso, que no lo es, también en el espacio.

Como dicen las viejas crónicas, corría el año de 1967…

Primera parte

1

*DO*nde se relata cómo nació y las tribulaciones que ha atravesado el conjunto a lo largo de la historia

Acababa de terminar la función número 57 de la temporada, con el mismo éxito de las anteriores: lleno absoluto en la sala del Centro de Experimentación Audiovisual del Instituto Di Tella. El espectáculo *I Musicisti y las óperas históricas* (*IMYLOH*) seguía siendo el suceso de las últimas semanas en los círculos del Buenos Aires culto e intelectual. Mientras los doscientos cuarenta y cuatro espectadores se retiraban a tomar café y comentar entre carcajadas *Il figlio del pirata* en los establecimientos de la calle Florida, nadie reía en el vestuario del Instituto. Por el contrario, el ambiente entre los diez músicos era de alta tensión.

Algunos de ellos se quejaban de que el trabajo estaba inequitativamente distribuido en el grupo, al paso que los ingresos se repartían entre todos con avara igualdad. Los inconformes representaban al sector que componía y creaba la mayoría de las obras y había fabricado más de la mitad de los extraños instrumentos que interpretaban en escena. El pequeño grupo proponía un sistema de puntaje que premiara más a quienes más aportaban. Antes de salir a escena habían explotado gritos y susurros, a cuál más insultante. Al final la iniciativa se sometió a votación y fue derrotada.

Gerardo Masana, fundador, director y principal animador del incipiente pero exitoso conjunto entendió que, tres años después de que el asunto comenzara como un pasatiempo de camaradas, había llegado el momento del divorcio.

—Si esa es la decisión final —dijo Masana, poniéndose de pie—, yo me retiro del grupo.

Unos instantes de silencio y expectativa siguieron a las palabras de Masana. Entonces se escucharon voces conciliadoras que pretendían hacerle reconsiderar su determinación. Pero Masana ratificó que era una decisión irreversible. Se retiraría y se llevaría consigo sus instrumentos.

Casi en un solo movimiento se incorporaron otros tres músicos.

—Yo me voy con Gerardo —dijo Marcos Mundstock, el locutor y presentador de los espectáculos.

—Y yo —agregó Daniel Rabinovich, administrador, cantante e intérprete de varios instrumentos.

Con su típica timidez se sumó a los anteriores, casi sin decir palabra, Jorge Maronna, que, con diecinueve años, era el más joven del grupo.

Acababa de consumarse el rompimiento que venía incubándose de tiempo atrás en el seno de I Musicisti. Los cuatro rebeldes recogieron los ocho instrumentos informales nacidos en el taller de Masana y empezaron a salir. Jorge Schussheim, líder del otro grupo, les notificó que el nombre del conjunto seguiría perteneciendo al sector mayoritario de sus miembros. Masana anunció que, pues era su obra, inscribiría a su nombre los derechos de la «Cantata Laxatón». En el camino hacia la calle, algunos de los que se quedaban intentaron convencer a los otros de que echaran atrás la decisión. Pero resultaba evidente que no había nada que hacer. El grupo se partía por culpa de sus tensiones internas.

—Se les subieron los mangos a la cabeza —les recriminó en la puerta Schussheim.

Rabinovich reaccionó en caliente e intentó responderle con un puñetazo, pero los demás lo contuvieron.

—No es cierto —le contestó Mundstock—. Simplemente, queremos trabajar de otra manera.

Era la noche del 4 de septiembre de 1967. Al día siguiente se reunieron Jorge Schussheim, Carlos Núñez Cortés, Raúl Puig, Guillermo Marín, Daniel Durán y Horacio López; acordaron que la temporada se suspendería, pero que I Musicisti seguiría adelante. Prepararían un nuevo programa en el Nuevo Teatro Apolo. Así fue. Durante un año —1968— el conjunto siguió funcionando. En 1968 participó en las Olimpiadas Culturales de México, de donde sus miembros fueron expulsados a baculazos en dos municipales ocasiones por culpa de una cantata en elogio de las píldoras anticonceptivas. Pero poco después I Musicisti se extinguió. Cinco años más tarde,

Schussheim intentó resucitar al grupo con un espectáculo llamado *I Musicisti ataca de nuevo*, y fracasó.

Se trata de una agrupación

También se reunieron por su lado los amotinados. Masana, de treinta años, Mundstock, de veinticuatro, Rabinovich, de veintitrés, y Maronna estaban decididos a formar un nuevo grupo y volver a la palestra. Adoptaron el nombre de Les Luthiers y el 20 de septiembre de 1967 enviaron un boletín de prensa en el que se daban a conocer y solicitaban comedida y agradecidamente a los medios de comunicación, «en caso de considerarse oportuno y de interés suficiente, la difusión de su nueva etapa y de los planes previstos en ella».

Los primeros párrafos del boletín de prensa informaban quiénes diablos eran ellos, de qué se ocupaban y quiénes formaban ese extraño grupo:

> Acaba de construirse en Buenos Aires el conjunto de instrumentos informales Les Luthiers. Se trata de una agrupación de música-humor formada por cuatro exintegrantes de I Musicisti: Jorge Maronna, Daniel Rabinovich, Gerardo Masana y Marcos Mundstock, siendo estos dos últimos los creadores musical y teatral, respectivamente, de *¿Música? Sí, claro* [Biografía musical de Johann Sebastian Masana, en Artes y Ciencias] y de *IMYLOH* [*I Musicisti y las óperas históricas*, en el Di Tella].
>
> Les Luthiers tocan instrumentos inventados y construidos por sus propios integrantes, quienes los han bautizado ya con los difundidos nombres de *bass-pipe* a vara, yerbomatófono, máquina de tocar, *gom-horn*, *contrachitarrone da gamba*, cello legüero, latín (lata-violín), órgano sécatif y otros en proceso de diseño y construcción en su taller de San Telmo.

Esto que ahora pasaba a llamarse Les Luthiers había nacido como una broma de estudiantes al término del Festival de Coros Universitarios celebrado en La Plata en 1964. Despuntaban los años sesenta, con su asombrosa curiosidad y sus ganas de resolver el mundo. El coro de la facultad de Ingeniería de la Universidad de Buenos Aires era epicentro de inquietudes musicales y de *scherzos*. No todos los miembros del coro, que dirigía el maestro Virtú Maragno, cursaban Ingeniería. Masana, uno de los más activos, era alumno del último año de arquitectura. Se trataba de un tomador de pelo genial y silencioso para quien los dos ensayos semanales del coro eran sagrados, a pesar de que uno de ellos tenía lugar el sábado a partir de las dos y media de la tarde. Magdalena, su novia de entonces y posterior esposa, recuerda que Masana esperaba la llegada del sábado con una ansiedad que a cualquier otra mujer habría puesto celosa. A partir de estas reuniones comenzó a formarse un pequeño grupo de melómanos que compartía ratos de ocio y descanso improvisando cantos y escuchando novedades musicales. Una noche, en casa de Julio Katz, escucharon una grabación que provenía de Europa y que dejó a todos levitando. Se trataba de un disco de Gerard Hoffnung, un inglés que hacía música-humor en los años cincuenta. Si bien había otros antecedentes sobre bromas musicales —uno de ellos de España, Los Bemoles, que Les Luthiers desconocían—, el género era insólito en Buenos Aires.

El baúl del pirata

Cuando se aproximaba la fecha del Festival, surgió la idea de llevar una obra de música-humor para los postres, como lo habían hecho otros coros en oportunidades anteriores. El coro de Ingeniería tenía una treintena de miembros, pero eran menos de diez los que disponían del ánimo y el tiempo necesarios para alistarse en la brigada de bromistas. Masana, como capitán, se encargó de la operación. Sus dos abuelos —ambos catalanes— habían sido aficionados a la música y al teatro, y a lo mejor aparecía algo interesante en el viejo baúl de partituras de la familia. Allí se zambulló Masana y, cuando regresó a la superficie, llevaba en la mano unas amarillentas hojas de pentagrama firmadas por Carlos Mangiagalli. Se trataba de *Il figlio del pirata*, una ópera compuesta para burlarse de la ópera. La trama era un enredo digno de telenovela venezolana: un pirata viola a una doncella en una noche de tormenta y la deja esperando piratita. La exdoncella se casa luego con un caballero y legitima así a su hijo; viles gitanos raptan «al hijo de esa unión perversa»; cierta noche toca a las puertas del castillo, en procura de socorro, el piratita, que ya está crecidito; madre e hijo se reconocen y se abrazan; en este momento son sorprendidos por el esposo de la madre y... no queriendo estropear el final a los lectores, suspendemos aquí el relato.

Masana reunió a algunos de sus compañeros del coro y empezaron a montar la obra.* Magdalena y otras novias cosían el guardarropa. El desastre avanzaba. Aunque la obra se interpretó con la única ayuda del piano, no pasaría mucho tiempo antes de que Masana y los suyos empezaran a fabricar instrumentos con pedazos de cosas que encontraban por ahí.

El estreno de *Il figlio del pirata* a manera de epílogo del Festival de Coros Universitarios fue un delirio. Lo asegura así un testigo imparcial: cierto estudiante de provincia llamado Jorge Maronna que en esa época acudía a los certámenes como miembro del coro de la Universidad de Bahía Blanca.

—Este..., ahhh... —declara Maronna con su proverbial elocuencia—, sí..., fue muy lindo...**

La semilla había quedado sembrada. Maronna era ya del grupo para el Festival de Coros Universitarios del año siguiente, Masana empezó a prepararse con considerable antelación. El prospecto del purgante Modatón le sirvió de musa, con lo cual se confirmaba una vez más que la inspiración es equidistante del corazón, el cerebro y el aparato digestivo.*** El resultado fue una cantata cuyo informal estreno en el Jockey Club de Tucumán, en 1965, desató las primeras descargas de incienso sobre el grupo. Eran renglones meritorios,

* Sebastián Masana, hijo biológico del padre espiritual de Les Luthiers, publicó en 2004 el libro *Gerardo Masana y la fundación de Les Luthiers* (Madrid, Belacqua), que describe la etapa inicial del grupo con plenitud de detalles, como si la hubiera vivido. El truco fue que la vivió. Era muy niño, pero la vivió.

** La timidez de Maronna le ha permitido crear todo un género oratorio que él, por pura timidez, no se ha atrevido a bautizar con el nombre que merece: *maronnismo*. En cierta oportunidad Les Luthiers fueron invitados al programa de televisión de Juan Carlos Mareco, *Pinocho*, conocido locutor uruguayo. A última hora, Maronna se negó a asistir y envió a Mareco una carta en la que se disculpaba por su ausencia. En ella le mencionaba «algunas cosas que, con bastante dificultad, podría haber dicho en el programa: "Y, sí... Y, no... Más o menos... Tal vez... Y, claro... Qué le va'cer... ¡Ahá!... ¡Mmm!... Qué lo tiró...". Remataba Maronna sonrojado: "Tienes así mi sólida opinión acerca de diversos temas"».

*** Ver el capítulo 5.

porque en aquellos tiempos aún no había entradas gratuitas para la prensa. Dijo así la reseña de *El Confirmado* el 14 de octubre, bajo el título «Delirios: breve historia de un laxante musical»:

> Cuando la semana última finalizó en Tucumán la Convención Coral Universitaria [*sic*], una competencia insólita se desató entre los coros de estudiantes de todo el país. El triunfo, conseguido por aclamación, perteneció al coro de la Facultad de Ingeniería de Buenos Aires: su «Cantata Modatón», opus «No debe ser utilizada en caso de náuseas», para orquesta de instrumentos informales, cuatro solistas y coro mixto terminó, acaso definitivamente, con la solemnidad del Jockey Club provincial.

Agrega la publicación que «durante casi quince minutos, los responsables de "Modatón" debieron inclinarse ante el vendaval de aplausos que siguió a la interpretación».

Enseguida, y sin reparar en la seriedad del recinto ni la presencia de personas de gusto delicado, «cada uno mostró —agrega la publicación— su peculiar instrumento». Horacio López, su serrucho melódico; Guillermo Marín, el yerbomatófono; Mundstock, el *gomhorn* fabricado con un trozo de manguera y la boquilla de la corneta que sopló durante sus años de servicio militar; Núñez, el tubófono parafínico cromático, construido con tubos de ensayo, aún supérstite; Raúl Puig, la manguelódica, una armónica con teclado y cámara de aire; Maronna, un injerto de guitarra y garza bautizado *contrachitarrone da gamba*; y el propio Masana, el primer *bass-pipe*, grave instrumento de vientos fabricado con tubos de cartón.* Una foto de la época muestra a un grupo de jóvenes irreconocibles. Para citar un solo ejemplo, Mundstock exhibía esos filamentos cilíndricos, sutiles, de naturaleza córnea, que nacen y crecen en los poros de la piel de casi todos los mamíferos, y que la gente de la calle llama «pelo». Poco tiempo después otro miembro del coro de Ingeniería se vinculó a los trabajos de carpintería, costura, talabartería, fontanería y artesanía que demandaba la construcción de instrumentos. Era Carlos Iraldi, un médico psicoanalista cuya verdadera afición consistía en descubrir sonidos extraños en las cosas cotidianas y hacer de cualquier objeto un instrumento. Hasta su deceso, ocurrido en 1995, Iraldi fue el *luthier* de

---

* Ver el capítulo 4.

Les Luthiers. Cuando se produjo el divorcio, Iraldi cerró filas al lado de los que quedaron con Masana.

A fines de 1965 fueron invitados por primera vez a *Telecataplum*, conocido programa de televisión, y pasaron a llamarse I Musicisti, que era un *chisti* a partir del nombre del famoso —y ese sí respetable— conjunto de cámara I Musici. Con el nuevo nombre a la espalda, se presentaron por primera vez en una sala comercial, la del Centro de Artes y Ciencias, el 17 de mayo de 1966 con el espectáculo *¿Música? Sí, claro.*

«Nosotros teníamos el temor de que nadie fuera a la función y por eso cada uno invitó a sus amigos y su familia —recordaría Jorge Schussheim—. Pero fue una explosión, la locura, la gente se paró en sus asientos. Cargar a Bach no es cualquier cosa».*

De allí pasan algunos de ellos, meses más tarde, al Instituto Di Tella, como parte de una obra de Carlos del Peral titulada *Mens sana in corpore sano.* En mayo de 1967 debutan allí con su propio espectáculo: *I Musicisti y las óperas históricas (IMYLOH).*** La obra tuvo una acogida que ni siquiera sus creadores esperaban. Un reflejo de ese éxito fue el hecho de que los contrataron para componer una melodía publicitaria destinada a la campaña de Telas Finch.*** La melodía anunciaba un concierto de The Swingle Singers, conjunto norteamericano que interpretaba música barroca *a cappella* con arreglos corales ultramodernos. El patrocinador pagó una jugosa factura —jugosa para unos estudiantes que tenían esas bromas musicales como un mero pasatiempo, se entiende— por lo que se llamó *Piccola cantata Finch*, con texto de Schussheim. I Musicisti no solo encontraba eco en el público intelectual, sino que empezaba a cobrar sus primeros dineros interesantes. Hasta que llegó aquella función número 57 que terminó en división, amagues pugilísticos y —durante un tiempo— relaciones distantes entre algunos miembros de los dos grupos.

---

* Ver el capítulo 5.
** Salte una vez más al capítulo 5 y vuelva aquí. Lo esperamos.
*** No vea el capítulo 5; allí no hay nada al respecto.

Un bautismo de altura

Una vez escogido el nombre de la facción y anunciada su constitución a través del respetuoso y solemne boletín de prensa del 20 de
septiembre —el boletín menos luthierano que uno pueda imaginarse—, Les Luthiers no tardaron ni un mes en encontrar su primer
trabajo. Como suele suceder, no fue ante las tropas que luchaban por
la independencia nacional, ni precedió a una nueva aparición de la
Virgen de Fátima. Se trató de un estreno anticlímax: una actuación
de sobremesa para entretener a los invitados de un magnate. El magnate era el propietario de la Editorial Abril; el lugar fue el jardín de la
terraza del edificio de la empresa; y ante él y un pequeño grupo de
invitados Les Luthiers cantaron «Mattinata» (la de ellos, no la de Leoncavallo: este jamás habría hecho algo así) con instrumentos informales,
y tres canciones suyas: «El polen ya se esparce por el aire», «Chacarera
del ácido lisérgico» y «Calypso de Arquímedes». Lo más sobresalien-
te del pequeño evento, aparte de haber sido la primera presentación
de Les Luthiers, es que uno de los presentes era la actriz internacional Merle Oberon, casada con un ejecutivo de la Editorial Abril.

Ese mismo año, 1967, Les Luthiers regresaron al Instituto Di Tella
con *Les Luthiers cuentan la ópera*, donde reciclaban *Il figlio del pirata*,
drama lírico-histórico en cuyo programa figura la formación más
duradera del grupo y el luthier emérito Carlos Iraldi. En esta obra
debutó Maronna como compositor. Del elenco formaba parte también un número de colaboradores, incluida Elizabeth Henri, que era
—¿a que lo adivinaron ya?— ¡una mujer!*

En enero de 1968 Masana y Maronna habían escrito la música
para una obra de teatro del autor argentino Leal Rey titulada *Angelito, el secuestrado*. Contenía más de veinte piezas que Les Luthiers grabaron con sus instrumentos informales y los espectadores escuchaban en *off*. Algunas de ellas —como «Té para Ramona» y un arreglo

---

* No sería la única en tener la dicha con la que han soñado tantas. En I Musicisti el mismo papel de Condesa Antonina lo desempeñó Ana María Osorio; y en
1969, cuando Rabinovich se ausentó para graduarse de escribano, fue reemplazado
por otro Rabinovich que no era pariente suyo y ni siquiera escribano sino mujer: Clara de Rabinovich. En *Blancanieves y los siete pecados capitales*, estrenada en
agosto de 1969, aparecen otras dos mujeres. Sobre la mujer y Les Luthiers consultar el capítulo 2, donde se revelan detalles escalofriantes.

para instrumentos informales de la canción «Valencia»— aparecen en un cedé que acompaña al libro sobre los primeros tiempos de Les Luthiers publicado por Sebastián Masana. También en ese año, 1968, Les Luthiers participaron en una serie de programas humorísticos de televisión que se llamó *Todos somos mala gente*. Allí estrenaban una canción de humor negro cada semana. Ninguna de ellas reapareció después en sus espectáculos porque, afirma uno de los músicos levemente avergonzado, «eran demasiado negras». Fue una época muy prolífica: Marcos escribía el primer día la letra de la canción; al día siguiente, Masana y Maronna le ponían música; en la tercera jornada se grababa el *play-back*; en la cuarta ensayaban el guion humorístico que acompañaba la canción; y el quinto día grababan todo en el estudio.

El lector avisado habrá notado que a estas alturas ha empezado a trastornarse la aritmética. Hagamos cuentas: en 1967 los luthiers son cuatro: Maronna, Masana, Mundstock y Rabinovich. Pero hemos dicho en la anterior nota de pie de página que Rabinovich se ausenta por una temporada a fin de obtener su grado de escribano.* Si eran cuatro y uno se fue, ¿por qué el programa insiste en anunciar a cuatro luthiers en el oratorio profano, lo cual arroja un total de cinco? Es verdad que los tres mosqueteros eran cuatro y que el Cuarteto Imperial parecía integrado por cinco. Pero no era este el caso. Cuatro eran los luthiers anunciados, cuatro aparecían en escena —amén de los colaboradores ocasionales— y otro luthier disfrutaba de un año sabático. ¿Qué había ocurrido? ¿Cuál era el misterio que se ocultaba detrás de tan extraña situación? Dejemos que uno de ellos nos lo diga.

EL LUTHIER HIJO PRÓDIGO

Entre los compañeros que habían quedado con I Musicisti, al que más echábamos de menos era a Carlos Núñez —explicaba Marcos Mundstock—. Sabíamos que nos hacía falta un pianista, y Car-

---

* Por esta razón es indispensable leer las notas de pie de página en vez de ignorarlas olímpicamente, como suelen hacer muchos. Y no hablemos de los prólogos, los apéndices, ni los renglones de agradecimiento, que, a los ojos de los malos lectores, cuelgan de los libros a manera de inútiles adornos. Como el grado de escribano de Rabinovich.

litos, además de ser un excelente pianista, era muy buen actor y un músico muy creativo. Había transcurrido más de un año y medio desde la escisión de los dos grupos y una noche, cuando ensayábamos *Blancanieves y los siete pecados capitales*, vimos que entraba a la sala María Isabel Lacroix, una común amiga, acompañada por Carlitos. Nos alegró mucho verlo. El puente estaba tendido.

El puente estaba tendido, pero todavía en forma precaria. Carlitos entró tímidamente al ensayo. Se sentía en corral ajeno, y no le faltaba razón. Al producirse la separación de cuerpos, los luthiers lo habían invitado a sumarse al grupo y él se había negado. Era un hombre de decisiones de acero, el Superman de las convicciones. Había seguido trabajando con I Musicisti en un espectáculo titulado *I Musicisti otra vez con lo mismo*, que se presentaba en el Nuevo Teatro Apolo enfrentado a *Les Luthiers cuentan la ópera*. Y, sin embargo, allí estaba el maldito, espiando a los rivales, a sus antiguos compañeros, ¡a sus compatriotas! Al terminar el ensayo, que impresionó favorablemente a Núñez, los artistas se acercaron a saludarlo. La atmósfera era cálida. Pronto brotaron las viejas bromas de camaradas, el insulto cariñoso, el reproche fingido, el tirón de pelo cordial, la patada a traición, los gritos de linchamiento. Hasta que Marcos impuso silencio con ademán varonil e intervino con mirada severa, voz grave y palabras que quedarían inscritas para siempre en la historia del grupo:

—¿Qué hacés, loco?

Núñez les contó qué hacía. Composiciones musicales en I Musicisti y tabletas de ácido acetilsalicílico en el laboratorio químico para el que trabajaba. Luego empezó a desvariar sobre el problema nutricional del África. Masana supo que el terreno estaba abonado y lanzó el anzuelo:

—Estamos necesitando ayuda. ¿Por qué no te venís como maestro de ensayos?

Núñez vaciló.

—No sé. Vos sabés que soy fiel a I Musicisti y no querría hacer música para ningún otro grupo.

—Pero ¿qué música decís? —intervino Rabinovich—. Los maestros de ensayo no hacen música. Dirigen ensayos.

—Ni tocar piano —agregó desconfiado Núñez.

—Pero si no necesitamos pianista, tenemos al Coco Pérez...

—Es verdad —aceptó Núñez.

La kriptonita había empezado a debilitar al Superman de las convicciones. Se oyó un gallo en la lejanía.

Era preciso remachar la vacilación, y Maronna pidió la palabra en este punto.

—Ahá —dijo, ante la expectativa general.

Núñez le agradeció con la mirada.

—No sé —dudó—. Si acepto, ¿sería posible escribir en el programa: «Carlos Núñez Cortés, de I Musicisti»?

Los otros se guiñaron el ojo y les costó trabajo disimular la alegría. La kriptonita de la fama producía sus letales efectos. Se escuchó el gallo por segunda vez, menos alejado. Era el de la soprano.

—Por supuesto —le dijo Mundstock—. Lo que quieras, loco.

Rubricaron el regreso con abrazos. Núñez preguntó cuándo y dónde serían los ensayos, y ellos le informaron. Al momento de despedirse, Masana le dijo, como quien no quiere la cosa:

—Antes de que se me olvide, Carlitos: traete el piano, por si acaso.

Núñez asintió. Había capitulado por completo. Un gallo rugió muy cerca.

Les Luthiers cumplieron y el luthier devenido hijo pródigo también cumplió. En el programa impreso de *Blancanieves...*, Núñez figuraba en el reparto seguido de un paréntesis que rezaba «de I Musicisti». Lo curioso es que, cuando se estrenó la obra, I Musicisti ya no existía. La aclaración era apenas el débil quejido de una dignidad agónica. En los créditos de la música aparecían juntos Masana, Maronna y Núñez. Los cuatro luthiers habían pasado a ser cinco.

En cuanto a Núñez, protagonista del emocionante retorno, cuando recuerda aquellas remotas escenas dice con una sonrisa de la cual está ausente toda huella de pudor: «Estuve más de un año en el lado equivocado, y era lógico que volviera».

«YO FUI EMPLEADO DE LES LUTHIERS»

En el siguiente espectáculo, *Querida condesa: cartas de Johann Sebastian Mastropiero a la condesa Shortshot* (1969), el nombre de Carlos Núñez ya no lleva el farisaico apéndice de I Musicisti y en el reparto vuelve a figurar Rabinovich. El recital aportaba por primera vez como cabecera a Johann Sebastian Mastropiero, y no se presentaba ya en el Instituto Di Tella, sino que había dado un paso muy significativo en busca de públicos más amplios: ahora se anunciaba en el café-concierto La Cebolla. La modalidad café-concierto estaba en boga y saltar allí era explorar el mundo de la farándula por primera vez. El recital contenía algunas piezas clásicas como «Teorema de Thales» —aportación de Núñez—, «El alegre cazador que vuelve a su casa con un fuerte dolor acá» —reciclada de los primeros tiempos—, el «Calypso de Arquímedes», la «Chacarera del ácido lisérgico» y la «Cantata de la planificación familiar». Al lado de los venerables nombres de los fundadores aparecen dos más que no conocíamos. Se trata de Mario Neiman y Carlos López Puccio, aquel hombre con aspecto de percha y coronado de blanco, como el Himalaya, a quien la vida con Les Luthiers depararía diversos papeles: desde dictador tropical hasta etnólogo, pasando por candidato político y princesa.

Hombre disciplinado y serio, ha tenido que padecer, además, una que otra travesura de sus compañeros, como en aquella ocasión —años después— cuando el avión en que se dirigían a Bogotá hizo escala en Guayaquil (Ecuador). Mientras Puccio permanecía en el aparato, los demás bajaron a tierra y descubrieron en una de las tiendas del aeropuerto una horrible iguana embalsamada, gigantesca y amenazadora. Conociendo la poca simpatía que despierta en Puccio la naturaleza en general, y la naturaleza virgen en particular, decidieron de inmediato que era el regalo adecuado para él. La vendedora hizo un hermoso paquete y con él en mano subieron los vándalos al avión. Puccio lo recibió un tanto extrañado pero agradecido con la generosidad de sus compañeros, y procedió a abrirlo a la vista de la tripulación y de los pasajeros que volvían a ocupar sus sillas. El chillido que lanzó la víctima en el momento en que vio surgir la cabeza rígida de ojos brotados y cresta antediluviana paralizó de horror a medio país y, así como en México se habla del Grito de Dolores y en Brasil del Grito de Ipiranga, en Guayaquil se asusta aún a los niños con el Grito de Puccio.

La víctima de la iguana había conocido al grupo en tiempos de I Musicisti y tratado a varios de ellos. A Mundstock se lo presentaron en 1966 al término de una función de *Mens sana in corpore sano* y le impresionó. Por lo calvo. Puccio estudiaba entonces dirección

34

orquestal en La Plata. Cuando se partió el elenco original, había recibido ofertas de las dos subdivisiones, pero en ese momento no le era posible trabajar con ninguna porque se aprestaba a aceptar un empleo forzoso y mal remunerado con el Gobierno: el servicio militar. En 1969, sin embargo, había abandonado la noble carrera de las armas y, así, aceptó la oferta de Les Luthiers cuando se le acercó Núñez a fin de contratarlo como violinista para *Querida condesa*. «Yo era un empleado y jugaba estrictamente como tal —recuerda Puccio—. No abría la boca, cumplía al minuto con mi horario y, a pesar de que éramos amigos, me limitaba a hacer aquello para lo que había sido llamado». Rabinovich, el administrador, era muy estricto. Los demás, aunque cordiales la mayoría del tiempo con sus dos compañeros no asociados, podían llegar a ser un poco antipáticos en ciertos casos. Cuando el grupo iba a tomar una decisión, por ejemplo, les pedían que se retiraran: los patrones necesitaban estar solos.

LA QUIMERA DEL ÓMNIBUS

Además de los dos músicos por contrato, se había incorporado a Les Luthiers otro empleado que hacía las veces de asistente. El conjunto lo había descubierto en 1969, cuando José Luis Barberis era utilero en el Di Tella, y ahora los acompañaba en las funciones de La Cebolla. Barberis debía cuidar los preparativos antes de salir a escena; disponer los elementos; velar por que todo se desarrollara sin problemas; sacar y entrar los instrumentos durante la función; limpiarlos, aceitarlos, guardarlos y conservarlos al finalizar esta; hacer las veces de productor ejecutivo y responder por el guardarropa. A cambio, le permitían vestir el mismo traje que los luthiers y salir a saludar con el elenco al terminar el espectáculo, aunque no le estaba dado musitar palabra alguna.

Versiones no confirmadas aseguran que a veces le pagaban unos pesos. Hombre agradecido, Barberis añora los tiempos de La Cebolla y define a cada uno de sus compañeros de entonces con dos palabras: *amor* y *genio*. En ese tiempo le había agregado otra palabra a Carlos Núñez: *ingenuidad*. Y es que todos los días, cuando tenían que hacer cadena humana para guardar los instrumentos en el viejo Renault 4 de Núñez para llevarlos a casa, este decía:

—Un día vamos a ser ricos, y tendremos nuestro propio ómnibus para nosotros y los instrumentos.

Los demás se miraban entre sí con cierta compasión y no faltaba algún gesto preocupado por los progresos que hacía la enfermedad mental en el iluso pianista.

—Será un ómnibus grande y resplandeciente, con televisor interior y baño, y un compartimento acolchonado para los instrumentos —proseguía Núñez, y terminaba por lo general la descripción de su quimera desencajado y arrojando babas, mientras sus compañeros se marchaban en taxi.

Y es que entonces solo a un loco, a un maniático, a un demente desnaturalizado se le habría ocurrido pensar que podrían llegar a tener un ómnibus como el que ocupaban cuando viajaban por España. Los tiempos eran duros. Cuando el negro manto de la noche abrazaba la ciudad y las luces de Buenos Aires eran una fogata titilante junto al río, en los callejones del arrabal los malevos y compadritos rastrillaban el empedrado con sus broncas y Les Luthiers salían a la puerta del café semidesierto a atisbar posibles clientes en la calle Bartolomé Mitre.

—Esos sí van a entrar —comentaban en voz baja uno a otro al divisar un pequeño grupo de transeúntes.

Pero no. Esos tampoco entraban.

Después, en las angustiosas esperas entre función y función, los artistas cruzaban la calle y se refugiaban en el bar Tokio; allí consumían café con leche y platos que parecían un homenaje al colesterol. Mataban el tiempo con juegos aviesos, como amenazarse con el frasco plástico de la mostaza o la salsa de tomate. Y, puesto que las armas las carga el diablo, una noche se le disparó el mostacero a Núñez y empapó el único esmoquin de Mundstock con una densa sustancia amarillenta. Barberis lo limpió como pudo y Mundstock se presentó esa noche apestando a ensalada de salchicha. Dicen que fue su actuación más picante.

Sobra comentar que los parcos ingresos que dejaban las escasas víctimas del café-concierto no habrían permitido que sobreviviesen los artistas si esa hubiese sido su única fuente de remuneración. Por fortuna, la música era para ellos pasión, pero no comida. La Cebolla era tan solo una alusión coincidencial. Todos los luthiers trabajaban en su profesión. Masana era arquitecto de una cooperativa de vivienda y en sus horas libres componía, fabricaba instrumentos y llegó a inventar una máquina para preparar tostadas con dulce de leche. Mundstock era locutor de radio y redactor de textos publicitarios. Rabinovich atendía en su despacho de escribano. Núñez había practicado análisis químicos en un hospital y ahora producía fármacos. Maronna había abandonado sus estudios de Medicina, para alivio del mundo científico internacional, y trabajaba como guitarrista acompañante de conocidos cantantes. Puccio era el único que estaba entonces en lo que siguió haciendo después: dirigiendo coros. Pero, como era simplemente empleado, no lo tenemos en cuenta.

No propiamente un Mar de Plata

El paso al circuito del café-concierto les había abierto una posibilidad inesperada: un establecimiento nocturno de Mar del Plata, tradicional balneario vacacional de los argentinos, los contrataba durante el verano. Durante los dos primeros meses de 1971 Les Luthiers cumplieron una temporada que repetirían muchas veces. Su nombre empezaba a mencionarse en Mar del Plata, pero seguían siendo básicamente desconocidos. En la reñida competencia de los más taquilleros del balneario, otros artistas ocupaban los sitios privilegiados que más tarde serían suyos. De todos modos, la situación económica era precaria y el ómnibus de Núñez parecía un delirio cada vez más lejano. Para completar el deprimente panorama, el 8 de febrero se produjo un incidente policial con la cantante y actriz Nacha Guevara, principal atracción del mismo café-concierto en que trasnochaban Les Luthiers.

Aquella noche el espectáculo del conjunto de música-humor había sido recibido con especial entusiasmo por los espectadores, que con sus aplausos exigieron dos bises. Nacha Guevara actuaba al final de la noche y esos pocos minutos de más que se tomaron Les Luthiers la irritaron profundamente. Al terminar la presentación de los músicos, Nacha tuvo, según refieren las crónicas policiales de la época, «palabras poco elegantes contra el conjunto humorístico». Mundstock se sintió obligado a aclarar al público que Les Luthiers se limitaban a cumplir con su contrato, y que los bises eran parte de este. En el fondo, la verdadera razón de la ira de Nacha eran celos profesionales. Expresada su aclaración, Marcos se retiró al bar a reponerse del disgusto con una copa consoladora. Hasta allí se acercó la actriz, que primero lo insultó y enseguida, como si se tratara de un tango o una ranchera, rompió un vaso y se lo arrojó a la cara, con el resultado de que el filo le asestó feroz cortada a Mundstock. El herido fue llevado de emergencia a un hospital, donde le limpiaron la herida —uno de cuyos tajos pasó muy cerca de la arteria carótida—, retiraron del destrozo las partículas de vidrio y le aplicaron seis puntos de sutura en el rostro. El agredido denunció a la agresora ante la justicia y el 15 de agosto de 1973 se produjo el fallo, que la condenaba en suspenso a dos meses de cárcel por lesiones personales y revelaba que su verdadero nombre era el de Clotilde Acosta. En 1984, la irreprimible actriz rebulló de nuevo el caso en el diario *Clarín* y manifestó que había sido «una mariconada hacer tanto escándalo porque una señora les pegó una piña». Ante esto, Les Luthiers quebraron el silencio que habían guardado durante trece años sobre el sangriento episodio y, en carta al mismo diario, comentaron que tal vez lo que habría querido la atacante era que se hubiesen procurado «otra "señora" de su mismo peso y calaña, armada de una copa rota, para enfrentarla en una riña de igual a igual».

SÍ, *VOGLIO ENTRARE*

El cortopunzante ataque de Nacha Guevara acabó de completar una situación que ya era difícil en otros órdenes. Tres días después, Les Luthiers propusieron a López Puccio su ingreso formal a la sociedad. Neiman había salido ya del grupo. «Me invitaban a hacerme socio de una desventura, de una bancarrota y, naturalmente, acepté», recuerda Puccio. Al día siguiente, el que había sido silencioso empleado de cuerdas puso sobre la mesa la música entera de una escena de ópera que dos meses después constituía pieza fundamental del espectáculo *Les Luthiers Opus Pi*: «Voglio entrare per la finestra». El año, que había empezado con momentos duros de los cuales quedarían —literalmente— cicatrices, empezó a cambiar de rumbo. En abril estrenaron el espectáculo en Rosario con gran éxito; en julio les encargaron un mensaje publicitario para lanzar una marca de champú. Luego compondrían una melodía para una marca de automóviles, otra para productos químicos y otra más para agua de colonia. Todas ellas formaban parte de actuaciones en convenciones de empresas. En octubre aceptaron acudir a un ciclo de música popular en los barrios, que les abrió un nuevo panorama de público.* Y antes de terminar 1971 grabaron su primer disco: sonaban, pese a todo.

El comienzo de 1972 reservaba nuevas noticias buenas: Les Luthiers emprendían su primera gira internacional, que los condujo a Punta del Este (Uruguay) y, a mediados del año, su primera gira doméstica. Muchas veces más irían a Punta del Este y triunfarían a punta de hacer reír a los veraneantes. En ocasiones compartían escena con otros artistas, como el cantante Horacio Molina, quien, conociendo la alta escuela musical de los luthiers, les pedía todas las noches que le afinaran la guitarra. Así lo hacía religiosamente Maronna, solo que cada vez le subía casi medio tono a las cuerdas. Era una especie de experimento de resistencia de materiales destinado a probar la garganta de Molina.

—¿Sabés? —le comentó Molina al tercer día—, creo que ando mal de la garganta. No sé, me parece que cada vez me cuesta más cantar en el agudo.

Maronna culpaba al clima y le daba ánimo a Molina y vueltas a las clavijas. La última noche por poco le estallan las venas del cuello. Pero subió. «Horacio probó ser un gran cantante y un excelente profesional», dijo Maronna muchos lustros después.

Unos meses más tarde se presentarían por primera vez en temporada teatral. El recinto fue el Teatro Margarita Xirgu, de Buenos Aires, al que acudieron veinticinco mil espectadores que durante dos meses presenciaron el *Recital '72*, estrenado aisladamente un mes antes. El programa de este nuevo espectáculo recogía varias piezas del repertorio clásico de Les Luthiers: «La bossa nostra», del gran compositor Dorival Lampada (Lampinho); el himno marcial «Ya el sol asomaba en el poniente», que no debe faltar en ninguna derrota que se irrespete; el inspirado «Bolero de Mastropiero» y, nuevamente, aquella ópera, «Voglio entrare per la finestra», con cuya partitura López Puccio entró al grupo *per la porta grande*, y a la cual Mundstock

---

* Ver la página 156 y echar una mirada al capítulo 5, para no perder la costumbre.

agregaría más tarde la letra.* Buena parte de ellas, amén de la «Cantata Laxatón», conformaban los dos nuevos discos que lanzaron al mercado en 1972 y 1973. Hay que advertir que en aquellos tiempos frescos y ubérrimos aún no había despertado en el grupo esa excesiva cautela que luego les aconsejó grabar discos cada muchos años. A propósito: cuando «Voglio entrare» pasó al acetato, la voz italiana que se escucha ofreciendo el ascensor al público es la de Gerardo Masana.

En medio del alentador panorama iba a presentarse, sin embargo, una noticia preocupante: Masana, justamente, empezaba a perder terreno frente a una enfermedad que se le había declarado en 1968 y cuyo origen los médicos habían tardado en descubrir. Nueve años antes, en 1963, el Flaco, como lo apodaban cariñosamente sus compañeros, se había casado con Magdalena Luisa Tomás en una ceremonia bisacramental que abarcó al mismo tiempo su propio bautismo y el matrimonio. El cura lo creyó arrepentido católico porque rezaba el padrenuestro y el avemaría en latín, sin saber que los sabía gracias a que formaban parte del repertorio de canto del coro de Ingeniería. En 1966 nació Sebastián y en 1968, cuando Magdalena volvió a quedarse embarazada, Masana empezó a sentirse enfermo. Los médicos lo examinaron durante meses sin encontrar en él anormalidad alguna. Un psicoanalista llegó a sugerir que padecía un síndrome psicosomático que le transfería los trastornos del embarazo de Magdalena, argumento que desapareció como por encanto cuando nació Ana y el malestar de Gerardo persistió. En 1971, cuando tenía treinta y cuatro años, los médicos lo internaron en el hospital Rawson, decididos a averiguar definitivamente qué mal lo aquejaba. Este hospital era uno de los más avanzados centros clínicos de la Argentina en materia de investigaciones de sangre. Allí pudieron saber, al punzar la médula ósea, que Masana era víctima de una variedad de leucemia que debilitaba sus defensas y le impedía producir glóbulos rojos. La enfermedad era grave e incurable; al poco tiempo Masana

---

* La circunstancia de tener primero la música que la letra de una obra es bastante insólita en el proceso creativo de Les Luthiers, equivalente a montar un gallinero empezando por la adquisición de huevos. En la memoria reciente del grupo, solo figuran dos piezas cuya música precede a la letra: se trata de «¿Quién mató a Tom McCoffee?» y «Loas al cuarto de baño».

empezó a requerir transfusiones de sangre que, al cabo, se hicieron quincenales.

¿PUEDE ESTA COSA SER UNA PROFESIÓN?

Meses atrás, Gerardo había dejado su trabajo y estaba dedicado a tiempo completo a Les Luthiers.

> Un día —recuerda Magdalena— llegó a casa y me dijo que acababa de renunciar a su empleo y que abandonaba la arquitectura. Mi susto fue horrible. «¡Hambre, hambre!», pensé. Pero sabía que el ejercicio de la arquitectura le disgustaba a Gerardo y que su vida estaba en la música. Así que, a pesar de mi terror, me mordí la lengua y no dije nada. Nunca me arrepentí de haber respetado esa decisión suya, pues la verdad es que no sufrimos el traumatismo que yo temía. Lo vi entonces mucho más contento, dedicado del todo a escribir música, fabricar instrumentos y reunirse en casa con los demás luthiers a ensayar e inventar cosas. Eran reuniones deliciosas: Daniel y Jorge tocaban la guitarra, Marcos recitaba algo... ¡Pobrecitos! Les tocó comer muchas veces los fideos con tuco que yo preparaba.

Desde 1971 otros luthiers habían empezado a imitar el camino de Masana y dejaban sus oficios estables para jugárselo todo a la aventura profesional del conjunto. En ese año Mundstock pidió una licencia al grupo para tomar una determinación definitiva sobre su vida, con su habitual ritmo *troppo lento*. «Pasaba por un momento de desorientación y necesitaba tomar distancia —explicaba Mundstock—. Fue un año muy especial: reconquisté a mi novia, me casé, dejé de cumplir horario de oficina, fui a ver a Les Luthiers y me morí de risa desde mi silla de espectador». En ausencia de Mundstock entró a reemplazarlo Ernesto Acher, un arquitecto con raro talento para el jazz que durante los siguientes quince años sería un nuevo luthier. Son obra suya varias piezas musicales clásicas, como los números de jazz a partir de vocales.* Daniel Rabinovich estaba a

---

* Los lectores que no hablan francés sabrán apreciar la ingeniosa confección de los títulos completos. Aquí van, en orden alfabético: «Papa Garland Had a Hat

punto de dejar el despacho de escribano que había conquistado tres años antes y al que debía su aquilatado prestigio como billarista. Maronna, como se dijo, también había resuelto archivar el bisturí cuando le faltaban apenas seis años para coronar sus brillantes estudios de Medicina y suspender su trabajo como acompañante de intérpretes. Carlos Núñez, a su turno, tomó una valerosa decisión: dejar la droga. No era fácil para él desengancharse de algo que constituía ya parte de su vida. Llevaba varios años produciendo aspirina en el laboratorio y sus actividades con Les Luthiers le demandaban cada vez más tiempo. A fines de 1971 necesitó una licencia para la temporada de verano del 72. No era la primera vez que esto ocurría y acudió a solicitarla al señor Martínez, que era quien le proporcionaba la droga y las licencias.

—Pero ¡Núñez! —le contestó desolado el señor Martínez—. Ya es hora de que usted escoja entre su carrera adulta y profesional como

___

and a Jazz Band and a Mat and a Black Fat Cat» (rag); «Pepper Clemens Sent the Messenger; Nevertheless the Reverend Left the Herd» (ten step); «Miss Lilly Higgins Sings Shimmy in Mississippi's Spring» (shimmy); «Doctor Bob Gordon Shops Hot Dogs From Boston» (foxtrot); y «Truthful Lulu Pulls Thru Zulus» (blues). Los lectores que no hablen alemán agradecerán la siguiente traducción de los títulos: «Papá Garland tenía un sombrero y un conjunto de jazz y una alfombra pequeña o felpudo y un gato negro y gordo» (abreviatura del ritmo de jazz desarrollado por Scott Joplin a partir de un dos por cuatro con melodía sincopada); «El Pimienta Clemens mandó al mensajero, no obstante, el reverendo abandonó al rebaño» (ritmo de diez pasos); «La señorita Lilly Higgins canta cierto tipo especial de ritmo de jazz desarrollado por Scott Joplin, etcétera, caracterizado por el sacudimiento de las caderas y hombros, en la primavera de Mississippi» (ritmo especial de jazz desarrollado por Scott Joplin, etcétera); «El doctor Robertico Gordon compra perros calientes de Boston» (ritmo de trote de zorra); «La veraz Lulú recupera a los zulúes» (casi azules —falta la E, pero no solo como referencia precisa al color de su piel, sino también para identificar cierto tipo de canción maniaco-depresiva—). Los lectores que no hablen italiano notarán que la traducción de las canciones va en orden alfabético. Esto es para no incordiar a los lectores que no hablen solamente inglés. Se dice que cuando se acabaron las vocales, el exquímico Núñez Cortés pensó, con tristeza, que iba a ser preciso componer en búlgaro, idioma que cuenta con cerca de doce vocales, porque ya no tendrían cómo bautizar la próxima obra de jazz. Mundstock propuso entonces incluir las cinco vocales en el próximo título, que sería básicamente elaborado a partir de palabras tomadas de los títulos anteriores: «Papa Never Sings in Honolulu». La propuesta fue aceptada. Y aunque aún no se ha escrito esta nueva pieza, al menos ya saben cuál será su título.

químico y ese pasatiempo de niños. ¿Qué ingreso le dejan sus presentaciones con la comparsa esa de cómicos?

—Veinte mil pesos —mintió Núñez, que en realidad reunía a duras penas diez mil. Por eso necesitaba la droga.

—¡Veinte mil pesos, veinte mil pesos! —repitió aún más desolado el señor Martínez—. Usted, en cambio, gana cien mil pesos con nosotros, y aquí tiene un futuro asegurado, cosa que, por supuesto, no le garantiza el conjunto cómico.

Núñez bajó la mirada avergonzado.

—Está bien —dijo el comprensivo señor Martínez, mientras colocaba una mano en el hombro de su apabullado director de ácido acetilsalicílico—. Ahora, ¿qué escoge?

—Les Luthiers —respondió el Loco, y dejó la droga.

La banda va a Caracas

En mayo de 1973 se produjo uno de los hitos con que soñaban Les Luthiers: una gira que los llevaba lejos de Mar del Plata. Caracas fue la valiente ciudad que los contrató. Conocieron el mar Caribe y la montaña; probaron otros acentos, otras costumbres, otras comidas; hicieron contacto con otras gentes; asistieron a fiestas con amigos nuevos; descubrieron la música tropical, cadenciosa y alegre; entristecieron muchas veces las fiestas de los amigos nuevos con sus zambas melancólicas, hasta que notaron que en las reuniones no les volvieron a proponer que tocaran aires de su tierra.

Fue una experiencia reveladora, que les permitió comprobar la existencia de todo un continente situado hacia el norte; una tierra noble y fraterna llamada América Latina, cuyos habitantes hablaban español y estaban dispuestos a acudir masivamente a los recitales del extraño conjunto de músicos argentinos. Siempre y cuando no cedieran a la tentación de entonar canciones telúricas de sus lejanos pagos.

Lost in Translation

A partir de aquella ocasión, Les Luthiers se convirtieron en viajeros fatigables. Pasaban fuera de su casa temporadas que a veces llegaban y superaban las cuatro semanas. Su trashumancia de escenas y escenarios les permitió acumular experiencias, acumular recuerdos, acumular capital y acumular anécdotas que cuentan con regocijo en sus reuniones privadas. La mayoría tiene que ver con los matices diversos del español que se habla en el mundo que habla español. Por primera vez, algunas de estas anécdotas saldrán a la luz pública. Aquí. Ahora. En vivo. En directo. Gracias al señor Jorge Maronna, víctima de muchas de ellas.

Ocurrió en el Parque de Atracciones de Ciudad de México en febrero de 1994. Maronna está buscando el Laberinto Mágico, entretenimiento que lo divierte mucho. Y a su hijo Pablo también.

—Dígame, señorita —pregunta a una ídem—, ¿este laberinto de aquí enfrente es el único que hay en todo el parque?

La empleada lo mira y contesta con decisión.

—Sí, señor.

Y cuando padre e hijo empiezan a alejarse acongojados, agrega:

—Pero también hay otro más allá.

Famoso por sus albures, o juegos de palabras y conceptos, México ha puesto a vacilar a más de un luthier. La siguiente anécdota aconteció al mismo Maronna en un lujoso restaurante del barrio Polanco, en el D. F.

—Por favor, camarero: la diferencia entre camarón y langostino ¿está en el tamaño?

—No, señor —responde el camarero inapelable—. Lo que pasa es que uno es más grande que el otro.

Toda vez que Les Luthiers comen varias veces al día, salvo que estén actuando, muchas de sus anécdotas suceden en restaurantes. La siguiente tiene lugar en uno de Cancún:

—Señorita, por favor, tráigame un ceviche —pide el intérprete del padre Gervasio.

—¿De qué lo quiere, señor?

—¿De qué hay?

—Solo de pescado.

El último albur mexicano que atravesaron fue en la piscina del hotel Nikko, en la capital.

—Mire, el agua está terriblemente sucia —dice indignado Maronna al jefe de piscina.

—Sí, señor; eso es lo que deja la gente: cabellos, saliva, mocos…

—Pero ¿no hay un filtro para limpiar el agua?

—No, señor. Pero todas las mañanas aspiro bien el piso de la alberca.

—Le entiendo. Eso limpia el fondo, pero no lo que flota en la superficie.

—Ah, no, señor. Eso que flota es lo que deja la gente: pelos, saliva, mocos...

El hotel Carrera, de Santiago de Chile, le deparó a Maronna en mayo de 1997 una pequeña comedia semántica.

—Señorita, ¿tienen ustedes servicio de pedicuro? —pregunta el guitarrista de Les Luthiers en el gimnasio.

—¿Qué cosa?

—Pedicuro..., el que arregla los pies...

—¡Ah, usted lo que quiere es un podólogo! No, no tenemos; mejor consulte al conserje.

Más tarde, el luthier acude al conserje.

—Por favor, ¿sabe dónde hay un podólogo cerca del hotel?

—¿Un qué?

—Un podólogo..., el que arregla los pies...

—¡Ah, usted lo que quiere es un pedicuro!...

Les Luthiers visitan un costoso restaurante japonés en una ciudad que no es Tokio. Maronna, coqueto, intenta entablar conversación con la hermosa camarera oriental.

—Señorita, ¡qué lindo disco de música japonesa están pasando! Suenan muy bien esos instrumentos típicos.

—*Arigato*, caballero. También tenemos otro disco, de instrumento bonito muy típico japonés.

El luthier piensa que empieza a surgir buena química, o por lo menos buena música, con la atractiva muchacha.

—¿Y cómo es ese instrumento bonito?

—¡Oh! Instrumento típico japonés. Puede hacer muchos sonidos diferentes, tiene teclas como piano... ¡y es electrónico!

Es de nuevo Maronna quien asegura haber escuchado el siguiente mensaje por los altavoces de El Corte Inglés de Madrid: «Por favor, llamando a la señorita... Ehh... Perdón... ¡Señor Ita, llamando al señor Ita...!».

Y también el siguiente diálogo en la mesa vecina de un restaurante de San Sebastián, en marzo de 2006:

—Camarera, le pedí una ensalada de lechuga sola, pero me la trajo con cebolla.

—Usted me pidió «lechuga sola», pero no me dijo que «sin cebolla».

LA MUERTE DE UN FUNDADOR

Les Luthiers acudieron, pues, a su primera gira internacional en Caracas. Al regresar dieron noticia entusiasta a sus compatriotas del descubrimiento de las nuevas tierras y empezaron a preparar el tercer disco.

Entretanto, la enfermedad de Masana avanzaba y las transfusiones de sangre se hacían más frecuentes. Otros luthiers eran los principales donantes. Semanas más tarde lo atacó una cruel fragilidad ósea y, en una escena en que Rabinovich debía abrazarlo, resultó con una costilla rota. Desde entonces tuvo que andar con vendajes. El Flaco se fatigaba, se sentía débil y permanecía más tiempo que antes en casa escuchando música de Bach y de los Beatles. Adaptaba a la guitarra canciones de Chico Buarque de Hollanda. Releía profusamente *El Quijote* y celebraba con carcajadas cada apunte. Se divertía con las películas de Los Tres Chiflados que pasaban por la televisión. Observaba regocijado el axolotl, un monstruoso pez con fauces de batracio que sembraba pavor desde el acuario doméstico. (Alguno de sus compañeros recuerda que «para nosotros era como la representación de la muerte». Pero Gerardo lo cuidaba y mimaba aduciendo que era «muy guardián»). Conservaba en pleno su lucidez y su humor. Seguía componiendo, convirtiendo objetos en instrumentos con la ayuda de Iraldi y siendo el centro de Les Luthiers.

El fatal, inevitable e inminente desenlace de la enfermedad de Masana iba a constituir un mazazo para todos, hasta el punto de que el grupo resolvió contactar un psicoanalista que les ayudara a sobrellevar tan difícil circunstancia. Fue así como pidieron una cita al doctor Fernando Octavio Ulloa, un experto en psicología institucional que tenía experiencia con conjuntos de teatro, colegios y hospitales. Masana alcanzó a colaborar en los planes para nuevas giras internacionales. Firmaron contratos para volver a Caracas en mayo de 1974 y seguir luego a México y España. Esta última etapa tenía un significado muy especial para él, que descendía de catalanes. También participó en la preparación del volumen III de Les Luthiers, que salió al mercado en octubre. Este disco recogía piezas de tres recitales, entre ellas «La bossa nostra», «Ya el sol asomaba en el poniente», «Suite de los noticieros cinematográficos» y aquella ópera, «Voglio entrare per la finestra», donde se escucha su voz cuando pronuncia una frase en italiano macarrónico. La carátula del álbum era una especie de premonición. En ella aparecen Les Luthiers enfrentados cara a cara por parejas. Solo Gerardo está solo. Se encuentra en un extremo y otea con curiosidad hacia algo que podría ser el infinito.

El 23 de noviembre de 1973, después de haber sostenido conversaciones individuales de despedida con su familia y con cada uno de sus compañeros, falleció en su propia cama. Había nacido en 1937. Por decisión del grupo, Magdalena y sus hijos siguieron recibiendo el apoyo de Les Luthiers. Masana había manifestado siempre su voluntad de que sus restos fueran cremados. En un principio se lo sepultó en el cementerio de la Chacarita. Pero años después, un día de mayo, Magdalena, Sebastián y Ana retiraron las cenizas y las diseminaron a lo largo de un pequeño río que cruza el Parque Pereyra Iraola de la provincia de Buenos Aires.

La prensa, entristecida, registró la noticia del fallecimiento. «Réquiem por un Luthier», se titulaba uno de los artículos. «Era uno de los más originales, ingeniosos y paradójicamente desconocidos compositores argentinos», observaba otro. Un obituario más deploraba el deceso, pero agregaba unas líneas de resignado optimismo: «No obstante, como la función debe seguir a pesar de todo, desde el próximo viernes continuará el grupo su actuación en el Lasalle con una baja lamentable, pero con la presencia invisible de un espíritu selecto, inteligente, cuya memoria será muy difícil olvidar».

No era esa la realidad. Les Luthiers habían perdido a su fundador, al motor que los impulsaba y a uno de los principales factores que los aglutinaban. Era un momento crítico. Quedaban sin capitán al mismo tiempo que se abría ante ellos un panorama salpicado de prometedoras aventuras en escenarios internacionales. Con una sensación de orfandad que necesitó el apoyo del doctor Ulloa, acordaron suspender las funciones. Algunos se preguntaban si valía la pena seguir adelante o había llegado el momento de poner piadoso fin a Les Luthiers.

Fue Rabinovich quien salvó la situación al cuarto o quinto día.

—Muchachos —les dijo—, tenemos que continuar. Hay que volver a las representaciones. Si suspendemos otra función, no subimos más al escenario. Por más duro que sea, hay que seguir. Por Gerardo, tenemos que seguir.

Animados por la idea de rendir a Masana el homenaje de no dejarse vencer, Les Luthiers volvieron al Lasalle. La primera función después del forzoso intermedio fue, según todos los miembros del grupo, una de las más difíciles de su vida. Es algo de lo que ni siquiera les gusta hablar con detalles. Ulloa estuvo entre cajas para darles ánimo. De alguna manera cumplieron su misión e hicieron reír al público. Aún no saben bien cómo lo consiguieron. Tal vez la «presencia invisible» de Gerardo Masana.

Les Luthiers saltan el charco

La gira de 1974 se cumplió según lo previsto. En México, país que ya había visitado, Carlos Núñez hizo las veces de guía. Sabedor de que los taxistas cobran más al turista tonto que al nativo ducho, apenas salieron del hotel decididos a conocer la ciudad, Núñez les advirtió que lo dejaran hablar solo a él. Pararon un taxi, lo abordaron y Núñez tomó la palabra:

—Órale no más, manito —dijo con voz impostada y acento digno de Jorge Negrete o Emiliano Zapata—. Ya mismo nos llevas por Insurgentes a Reforma y luego luego pos nos dejas en el Zócalo.

El chofer escuchó las instrucciones, se volvió a mirar divertido y preguntó:

—Argentinos, ¿verdad?

Al día siguiente, en el debut, los esperaba otra sorpresa. En primera fila del Palacio de Bellas Artes se encontraron con que varios espectadores sostenían un cartel en el cual se leía: «Les Luthiers, go home». Algunos previeron problemas durante la función y el administrador quiso saber de antemano de qué tamaño iban a ser. Pero cuando se acercó a sondear a los hostiles espectadores descubrió que no solo no eran hostiles, sino que se trataba de una patota de admiradores fanáticos —argentinos y mexicanos— que creían estar haciendo un chiste cariñoso con semejante anuncio. De Ciudad de México siguieron a Guadalajara y Puebla, donde ninguno de los 6.269 espectadores que aplaudieron el espectáculo hizo chistes en inglés.

La primera gira transoceánica los condujo a España y duró mes y medio. Sumada al periplo que llevaban por América constituyó la más larga realizada por Les Luthiers hasta entonces: casi tres meses. El salto a España fue fruto del amable empecinamiento de un empresario que, con el tiempo, se convirtió en socio local, asesor gastronómico general y filósofo universal de Les Luthiers: José Caturla (Pepe, para los amigos). «Su olfato, su empeño y su refinamiento fueron lo que nos hizo llegar a España», dice López Puccio. Caturla, en efecto, acudió a ver al grupo en Mar del Plata, cuando sus miembros aún no soñaban con aterrizar un día en Europa, e imaginó que podrían conquistar un lugar en la cartelera de espectáculos de Madrid. La primera visita, realizada en 1974, tuvo poca suerte. Les Luthiers atrajeron en esa primavera más de quince mil espectadores en Madrid, Las Palmas y Barcelona. Dicho así, a la carrera, parece que fuera un número extraordinario de asistentes. Pero solo se trata del resultado final de una larga suma de funciones. La verdad es que la gira, lejos de ser un éxito, arrojó importantes pérdidas a Caturla, hasta el punto de que Les Luthiers pensaron que su primera visita a España iba a ser la última. Pero Pepe tenía fe en esos jóvenes a los que casi consideraba como hijos suyos, e insistió en perder dinero con ellos. Así que en 1981 los convenció de regresar, y entonces comienza un tórrido romance entre Les Luthiers y el público español que se refleja en las taquillas agotadas. Al fin y al cabo, no le había fallado el olfato. Caturla acompañó las giras de Les Luthiers hasta su muerte, en enero de 2000. Para entonces, se había convertido en su personaje inolvidable.

También la gira fue inolvidable por más de una razón. Entre ellas, el hecho de que justamente les tocó vivir la fiesta típica de Barcelona, la famosa verbena de San Juan. Algunos luthiers, no contentos con disfrutar por primera vez de la *nit de les llums*, quisieron debutar como espectadores de una corrida de toros. La que había a mano era una corrida bufa, tipo fantochada, que se celebraba aquella noche.* Fue imposible, sin embargo, conseguir entradas, así que se pusieron bajo la protección de la irrefrenable astucia porteña para penetrar a la plaza. ¿Y quién podría encarnar mejor la picaresca del truco, el disfraz, el engaño, la trampa, el timo y la usurpación que un abogado? Daniel Rabinovich, pues, fue el encargado de guiar el grupo hacia la noche torera, para lo cual iban a aprovecharse del proverbial candor catalán para los negocios. Armado de una acreditación de periodista que uno de sus compañeros define como «de dudoso origen y autenticidad», Rabinovich se presentó en la puerta de acceso de la prensa y dijo al encargado que él y sus amigos venían a cumplir una misión profesional. El portero los miró con desconfianza y olisqueó la credencial. La plaza reverberaba de lentejuelas y manolas y estaba a punto de sonar el clarín para el paseíllo. Empujado por la emoción de ver el inusual espectáculo, Rabinovich presionó al portero y mencionó la libertad de prensa. El hombre pareció impresionarse y, tras indicarle dónde debía ocupar momentáneamente su puesto, dejó el paso franco a Daniel. Transcurridos unos minutos más, hizo pasar al grupo a un rincón remoto y con mala visibilidad, no sin antes prometer que pronto vendría otro empleado a acomodarlos. Ya desfilaban los alguacilillos en sus briosos corceles, ya uno de ellos había entregado la llave de la puerta de toriles, ya comenzaba la fiesta de sangre y arena cuando, según lo prometido, apareció el segundo empleado. Este condujo a la alegre pandilla a través de escaleras intermi-

---

* Conviene advertir a los lectores asiáticos y africanos que los argentinos están acostumbrados a ver toros y vacas, pero muertos. Reses disecadas «adornan» la entrada a prestigiosos restaurantes de Buenos Aires, y se dice que el banco del tocador de numerosas damas porteñas es un ternero que ha dejado sus entrañas en el taller del taxidermista. Muchos niños argentinos, acostumbrados a ver costillares de res expuestos en las vitrinas de carnicerías, panaderías e incluso librerías y tiendas de ropa fina, ignoran que alguna vez estos animales tuvieron vida y comieron hierbas y mugieron y lloraron al escuchar las coplas nocturnas de los gauchos en torno del asado. Solían hacerlo, porque el asado era de una vaca hermana o un becerro amigo. Para un argentino, pues, ver un toro vivo es una sorpresa. Ahora bien: verlo corriendo en una plaza de toros es un espectáculo que linda con la ciencia ficción.

nables y oscuros vestíbulos hasta la meta final: la dura calle. Allí los esperaba Rabinovich estupefacto: también a él y a su astucia porteña acababa de expulsarlos en forma ignominiosa de la plaza el candor catalán para los negocios.

EL HUMOR DEL DINERO

Desde este punto de vista comercial, 1973 y 1974 fueron los años en que el conjunto despegó definitivamente. Se había incorporado de manera permanente al circuito teatral, primero en el Lasalle y luego en el Odeón.

Habían quedado atrás los tiempos de La Cebolla, cuando se asomaban a las esquinas a esperar clientes, como las mujeres fáciles cuando las cosas se ponen difíciles. Desde entonces la operación comercial de Les Luthiers se desarrolló de manera tan exitosa que les permitió tener primero un gerente asociado, que fue Chiche Aisenberg, y luego otros especialistas que se han encargado de las operaciones administrativas. El tiempo, la paciencia y el éxito les han permitido alcanzar mucho más que un ómnibus propio, como fueron las instalaciones de oficinas y el taller que durante años tuvieron en la calle Lafinur de Buenos Aires.

Estas se cerraron cuando, en julio de 1995, Les Luthiers decidieron buscar a alguien que se ocupase de manejar su actividad comercial, cada vez más intensa. Ese agente fue Lino Patalano, un tipo de miras tan amplias como su corpulencia, que convirtió el Teatro Maipo en centro del espectáculo porteño. Nacido en Gaeta, Italia, en 1946, Patalano emigró con su familia a la Argentina a los cinco años, y desde los diecisiete estuvo vinculado al mundo del espectáculo. Empezó su carrera como «cadete» en el Teatro Regina, con María Luz Regás, y en 1970 se independizó para montar varios cafésconcierto que llevaban nombres básicamente avícolas, como El Gallo Cojo o La Gallina Embarazada. Ese fue el huevo de su organización empresarial. Años después compró el Maipo, un edificio de cinco plantas con sala para setecientos espectadores, restaurante para setenta comensales, depósito de vestuario, oficinas y una terraza con parrilla para hacer asados con los amigos. Entre ellos no solo estaban Les Luthiers, sino casi todos los que han sido luminarias en los escenarios porteños. A algunos, además, les administraba los asuntos artísticos en todo o en parte, como al bailarín Julio Bocca, la actriz Norma Aleandro y al cómico Enrique Pinti.

Lino conocía a Les Luthiers desde el Paleolítico, es decir, desde que formaban parte de I Musicisti. «Los admiré siempre —dijo en una ocasión, no solo como artistas sino por su disciplinado modo de trabajar y la coherencia de su carrera a través de tantos años». Ahora acudían a él porque no querían saber más de lo administrativo, asunto que les aburría y ponía nerviosos, y aspiraban a dedicarse solo al aspecto creativo. Patalano lo pensó unos días y al final dijo que sí. «Fue uno de los desafíos más grandes de mi carrera, y creo que ahora tienen más alegrías y menos disgustos, aparte de que han conseguido una agenda más coherente».

En manos de la organización de Patalano, Les Luthiers dan un salto cuantitativo en espectadores y cualitativo en mejoría de sus condiciones. Se pasa de la venta de entradas en taquilla al «telemarketing» que crea y maneja Javier Navarro, mánager acompañante, un individuo que, excepto templar las guitarras y enfriar los platos de sopa, se encarga con eficiencia asombrosa de todo durante las giras. También se produce un cambio de auditorios. Les Luthiers ya no acuden más a sus tradicionales recintos de presentación —salas pequeñas y clásicas—, sino que se lanzan a pabellones y estadios, decisión que lamentan quienes gozaban viéndolos de cerca, pero agradecen los que ni de cerca podían verlos por razones económicas.

—Patalano —dijo en una ocasión Puccio— aportó una experiencia nueva: la del público de masas, como en los conciertos de rock.

—A él se le ocurrió algo que nosotros nunca habríamos soñado, que era dar el salto a escenarios de diez y doce mil espectadores —agregó Marcos Mundstock.

—Como si fuera poco —rubricó Rabinovich—, nos trata con dulzura.

EL TAMAÑO NO IMPORTA

Pese a que Les Luthiers abandonan en los últimos tiempos el tibio útero tradicional de los pequeños y acogedores ámbitos, la respuesta del respetable no decae. Para el público el tamaño no importa. En casi todas sus presentaciones en el exterior, que pasan a ocupar ya la mitad del tiempo del conjunto, sigue apareciendo el anuncio de que se han agotado las entradas. Cada espectáculo de Les Luthiers recorre el mapa de España a paso de tortuga, hasta el punto de que hay un desfase de tres años entre el que se presenta en la península y el que está en cartelera en Buenos Aires. Diez personas y siete toneladas de equipos viajan con ellos cada año a cumplir cerca de un centenar de funciones por la península —repartidas en varias giras de dos o tres semanas— y un número variable en América Latina. Miami ya forma parte de su mapa de itinerarios. Algunos residentes de la ciudad, como Shakira, Gloria Estefan y Julio Iglesias, lo saben. Y se dice que están temblando.

Entre otros escenarios talla XXL, realizaron tres funciones en el legendario estadio porteño Luna Park, arena de grandes cantantes de rock y memorables peleas de boxeo. Les Luthiers no encajaron en ninguna de las dos categorías, pero, aun así, llenaron el recinto. También cantaron ante once mil personas en el Festival de Cosquín, el Vaticano del folclor. Había que ver esa noche los ojos de Jorge Maronna, quien en sus tiempos mozos fue integrante del conjunto vernáculo Los Coyuyos. Observar esa multitud anhelante de «¡adentros!» y «¡primeras!» le parecía mentira a quien, en sus tiempos de folclorista, no superó las modestas audiencias de peñas y colegios. La vieja fábula había dado un inesperado giro: la hormiga laboriosa acababa de convertirse en cigarra cantadora.*

Aunque debe dejar con frecuencia a su joven mujer y sus dos hijas en Buenos Aires para seguir a estos cinco señores mayores, Javier Navarro tiene siempre, con cortesía de lord inglés y aspecto meticuloso de joven cantante de tango, una solución para cada problema.

—Supongo que incordian muchísimo —preguntaba-afirmaba un periodista rabiosamente independiente. Se refería a Les Luthiers.

—No —sonreía Navarro—. Simplemente piden cosas, y yo estoy para proporcionarlas.

* Esta divertida frase solo tiene sentido para quienes conozcan la célebre fábula de Félix María Samaniego sobre la improvidente y alegre cigarra y la cauta hormiga, y sepan, además, que el coyuyo es, en Argentina, ese insecto saltarín, cantarín y descuidadín que en otros países se conoce como chicharra o cigarra.

Entre las cosas que piden en las giras están: servicio de internet en el baño, zonas verdes para hacer ejercicios en aldeas del desierto, cuartos con vistas al mar en ciudades sin costas y dulce de leche en países sin vacas.

Todos los años Les Luthiers rechazan jugosas ofertas para hacer publicidad u otorgar licencia de explotación de su imagen a través de la fabricación de parafernalia para niños y colegialas. Tal vez ninguno de ellos quiere verse convertido en lámpara de mesa o muñeco de goma, aunque ya se fabrican llaveros luthieranos y remeras o camisetas con la imagen del quinteto. En esta materia florece, también, el mercado ilegal de productos de Les Luthiers. Se cree que está controlado por el pirata Raúl.

Ocasionalmente se dan el lujo de vender a altos precios unas pocas funciones especiales a firmas o empresas. Sus taquillas en la Argentina superan el 85 por ciento de asistencia y hay ciudades extranjeras, como Madrid, donde meses antes de que la temporada empiece se han vendido ya todas las localidades.

Al contratar a Patalano como agente pensaban que iban a tener mucho más éxito y a trabajar mucho menos. Fallaron en lo segundo. Ahora, como tienen más éxito, trabajan mucho más. La temporada de estreno de *Los Premios Mastropiero* en Buenos Aires, en agosto y septiembre de 2005, es hasta tal punto arrolladora que las últimas dos semanas tienen que presentar funciones en el enorme Teatro Gran Rex de martes a domingo: como cuando tenían menos éxito.

LOS COLOSOS DEL COLOSAL COLISEO

El éxito de masas comienza en una fecha cierta: mayo de 1975, cuando Les Luthiers dieron el atrevido paso de debutar en el Teatro Coliseo, un enorme recinto para 1.757 espectadores cuya capacidad, nueve años antes, solo habrían podido llenar con la asistencia de una semana entera. El tránsito al Coliseo vino precedido por un aviso de prensa que proclamaba: «¡Fabulosa liquidación! Por renovación de repertorio, últimas funciones de Les Luthiers, *Recital '74*». En él procuraban atraer a esos 1.757 espectadores a la gama de butacas que ofrecía el teatro:

PLATEA, fila 1 a 15: Todo el lujo, promiscua cercanía
al escenario... a un paso de los artistas . . . . $ 89,90
PLATEA, fila 16 al 25: Lujo, pero sin excesos, sun-
tuosamente económico, a un paso del hall . . . . . $ 59,90
SUPERPULLMAN: Discreta elegancia, visión elevada,
para clases en ascenso, a un paso de la platea. . . . $ 39,90
PRIMER PULLMAN: Ambiente familiar, para una
primera aproximación, a un paso del superpull-
man . . . . $ 29,90
SEGUNDO PULLMAN: Aire de montaña. Visión
general del fenómeno, a un paso de la araña. . . . $ 19,90

NOTA: *todos estos precios sufrirán un recargo de 10 centavos.*

Por ingenuidad, por novelería, por afición, o bien por esa procaz
tendencia a precipitarse sobre las liquidaciones, lo cierto es que la
gente picó. El anuncio apareció publicado el 24 de mayo y el 27 se
habían agotado las localidades. El hecho, por inusual, fue registrado
como noticia. El diario *La Razón* lo calificó, con razón, como «un
acontecimiento que por sus ribetes y contenidos pasa a formar uno
de los hechos más insólitos de los últimos meses del medio del espectáculo local». Tres años después Les Luthiers se mudaron definitivamente a este lugar, y durante casi tres décadas permanecieron allí
alojados. En mayo de 2004 decidieron dar un volantín de alto riesgo
y pasar al Teatro Gran Rex. Equivalía casi a doblar la capacidad de
asistentes, pues el Coliseo tenía las 1.757 sillas que sabemos y el Gran
Rex, 3.267. Resultaba evidente el peligro de que aparecieran claros
en la platea, cosa que podría significar nuevas citas con el doctor
Ulloa de esta pandilla acostumbrada a vender, con perdón, hasta los
asientos de los servicios de aseo. Pero no ocurrió así. El Gran Rex
siguió llenándose en casi todas las funciones, como si el público no se
hubiera enterado de que era *otro* teatro.

De todos modos, el debut en el Coliseo fue un gran suceso interno. Algunos de los miembros del equipo se sentían como un jugador de fútbol de salón cuando debuta en el estadio Maracaná.

El público se multiplicaba y también las giras. De nuevo México,
y por primera vez Chile y Brasil en 1977. El espectáculo que se presentó en Curitiba, São Paulo y Porto Alegre entre mayo y junio

estaba íntegramente traducido al portugués. Era la primera vez que vertían un libreto a otro idioma; en 1980 volvieron a hacerlo, pero en esta ocasión la víctima fue el inglés. En diciembre de 1985, cuando se presentaron en Israel, estuvieron dudando si presentarlo en hebreo, yidis o inglés, y, entre las tres opciones, escogieron el español.

En septiembre de 1977 estrenaron *Mastropiero que nunca*, y al año siguiente partieron con él como portaestandarte a México, Venezuela, Uruguay y Chile. Ya eran primeros en taquillas en Mar del Plata y quisieron visitar otras ciudades argentinas. En una gira que parecía una canción de Atahualpa Yupanqui llegaron hasta los cañaverales de la hermosa Tucumán, la selvática Corrientes y Córdoba graciosa.

LES LUTHIERS ENCUENTRAN A LA BESTIA NEGRA

Pero también ese año de 1977 llegaron a la Perla del Cereal, a la Capital Fluvial del Mundo, a la Ciudad Señorial del Cono Sur: Rosario. El destino les deparaba allí, envuelto entre el terciopelo del éxito, un temible encuentro que procedo a narrar. Cierto luthier que se negó a revelar su nombre describe así la ocasión:

> Era el 23 de noviembre, o quizá el 24 en la función de la noche. Acababa de levantarse el telón y nos disponíamos a iniciar «La bella y graciosa moza» cuando lo vimos. Aunque el recinto estaba en tinieblas, habría sido imposible no singularizarlo entre los 1.065 espectadores. Era un ser extraño. Bajo el pericráneo despoblado brillaban sus dos ojos como lunas perdidas. Alrededor de la boca brotaban cerdas ríspidas que, con algo de benevolencia, podrían llamarse barba y bigote. Su epidermis había adquirido un leve matiz oscuro, casi moreno, totalmente negro. Durante la función no rio una sola vez; parecía no entender bien los chistes. Nos sorprendió que semejante individuo pudiera ir acompañado por una de las mujeres más rubias, angelicales y hermosas que hemos visto en nuestras giras. Eran la Bella y la Bestia.

Sí: Les Luthiers acababan de encontrar a Liliana Tinivella, la Bella. La Bestia era su marido de entonces, Roberto Fontanarrosa.

La versión que este ofrecía sobre aquella noche inolvidable demuestra que incluso dentro de una repulsiva catadura puede arder la llama tibia de un alma noble. Decía la Bestia:

> Fue para mí una fecha de enorme importancia. Acudí a la función porque en Rosario existía enorme expectativa por Les Luthiers y Liliana me insistía en que fuéramos. Yo no me imaginaba lo que iba a ser eso: pocas cosas me han impactado tanto en la vida como aquel primer contacto con el espectáculo de Les Luthiers. Me maravilló la perfección y precisión de lo que veía en el escenario. Asombrado, me dije que ese era el humor que me gustaba. Volví a casa, estaba como hipnotizado y me metí por una calle de contramano. Al día siguiente busqué en el hotel a Mundstock, a quien había conocido alguna vez, y todos los días regresé a verlos y a hablar con ellos. Fueron extraordinarios conmigo. Me trataron como a un viejo camarada. Era el surgimiento de una hermosa amistad.

Pocas semanas después, Les Luthiers llamaron a Fontanarrosa para que ayudara a lanzar ideas para una película cuyo guion proyectaban. En los programas de *Les Luthiers hacen muchas gracias de nada* (1979) ya figura Fontanarrosa como «asesor creativo». Se conocen unas pocas fotografías del grupo en que aparece también el conocido dibujante rosarino. Es el más prieto. El que no lleva esmoquin. Desde entonces el autor de las celebérrimas historietas «Boogie el aceitoso» e «Inodoro Pereyra» y de más de seis centenares de novelas y libros de cuentos —bueno, la cifra real puede ser bastante inferior— pasó a ocupar un importante papel en el proceso creativo del conjunto. Quienes reúnen la doble y dichosa condición de cholulos luthieranos y exégetas fontanarrosinos son capaces de descubrir el ingenio de quien es apodado en Estados Unidos el Woody Allen de Azabache en determinadas líneas o apuntes del texto del espectáculo. Y ríen dos veces más que el resto del público.

LAS NOCHES LOCAS DE JORGE MARONNA

El disco *Mastropiero que nunca* apareció en mayo de 1979, apenas un mes antes del estreno del nuevo espectáculo *Les Luthiers hacen muchas gracias de nada*. El disco anterior, *Les Luthiers Vol. IV*, en una de cuyas caras se encuentra el cuento sinfónico «Teresa y el oso», había salido al mercado en 1976. Con excepción de algunos accidentes y crisis de salud sufridos por Carlos Núñez, las temporadas y giras avanzaban sin problemas. Aparte de su debut en Nueva York, en 1980, Les Luthiers visitaron por primera vez Colombia en 1981. En esta ocasión solamente se presentaron ante la noble, generosa y entendida hinchada de Bogotá, que llevaba tiempo esperándolos. Pero al año siguiente también lo hicieron en Cali y Medellín. Fue en esta última ciudad, justamente, donde Maronna tuvo ocasión de comprobar la importancia que reviste la música para los colombianos enamorados. Por su ambiente bucólico y retirado, Les Luthiers habían escogido para alojarse el tranquilo hotel Intercontinental, situado en las afueras de Medellín. Cierta noche, después de doble función y magra comida, se acostaron exhaustos al filo de las dos de la mañana. Maronna llevaba ya un rato dormido cuando lo despertó un extraño ruido. Sonaba como música de trompeta. Alguien —pensó Maronna— había dejado un aparato de radio encendido y con el volumen alto. Parecía una música tan real que Jorge resolvió asomarse y explorar el fenómeno. No tuvo que andar mucho: allí frente a su habitación, al otro lado del pasillo, alguien tocaba la trompeta a las tres de la mañana con la puerta entreabierta. Sorprendido, desvelado e indignado, Maronna se quejó ante el conserje y este, que no podía dar crédito a semejante versión, subió en persona a remediar el problema. Lo que se encontró fue un caballero enamorado que había contratado al trompetista de la orquesta del hotel para ofrecer una serenata a su novia. El conserje le pidió suspender la serenata, pero el caballero estaba realmente inflamado de amor y no atendía a razones.

—Ni más faltaba —respondió—: Esta es una habitación privada, yo pagué por ella, tengo contratado al músico y aquí hago lo que quiera. ¡Dele, maestro, tóquese *El rey*, aquí para Luz Dary...!

El incidente continuó y Maronna tuvo por prudente encerrarse en su cuarto. Finalmente, al cabo de media hora de gritos y rancheras, se silenció la trompeta. El trompetista, en cambio, salía al pasillo gritando:

—¡No me toque, policía atrevido, quíteme las manos de encima!

Y Luz Dary y su novio, compungidos y tercos, opinaban a grito pelado desde la puerta:

—¡No se vaya, maestro, no se vaya!

—Déjelo tocar *La media vuelta*, señor agente...

58

La verdad es que Maronna ha corrido con mala suerte a la hora de conciliar el sueño en las giras. Cuando el grupo realizó seis funciones en Israel, en diciembre de 1985, le tocó otro vecino insensible al ruido: era la una y media de la madrugada y el vecino escuchaba televisión a todo volumen. Esta vez Maronna conocía al vecino e iba a ser menos difícil pedirle que tuviera consideración con el sueño ajeno. Se trataba de Marcos Mundstock. Pero Maronna no solo estaba decidido a callarlo, sino también a acomplejarlo por tamaña descortesía. Descolgó el teléfono, marcó un número y cuando escuchó la voz de Mundstock, adoptó un tono gutural y le espetó algo del siguiente calibre en jerigonza árabe:

—¡Abdul jalub salem jalab Scherezad alam kalub la tele!

Mundstock, que no reconoció la voz de Jorge, quedó mudo durante unos segundos, al cabo de los cuales musitó:

—*I beg your pardon...?*

Y Maronna, más afirmativo que antes:

—¡¡Abdul jalub salem jalab Scherezad alam kalub la tele!!

Ante esto, Mundstock se limitó a ofrecer disculpas con un hilo de voz y apagó obedientemente el aparato. Al día siguiente, mientras desayunaban juntos, Marcos le relató el extraño incidente y escuchó que, por todo comentario, Maronna repetía la imperativa frase sin poder contener la risa.

Las giras internacionales seguían alejándolos de la Argentina durante varios meses al año. En el 82 fueron a Venezuela, Uruguay, Chile, Paraguay, Colombia y Perú; en el 83, a Uruguay, Chile, España, Colombia y Venezuela. En el 84, a Barcelona, La Habana, Colombia y Ecuador. El tiempo restante lo dividían entre giras domésticas, grabación de nuevos discos, estrenos de espectáculos, presentaciones en Mar del Plata y temporadas en Buenos Aires, con doble función los viernes y los sábados. El exceso de trabajo y las ausencias prolongadas estaban produciendo trastornos hogareños. Algunos luthiers no recordaban ya el cumpleaños de su mujer; otros no recordaban bien los nombres de sus hijos; otros más no recordaban si tenían mujer e hijos. Abandonadas, y ya ni siquiera seducidas, las mujeres se reunieron un día y planearon darles una lección sobre su irresponsable comportamiento.

Los seis captaron claramente el mensaje cuando cierto sábado, al aparecer en escena en el recinto de La Cebolla, divisaron en primera fila a sus propias viudas: estaban todas ellas vestidas de riguroso luto y ataviadas con velos, tejiendo resignadas mientras esos lejanos seres de esmoquin actuaban en el escenario. El recurso era ingenioso, y Les Luthiers obraron en consecuencia. Desde ese día, la empresa tiene terminantemente prohibida la entrada de tejidos al teatro.

VEINTE AÑOS NO ES NADA. Y CUARENTA TAMPOCO

En realidad, el trabajo no solo creaba trastornos familiares (con excepción de uno, todos los luthiers son separados y —peor aún— todos se han vuelto a casar), sino que en el interior del grupo aumentaban las tensiones y dificultades. El conjunto solía manejar con pinzas y algodones las relaciones entre sus miembros, y esto permitió que sobreviviera. El doctor Ulloa se acostumbró a ser el árbitro del proceso. En marzo de 1985 ya se había producido la desvinculación de Chiche Aisenberg. Ahora la tensión crecía especialmente en relación con Ernesto Acher. Habían ensayado varias fórmulas de coexistencia, pero todas acabaron fracasando. De hecho, uno o dos luthiers habían cortado con Acher toda relación que no fuese estrictamente laboral. En 1985 empezó a hablarse de separación. «Hace cosa de un año empecé a sentirme un poco solo porque estaba en minoría —declaró Acher a la prensa en noviembre de 1986, cuando la separación se consumó—. Las discusiones, los puntos de vista disímiles se hicieron últimamente para mí más conflictivos; las esperables y superables discusiones de antaño se hicieron más densas».

«Fue —señalaba Ulloa— un proceso largo y duro, que incluía aspectos emocionales, profesionales y económicos. Pero se trabajó con inteligencia, y al final resultó de beneficio para ambas partes. Creo que todos salieron ganando». Una de las últimas presentaciones de Ernesto Acher fue la función benéfica en el Teatro Colón el 11 de agosto de 1986, que casi todos los luthiers consideran la función más inolvidable de su vida. Algo más de un mes después, el 27 de septiembre, y coincidiendo con el final de temporada de *Humor dulce hogar* en el Coliseo, Acher tocó por última vez con Les Luthiers. Después de más de tres mil presentaciones, el sexteto se transformaba en quinteto. Acher ha dirigido después sus propios grupos de jazz y de música-humor. Con uno de ellos, La Banda Elástica, realizó varias grabaciones. Ha prometido a sus amigos que escribirá las memorias de una vida dedicada al humor y la música.

Los cinco luthiers celebraron en 1987 los veinte años del grupo con un espectáculo que se llamó *Viegésimo aniversario*. Al mundo de personajes creados a lo largo de dos decenios se sumaban ahora el profeta de engañifas Warren Sánchez, el celoso e impertinente luminotécnico Francisco García y el terrible dictador de Banania, general Eutanasio Rodríguez. En 1989 se estrenó *El Reír de los Cantares*, donde desfilan, entre otros, los desastrosos soldados del Séptimo Regimiento, Ortega —el candidato a la cámara... de aire—, el adorable y amnésico José Duval y aquel grupo de bailarines en agraz que sueñan con conseguir una oportunidad de triunfo en el escenario. La oportunidad que una vez tuvieron y aprovecharon Les Luthiers.

Con matemática precisión que es de admirar, exactamente diez años después del vigésimo cumpleaños llegó el trigésimo. Corría el año 1997, y, según esmerada descripción que proporcionó un cronista presente en el festejo, fue «algo muy lindo». Más que lindo, fue algo muy loco, un sarao delirante que estuvo a punto de destruir cierto restaurante de carnes porteño de cuyo techo colgaban, en animada competencia, sogas desnudas y mujeres semidesnudas. En el momento culminante, las segundas se asían a las primeras y los invitados se hacían a las carnes, y todos disfrutaban muchísimo.

¿HAY UN MÉDICO ENTRE EL PÚBLICO?

Fueron más de cinco décadas que despertaron muchos aplausos y más de un susto. Según el programa que repartían a la entrada del Teatro Roxy de Mar del Plata aquel verano de 1980, enseguida de «La campana suonerá» venía una pieza titulada «Sinfonía interrumpida». Cierta noche, pocos minutos después de que terminara la primera y Les Luthiers hubieran hecho apresurado mutis por el foro, regresó al escenario Daniel Rabinovich, que actuaba con una mano escayolada.

—Señoras y señores —empezó diciendo—, lamento comunicarles que nuestro compañero Carlos Núñez Cortés ha sufrido un delicado accidente...

Risitas entre el público.

—Carlos se ha cortado la mano con un serrucho y es imposible continuar la función...

Carcajadas entre el público. Aplausos dispersos.

—Les repito que lamentamos mucho lo ocurrido. Con sus contraseñas, ustedes podrán volver a otra función de este mismo espectáculo, o bien pedir la devolución de su dinero.

Nuevas risas, aplausos generalizados.

Mientras tanto, atendido por un médico en uno de los camerinos, Núñez sangraba por una profunda herida entre los dedos índice y medio de la mano izquierda, y sus compañeros se aprestaban a conducirlo de urgencia al hospital más cercano. El serrucho manicida yacía en el suelo, al lado de un aparato construido para tocar la campana en el número del mismo nombre. La obra había sido concebida como una parodia de los dibujos animados, con abundantes dosis de *slapstick*: caídas, martillazos, cohetes, aserraduras... Durante meses Núñez había empleado un serrucho nacional que acabó estropeándose. Tres días antes un asistente compró el agresivo serrucho sueco que ahora parecía haber seccionado un tendón al pianista.

Desesperado al ver que el público consideraba que todo era parte de la diversión, Rabinovich regresó a los camerinos con su escayola y su angustia. En la sala, el público, risueño, aguardaba la continuación de la farsa. Daniel pidió a Mundstock que lo acompañara para certificar que se trataba de un percance inesperado. En esa temporada, Marcos había sufrido un tirón muscular y rengueaba. Cuando los espectadores vieron que un manco y un cojo entraban a escena a anunciar que su compañero había sido atacado por un serrucho, no podían contener la risa. ¿Conque esa era la «Sinfonía interrumpida»?

Fue preciso que el gerente se sumara al anuncio y que transcurriera casi un cuarto de hora antes de que el público aceptara que lo que estaba viendo no era una comedia sino una mala imitación suya: algo así como la versión rioplatense de *Tiburón*.

Núñez ostenta el récord luthier de percances en escena, aunque ninguno fue recibido con tanta hilaridad por el público como aquel mordisco mecánico del 10 de febrero de 1980. De entonces conserva aún una cicatriz superficial y un respeto profundo por las herramientas dentadas. Año y medio antes, en octubre de 1978, cuando cantaba «Lazy Daisy» en el Teatro Coliseo, empezó a percibir que se le iba el mundo.

—Ernesto, me siento muy mal —alcanzó a susurrarle a Acher antes de hacer penoso mutis hacia la oscuridad y desplomarse víctima de una sangrante úlcera duodenal. Estuvo hospitalizado una semana y fue preciso suspender el comienzo de la gira doméstica.

El serrucho y la úlcera son apenas dos de los siniestros enemigos que Núñez ha tenido que enfrentar en su vida artística. También está el hipo, que lo asaltó en plena función de despedida de *Humor dulce hogar* en Buenos Aires. El ambiente era de jolgorio y distensión, como siempre que Les Luthiers enterraban uno de sus espectáculos. Se presentaba el acto popular y revolucionario sobre el valor de la unidad cuando Núñez percibió que un leve hipido que se le había insinuado por la mañana ya no se insinuaba solamente, sino que lo agarraba por el cuello y se disponía a violarlo de manera aparatosa frente al público. Terminó el número como pudo, le dieron agua en un improvisado intermedio y ensayaron otras fórmulas caseras. Pero el hipo persistía y el enfermo se sintió incapaz de continuar. Mundstock lo reemplazó. Más tarde, un médico que se disponía a inyectarlo en cierto nervio de cuyo nombre no quiere acordarse le propinó tal susto con la exhibición de la aguja que el hipo se marchó para siempre.

En el entorno de Les Luthiers se recuerda con pavor la terrible gira de 1984. El rosario de tropiezos empezó con la ausencia de Francesco Poletti, el coordinador técnico, que se vio obligado a quedarse en casa aquejado de una úlcera, y siguió con una serie de problemas con el sonido y las luces. Pero lo peor estaba por venir.

El 4 de abril, cuando ya había empezado la función en Córdoba (Argentina), López Puccio se sintió mal. Todavía le esperaba el difícil papel de sabio alemán incapacitado en «Música y costumbres de Makanoa». En medio de los mareos que lo asaltaban, Puccio entendió que la única caracterización que podía hacer del sabio era la de su incapacidad física, así que hizo mutis y pidió un asiento entre bambalinas. De allí solo pudo moverse hasta el servicio. Cuando entró tenía aspecto amarillento; pero cuando salió estaba verde del pánico y llevaba una pregunta aterrada en la boca:

—Médicamente hablando, ¿qué gravedad tiene orinar Coca-Cola?

Puccio había dejado en el mingitorio un caudal de negro color que obligó a llamar a un médico y a un fontanero. Esa noche, Mundstock hizo su papel en Makanoa y el hombre de las aguas oscuras fue puesto en manos de un especialista.

Acababa de sentir la primera manifestación de una hepatitis que lo mantuvo en cama a lo largo de dos meses. Cinco años después, a fines de 1989, le sobrevino una varicela en Caracas que lo convirtió interinamente en choclo. Haciendo alarde de profesionalismo, se maquilló con capa de doble espesor y actuó a pesar de los brotes rojizos que le salpicaban la cara. Sus compañeros recuerdan hoy, con un dejo de remordimiento, que lo trataron como leproso. «En el baile de "Somos adolescentes, mi pequeña", no lo tomábamos de la mano, sino de la muñeca o de la manga», confesó una voz anónima y arrepentida con típico acento de Bahía Blanca.

PROHIBIDO ENFERMARSE

Pertenecer a un quinteto como Les Luthiers implica un compromiso que proscribe incluso la posibilidad de enfermarse. Muchas señoras colombianas, empleando terminología de su tierra, aseguran arrobadas que «¡Les Luthiers son divinos!». Serán divinos, pero también son humanos. Frágilmente humanos. Así lo demuestra el hecho de que todos ellos se han puesto malitos en el curso de casi medio siglo. Estos ínclitos varones han padecido y superado tropiezos de salud de diversas clases, pero pocas veces han llegado al extremo de suspender una función. De quienes ocuparon temporalmente el lugar de un luthier por abandono parcial del titular, ninguno lo hizo en más ocasiones que Tato Turano, ascendido a titular desde 2015.

Jorge Maronna

El Parque de Mayo tiene fama de ser el más apacible de Bahía Blanca (Argentina). Uno de sus extremos se aleja del ruido de calles y avenidas, se hunde entre árboles y allí, en medio del canto de los pájaros, es posible llenarse los pulmones de aire tan puro como el que en sus momentos más apasionados se sentaban a respirar cuidadosamente don Juan y doña Inés. Es un rincón cuya tranquilidad solo se ve interrumpida unas pocas veces al día por el bucólico paso del tren.

No es extraño, pues, que aquella mañana un mocetón atlético y callado escogiera esa apartada orilla para practicar allí el *tai-chi-chuán*, arte marcial chino que se caracteriza por sus movimientos estilizados en cámara lenta, más semejantes a una danza que a una gimnasia. Conocedor de las conservadoras tendencias de la ciudad —al fin y al cabo, cuna suya y de su familia—, el gallardo joven prefería la discreta protección del soto y el inevitable muro de la vía férrea para sus plásticos ejercicios. Bien sabía que el recogimiento matutino del lugar lo mantendría alejado de miradas curiosas o burlonas y que la presencia inoportuna del tren sería anunciada por el ruidoso traca-traca del convoy.

Unos buenos minutos llevaba entregado el apuesto zagal a los estéticos estiramientos musculares, ensimismado por el trinar de los pájaros y el murmullo de las fuentes, cuando escuchó muy cerca de él unos ruidos que no podían proceder de ave canora alguna. Aguzó el oído. En efecto: ni siquiera aquella ave prensora de colorido plumaje con capacidad de articulación de palabras y frases conocida como papagayo o loro sería capaz de proferir las risotadas y epítetos que el mancebo escuchaba avergonzado:

—¡¡Afeminado!!

—¡¡Maricón!!

—¡¡Andate a bailar a tu casa, muñeco!!

Sonrojado hasta la punta de su guitarra —toda vez que el doncel era guitarrista—, optó por huir lejos de aquellos venablos que ofendían su proverbial pudor y su decoro personal. Mientras tanto, los rudos obreros ferroviarios, que se habían acercado por la vía del tren en un silencioso vehículo de operación manual, seguían poniendo en duda la virilidad del gimnasta en medio de gritos soeces y carcajadas con relente a cerveza.

«Desde ese día solo practico *tai-chi-chuán* en el baño de mi cuarto de hotel», confiesa Jorge Maronna, pues el abrumado ejercitante oriental no era otro que el campeón de la timidez en el grupo y, desde aquella pérfida mañana, en toda la provincia.

En la primera parte de su autobiografía, Jorge Luis Maronna oculta deliberadamente la embarazosa anécdota del Parque de Mayo, que tuvo lugar en una de las visitas de Les Luthiers a su ciudad natal. Se limita a reconocer que sí, que es verdad que nació el 1 de agosto de 1948 en esta ciudad; que es padre de tres hijos —Pablo, Juan y Francisco— y dos hijas —Lucía y Julia—; que llegó a Buenos Aires decidido a estudiar Medicina, «carrera que abandoné cuando solo me faltaban seis años para terminarla»; y que interpreta diversos instrumentos de cuerda. Revela también en esta primera parte que empezó entonces sus estudios de composición con Francisco Kröpfl y de guitarra con varios maestros. Que formó parte durante un par de años de un conjunto de música antigua. Que trabajó como acompañante de cantantes. Que escribió con Bernardo Romero Pereiro y Daniel Samper Pizano el guion de *Leche*, serie humorística para la televisión colombiana. Que compuso la música de treinta y dos canciones para esta misma serie paródica de las telenovelas. Que con el mismo individuo de apellido Samper publicó los libros *Cantando bajo la ducha, El sexo puesto, El tonto emocional, Parapapá* y *La vida privada de Les Luthiers.* Que con Luis Pescetti escribió la novela *Copyright.* Que colaboró en el texto de la obra teatral *La fabulosa historia de los inolvidables Marrapodi*, del grupo Los Macocos, y compuso su música. Y, según afirma tajantemente: «Soy integrante de Les Luthiers».

En la segunda parte de su biografía, mucho más avaro en datos, se limita a agregar: «Desde su fundación».

En realidad, la agitada vida del benjamín del grupo registra muchos otros momentos emocionantes. El primero es a las siete de la mañana, hora en que se levanta para desayunar con sus hijos más pequeños, Julia y Francisco, y atender hasta el más mínimo capricho de Claudia Rodríguez Carrera, su mujer. Maronna es activo cultor del físico, pues considera que para tocar el contrabajo el bíceps es más importante que el oído. Cuando tenía cuatro años cayó a una pileta o piscina y le salvó la vida una mano amiga que lo sacó de un pie; Maronna no recuerda tal día con pánico, sino con asombro, y debe a aquel incidente casi fatal una extraña afición a la natación y al agua. Ahora practica este deporte en todos los estilos. Como si fuera poco, persiste en el ejercicio semanal, y ahora íntimo, de *tai-chi-chuán*. Un día por semana practica yoga, otro día realiza caminatas, y el que le sobra lo dedica a la bicicleta. No es aficionado a deportes colectivos como el fútbol o el baloncesto, pero dice que los mira «con envidia y curiosidad».

Esas dos horas diarias en que no está nadando, andando en bicicleta o mirando con envidia y curiosidad los deportes colectivos, Maronna se dedica a la música. Amén de las que compone para Les Luthiers, es autor, entre otras, de obras inspiradas en poesías de Torcuato Tasso, Oliverio Girondo y los mexicanos Homero Aridjis y Jaime Sabines. Ha compuesto música para algunos espectáculos teatrales; entre ellos, *Yerma*, de García Lorca, *Androcles y el león* y *Hombre y superhombre*, ambas de Bernard Shaw.

En los ocho minutos que aún le quedan libres al día, toma fotografías, va al cine y recuerda los días lejanos en que formó con tres compañeros un conjunto de música folclórica llamado Los Coyuyos, bautizado así en homenaje a un objeto que podría ser un pájaro o quizá un quiste sebáceo a la altura de la entrepierna. Él ya no sabe bien.

Terminado lo anterior, aprovecha los nueve segundos que restan a la jornada para deprimirse y preguntarse, atenazado por la angustia, cuáles son las razones que lo llevan a ser tan infeliz, introvertido y proclive a la inactividad.

Robando décimas de segundo de esta última etapa del día, Maronna respondió así el cuestionario de este libro:

La mejor obra de Les Luthiers: Tal vez *Luthierías*.
La obra de Les Luthiers que querría olvidar: «No puedo vivir atado» era espantosa.

Su personaje luthierano favorito, excluido J. S. Mastropiero: El padre Gervasio, de «San Ictícola de los Peces».

El papel o trabajo escénico más difícil que le ha correspondido: Casi todos, porque no soy actor; pero cuando nos presentamos por primera vez en Nueva York, me resultó muy inquietante el papel de traductor en «Brotan und Gretchen»: sin saber inglés, tenía que recitar en ese idioma un largo texto que había aprendido como un loro, repitiendo ante un grabador. Si me olvidaba de algo no tenía la posibilidad de improvisar o buscar sinónimos. Milagrosamente (supongo que san Ictícola escuchó mis plegarias) todo salió bien.

El mayor sacrificio que implica ser luthier: El éxito implica una presión fuerte; es difícil inventar espectáculos que gusten a gente de diferentes países, lograr calidad sin repetirnos. Por otra parte, las giras, además de sus aspectos divertidos, obligan a alejarse con frecuencia de la familia.

Su mayor metida de pata con Les Luthiers: En una pieza en la que canto como solista, «Quien conociera a María amaría a María», olvidé la letra y me quedé mirando con expresión alelada a mis compañeros, quienes desde lejos me cuchicheaban sin éxito el verso siguiente. Duró pocos segundos, pero en el escenario me pareció una eternidad.

Sus músicos preferidos: Bach. Y Beethoven, Mozart, Schubert, Fauré, Debussy, Ravel, Alban Berg. En otros estilos, Chico Buarque, Jacques Brel, Georges Brassens, los Beatles.

Sus humoristas predilectos: De adolescente me encantaba Jardiel Poncela. Ahora, Woody Allen, Monty Python, Quino, Fontanarrosa, Tricicle, algunas películas de Mel Brooks.

Alguna manía o agüero escénico: No creo en esas cosas. ¡Oh, acaba de caerse la araña del teatro!

Su función inolvidable: La del Lincoln Center; la primera en el Teatro Colón de Buenos Aires; la del festival de Cosquín.

Sus fortalezas y debilidades en su trabajo como luthier: Mis fuertes: componer y tocar música; a menudo colaborar en los textos; organizar y dirigir los ensayos. Mis debilidades: el trabajo actoral, las relaciones públicas.

Confiéselo todo: Jorge Luis Maronna Güelfo; 73 kilos; 1,73 de estatura; ningún apodo; ninguna simpatía futbolística.

2

REfiérense aquí la manera como trabajan y las relaciones internas de los miembros del conjunto

EL GRUPO

Aunque las familias de Les Luthiers son como el interior del globo terráqueo, que se halla en permanente ebullición y cambio, todos ellos con todas ellas suelen reunirse varias veces al año. Cuando llegaba el verano, los Rabinovich elegían una tarde para poner toda la carne en el asador y a todos sus compañeros en espera de la carne; Marcos Mundstock invitaba a un restaurante para que le apagasen sus velitas de aniversario; otros que cumplen años también se consuelan por la vía del festejo; el 4 de septiembre, con motivo de la fiesta nacional del grupo, se da cita infaltable la familia luthier.

En las giras solían pasar juntos muchas horas del día. A veces organizaban paseos colectivos, aunque fueran de índole cultural. Si no era posible contar con los cinco para un plan, solía vérselos en grupos: de tres, de dos o incluso de uno. Los técnicos participaban con frecuencia en estos paseos o visitas. Los chistes circulaban con mucha velocidad en el entorno. La distracción de las horas muertas en el teatro conoció épocas generosamente regadas por comidas fuertes y partidos de trucos. Durante más de diez años, y violando todos los principios de cautela estomacal que rigen en el mundo escénico, Les Luthiers despachaban festines pantagruélicos entre dos funciones en el término récord de veinticinco a treinta minutos. Durante los banquetes rodaban los bifes y las milanesas; desparramábanse las ensaladas sobre el mantel; abundaban los postres y los panes; empujaban las frutas a las papas fritas y, en más de una ocasión, los artistas devoraron pesadas paellas, pasaron a cuchillo parrilladas de insólita variedad, rociaron las viandas con flujo importante de vino y coronaron la cena cebando mate.

Jorge Maronna, uno de los comensales más activos de entonces, recuerda, además, que «la comida era el momento de conversar y, a veces, de discutir acaloradamente aspectos de la función recién realizada». Con la boca llena, hablaban acerca de las cosas que habían salido mal y cómo mejorarlas, y se felicitaban por las cosas buenas con palmaditas grasosas en la espalda. El último bocado de flan señalaba el momento de sentarse apuradamente a iniciar la partida de truco, que fue durante años pasión del grupo, hasta el punto de que en los contratos de actuación figuraba siempre a cargo del empresario la obligación de aportar una mesa para que Les Luthiers pudieran dar rienda suelta a este, uno de sus más queridos vicios. Las partidas eran intensas, febriles, indigestas. «Había que jugar hasta el último segundo —confiesa Maronna—. Más de una vez la función se atrasó porque la partida no había terminado».

Pero la edad fue ablandando los ímpetus juveniles. La mesa de truco siguió siendo cláusula contractual, aunque ya no se utilizara. Disminuyeron también el volumen y el grado de condimentación de las comidas. Pasaron a contentarse con comer unos pocos trozos de queso y jamón. Alguno roía galletas a escondidas. Tramoyistas indiscretos juraban que habían sorprendido a otro consumiendo yogur y mascando apio. Lo único que permanecía inalterable de las viejas minutas era el mate con que solían espantar a los amigos de otras latitudes y atraer de vez en cuando la atención de la policía y los perros olfateadores de las aduanas. «Ahora usamos el tiempo del descanso para descansar», explicaba uno de los miembros del grupo, mientras se erguía a sus espaldas la cumbre del medio siglo.

Si bien en años más recientes reinaba entre ellos más cordialidad y armonía que antes, Les Luthiers nunca fueron una brigada del ejército ni una agrupación conventual, y siempre tuvieron por norma prudente la de no trasladar la gavilla a su vida privada. Cada uno conservaba su propio círculo de intereses y amistades. Fuera del teatro se encontraban con mucha menos frecuencia que en las giras. Y, aun en estas, solían organizar sus planes por separado, siguiendo gustos personales. Podía ser que durante un día de descanso en una ciudad extranjera, Mundstock se reuniera con amigos locales a ver un partido de fútbol, Rabinovich jugara varios chicos de billar a tres bandas, López Puccio se quedara en su cuarto preparando números corales, Maronna se fuera a meditar a un paraje aislado y —si había costas a menos de cuatrocientos kilómetros— Carlos Núñez alquilara un automóvil y acu- diese a darse una inocente zambullida en busca de caracoles marinos. Una vez la mezcla de paraje aislado de Maronna y zambullida marina de Núñez produjo días de zozobra en el mundo del espec- táculo, hizo pensar al grupo que quedaría convertido en el Trío Les Luthiers y obligó a cancelar una función en Ciudad de México.

PAULINA ERA UN HURACÁN

El 6 de octubre de 1997 era domingo incluso en la rebelde tierra azte- ca, y los luthiers se disponían a aprovechar una pausa de cuatro días que les ofrecía la agenda en la capital mexicana. Como la siguiente función no tendría lugar hasta el jueves, los fatigados músicos optaron por ocu- par los días de descanso de diversas maneras. La manera de Núñez y Ma- ronna parecía la más inteligente —unas buenas jornadas de sol y playa en un recodo escondido de la costa pacífica—, pero acabó convirtién- dose en una de las más azarosas aventuras en que se hayan visto envuel- tos dos súbditos argentinos intérpretes de instrumentos informales.

El lunes llegaron Maronna y Núñez en avión a Huatulco, paradi- siaco rincón donde abundan la buena pesca, la tranquilidad y el arru- llo de las palmeras. Las primeras veinticuatro horas fueron de placidez y descanso. Sin embargo, ya en el hotel de Ciudad de México, poco antes de partir, un camarero surrealista había confirmado los prime- ros temores mientras los dos aventureros tomaban el desayuno.

—El pronóstico del tiempo anuncia tormentas en el Pacífico, ¿no es verdad? —pregunta Maronna.

—Pos sí, señor, parece que el tiempo está muy malo por allí —responde el camarero.

—¡Qué desgracia!

—De nada, señor.

El martes comenzaron a soplar vientos fuertes que cambiaron por bramido el arrullo de las palmeras, y la gerencia del hotel anun- ció a los inquilinos la inminente presencia de un huésped indeseable: «Un huracán de nombre Paulina se aproxima a las costas de Huatulco a nueve kilómetros por hora». Aún no habían ocurrido los desastres del Katrina ni el Wilma, pero nuestros dos viajeros conocían de oídas la ferocidad de los huracanes mexicanos, pues allí hasta el Katrina y el Wilma son muy machos. Así que decidieron anticipar el retorno al D. F. Ya no tomarían el vuelo de regreso el jueves, sino el miércoles.

El miércoles, sin embargo, se habían añadido a los ciclones unas fuertes lluvias y las autoridades cerraron el aeropuerto. De esta manera, Carlos y Jorge se vieron de repente ante la posibilidad de quedar atrapados en Huatulco durante algunos días o, si el huracán se embravecía, incluso durante meses o años. Solo quedaba una posibilidad: alquilar un automóvil y salir raudamente hacia la capital. El cálculo era sencillo y seguro: si el Paulina zumbaba a nueve kilómetros por hora, a ellos les bastaría ir a veinte kilómetros por hora para aventajarlo sin problemas.

Metieron, pues, sus haberes en un Chevrolet Corsa de alquiler y partieron hacia su destino, felices de haber vencido al huracán. ¡Ignoraban, ay, que los huracanes rara vez se dan por vencidos! Mucho menos este, que produjo en la zona de Acapulco una verdadera catástrofe. En las horas siguientes, y quizá avisado de la maniobra que intentaban los fenómenos de la música sudamericana, el fenómeno de la meteorología centroamericana aceleró su marcha y apuntó directamente hacia el interior. Se dice que en Huatulco ya preguntaba por el Corsa donde viajaban los dos músicos.

Cuatro horas después, el viaje se había convertido en pesadilla. Maronna y Núñez estaban atrapados en una carretera de Pochutla entre calzadas derruidas, camiones varados y árboles salidos de cuajo. Todos los lugares comunes de la literatura de terror se dieron cita en aquel inhóspito punto: llovía a cántaros, el viento aullaba, retumbaba amenazante el trueno, el relámpago hendía el cielo con su fulgor eléctrico, y la noche —¿cómo podía ser de otra manera?— se mostraba oscura como boca de lobo. En cierto instante de pánico, los árboles, estremecidos, estuvieron a punto de precipitarse sobre los aterrados viajeros, y un camionero, mientras abandonaba su vehículo en la carretera, gritó: «¡Sálvese quien pueda!». Valientemente, Maronna y Núñez fueron los primeros en correr ladera abajo.

Como por milagro, alguien descubrió un atajo salvador que les permitió alejarse del peligro del bosque y estacionar en una pequeña explanada. Dieciséis horas después, al despuntar el jueves, seguían encerrados en el auto y sin posibilidades de informar a sus colegas sobre su paradero. Estos solo sabían que habían salido de regreso en un intento por ganarle el camino al huracán. Después, hondo silencio, soledad y lluvia. Al mediodía, el empresario, de común acuerdo con los tres luthiers presentes, decidió cancelar la función, y dos horas más tarde la embajada argentina se puso en contacto con el Gobierno mexicano para intentar un rescate con helicóptero, que las condiciones del clima obligaron a desechar. En ese momento, el Paulina se detuvo a beber tequila en una cantina de San Pedro el Alto.

Pocas horas antes, a las diez de la mañana, los dos gauchos extraviados en tierras aztecas habían tomado la decisión de abandonar el auto y continuar a pie en busca de salvación. Lo que siguió fue un penoso desfile de caminos, barrizales, extraños encuentros con caminantes torvos y una serie de aldeas ariscas e indígenas que solo aparecen en los mapas de Juan Rulfo: San Pedro el Alto, Pochutla, El Manzanal, San Juan Ixhuatepec, Miahuatlán... Núñez partió en busca de ayuda pensando que, con uno solo que sobreviviera, Les Luthiers podrían continuar como cuarteto. Maronna quedó abandonado en el ojo del huracán. Por fin, a las nueve de la noche, un embarrado y despeinado Núñez —a quien se le confirió desde entonces el título de Adelantado— logró llegar a Miahuatlán y dar aviso de vida a sus compañeros desde el único teléfono de la región, situado en el único hotel del pueblo. Maronna apareció a la medianoche a bordo de una camioneta de operarios eléctricos, recogió a Núñez y ambos partieron hacia Oaxaca, una ciudad situada a dos horas de camino donde abundaban los taxis, los teléfonos y los hoteles. El peligro había pasado.

Al día siguiente, viernes, tomaron el primer avión hacia Ciudad de México y a las ocho de la noche salían al escenario en sus esmóquines impecables, mientras el Paulina, arrebatado, seguía preguntando por ellos en la lejana Pochutla.

DE LO BRUTAL A LO TOLERABLE

El grupo la pasaba muy bien en el escenario, y eso era algo que el público notaba y agradecía, porque contagiaba. Pero vivir en concubinato artístico indisoluble puede ser frustrante para el individuo. «Muchas veces —confesaba Rabinovich— me dan ganas de decirles unas palabras a mis compañeros: gracias y no me jodan. Tengan en cuenta una cosa, por demás de importante: yo también soy un ser humano». Pero no cualquier clase de ser humano. Él, como los demás, era humorista profesional, y Mundstock sabía un par de cosas sobre el carácter del humorista. «Es clásico, es típico, que el humorista sea depresivo —comentaba Marcos un poco deprimido—. Creo que eso nos pasa a casi todos. Somos capaces de generar humorismo, pero sin perder por eso nuestro carácter depresivo». Esto, sin embargo, no quiere decir que sean una colección de tipos melancólicos que anden llorando por los rincones. Por el contrario, se trata de sujetos personalmente muy agradables con los cuales es posible pasar ratos divertidísimos. Fuera de escena también son simpáticos, amigables y chistosos. Llevan la procesión por dentro, claro está. Pero ¿quién no lleva la procesión por dentro? Y a pesar de tensiones, frustraciones y depresiones, el núcleo original permanecía unido.

La distancia interpersonal en las horas libres es uno de los secretos que explican esa feliz coexistencia de un puñado de genios a quienes el pasatiempo se les volvió profesión y quedaron condenados a trabajar como un mecanismo de relojería. El psicoanalista Fernando Ulloa, que empezó a atenderlos colectivamente en 1973, lo presentaba de la siguiente manera: «Ellos se han propuesto mantener la independencia de sus vidas privadas; no trasladan los problemas familiares al grupo, ni los del grupo a la casa; saben que es importante que cada uno mantenga su individualidad; y han conseguido hacerlo».

Pero no siempre fue así. Hubo etapas tormentosas en las que las tensiones internas hacían del grupo una olla de presión. López Puccio lo sintetizó con la franqueza descarnada característica del método de trabajo de Les Luthiers: «Las peleas internas eran brutales en el 73, terribles en el 79 y tolerables en el 89». Fue también él quien explicó las razones de esta evolución:

> El grupo aprendió que una de las claves consiste en respetar la incomodidad del otro. Si hay un chiste, una canción o cualquier otro aspecto de un espectáculo que realmente moleste a alguno, los demás cederán con respeto ante esta incomodidad. También aprendió a llevar este respeto hasta el extremo de cambiar o suprimir cosas importantes por el veto de un solo integrante y concentra todos sus esfuerzos en hallar soluciones que satisfagan a todos.

Rabinovich agregaba: «Fuimos sufriendo el deterioro del cuerpo y de las ideas que provoca el transcurso del tiempo; fuimos dejando el carácter casi infantil que tenía el grupo en sus comienzos y gozando del enriquecimiento de la madurez».

74

De este modo, se logró inyectar una dosis salvadora de tolerancia y de anticuerpos contra lo que López Puccio define como «autoritarismo y fascismo intelectual». Solo así, piensa él, se evitó que «el crecimiento brutal de la fama del conjunto terminara despertando pasiones y tensiones capaces de dislocarlo».

El doctor Ulloa estaba de acuerdo con el análisis de López Puccio acerca de la transición de lo infernal a lo tolerable, y agregaba que ello era producto de un aprendizaje sobre la difícil cultura de la convivencia.

Han ido aprendiendo cortesía como parte del trabajo y también han aprendido a atravesar las peleas —decía—. Ahora saben muy bien a qué peleas no entran, porque pueden conducirlos a un callejón sin salida. Si en otros tiempos las peleas eran brutales, es porque estaban en juego los «porqués» singulares de cada uno; en la medida en que han logrado pasar de los «porqués» a los «paraqués» ha cambiado la situación, y los obstáculos se han convertido en descubrimientos.

UN MATRIMONIO GRUPAL

El proceso no ha sido incruento. En el camino han quedado tendidos un luthier —Ernesto Acher— y un gerente asociado, Chiche Aisenberg. Si algo ha demostrado el grupo durante este difícil recorrido, es una capacidad de reacción que asombra, entre otros, a Jorge Maronna: «Tuvimos en la década de los ochenta cinco años muy movidos, que consumieron mucha energía. Pero resulta impresionante la fuerza del grupo para recuperarse de golpes y situaciones adversas. Es una capacidad que ha desarrollado independientemente de ayudas exteriores». El propio psicoanalista, que era el encargado de la «ayuda exterior», lo dijo en 1990: «Si yo no trabajara con ellos, seguirían funcionando sin problemas». La prueba de que acertó es que Les Luthiers prescindieron poco a poco de las sesiones con Ulloa y pasaron a manejar sus problemas solitos, gracias a lo que aprendieron en el diván con él y lo que les enseñó la vida a patadas. Como advirtió en su momento el psicoanalista: «Les Luthiers han aprendido a afinarse a sí mismos y gracias a eso la armonía persiste».

Los cinco integrantes de la formación histórica del grupo estaba de acuerdo en que a partir de un momento dado, hacia mitad de los dos mil pasó a reinar uno de los más armónicos ambientes que recuerde la historia del grupo. No es que no ocurrieran tropiezos y no se manifestaran problemas internos. Es que se habían doctorado en manejarlos y en impedir que llegaran a trabar el buen funcionamiento del equipo. Rabinovich lo expresaba en pocas palabras: «Tenemos un grupo afectivo muy grande. Nos llevamos bastante bien». A veces, el grupo alcanzaba a convertirse en un complemento familiar. Cuando enfermaron Mundstock y Rabinovich, el apoyo de sus compañeros resultó fundamental para salir adelante. «Me ayudaron muchísimo, como a un hermano, no simplemente como a un socio», decía Marcos. Es que Les Luthiers eran como un matrimonio, según Carlos Núñez: «Un matrimonio que incluye amores, incomprensiones, separaciones, reencuentros». Pero no se trata de un matrimonio en que la administración de cariño corra por cuenta de la justicia distributiva. «Hay parejas, hay amores, cambian los amores, rotan los papeles», agrega.

ATENCIÓN AL SIGUIENTE TESTIMONIO

En 2004, a solicitud de la revista colombiana *SoHo*, Jorge Maronna escribió un artículo titulado «El arte de estrenar», acerca del proceso de inspiración creativa y transpiración laboriosa que caracteriza a Les Luthiers. Los siguientes son algunos apartes significativos de su revelador testimonio:

> La preparación de un nuevo espectáculo de Les Luthiers empieza aproximadamente un año antes de su estreno, con la búsqueda de ideas y escritura de letras para las piezas, labor casi siempre individual. Necesitamos que las obras incluyan música, debemos escribir en un castellano que pueda ser entendido por cualquier hispanohablante, evitamos temáticas locales, no usamos palabrotas ni mencionamos a personajes de la actualidad. En esta etapa del proceso colabora con nosotros Roberto Fontanarrosa, aportando sublimes chistes a las obras en elaboración.
>
> Terminada la primera versión de un texto, que pudo haber llevado meses de trabajo, el autor lo muestra a los demás integrantes. Es el momento de reírnos con los nuevos chistes, lo que ya no ocurrirá cuando los hayamos escuchado por centésima vez durante los ensayos. También es ocasión de comentarios y propuestas de cambios o agregados. El autor de la pieza será quien decida qué

hacer con esas sugerencias: optará por incorporarlas, ignorarlas u ofenderse por la incomprensión de sus compañeros. Ya hemos comprobado que el humor no es una ciencia exacta: antes de presentar las obras al público nunca sabemos qué recibimiento tendrán, y es raro que coincidamos en nuestros pronósticos.

Alguno de nosotros toma ese texto para ponerle música. Ese compositor deberá estudiar el estilo musical que corresponda, informarse a veces sobre géneros que no conocía, cuidar que el texto cantado sea inteligible y recordar que el chiste es soberano, para no conspirar contra él con ornamentos musicales prescindibles. La tarea de composición lleva menos tiempo que la escritura de la letra: por lo general bastan unos pocos días.

Llega entonces el momento de ensayar. Uno de nosotros se encarga de coordinar nuestro trabajo con el de los asistentes en escena y técnicos en sonido e iluminación, quienes suman una decena de personas. Sentados ante los atriles deletreamos lo que el compositor escribió; más tarde leemos los diálogos y empezamos a actuar. Nuestras puestas en escena son despojadas, funcionales, siempre subordinadas a la idea humorística: se trata de que los chistes se entiendan con claridad y de conseguir un buen tiempo escénico, un ritmo continuado. Durante los ensayos la obra puede enriquecerse con improvisaciones y nuevas ideas. A veces la pieza incluye un nuevo instrumento informal cuya técnica de ejecución, tan informal como el instrumento mismo, debemos aprender. Cuando ya hay una primera versión de la obra se filma un video, que nos permite vernos desde afuera y comentar lo que nos parezca mejorable.

Presentamos la pieza ante el público, disimulada dentro del show cuyas últimas representaciones estamos haciendo. Como para nosotros la manera principal de evaluar su éxito es la risa que provoca, la prueba se graba con un micrófono dirigido hacia los espectadores, para poder más tarde, calmados ya los nervios, precisar cuánto se rio la gente en cada chiste. Si se rio, porque a menudo algunos juegos que nos divertían son recibidos con indiferencia. Por fortuna también ocurre lo contrario: chistes que suponemos destinados al fracaso resultan misteriosamente eficaces. Es raro que las piezas funcionen sin fallas en su primera versión; por lo general requieren cortes y ampliaciones, y algunas fracasan del todo. Muchas veces estos preestrenos nos producen una impresión pobre, al compararlos con las pulidas obras que estamos interpretando en el espectáculo anterior, repetido y perfeccionado durante muchos años. Hay que sentarse entonces a revisar los proyectos y hacer nuevas versiones que serán otra vez ensayadas y probadas hasta lograr un resultado aceptable. A lo largo de varios meses hacemos este trabajo, canción por canción, hasta que sumamos los cien minutos que duran nuestros espectáculos.

Poco antes del estreno decidimos un orden del programa. Algunas de nuestras reglas para que el show tenga una buena curva son: la primera obra debe ser fuerte; la segunda puede aflojar, pero es vital levantar la puntería desde la mitad del espectáculo en adelante; la pieza más contundente va al final, y el bis, habitualmente tomado del espectáculo anterior, debe ser muy eficaz. También buscamos alternar los géneros populares con los clásicos, las piezas grupales con las de solista, y los diferentes luthiers como protagonistas.

Maronna seguía revelando el secreto:

El momento del debut nos encuentra cansados, nerviosos, abotagados por tanta pizza engullida durante los ensayos; las letras y músicas están apenas aprendidas, y el escenario se puebla de disimulados papeles con recordatorios de textos, colocados estratégicamente por cada luthier. Finalizado el estreno, siempre inquietante a pesar de nuestra experiencia, llega la gloriosa cena de festejo con el equipo técnico, productores y familias, estas felices de reconocer por fin nuestras caras.

Al día siguiente nos reunimos en el teatro para ver el video del estreno, comentarlo y hacer los retoques más urgentes. El show cambiará en esas dos primeras semanas rosarinas, y luego en sus primeros meses de vida en Buenos Aires: haremos modificaciones dentro de las obras, tal vez también en el orden del programa, y a veces suprimiremos alguna pieza. Y continuará puliéndose a lo largo de los años que nos llevará representarlo en diferentes países.

LA DIVISIÓN DEL TRABAJO

El aspecto donde mejor se nota aquello de los amores y las parejas, que contaba Núñez, es el trabajo. El método de creación de Les Luthiers dista mucho de ese resultado final desenfadado, colectivo e informal que aparenta el espectáculo. Por el contrario, se trata de un proceso inicial de aportes aislados que luego se someten a una autocrítica feroz y a un matemático ajuste. Algunos miembros dan los primeros pasos de una nueva obra en compañía de otro: Maronna y

López Puccio suelen trabajar en pareja. Aunque ambos componen música y ambos escriben letras, López Puccio se dedica casi por entero a esto último, y Maronna más a la composición musical. Adicionalmente, Jorge tiene a su cargo la dirección de ensayos. Otros avanzan por lo general solos, como Mundstock y Núñez, que no escribe letras y prefiere más bien las tareas de composición y arreglos musicales y construcción de instrumentos. Rabinovich, que participaba activamente en el montaje del espectáculo en el escenario, está eximido de labores en la etapa creativa inicial; pero luego intervendrá tanto como los demás en el momento de la crítica colectiva, y al final se convertirá en elemento clave en las tablas.

Fontanarrosa recordaba cómo fueron los primeros tiempos de su vinculación a Les Luthiers. Decía el dibujante:

> El arranque de un nuevo espectáculo era bastante suelto e informal. Por ahí me pedían ideas y yo mandaba anotaciones por carta o llamaba a alguno y le comentaba alguna idea. Enviaba gags, chistes, pedazos de diálogos. A veces surgía la idea para una pieza y a lo mejor esa idea se transformaba después. Por ejemplo, el *sketch* de Warren Sánchez nació como una idea sobre astrología y luego se fue convirtiendo en un predicador y una secta. A medida que avanzaba la creación, las cosas se volvían más rigurosas. Una vez por semana viajaba a Buenos Aires a laburar con ellos. Pero una etapa en la cual desaparecía es cuando juntan textos, canciones y actuaciones en escena, que es un proceso de muchas correcciones y cambios. No sé si dije que yo no hice ningún aporte musical.

En eso radica, según los entendidos, buena parte del éxito de Les Luthiers. Pero hay que reconocer que también radica en el hecho de que más tarde regresaba Fontanarrosa.

> Volvía a los ensayos generales, anotaba todo lo que se me ocurría y a veces participaba en los últimos retoques. Las ideas incompletas, las que no se usaron pero tienen alguna gracia y los apuntes sueltos pasaban a una carpeta. A lo mejor tenían nueva oportunidad en el próximo show. Estábamos muy juntos durante meses preparando el espectáculo; pero, una vez que llegaba el estreno, dejaba de verlos durante una larga temporada.

Pasado más de un año, y cuando faltaban siete u ocho meses para el nuevo estreno, llegaba al estudio de Fontanarrosa en la calle J. C. Paz de Rosario un telegrama procedente de Buenos Aires. Les Luthiers atacaban de nuevo y convocaban a la infantería.

El protocolo descrito, que reinó durante más de veinte años, se ha hecho menos estricto en los últimos tiempos. Pero la comunión general se mantiene.

LES LUTHIERS SE ENFRENTAN A LA NADA

El comienzo de cada remezón creativo era lento, doloroso, perezoso. Siempre se iniciaba con lo menos duro, que es la esperanzada revisión de carpetas. Allí yacían ideas, chistes sueltos, situaciones humorísticas, gérmenes que no alcanzaron a sacar la cabeza. Por lo general, los luthiers descubrían en este cuarto frío unas cuantas conservas divertidas y procedían a descongelarlas para ver si funcionaban. Muchas se levantaban penosamente, intentaban caminar, se aferraban a las paredes con desesperación... Pero volvían a caer, y entonces eran devueltas de manera compasiva a la catalepsia de la carpeta por otros años más. En algunas ocasiones las ideas archivadas vencían la artritis, sonreían, andaban, adquirían nueva vida, se batían valerosamente en busca de otra oportunidad; y las ha habido que, tras haber dormitado germinalmente durante años, se han convertido en obras terminadas, felices y aplaudidas. Un caso ejemplar es el de los apuntes de Maronna y López Puccio sobre cierta pieza breve en torno a una premiación de televisión —«Ceremonia de entrega de premios»— que hibernó dos décadas en una carpeta. Resucitó finalmente en una revisión del pasado imperfecto, y en ese momento se vio que tenía posibilidades de desarrollo gracias a la profusión actual de premios de farándula, que se convirtieron en fuente de parodias y nuevas ideas. El resultado final de la transformación fue *Los Premios Mastropiero*, el espectáculo de 2005.

Agotada la provisión de las carpetas, los luthiers quedaban por cuenta de su propia iniciativa. Era el momento terrible. El momento de la verdad. Porque, contra lo que cree el común de la gente, crear humor bueno es un proceso tan difícil que pone a cualquiera de mal humor. Si alguno de los números era una parodia, estudiaban a fondo el género que se proponían caricaturizar. «Cuando vamos a hacer un bolero, por ejemplo, nos ponemos a analizar seriamente cómo es la estructura de un bolero, cuál es la relación entre la música y la letra, por qué suena así», explicaba Núñez. Maronna pintaba un panorama de desolación: «Es horrible: terminar una canción que luego se canta en dos minutos nos toma meses de una labor a menudo tediosa». Durante un tiempo, Maronna y López Puccio trabajaron de la siguiente manera: se reunían todos los miércoles y jueves entre las tres y las siete y media de la tarde en el estudio de Maronna, donde este había montado un teclado con equipo de sonido que a los legos parecía digno de *La guerra de las galaxias*. Lo más difícil para esta pareja no era la creación de la música sino de la letra. «Puede ser una semana versus un año», aseguraba Maronna con cara de estar diciendo la verdad. Algo tiene que ver con esto la clase de letras que constituía la especialidad del equipo: complejas ideas en torno de ingeniería de palabras, como «El rey enamorado» o «Una canción regia».

En este punto cualquier incrédulo tiene derecho a preguntar: pero ¿es que nunca se ríen quienes viven de hacer reír a los demás? Maronna respondía, con un gesto un poco más torvo y sin reírse: «A veces nos reímos mucho al inventar alguna novedad, pero son muchos más los momentos que pasamos pensando trabajosa e inútilmente en algún chiste. Son horas y horas en las que no aparece nada». Y agregaba con el rostro desencajado, como queriendo espantar a futuros competidores: «Pero *nada de nada*».

A la misma hora en que la célula Maronna-Puccio se sentaba en el estudio y no aparecía nada, pero NADA de NADA, a Rabinovich le aparecían ideas escénicas, a Núñez le aparecían arreglos musicales o dificultades con los instrumentos en construcción y a Mundstock le aparecían en el bolsillo o en un cajón papeles con anotaciones sueltas. La creación empezaba a caminar cuando aún estaba en cartel su más reciente espectáculo. Las horas muertas de las giras eran un momento propicio para garrapatear corcheas, probar melodías en borrador en la soledad del hotel o ensayar textos.

POR FIN UNA MANO AMIGA

Existe en los procesos creativos de Les Luthiers, sin embargo, un duende amigo que a veces acude al rescate del artista perdido. Unos lo

bautizan inspiración, otros musa y algunos más lo denominan trabajo. Los inescrupulosos lo llaman plagio. Un chiste entre amigos, una
anécdota, un comentario inofensivo pueden terminar convertidos en
parte del programa. «Pasión bucólica», aquel diálogo crepuscular entre
dos ancianas —Clarita y Rosarito—, nació a partir de una rutina de
Maronna, que solía imitar a una tía suya, quintaesencia de la tía santu-
rrona, solterona y bondadosa. Mientras se vestía en los camerinos, a
Maronna le daba a veces por hablar como la tía. Pero no hay tía que
no tenga vecina, y Núñez acabó siendo la segunda tía, que añoraba a
su difunto Arnolfo. El nombre era real: provenía de un tío político de
Núñez que había pasado a mejor vida. De vez en cuando Mundstock
se convertía en la tercera tía. Y un día se convirtió en algo más: en li-
bretista de una escena entre dos viejitas amigas. Pocos días después, el
texto tenía música y formaba parte del espectáculo de 1985. La noche
en que acudieron al teatro la verdadera viuda del finado Arnolfo y los
primos de Núñez, este pidió a sus compañeros que omitieran el
nombre del difunto. Temía que la cariñosa referencia pudiera parecer
irrespetuosa a los ojos y oídos de la viuda y los huérfanos. Tragarse
cada mención fue labor épica para todos. Al final, sin embargo, lo
habían logrado. Pero cuando Núñez acudió a saludar a sus familiares,
la tía le comentó desconsolada que no había visto aquel homenaje al
finado Arnolfo sobre el cual le habían hablado otras amigas.

Como señalaba Maronna en su testimonio periodístico, ciertas
obras se gestan a lo largo de años. Otras nacen en cuestión de minutos.
Todo depende del estado de ánimo de la musa. Una tarde de 1970,
cuando regresaban de Rosario a Buenos Aires Maronna y López
Puccio, la musa estaba arrabalera. Allí, en un Fiat 600, se les ocurrió la
idea de hacer un tango a la madre y surgió casi completa la primera
versión de lo que luego sería la famosa «Pieza en forma de tango».

La «Cantata del adelantado don Rodrigo Díaz de Carreras» fue
también una creación relámpago. Se elaboró en dos noches, cuando
faltaba apenas una semana para el estreno de 1977 y notaron que el
espectáculo estaba corto. Fue creada por Maronna, Acher y López
Puccio, bajo rigurosa clausura en casa de este último. La primera noche se escribió el texto y en la segunda se pusieron de acuerdo sobre
tonalidades y piezas musicales. Maronna y Acher se marcharon con
los pentagramas vacíos y volvieron veinticuatro horas más tarde con las
composiciones. Quizá hay solo un caso de gestación por mano múl-

tiple, que fue el texto de «Ya el sol asomaba en el poniente». Allí hay catorce manos, ciento cuarenta dedos, detrás de cada verso.

El caso de «La bossa nostra» es también único, pero de otra índole. Es este el único texto de la obra de Les Luthiers que no fue escrito por Les Luthiers. Agustín Cuzzani, conocido autor teatral —*El centroforward murió al amanecer, Los indios estaban cabreros*— quería que Les Luthiers representaran una obra suya titulada *Agamenón y las ubres*. El grupo le propuso, más bien, que escribiera un texto brasileño cuyo argumento le dieron. Cuzzani regresó con una novela de seis páginas apretadas, muchas de ellas escritas en excelente verso. Núñez fue el encargado de abreviar la versión. Dejó la de Cuzzani en la mitad, antes de que sus compañeros hicieran exactamente lo mismo con la suya. A esa cuarta parte sobreviviente le pusieron música y resultó lo que resultó.

De la misma manera como algunas versiones originales quedan reducidas a un mínimo, otras nacen pequeñas y nunca llegan a crecer. La letra de la «Zamba de la ausencia» (1967) es la más breve jamás compuesta por Les Luthiers. Consta de dos partes:

Primera: *Te fuistes y no volvistes*
            desde que te fuistes.
Segunda: *Volvistes y no te fuistes*
            desde que volvistes.

«Es una de las letras más cortas y sentidas que hemos compuesto», reconoce Maronna con una lágrima en alguno de los dos ojos. Solo podría competir con ella «Piazzolísimo», del mismo año, aunque Maronna advierte: «Siendo casi tan breve, es menos sentida».

El malevo en el suburbio
con la daga entre los dientes:
«¡¡Mamma mía, qué disturbio
pasa allí enfrente!?».
¿Qué será? ¿Qué pasará?

Despachada la musa, ido el duende, poco a poco se aproxima el momento en que deberán someter los trabajos individuales o celulares a la etapa colectiva, que es la más importante y dura.

LA MASACRE COMO MÉTODO

Mucha gente cercana a ellos se espantaba de la capacidad autocrítica que eran capaces de desarrollar. Algunos que tienen aversión por la sangre, como era el caso de Fontanarrosa, optaban por esconderse en su madriguera de Rosario. «Son muy severos en la aprobación grupal —advertía el psicoanalista Ulloa—. Su filtro es despiadado; ninguna obra de las que aprueban merece para ellos una clasificación superior a cuatro sobre diez. Tienen que estar borrachos para dar un seis. Es un rigor que produce sufrimiento, pero se traduce en calidad. Toda la espontaneidad que se ve en escena es genuina, pero muy trabajada». En esta etapa inmisericorde todos opinan, todos meten mano, todos agregan y todos destrozan. «Nosotros definimos nuestro método de trabajo como aporte aluvional —señalaba Rabinovich—: Sobre una idea pequeña volcamos y aportamos cosas, y la idea, lejos de crecer, disminuye». Explicaba Mundstock: «Cuando ya tenemos los textos escritos y las canciones compuestas y empezamos a ensayar, las obras sufren, frente a nosotros, una devaluación. La primera, la segunda e incluso la tercera vez que las ensayamos nos parecen lindas. Pero desde la tercera hasta la número trescientos antes del estreno nos preguntamos cómo pudimos ser tan idiotas de hacer una pavada así y cómo alguien puede reírse con eso».

La carnicería era general. Caían textos de introducción, caían chistes incidentales, caían músicas, caían letras de canciones. El escenario acababa convertido en un depósito dantesco de chatarra humorística. Los fragmentos alcanzaban a salpicar las primeras filas de la platea. En el primer manuscrito de la ópera rusa, por ejemplo, un aristócrata hablaba de «nuestros amigos los obreros» y él mismo se corregía enseguida: «nuestros *aliados* obreros»; aún insatisfecho con la expresión, el aristócrata ensayaba: «¡Nuestros obreros!», frase que encontraba la aprobación de los aristócratas. Durante algunos ensayos este chiste contó, además, con la aprobación de los luthiers. Pero poco antes del estreno se cayó del libreto. Otro que se cayó fue un juego de palabras de raigambre incaica que figuraba originalmente en «El valor de la unidad». Allí se mencionaba a cierto conjunto de música indígena llamado Machumisqui, nombre que olía a riscos andinos y evocaba las nieves perpetuas del Inti Illimani, hasta que alguien aclaraba que había sido bautizado así por su director, Mario Abraham Chuminsky.

En «Música y costumbres de Makanoa» figuraba inicialmente un pájaro imitador, el «nusa tengara multicolor». A la hora de trinar, este curioso animal, criado en las jaulas de Fontanarrosa, entonaba *canzonettas* napolitanas, toda vez que su característica era la de imitar a la perfección la voz del hombre. El pájaro gustaba mucho a Les Luthiers, pero el público, que es poco ducho en ornitología, nunca llegó a entenderlo. El ave fue degollada en su debut.

El grupo sabía, como ya se dijo, que cada vocablo y cada compás tenían que convencer a todos sus miembros antes de salir a escena. En última instancia, existía el poder del veto. Cuando subsistía dudas grandes y opiniones muy vehementes y divididas, se acudía a una fórmula sabia: poner a prueba la pieza ante el público, colgada a manera de bis en un espectáculo ya conocido. En esta apelación final solo un torrente de aplausos podía aprobarla.

No fue este el caso con la versión original de «Cardoso en Gulevandia», una obra de casi media hora construida en torno de los monólogos interminables de un bufón, que finalizaba con el envenenamiento colectivo de los personajes en medio de referencias a una maldición (jamás explicada) de los Rapabontes. Los espectadores de Tucumán, donde se estrenó, recibieron la obra con mortal silencio. Algunos, desesperados, pretendieron incluso que los dejaran sumarse al envenenamiento general. Para evitarse demandas e incómodas comparaciones con Jim Jones, Les Luthiers redujeron la obra a menos de la mitad y cambiaron el final.

BERGANTÍN SALVADO DEL NAUFRAGIO

También podía suceder que el peligro de muerte de una obra generara pequeños milagros. Carlos Núñez, por ejemplo, vivía obsesionado por un proyecto de zarzuela cuyo libreto escribió Mundstock de arriba abajo y entregó a Núñez para su musicalización. La primera partitura no logró sortear el visto bueno del grupo. Núñez solicitó un plazo de gracia y se encerró durante cuarenta y ocho horas a escuchar zarzuelas y componer en el piano. La nueva versión que salió de ese breve intenso lapso fue lo que, con algunas mejoras, supresiones y agregados, se convirtió en uno de los mayores éxitos de su repertorio: «Las majas del bergantín».

Durante la etapa final, y con ayuda de los colaboradores especializados, se incorporaban movimientos de escenario, luces, efectos sonoros y múltiples y pequeños chistes y gags visuales. Las obras, en realidad, nunca quedaban terminadas. Si dos años después del estreno surgía cualquier retoque inesperado, se incorporaba. Espectadores manirrotos, de los que veían en tres o cuatro ocasiones cada espectáculo luthierano, descubrían que de vez en cuando había palabras que desaparecían o se modificaban. En algunos casos la situación llegaba a ser dramática. Cuando se realizaban las primeras presentaciones de *Les Luthiers hacen muchas gracias de nada,* el número de «Cartas de color» sufría ajustes de función en función. El asunto tocó techo una noche en que, amparado por la oscuridad, uno que no actuaba en ese pasaje de la obra llegó reptando hasta el piano de Núñez y le entregó un papel recién escrito con el texto que debía leer. Al acabar la función, Núñez se agarró de la lámpara y amenazó con no bajar nunca más si no podía conocer los ajustes antes de que comenzara la obra.

Pese a los apuros que pasaban reptando bajo los pianos en plena escena o componiendo una zarzuela en dos días, uno de los momentos que Les Luthiers esperaban con mayor pavor no tenía que ver con instrumentos musicales, versos ni público. Era la elección de los títulos de las canciones, su orden en el programa y el nombre general del espectáculo. Se trataba de sesiones agotadoras que tenían una especie de apertura ceremonial. Daniel Rabinovich proponía, como venía haciéndolo desde el principio de los tiempos, el título de «Silencio: recital». Todos lo descartaban en medio de protestas e insultos, y entones sí podía procederse a la terrible búsqueda. Mientras ellos pensaban, lanzaban ideas, las rechazaban, las modificaban, inventaban otras y las volvían a descartar, en la imprenta esperaban. Una vez puestos de acuerdo acerca de un título —que rara vez los dejaba plenos de satisfacción, mudos de dicha—, venía la distribución de los números en el programa; este proceso de delicada alquimia se hacía por medio de tarjetas. Había que empezar y rematar con piezas fuertes y equilibrar y contrastar en el medio. «Una vez que nos jugamos el orden, es muy difícil cambiarlo —explicaba Jorge Maronna—. De hecho, solo ha cambiado un par de veces».

En realidad, estas sesiones de nomenclatura son las que mayor trabajo colectivo demandan. Sin embargo, hay siempre alguna contribución más a la famosa «creación aluvional» de la que hablaba Rabinovich.

Al final, agregaba este, «a partir de una idea original que aporta uno solo de nosotros o una pareja, la obra se vuelve colectiva». Colectiva, pero con especialidades y especialistas. López Puccio es autoridad reconocida en materia coral; Rabinovich tenía una vocación actoral carismática; Núñez, además de arreglador de toda clase de temas, es arreglador de instrumentos; Maronna es quizá el músico más estudioso de ellos, autor de numerosas piezas serias que ya pertenecen al repertorio de músicos profesionales; Mundstock es uno de los mejores locutores argentinos, un humorista parco pero sorprendente y habilísimo conocedor y retorcedor de temas del lenguaje. Todos tienen, además, amigos generosos dispuestos a elogiarlos en libros obsecuentes.

Para demostrarlo, he aquí una lista elaborada por fanáticos suyos residentes bajo un mismo techo que escogieron de manera empírica los cinco mejores títulos de espectáculos de Les Luthiers (nada tiene que ver con el contenido; es solo un ranking de frases):

1. *Les Luthiers unen canto con humor* (1994)
2. *Les Luthiers hacen muchas gracias de nada* (1979)
3. *Todo por que rías* (1999)
4. *Las obras de ayer (El Refrito)* (2002)
5. *Bromato de armonio* (1996)

Una de las grandes tragedias del archivo universal del ingenio es que, después de la copiosa aportación de materia gris de Los Luthiers en el dilatado proceso de creación de los títulos, todos ellos se convierten, para efectos prácticos del grupo y sus seguidores, en un acrónimo, en un vil código de referencia, más propio de aerolíneas que de obras de arte. Así, el genial *Mastropiero que nunca* pasa a ser *MTQN*, *El Reír de los Cantares* se degrada a *ERLC*, *Viegésimo aniversario* es un contrahecho *VIAN* y *Blancanieves y los siete pecados capitales* pierde su sabroso donaire para trocarse en algo parecido al número de identificación del virus de la gripe del pollo: *BN7P*.

TODOS PARA UNA

El sistema de «creación aluvional» demostró desde un principio su valor como método de trabajo. Pero acabó por engendrar un delicado tropiezo, consistente en establecer la genuina paternidad de una criatura donde intervenían tan esforzados óvulos y tan abundantes espermatozoides. El asunto, en fin, de la autoría.

La atribución de créditos autorales tuvo tres cambios. En un principio, el espectáculo llevaba la firma de Marcos Mundstock como director y Gerardo Masana como director musical. Posteriormente, cada obra identificó a sus respectivos autores. Pero a partir de 1973 el grupo empezó a preguntarse hasta qué punto era justo atribuir a los sembradores de una idea original el crédito de una obra en cuya creación, a la larga, intervenían todos. Y hasta qué punto, por supuesto, era injusto no atribuírselo. Semejante inquietud fue motivo de prolongadas reuniones, hondas reflexiones, consideraciones ponderadas, respetuosos intercambios de punto de vista, interesantes controversias, sinceras discusiones, agitados debates, conflictos personales, altercados groseros, sesiones de insultos mutuos, imprecaciones racistas, agresiones físicas, broncas de taberna, riñas de gallera y batallas campales, todas ellas bajo el impecable arbitraje del colegiado Ulloa. Finalmente, el pleito quedó visto para sentencia en 1974: los luthiers decidían en forma unánime que, a partir de ese año, el reconocimiento público de todas las obras sería colectivo. Se acababa el crédito individual y de allí en adelante toda obra tendría paternidad múltiple. «Fue una especie de pacto social que alivió aspectos de competencia para la figuración pública y sirvió de piedra basal para destrabar el proceso creativo», señala López Puccio.

Con anterioridad, Les Luthiers habían descubierto tres leyes importantes del trabajo creativo grupal: la Ley de Unanimidad en las Decisiones Importantes, la Ley de la Mayoría en las Decisiones de Menor Trascendencia y el Principio de la Incomodidad Respetable, o Ley del Nojodás. Esta última podría enunciarse científicamente de la siguiente manera: cuando a alguno le jode demasiado que lo jodamos un poco, no lo jodamos ni siquiera un poco porque sería joderlo demasiado. A estas tres leyes de oro agregaban ahora una cuarta: la Ley de la Autoría Colectiva.*

---

* A este principio general que rige desde 1974, Les Luthiers han hecho una salvedad: este libro, para el cual accedieron a identificar a los responsables específicos de algunas piezas cuando fue preciso hacerlo. No estoy autorizado para revelar cuál de ellos fue el que propuso, defendió y logró sacar adelante el excepcional tratamiento, que los lectores y la historia agradecerán. Digamos que fue «creación colectiva».

¿Cómo logran trabajar cinco para uno y uno para cinco? Los mosqueteros del rey habían logrado hacerlo, pero con dos menos. Maronna lo explica en el artículo para la revista colombiana mencionado atrás: «Aunque no inventemos cada uno de sus elementos entre todos, consideramos que el espectáculo es obra del grupo en su totalidad: firman nuestras letras luthiers que jamás han escrito un renglón, firman las músicas quienes ignoran qué es una corchea. Pero cada uno de nosotros aporta todo lo que puede y sabe hacer, y el show lleva la firma orgullosa de los cinco».

EL ETERNO TEMA FEMENINO

La ley más severa que algún Gobierno serio podría aplicar a Les Luthiers no la inventaron ellos, pese a que es producto, como el grupo, del espíritu de los años sesenta. Se trata de la ley contra la discriminación sexual. A menudo la gente se preguntaba, y los periodistas les preguntaban, por qué no hay mujeres en el conjunto. Cuando alguien que no ha caído en la cuenta de esta conspicua ausencia escucha la pregunta, suele poner cara de sospecha y picardía, y suma su curiosidad malsana a la de los otros: sí, a ver, que expliquen: ¿por qué no hay una mujer en el grupo?

Muy bien: al parecer, ha llegado el momento adecuado de explicarlo. En otro lugar de este libro se indica cómo sí ha habido en el pasado profesional de Les Luthiers algunas mujeres, pero solo con carácter transitorio. Ahora bien: el grupo tiene tres respuestas prefabricadas para sortear este inevitable capítulo en las entrevistas:

1. ¡Eso! ¿Por qué no hay mujeres en el grupo? (Destinada a atrevidas revistas masculinas).
2. A veces pensamos en cuántas ocasiones les habrán preguntado al Gordo y el Flaco por qué no eran tres. (Destinada a diarios respetables con amplia difusión familiar y femenina).
3. ¡Porque no! (Destinada a oscuras publicaciones de provincia).

El autor de este libro no se contentó con las respuestas anteriores y pretendió averiguar, de una vez por todas, la razón por la que no existe el gracioso y amable complemento del sexo masculino en la pandilla.

Algo me hacía sospechar que en este asunto se escondía alguna situación vergonzosa, y ese algo era el hecho de que, entre su nacimiento y el año 2005, uno o varios luthiers aparecen disfrazados de mujeres en diecinueve oportunidades a lo largo y ancho de sus espectáculos, aunque sea vocalmente. El récord de travestismo corresponde a Mundstock y Maronna (siete mutaciones), seguidos por los dos Carlos (seis cada uno) y Rabinovich (cuatro). Tal vez se dan por bien servidos con esta fugaz y mañosa «presencia femenina». Allá ellos.

¿GENIOS, LOCOS O QUÉ?

Otra peculiaridad de Les Luthiers que suele ser tema de comentarios e interrogantes intencionados se refiere al origen étnico-religioso de sus miembros. Aunque ellos aclaran que la religión no constituye su principal preocupación —a menos que se trate de música religiosa—, se les pregunta con frecuencia cuál es la razón por la cual todos ellos son judíos. La respuesta es que no es verdad que todos sean judíos, circunstancia que, por lo demás, sería perfectamente normal en ciertos sectores cosmopolitas de intelectuales porteños. La realidad es que Jorge Maronna es cristiano. Cristiano maronita. Por su parte, Carlos Núñez y López Puccio solo son judíos por parte de madre, que es por donde son judíos los judíos. El autor de este libro no consiguió revisar si Daniel Abraham Rabinovich corresponde a un nombre judío. Podría ser.

Algunos fanáticos suyos consideran que Les Luthiers son genios. Otros piensan que son locos. ¿Genios o locos? Es otra vez el doctor Ulloa quien procura analizar la situación, acudiendo, si es preciso, a las clasificaciones científicas. Recojamos sus palabras antes de que nos ofrezca una taza de tisana:

> Hay dos tipos de locos: locos de mierda y locos lindos. Estos últimos son los creadores desenfadados, aunque sea un desenfado que pasa por toda una ideología. Les Luthiers pertenecen a esta categoría. A pesar de su aparente desenfado, son tremendamente racionales y muy disciplinados. ¿Genios? No sé si lo son. Pero bordean el humor con una rara eficacia: logran una honda transferencia con el público, que nos permite pensar que son terapeutas del humor. Su humor es un humor fluido: no hacen humor, sino que navegan el humor. Y ya sabemos que «navegar es preciso, vivir no es preciso...».

Marcos Mundstock

Marcos Mundstock hizo reír a millones de personas con sus textos introductorios a obras de Les Luthiers. Pero su mejor chiste data de cuando tenía cuatro años y estaba en la puerta de su casa, en la avenida Freire de la ciudad de Santa Fe.

«Yo estaba muy impresionado por un dibujo de un saladero de carne que había encontrado en una revista *Billiken* de mi hermana. Vi pasar un camión cargado de cueros y le dije a mi mamá: "¡Mirá, ahí llevan cueros para hacer vacas!"».

Ya era el típico humor de Mundstock, un antiguo locutor profesional y redactor publicitario. Hombre rápido de mente (hay un espacio entre las dos palabras anteriores) y lento de empresas, no terminó la única carrera que inició: Ingeniería. Su parsimonia obedece a que, según él mismo lo confiesa, pierde buena parte de su tiempo en «boludeces».

PREGUNTA: ¿Qué tipo de boludeces?
MUNDSTOCK: Aajhmmm..., uuh..., me cuesta trabajo dedicarme al trabajo..., creo que me entretengo por ahí..., mmhhh..., qué sé yo..., durmiendo, viendo televisión..., uhhh..., jugando fútbol...

Jugar al fútbol era una de las mayores debilidades de Mundstock y su mayor fortaleza como aficionado a varios deportes. Defensa fino, famoso por su elegancia (en el vestir) más que por su rapidez, solía jugar dos veces por semana con un grupo de amigos en el Parque Jorge Newbery de Buenos Aires. También lo hizo cada vez que le ofrecían una oportunidad durante las giras.

El estilo es el hombre, lo mismo en la cancha de fútbol que en actividades triviales, como trabajar. «No soy prosista tipo río, al que le fluyen las ideas y los textos —reconocía—. Soy más bien un orfebre, alguien que se esmera al máximo en pulir los pequeños detalles».

Marcos Mundstock Finkelstein, casado con Laura —médica cardióloga— y padre de Lucía, nació el 25 de mayo de 1942 en Santa Fe y desde los seis años anida en Buenos Aires. Setenta kilos y 174 centímetros de altura; de chico fue hincha de Boca; sus compañeros, con escaso respeto, lo motejaban Pelado.

En su autobiografía declaró: «Quise ser abogado, ingeniero, aviador, cowboy, benefactor de la humanidad, tenor de ópera, Tarzán, amante latino, futbolista y otras cosas más. Después le hice la corte a la ingeniería, novié con la redacción publicitaria, estuve casado con la radio y tuve algunas escapadas con el teatro. Vivo con Les Luthiers desde su prehistoria».

He aquí sus respuestas al cuestionario al que lo sometió este libro:

¿Cuál es el secreto para producir esos textos inesperados, a veces surrealistas y siempre divertidos que lo convierten en el humorista favorito de algunos de sus compañeros, en orgullo de las familias Mundstock y Finkelstein y en admiración de su barrio?: Trabajo solo y en casa. Hacer textos para ser escuchados tiene su clave: deben llevar el remate en la última palabra del párrafo. La gente quiere chistes que la haga reír y hay que darle el gusto. También creo que el chiste suele ser una obra abierta, siempre modificable, y corrijo en forma permanente y sobre la marcha. Mis notas son un crucigrama.

¿Se siente cómodo como intérprete musical?: Mis contribuciones musicales son mínimas, sobre todo en comparación con las de mis compañeros. La verdad es que yo soy un lastre en este sentido. Hasta la trompetita que tengo que tocar me cuesta muchísimo.

¿Ha sido difícil escribir los textos a obras musicales de tan marcado humor?: Hay varias fórmulas que aplico. Una de ellas es que el texto no compita con la obra que presenta. Muchas veces ni siquiera tiene que ver con ella. Por ejemplo, en «Encuentro en el restaurante» el presentador no encuentra la hoja que debe leer y se pone a improvisar: recorre todos los lugares

92

comunes de las biografías que no dicen nada. En este texto ni siquiera se sugiere el tema de la obra que vendrá enseguida.
¿Ha escrito textos distintos a los que presentan cada obra de Les Luthiers?: Ufff..., sí..., tengo dos o tres cuentos terminados y muchos apuntes. Pero me cuesta trabajo dedicarme a eso. Algún día publicaré, no pierdo las esperanzas. Por ahí me han propuesto publicar un cuento que tengo y que se llama «Cuento tornasolado»; es una historia que empieza en castellano con los anglicismos usuales y se va convirtiendo al inglés en forma —quiero ilusionarme— imperceptible para el lector.
La mejor obra de Les Luthiers: «Las majas del bergantín», «Cantata del adelantado don Rodrigo Díaz de Carreras», «El sendero de Warren Sánchez», «Concerto grosso alla rustica».
La función inolvidable: Las funciones de 1988 en Montevideo en las que, estando en el teatro, tuve que ser reemplazado por mi suplente.
Su personaje luthierano favorito, excluido J. S. Mastropiero: Hoy, José Duval (el viejito de «La hora de la nostalgia»).
El papel o trabajo escénico más difícil que le ha correspondido: Las pocas notas de teclado que debía tocar en «Mi bebé es un tesoro».
El mayor sacrificio que implica ser luthier: La obligación de sentarse a escribir un nuevo número y la angustia de la primera prueba ante el público.
Su mayor metida de pata con Les Luthiers: En las pruebas con público de «¿Quién mató a Tom McCoffee?», le dije a Puccio: «¡Usted mató a Rulos Negros, eh..., digo..., a Tom McCoffee!».
Sus músicos preferidos: Schubert, Mozart, Brahms, Bizet, Tchaikovsky, Prokofiev, Verdi, Rossini, Puccini, Donizetti, Offenbach... y casi todos. Además Paolo Tosti, Serrat, Chico Buarque..., ¡uf..., tantos!
Sus humoristas predilectos: Woody Allen, Luis Landriscina, Mario Monicelli, Dúo Pimpinela... Y muchos más.
Alguna manía o agüero escénico: Ninguno.
Su función inolvidable: Recital en el Colón de Buenos Aires. Fue una gran ceremonia de amor mutuo entre Les Luthiers y su público.
Sus fortalezas y debilidades en su trabajo como luthier: Mi fuerte: textos y situaciones teatrales: inventarlas y actuarlas. Mi debilidad: interpretar música.

3

MIentras se preparan y afinan los instrumentos, hacemos un breve *intermezzo* para presentar a los Hombres de Negro

Es difícil verlos, porque visten de negro y se confunden con la oscuridad, con el fondo cavernoso del escenario, con el color de la conciencia del empresario. Muchas personas que han asistido al espectáculo jurarían que no existen. Son sombras, más que seres humanos, que se deslizan en el momento exacto para retirar un instrumento, instalar otro, conectar la guitarra amplificada, desmontar un atril, hacer un mutis con el piano, borrar cualquier vestigio del número anterior y tener todo listo para el siguiente. Algunos de ellos operan las luces, velan por el buen suceso del sonido o se preocupan por que nunca falte café y sándwiches en los camerinos de los artistas. Otros se mantienen pendientes de los ojitos iluminados de las consolas electrónicas. Unos más cuidan de las cuentas y la caja, que son dos instrumentos indispensables para la máxima armonía de la empresa. Otros se preocupan de los agotadores procedimientos de oficina. A despecho de su seguridad personal, en momentos de tensión política uno presta guardia en la madrugada al pie del depósito donde permanecen los instrumentos. Sin embargo, a los ojos de los espectadores menos zahoríes, estos caballeros no poseen vida real sino aparente. Son vagos reflejos, como las criaturas del «Poema de Parménides». Tienen la densidad de las ánimas, la viscosidad de los fantasmas y la consistencia de la luz de las estrellas muertas. Son transparentes. Puro *glásnost*. Los atraviesan, sin tocarlos, las miradas y los aplausos. Kafka no los habría diseñado mejor.

Pero ¿qué sería del espectáculo sin ellos? Entre telones, una función de Les Luthiers parece un hormiguero en el cual los insectos visten de negro. Siguen con atención los planos de movimientos, la guía de escenario, el libreto de las obras; digitan los teclados de luces con mayor rapidez que Núñez los del piano; al artista que descansa advierten de la proximidad de su entrada a escena; mantienen inflados los instrumentos de viento, a punto los micrófonos, servida la bandeja de colaciones, dispuesta la mesa de jugar truco, impecables los esmóquines, brillantes los zapatos. Además, alcanzan las hojas de textos a Mundstock, soportan con resignación las mofas que este improvisa a costa suya y han sido agredidos más de una vez a la vista del público por los despliegues karatecas de Rabinovich. Cuando la función termina, son los últimos en marcharse, después de haber guardado lo que es menester guardar, desconectado lo que no puede permanecer con conexiones y devorado los últimos trozos de jamón y queso en ardorosa disputa con las ratas del teatro.

Llegadas las giras, se les niega hasta el sagrado derecho al reposo. Si el teatro es nuevo, arriban con veinticuatro horas de anticipación a fin de levantar un mapa de planta, que luego irá a los archivos generales de Les Luthiers. Si ya han actuado antes allí, el plano preexistente les permitirá presentarse solo con veintitrés horas de antelación para montar los equipos. Se los espera dos horas antes de que cada función comience, para revisar luces, sonido, instrumentos, utilería, cortinajes, y reemplazar lo que falte o reparar lo que se haya estropeado.

Los Hombres de Negro son los encargados de llevar y traer los equipajes, de embalar los cofres y averiguar por qué demonios algunos de ellos han quedado abandonados en una escala intermedia del viaje aéreo. Muchas veces es a los Hombres de Negro a quienes toca lidiar con la incomprensión de esporádicos elementos perniciosos dentro del público. En octubre de 1978, cuando se enfermó Carlos Núñez, la función del Coliseo hubo de suspenderse y se ofreció a los espectadores la devolución de su dinero. A un saboteador nato que se había infiltrado entre la asistencia de esa noche no le bastó con que le entregaran de vuelta su dinero, sino que empezó a armar escándalo por el hecho de que un conjunto musical tan importante careciera de un «pianista sustituto». Fue entonces cuando uno de los más tranquilos y apacibles Hombres de Negro llamó aparte al rebelde sin causa y le rogó muy dulcemente que se marchase a su casa. Debió decirlo de manera muy conmovedora, porque, agradecido por tan oportuno consejo, el individuo se fue, como quien se desangra.

Aunque se muestren pacientes con las flaquezas del prójimo, transparentes en escena e insensibles al dolor físico o la fatiga, los Hombres de Negro son, sin embargo, seres humanos. Y a veces se equivocan. ¡Y cómo se equivocan cuando se equivocan! En 1979, el experto en sonido armó un salpicón con los cables de los micrófonos y, cuando llegó la serenata medieval, el rey enamorado no solo estaba enamorado, sino mudo. El artista tuvo que permanecer varios minutos paralizado en medio del escenario, mientras el angustiado Hombre de Pálido enchufaba y desenchufaba cables en busca del micrófono perdido. Pero, aun en tan difíciles circunstancias, uno de sus compañeros reaccionó con sangre fría; le arrimó al rey un asiento y café con galletas para hacerle menos larga la espera.

Les Luthiers se muestran muy orgullosos de sus colaboradores. «Son un grupo lindo y sumamente idóneo», dice Maronna. Todas las giras culminan con un banquete al que acuden todos los Hombres de Negro estables y los inestables que han prestado su colaboración local. En estos ágapes rueda el vino, circula profusamente el pescado, canta la gallina, parpa el pato, estridula la langosta, arrúa el jabalí, rebrama el ciervo, gruñe el chancho y los participantes comen y ríen hasta que entra la madrugada y los saca a todos.

El conjunto de Hombres de Negro que comía, bebía e incluso trabajaba a fines de 2006 estaba compuesto por, entre otros, los siguientes individuos de oscura vestimenta y alfabético orden:

Bruno Poletti, asistente de luces.
Francesco Poletti, coordinador técnico y montador de luces.
Jerónimo Pujal, segundo operador de sonido.

Aparte de los reemplazantes, mencionados en otro capítulo, colaboran o colaboraron también con Les Luthiers, vestidos de diversos colores:

Ernesto Diz, diseñador de iluminación.
Hugo Domínguez, *luthier* propiamente dicho.
Esther Ferrando, asesora de coreografía.
Roberto Fontanarrosa, colaborador creativo.
Gerardo Horovitz, fotógrafo.
Sebastián Masana, asesor cibernético.

96

Javier Navarro, mánager.
Lino Patalano, agente.
Sandro Pujía, diseñador de iluminación.
Rubén Scarone, gerente.
Hugo Trozzoli, arquitecto y contable.

RISAS ENTRE NOS

> *Al llegar las últimas funciones de una temporada, cuando uno está en el escenario y ve que los asistentes se juntan entre bambalinas, sabe que se avecina algo.*

CARLOS LÓPEZ PUCCIO
(argentino)

Las sabias palabras de López Puccio sirven para describir el ambiente que reina en torno de Les Luthiers cuando está próximo el final de temporada. Todos saben que ha llegado la época de las bromas y hay preparativos y miradas cómplices y ese sentimiento de angustia previo al advenimiento de Algo que los ingleses llaman *anticipation*.

La expectativa suele verse recompensada. Las bromas de fin de temporada de Les Luthiers han pasado a ser una institución en el grupo. Siguiendo el espíritu estudiantil que en él prevalece, estas pequeñas jugarretas equivalen a los jolgorios de fin de curso en colegios y universidades, cuando los alumnos, liberados ya de las tensiones y los exámenes, convierten en un maremoto de espuma y detergente la solemne fuente central del edificio, meten una vaca en la habitación del prefecto de disciplina o filtran una canción bailable en los altavoces, para que se escuche en vez del himno nacional durante la ceremonia de grado.

Bromas de fin de temporada las ha habido de variada especie, pero nunca tan sangrientas y pesadas que la víctima no ría. Casi todas acuden a la sustitución de textos, la aparición de objetos inesperados o las sorpresas pregrabadas. Pero han llegado a intervenir seres de carne y hueso. Literalmente. Marcos Mundstock, convertido en el enamoradizo pero caduco José Duval, sorprendió a sus compañeros intro-

97

duciendo una modelo en bikini en la función final de *El Reír de los Cantares* en Buenos Aires.

En otra oportunidad, Daniel Rabinovich salió disfrazado de pantalón corto y globo a hacer una escena con el sorprendido Carlos Núñez, quien tuvo que soportar, además, que el pequeño le recitara un poema intolerable con vocecita de tonto. Cuando se presentaba la introducción de Carolino Fuentes —un texto prácticamente inédito—, estaba programado un varonil y telúrico grito de «¡ahijuna!» a cargo de Mundstock. Pues bien: en cierto festejo de despedida, y con la complicidad del técnico sonidista, se produjo en el instante clave un corte en el micrófono de Marcos y se oyó una grabación que durante cuatro segundos emitió un excitado y desconcertante alarido femenino.

En ciertos números las bromas se vuelven parte del programa, y no es preciso esperar hasta el cierre de la temporada para ponerle zancadillas al luthier interlocutor. En «La balada del Séptimo Regimiento», perteneciente a *El Reír de los Cantares*, Rabinovich pregunta a Puccio el nombre de un establecimiento, y aquel menciona el bar Flora, palabra bisílaba que pasa luego a formar parte del primer verso de la balada. Ocasionalmente, Puccio cambiaba el nombre por otro de igual longitud a fin de saludar a algún amigo o amiga presente en la sala: Pilar, Susi, Pepe... Pero un buen día descubrió que podían disfrutar mucho más si el nombre resultaba un poco más largo. Desde entonces, Rabinovich no supo qué hacer para acomodar en la estrecha métrica de la balada los apelativos esperpénticos que inventaba Puccio ante la traviesa expectativa de sus compañeros: Cuauhtémoc, Epaminondas, Nabucodonosor...

Nombres crueles, pero al menos sin olor. Apestaban, en contraste, los productos que Maronna resolvió traer en su canasta durante los encuentros de Clarita y Rosarito en «Pasión bucólica». El libreto mandaba que Maronna (Rosarito) llegase a visitar a Núñez (Clarita) y le ofreciera un pequeño paquete, al tiempo que decía: «Le traje unas masitas dulces, querida...».

El atado, obviamente, no traía masitas, sino un relleno de cartón, circunstancia sin importancia alguna, toda vez que el público nunca llegaba a percatarse de su contenido real. Sin embargo, Maronna consideró que sería amable de su parte que no todo fuera cartón. Y durante toda una temporada incluyó objetos pestilentes que torturaban al pobre Núñez: pescado crudo, cebollas, ajo...

Las autoridades sanitarias estuvieron a punto de prohibir el espectáculo una noche en que Rosarito optó, además, por insistir a la infeliz y reticente Clarita: «Pruebe, pruebe, querida...».

Masana fue artífice y también víctima de más de una broma. En el «Concierto de Mpkstroff» le correspondía asestar un solemne golpe final de platillos con gran aparato. En una función de despedida de temporada, el golpe no se ejecutó con gran aparato sino aparatosamente, porque sus compañeros le amarraron los platillos entre sí y cuando al fin pudo desatarlos lo salpicó una lluvia de talco que los malditos habían escondido en el cuenco del instrumento.

Pero Masana iba a tener ocasión de vengarse en una gira. En ese mismo número, el concertista (Núñez) intenta abrir el piano y descubre que está rebeldemente cerrado. Se incorpora entonces Rabinovich, practica un par de atemorizadores gestos de karate ante el piano y procede entonces a levantar la tapa con el dedo meñique. Aquella noche en La Fusita, café-concierto de Punta del Este (Uruguay), Daniel realizó la consabida maniobra karateca; pero, cuando quiso alzar la tapa, le fue imposible. Nuevo intento, nuevo fracaso. Tercera maniobra, y nada. El asunto ya se había vuelto el *desconcierto* Mpkstroff cuando se acercó Masana, retiró un clavo escondido que había atravesado en la tapa antes de la función y pudo más la maña del bromista que la fuerza del karateca.

El número de «Mi bebé es un tesoro», que uno o dos luthiers aborrecen, fue foco de insistentes bromas y tropiezos encaminados, aunque parezca difícil, a tomarle el pelo a Mundstock. Núñez extraía de la cuna un muñeco envuelto en una manta, y Marcos le comentaba:

—¡Qué bonito bebé! ¿Y cómo se llama?

—Anubis Ganimedes Francis —respondía Núñez.

—¡Muy bonito nombre! ¿Y es nena o varón?

Núñez observaba entonces con apresurada curiosidad entre los pañales, y exclamaba: «¡Varón!». En una función de Buenos Aires, Carlitos se tomó el trabajo de arropar un muñeco de color negro y, cuando Marcos le disparó la consabida pregunta, le enseñó el negrito, para estupor absoluto de Mundstock, al tiempo que decía: «Es el hijo del jardinero...».

Sin embargo, la más embarazosa situación con el muñeco estaba aún por ocurrir. Y sucedió en Almería (España). Sin que ninguno de los luthiers involucrados en la escena lo supiera, los asistentes compraron un muñeco al cual se encargaron de añadir bajo los pañales, con pasmoso realismo, los rasgos necesarios para que quedase muy claro que Anubis Ganimedes Francis era nombre de varón y no de nena. De este modo, cuando Núñez inspecciona el muñeco ante un teatro lleno, descubre una sorpresa de tal tamaño que por poco no puede aguantar las carcajadas. Por toda respuesta, se limita a permitir que Marcos compruebe por sí mismo y quede también al borde del ataque de risa.

Con el pobre Mundstock se ensañaron sus compañeros en otras ocasiones, aprovechando su condición de hombre bondadoso y apacible. El Teatro Odeón, de Buenos Aires, tenía en el piso del escenario unas rejillas, invisibles desde la sala, que servían para la ventilación de los concertistas. En 1975 Les Luthiers presentaban el recital del año, que exigía, como siempre, la lectura de varios textos introductorios. Aquella noche de despedida, Marcos había tomado posición frente a su atril para dar lectura a los textos, cuando empezó a escuchar que una vocecita le decía cosas sumamente desagradables:

—¡Pelado roñoso!

—¡Callate, basura!

—¡Andate a tu casa, boludo!

Mundstock tuvo que hacer acopio de toda su sangre fría para, simultáneamente: a) no echarse a reír, que era lo que más quería; b) seguir leyendo inalterable, que era lo que le parecía cada vez más difícil; c) averiguar de dónde salían los insultos, que era lo que le intrigaba. Al cabo de varios minutos, no resistió más la curiosidad: dejó los papeles en el atril y, sin importarle la presencia del público, terminó agachado buscando el origen de los ultrajes. Gracias a una cuidadosa y desvergonzada inspección en cuatro pies, logró descubrir que provenían de la rejilla del piso, donde los asistentes habían ocultado un pequeño parlante que recogía los epítetos emitidos desde un micrófono cómplice escondido entre telones.

López Puccio (argentino), cuyo filosófico epígrafe preside este capítulo, ha dicho también sobre las bromas de fin de temporada: «Son parte de la salsa nuestra; son el condimento que nos permite soportar las largas temporadas». Pues bien: a él también lo han sazonado con el picante condimento. El mejor plato de *Pucho en salsa* que se recuerde lo prepararon compañeros y asistentes con minuciosidad que podría llamarse cruel. Uno de los números más aplaudidos de *El Reír de los Cantares* es la «Selección de bailarines», parodia de «A Chorus Line», en la que un aspirante llamado Dimitri recuerda lo que decía su padre, excepcional estrella del Ballet Bolshoi. Para más teatral efecto, cuando Dimitri evoca a su padre se oscurece el escenario y el reflector central ilumina el rostro nostálgico del muchacho. En ese instante, una cinta grabada transmite la sabia palabra del padre: «¡Inútil!...».

Para despedir una de las temporadas en el Coliseo, la pandilla siniestra de luthiers + asistentes consideró que era aconsejable ampliar el léxico del padre de Dimitri, pero, naturalmente, sin comunicárselo a su desdichado hijo. De este modo, aquella noche el joven bailarín escucha con rostro plácido —pero las tripas revueltas de risa— que su progenitor le dice, con inconfundible acento moscovita:

—¡Inútil!... ¡Torpe!... ¡Holgazán!... ¡Cabeza hueca!...

La lista era ya más de lo que un buen hijo o un artista serio podrían permitir. Pero López Puccio oía con pavor que su papá no terminaba aún:

—¡Ridículo!... ¡Horrible!... ¡Tontito!... *Shlemazl!*...

Al escuchar el *shlemazl*, y a pesar de ignorar su significado, Puccio estuvo a punto de capitular. Pero logró mantener la compostura para percibir que el regaño seguía:

—¡Porquería!... ¡Ansioso!...

Y, finalmente:

—... ¡Bailas peor que yo!

Tenía razón el filósofo del epígrafe: al llegar las últimas funciones de una temporada de Les Luthiers, cuando los asistentes se juntan en los costados y empiezan a mirar con una sonrisa hacia el escenario, se sabe que Algo se avecina.

En general, el público también sabe que, cuando Les Luthiers se juntan, es porque Algo se avecina.

Carlos Núñez Cortés

A los seis años se le despertó la vocación por las ciencias físicas: construyó un paracaídas y lo probó desde lo alto de un muro con su hermano menor, que salió de la prueba dolorido y golpeado. A los siete se le declaró la vena musical: empujó un piano escaleras abajo. A los veinticinco convenció a un grupo de amigos de que lo abandonaran, por unos días, en una pequeña isla desierta frente a las costas de Brasil, para jugar a ser Robinson Crusoe. A los treinta renunció a su puesto de químico, donde le pagaban diez veces más, para dedicarse a tiempo completo a Les Luthiers. A los treinta y tres empezó a guardar caracoles en la bañera del hotel. A los cuarenta y cinco colocó al revés en el micrófono de mano una guía para recordar sus textos y el público estuvo a punto de verlo pararse en la cabeza para leerla. Hoy se pregunta, confundido y algo triste, por qué sus compañeros lo llaman el Loco.

Carlos Núñez Cortés se agregó el segundo apellido después de que la policía lo confundió con alguien a quien buscaban las autoridades. Desde entonces solo lo confundieron con Jorge Maronna, hasta que este se afeitó la barba para que no le siguieran regalando caracoles babosos y podridos los fanáticos que saben de su cariño por estos bichos. La casa de Núñez, en las afueras de Buenos Aires, tiene reservado un sitio especial para ellos. Cuando el invitado entra al salón, el recinto se encuentra a oscuras; Núñez enciende entonces los reflectores, en forma teatral y efectista, y ante los ojos maravillados del visitante quedan expuestas las vitrinas donde se despliega una colección de más de cuatro mil caracoles y conchas marinas. Antes de que el brillo tornasolado de tanto nácar lo obligue a buscar gafas oscuras, el huésped curioso podrá descubrir personajes tan extraños como la *Xenophora conchyliophora*, un caracol que, como el propio Núñez, colecciona caracoles pequeños para camuflarse, o el *Conus gloriamaris*, cuya presencia es extremadamente rara. Sobre todo si está encerrado entre vitrinas en el sótano de una casa suburbana a doscientos kilómetros del mar. Los caracoles, definitivamente, son muy raros.

Las más lejanas raíces de la manía de Núñez por los animales se remontan a la época en que, siendo chico, vivió unos años con su familia en la provincia de Misiones, al borde mismo de la selva. Allí se contagió de ecología, naturaleza, entomología, biología, escatología y malacología. Estudió química, escaló montes observando pájaros, exploró islas en el Pacífico, se hizo buceador y alguna tarde, hurgando las entrañas del mar brasileño en Florianópolis, se topó con los que serían los primeros ejemplares de su colección. «Es algo que se va convirtiendo en obsesión», explica, mientras saca la cabeza del caparazón, observa a su interlocutor con la típica mirada del animal gasterópodo y agita los tentáculos.

Contiguo al cuarto de los caracoles, Núñez ha montado una pequeña sucursal del taller principal de construcción y reparación de instrumentos. En el entrepiso tiene un piano y un equipo de grabación donde se almacenan todos los ruidos de Les Luthiers, salvo uno que ha sido cedido a los archivos de la catedral de Burgos. No lejos de allí, en otra habitación, conserva enormes libros con recortes sobre Les Luthiers, pentagramas y documentos. El Loco ha sido encargado de llevar los récords del conjunto, lo cual dice bastante sobre la escasa cordura de sus compañeros. Sin embargo, su condición de maniático le ayuda a cumplir la faena con prolijidad de monje medieval: la verdad es que, comparados con los archivos de Les Luthiers, los del KGB, la Stasi o la CIA son un caso grave de amnesia burocrática. En el jardín, Núñez tiene sillas, piscina y una parrilla casi profesional. En el salón de juegos, un televisor con grabadora donde proyecta cintas de Les Luthiers a quien lo solicite. Un poco a la derecha, en la alcoba, tiene una médica especialista en tomografía por computadora llamada Virginia y, en una habitación que mira al prado, a un joven llamado Leonardo y una muchacha llamada Nathalie. Ambos son suyos. La tomógrafa es su esposa y le ayudó a poblar la habitación que mira al prado.

Núñez es pianista y arreglador; es compositor de partituras para teatro que han recibido varios premios; y es el máximo mimo del grupo. Pero a ello no lo ha llevado solo una vocación chaplinesca, sino los problemas que a veces le depara… esto… la… ¿cómo se llama?… la memoria. Su chasco con el texto de estreno de «Mi bebé es un tesoro» lo prueba. Le pedimos que nos relatara la anécdota; él accedió a hacerlo y, luego de consultar discretamente un papelito, dijo:

> Estrenábamos *Viegésimo aniversario* en Mar del Plata en abril de 1987. Yo era el protagonista de «Mi bebé es un tesoro» y me tocaba cantar sosteniendo un muñeco con una mano y un micrófono con la otra. La canción no acababa de gustar y a cada rato aparecía una nueva versión. Yo ya me había hecho un lío de letras distintas. Cuando recibí la última versión del texto me negué a memorizarla, porque estaba seguro de que iba a cambiar de nuevo, y me preparé en un papelito un *machete*, *chuleta* o *comprimido* como el que preparan los estudiantes para ayudarse en los exámenes. Una vez terminado, lo pegué al micrófono. Estando ya en escena y a punto de leer disimuladamente mi primer parlamento de esta pieza, ¡advertí con horror que había pegado el papel al revés…!

La solución era pararse en la cabeza para leer el papelito o invertir completamente el micrófono, como Julio Iglesias. Dignamente, Núñez optó por dar la espalda al público y tratar de reparar el error. Nadie entendió qué ocurría, por qué ese tipo forcejeaba con el micrófono mientras sostenía un muñeco bajo el brazo y sus compañeros repetían los mismos compases como un disco rayado.

Ayudado por otros papelitos, Núñez respondió así el cuestionario de este libro:

La mejor obra de Les Luthiers: «Teresa y el oso», «Cantata del adelantado don Rodrigo Díaz de Carreras», «Concerto grosso alla rustica», «Orratorio de las ratas».

La obra de Les Luthiers que querría olvidar: Nunca me gustó «El beso de Ariadna», y tengo un triste recuerdo de «La campana suonerá»: era una idea muy buena que no logramos plasmar en escena.

Su personaje luthierano favorito, excluido J. S. Mastropiero: Existen personajes en los textos y canciones de Les Luthiers y también personajes que representamos nosotros sobre el escenario.

Entre unos y otros, mis preferidos son: el oso libidinoso de «Teresa y el oso»; Rosarito (Maronna) y Clarita (Núñez), de «Pasión bucólica»; el cuñado de Jean-Claude Tremend (Rabinovich), de «Les nuits de Paris», y también el disertante que confundía la musa Terpsícore con Esther Píscore; Yoghurtu Nghé, de «Cartas de color», aquel simpático negrito africano que emigraba a Estados Unidos y, luego de algunas vicisitudes, triunfaba cantando blues, tocando el piano, bailando y haciendo *tap dance*. A mí me correspondía el papel y creo que salí airoso de todo menos del *tap dance*. Trabajé mucho tiempo intentándolo con Esther Ferrando, nuestra coreógrafa, y hasta llegué a zapatear el día del estreno. Pero al día siguiente mis compañeros me sugirieron, por unanimidad, que dejara de hacerlo.

El mayor sacrificio que implica ser luthier: Ser luthier implica muchos más placeres que sacrificios, pero estos existen: la exigencia de ser siempre gracioso e inteligente frente a los demás, la convivencia con las mismas personas durante largos periodos, las envidias y mezquindades de los compañeros de trabajo (potenciadas durante las etapas creativas)… Las cosas maravillosas que acompañan al éxito también traen aparejadas condiciones severas de fidelidad y entrega total al grupo. Si uno está podrido, no puede dar un portazo y mandarse a mudar. La imposibilidad de renunciar (matar la gallina de los huevos de oro) me provoca a veces ambivalencias terribles, como querer y odiar a Les Luthiers al mismo tiempo, o haberme dedicado en mi vida a otra cosa.

Su mayor metida de pata con Les Luthiers: La de «Mi bebé es un tesoro».

Sus músicos preferidos: Mozart, Brahms, Franck, Ravel, entre los clásicos. Chico Buarque, Tom Jobim, los Beatles, el buen jazz.

Sus humoristas predilectos: Woody Allen, Groucho Marx, Laurel y Hardy, Chaplin, Monty Python, Jardiel Poncela, Fontanarrosa, Quino, Marcos Mundstock.

Alguna manía o agüero escénico: Tal vez una manía: antes de salir a escena canto o repito en voz alta el primer verso de la obra que he de interpretar.

105

Su función inolvidable: La del Teatro Colón de Buenos Aires, que fue emocionante hasta las lágrimas y era el orgullo de haber llegado, la consagración definitiva en nuestro propio país. También aquella función en la que mi perra salió a escena.

Sus fortalezas y debilidades en su trabajo como luthier: Mis fuertes: tocar el piano, la pantomima, la construcción de instrumentos informales, componer música, dirigir ensayos. Mis debilidades: la improvisación, la memorización de letras, la resistencia a los cambios.

Confiéselo todo: Carlos Alberto Núñez Cortés Alazdraqui; 76 kilos de peso; 1,73 metros de estatura; hincha de River Plate por herencia paterna. Me dicen el Loco, pero no sé por qué.

4

*FA*mosos fabricantes de instrumentos informales, Les Luthiers cuentan la historia de su taller de artesanos

En el principio fue la guitarra, una vieja guitarra de Gerardo Masana que daba vueltas por ahí. Eran los tiempos de prehistoria de Les Luthiers, cuando se reunían los miembros del coro de Ingeniería en sus horas libres a divertirse con la música. Masana pensó que era posible rescatar la guitarra de la ignominia del polvo y la humedad, y entonces, ayudado por el médico Carlos Iraldi, le subió el puente, le agregó —como a cualquier pirata— una pata de palo, consiguió que adquiriese un bastardo aspecto de violoncelo y la convirtió así en el primero de los instrumentos informales que son parte del sello característico del conjunto. Estaba sembrada la condición de *luthiers* (fabricantes de instrumentos) de los futuros ídem. Este primer objeto fue bautizado *contrachitarrone da gamba* y como ejecutor oficial se designó a Jorge Maronna. Durante muchos años, Maronna no solo fue el primer contrachitarronista da gamba del mundo. También el único.

La exguitarra de Masana fue el comienzo de una colección de cosas viejas transformadas en fuente de sonidos que a veces logran ser armoniosos. Hoy suman cerca de una cuarentena, y en todos los espectáculos debuta un nuevo aparato musical.

Con la evolución de Les Luthiers, ha evolucionado también la artesanía luthierana. En aquellos tiempos existía primero la gallina y luego se inventaba el huevo. Tropezar con unos tubos o descubrir una máquina de escribir abandonada en un desván podía terminar en un nuevo instrumento. Por lo menos en un nuevo proyecto. Aunque sea en un nuevo nombre: la arpilla (injerto de arpa y silla), el *contrabasso da gamba piccolo* (violín ejecutado en *pizzicato* en posición vertical) y el palangajo (palangana encordada para producir sonido de contrabajo) fueron algunos nombres que sonaron en reportajes a Les Luthiers, pero que jamás sonaron como instrumentos porque nunca alcanzaron la etapa de la carpintería.

Otros fueron descartados en el proceso de confección, como ocurrió con el meloneón, mestizaje de melódica y bandoneón, y la tromena, hija de trompeta y quena.

Desde entonces el procedimiento ha cambiado. Ahora surge primero el huevo de la idea y después se le busca la gallina adecuada. El encargado de ayudar al tránsito del huevo a gallina fue durante casi treinta años el varias veces mentado y muchas más veces añorado Carlos Iraldi. El *luthier* de Les Luthiers nació en 1920 y abandonó totalmente el psicoanálisis en 1989 para concentrarse en sus leznas, destornilladores y serruchos. Una de sus obras maestras fue el bajo barríltono, un pariente lejano del *contrachitarrone* primitivo que estrenó Jorge Maronna en 1994 haciendo de capellán de Roccapovera en la tarantela litúrgica «San Ictícola de los Peces» (*Les Luthiers unen canto con humor*). La idea original consistió en cruzar un barril con un contrabajo, a fin de que el músico pudiera, simultáneamente, habitar el barril e interpretarlo. Lo demás fue buscar un barril centenario de vino, comprar un mástil de contrabajo en el taller de un colega, insertarle tirantes, acomodar el aparato a la talla del intérprete y tenerlo listo para el espectáculo que hizo de Maronna el luthier favorito del Vaticano.

La evolución del procedimiento es importante. En tiempos de Masana, para fabricar un barríltono —nombre tomado de una novela de James Joyce— habría sido necesario que el abuelo de uno de Les Luthiers muriese alcohólico, que la viuda hubiera conservado su último barril de vino como recuerdo y que al abrir la nevera de Masana hubiera caído, sin que nadie se explicara por qué, el mástil de un contrabajo. A partir de Iraldi, y aun después de su fallecimiento, el taller se volvió, por decirlo de alguna manera, más profesional, si por ello entendemos, verbigracia, que alguien compra un bidet nuevo y lo convierte en aparato musical.

Al conocerse por la prensa la noticia de la muerte de Iraldi, otro *luthier* que nunca había visto a Les Luthiers en persona, pero que había oído sus canciones y admiraba su trabajo, decidió enviarles una carta. En ella les daba su sentido pésame por el fallecimiento del gran maestro de instrumentos y ofrecía sus servicios. Firmaba la carta Hugo Domínguez, un bonaerense nacido en el barrio Caballito en

1946, que compartía con el grupo su afición por la música y por los instrumentos informales. Domínguez era miembro de una banda de jazz tradicional, donde tocaba la tuba y un contrabajo construido con trabajo y con un fuentón de zinc.

Habían pasado diez meses desde aquella carta y Domínguez, archivada ya la ilusión de trabajar con Les Luthiers, seguía dedicado a fabricar museos de ciencias para universidades argentinas, noble actividad que proveía su sustento. Llegó entonces la respuesta. En ella los interesados le pedían que se presentara personalmente ante el Diputado Artesanal Carlos Núñez Cortés y expusiera sus antecedentes, habilidades y aspiraciones. Empezó así la relación con el hombre que asumió las labores de Iraldi. Su primera obra no le demandaba talento para el jazz y la artesanía sino para la ingeniería sanitaria. Se trataba de la colección de muebles íntimos llamados a animar las «Loas al cuarto de baño» en *Todo por que rías*.

En el taller de instrumentos de Domínguez, donde trabaja oyendo música góspel y blues y mojando las horas con mate, Hugo y Núñez aprendieron el húmedo menester de los fontaneros. Agobiados por tuberías, pedernales, cisternas y grifos trabajaron durante meses en la nueva generación de instrumentos del grupo. De allí salieron la desafinaducha, el nomeolbídet, el calephone (nueva versión) y las tablas de lavar. «La que más trabajo me dio fue la desafinaducha —dice Domínguez—. Había que coordinar muchos elementos para que saliera bien». Pero salió bien. Cuando se estrenó el espectáculo y Domínguez acudió al teatro, estuvo a punto de echarse a llorar al ver la que llama con orgullo «mi ópera prima».

Pero le esperaba un desafío mayor. La idea que le expuso Núñez era la de un instrumento basado en la diversidad de los niveles de agua en recipientes de vidrio, una especie de homenaje a las viejas marimbas caseras fabricadas con botellas. Eso sí: versión tercer milenio. Atómica. Estelar. De otra galaxia. Domínguez estudió planos, realizó ensayos, aplicó embudos, derramó muchos litros de agua y multiplicó la cuenta del acueducto. Pero el 29 de julio de 2005, el alambique encantador debutó con *Los Premios Mastropiero*. Se trata de un enorme aparato de 4,30 metros de largo compuesto por cuatro bidones, ocho botellas y once copas, que requiere el trabajo coordinado y simultáneo de tres intérpretes. Los cholulos de Rosario sabían que la noche del estreno iba a presentarse el último objeto musical no identificado de Les Luthiers, y la expectativa fue creciendo a medida que se desarrollaba el programa del recital. Ya habían pasado por el escenario ocho números, y el instrumento no aparecía. Había nervios, tensión, dudas, angustia. Saltó al escenario solo al final, como las grandes divas, y, al igual que ellas, fue recibido con una mezcla de «¡ohs!», «¡ahs!» e incluso «¡uhs!», a los que siguieron aplausos de admiración. El alambique encantador encantó a los presentes durante la comedia musical infantil para adultos «Valdemar y el hechicero». Tanta agua derramada había valido la pena…

BIOGRAFÍAS DE INSTRUMENTOS ILUSTRES

Otros instrumentos informales tienen también una rica biografía. Es el caso del *bass-pipe* a vara, aquel cilindro gigantesco que cabalga sobre ruedas y solía recibir los recios bufidos de Daniel Rabinovich a través de un ramillete de boquillas. El actual ejemplar es hijo del que se le ocurrió una tarde a Masana mientras esperaba el colectivo 155 en la calle Corrientes. Allí, a su lado, en un tacho de basura, descubrió unos tubos de cartón largos y fuertes que hasta pocas horas antes habían servido para enrollar telas. Masana miró los tubos. La tentación empezaba a manifestarse. El colectivo tardaba. Gerardo volvió a mirar los tubos. Magdalena, su mujer, temió un aparatoso desenlace. Finalmente, Gerardo le hizo la seña fatal:

—Vení a ver estos tubos.

Algunos días después, se habían convertido en un pesado instrumento de viento que emitía ruidos distintos según el tamaño del tubo que se soplase. El infame —hay que reconocerlo— sonaba. Sonaba con la gravedad del trombón o el rinoceronte, pero sonaba. Lo único es que manejarlo resultaba muy difícil. Una mañana, Magdalena regresó de la plaza de mercado empujando el carrito de la compra y Gerardo observó el carrito con la misma mirada que días antes había señalado un destino a los tubos de cartón. Ella recuerda ese momento con pavor.

—Él miraba y miraba el changuito y le brillaban los ojos. Me di cuenta de que era inútil defenderlo. En su cabeza, el changuito ya formaba parte del aparato que estaba construyendo.

TRÁFICO DE COCO

Solía ocurrir. En una ocasión anterior, Magdalena le había regalado un bombo que compró, no sin esfuerzo económico, en La Casa de Santiago, una famosa tienda musical. Pocas semanas más tarde, Gerardo le había agregado un trozo de madera, varias cuerdas y dos puentes. Acababa de nacer el cello legüero. En esa casa de maniático, cuando no se estaba componiendo o cantando, se estaba serruchando o clavando; cualquier objeto corría peligro. «Yo era muy pequeño, tenía quizá cuatro o cinco años —recuerda Sebastián Masana— y unos familiares me regalaron una corneta de plástico parecida a las que llevan a las canchas de fútbol. Era uno de mis juguetes preferidos. Un día la busqué por todos lados y no estaba. Pregunté a todos, incluyendo a mi viejo, y nadie me pudo informar sobre la corneta. La di por desaparecida. Pasaron unos meses y fuimos a ver un estreno de Les Luthiers. Llega la hora, se abre la cortina del escenario y qué veo: allí estaba mi corneta, convertida en un absurdo instrumento que tocaba Marcos Mundstock».

No hay trebejo que no haya merecido el respeto de Gerardo Masana, de Carlos Iraldi, de Carlos Núñez o de Hugo Domínguez a la hora de fabricar instrumentos. Toda clase de artefactos han resucitado en el escenario trocados en aparatos musicales de viento (19), cuerda (10), percusión (8) o circuito electrónico (el robot). El inventario de cacharrería es largo: cajas de conservas (latín, o violín de lata), globos de inflar (manguelódica pneumática), máquinas de escribir (dactilófono o máquina de tocar), ruedas de bicicleta (mandocleta), zapatos viudos (shoephone), calentadores de agua (calephone), recipientes para preparar mate (yerbomatófono d'amore), tubos de ensayo (tubófono silicónico cromático), instalaciones de aseo íntimo (nomeolbídet), botelleros (alambique encantador)…

La invención puede surgir en el momento más inesperado, como el *bass-pipe*, o en el más íntimo: alguna vez, mientras aliviaba los riñones, Iraldi se preguntó si un aro de inodoro no serviría de lira. Así nació la lira de asiento, o lirodoro. En cuanto a la idea de construir una marimba con cocos, no se sabe bien el momento en que brotó. Lo cierto es que durante dos años Carlos Núñez convirtió las giras de Les Luthiers en un contrabando de frutos de palma. «El problema —explicaba Iraldi— es que no hay dos cocos iguales, pues el coco nace con una nota que es imposible cambiar. La gran mayoría suena en fa, que es la nota de la armonía universal. Todo lo que el artesano puede conseguir es que ofrezca ese tono de la manera más brillante y sonora posible».

Para conseguir los diecinueve sonidos de la marimba, se montó una gigantesca operación de tráfico de coco. Llegaron cocos grandes del Perú, cocos pequeños de Venezuela, cocos colombianos repletos de agua refrescante, cocos supermachos de México, coquetos *coquinhos* do Brasil. Iraldi y Núñez examinaron ciento ochenta y tres cocos, labor harto redundante para este dueto compuesto por un psicoanalista retirado y un loco en activo. Cuando por fin encontraron el coco que dio el si bemol la alegría fue mayor que si hubieran descubierto la ley de la gravedad. Al cabo de mucho pelar coco, mucho desbastar corteza de coco, mucho perforar coco, se estrenó el cocófono en el número «Música y costumbres de Makanoa», que fue parte de *Por humor al arte* (1983). La marimba resultó un éxito: el público aplaudía desde el instante sublime en que la enfocaba el haz de luz y Núñez la presentaba en sociedad con una reverencia.

El instrumento favorito de Iraldi, Núñez y Domínguez, que costó a los dos primeros nueve meses de trabajo, es el órgano de campaña. El intérprete de este pertrecho bélico-musical debe cargar los tubos en la espalda, tocar el teclado que le cuelga enfrente y activar los fuelles con los pies.

Uno de los aparatos de más difícil confección ha sido la gaita de cámara, aquella enorme llanta de tractor que suministra aire a varios instrumentos en la pieza «Vote a Ortega», de *El Reír de los Cantares*. Se presentaba un problema de presiones de aire que fue necesario solucionar con manómetros individuales. En marzo de 1990 la gaita de cámara les dio un buen susto. Cuando la función se desarrollaba normalmente en Tenerife (islas Canarias), y faltaban solo cinco minutos para el número de Ortega, se reventó un parche y el aparato se desinfló. Los asistentes trabajaron con afán y precisión dignos de cardiólogo cuando el paciente le debe dinero y, al llegar el momento de salir a escena, allí estaba la recámara; hinchada, sonriente, con su nuevo parche. Desinflados estaban, entre bambalinas, los asistentes.

Iraldi trabajó también en la confección de una tromba marina, instrumento del siglo XIII que en esta oportunidad iba a ser fabricado a partir de un viejo perchero. Estaba diseñado como instrumento algo travesti, toda vez que hace setecientos años lo soplaba en cada convento una monja a fin de convocar a las demás sores. Se trataba, pues, de un instrumento de viento. La tromba, no la monja, que sí es instrumento, pero de la voluntad de Dios. Evolucionó luego a ingenio de cuerdas y al final nunca se fabricó porque, según Iraldi, «no está bien que las monjas anden por ahí tocando trompetas». Ni mucho menos Les Luthiers.

En cambio, Iraldi construyó, sin aceptar ayuda de nadie, un imponente aparato al que bautizó como ferrocalíope. Se trataba de un ingenio mecánico de viento que operaba con vapor. Carlos Merlassino ayudó a Iraldi en la construcción de esta pequeña locomotora musical que se estrenó en medio de chorros húmedos y pitidos en «Fronteras de la ciencia», del espectáculo *Les Luthiers unen canto con humor*. Fue la despedida del *luthier* de Les Luthiers.

Por quién queman las campanas

Por algún sino curioso, las campanas de Les Luthiers han tenido aún peor suerte que la gaita. Cuando Masana construyó la primera versión del *bass-pipe* a vara, resolvió coronarla con una campana amasada y moldeada con papel de diario, harina y agua y pintada de dorado. La falsa campana logró engañar a los amigos, pero no al perro de los Masana. El astuto animal siempre supo que este objeto no era un instrumento musical sino un pan vestido de lentejuelas; si no, ¿por qué entonces la harina? Para salir de dudas, el perro se comió la campana mientras se secaba la masa en el patio de la casa de los padres del luthier, y fue preciso conseguir una nueva campana. Y un nuevo perro, pues este también dobló. Diez años después, otra campana volvió a ocupar lugar preeminente en el programa de Les Luthiers. Esta vez se trataba de la que daba su nombre al número «La campana suonerá», que se incendió una noche al quedar apoyada contra una lámpara y tuvo que ser reconstruida de urgencia.

Viva la informalidad

Los utensilios musicales informales —que, además de ser informales, deben tener algún rasgo cómico o irrespetuoso— no son el único acervo instrumental de Les Luthiers. También constituyen parte de su inventario otros aparatos construidos por colegas suyos: piano, violín, contrabajo, guitarra, flautas, tuba, bajo eléctrico, etcétera. De hecho, algunos miembros del grupo se destacan como instrumentistas formales y casi todos son capaces de atacar por igual cuerdas, cobres o percusión. Con algo de suerte, uno o dos de ellos podrían, incluso, sobrevivir al ataque. Iraldi estaba dotado de enorme habilidad manual pero no tocaba instrumento alguno; Domínguez, por el contrario, repara y toca la tuba. Pero no conviene caer en la trampa de señalar cuándo un instrumento es formal y cuándo no. A los instrumentos no se les expiden licencias ni diplomas, ni existe autoridad que les imparta un visto bueno académico. Podría ocurrir muy bien que el tubófono silicónico cromático se convirtiera dentro de un par de siglos en instrumento clásico y se ofrecieran conciertos en el Carnegie Hall para esta cosa y orquesta. Por fortuna, ninguno de nosotros estará allí para testimoniar semejante despropósito.

La formalidad o informalidad del instrumento, pues, es algo que definen el tiempo, los repertorios y los públicos. Lo que sí puede afirmarse más allá de toda duda es que existen músicos formales e informales. Cualquiera que haya visto comer a Les Luthiers o haya tenido que padecer la vergüenza de visitar con ellos catedrales antiguas después de un almuerzo abundante en celulosa estará de acuerdo en que pertenecen a la última categoría. Si me presionan, yo diría que a la más ínfima. Pero, del mismo modo como estos músicos informales se atreven a empuñar instrumentos informales, hay al menos un caso inverso en los registros. El prestigioso violinista italiano Uto Ughi interpretó alguna vez fragmentos de Bach en el latín o violín de lata y salió tan contento que compró de inmediato varias latas de jamón húngaro, aunque no es seguro que haya encontrado la misma marca que produjo en el original melodías tan altas en colesterol. A propósito, los fabricantes de una conocida marca de dulce de batata cuyas cajas brindan resonancia a la guitarra dulce enviaron alguna vez una carta a Les Luthiers en la que agradecían el uso de sus productos en «vuestra música», y acompañaban el mensaje con unas bolsas de chocolates.

Cada luthier tiene que dedicar días, y a veces semanas y meses, a aprender a tocar cada instrumento informal o exótico que se incorpora al espectáculo. Maronna, por ejemplo, empleó muchas horas practicando gaita gallega, de la cual solo se escucha una docena de compases en uno de los números, la «Romanza escocesa sin palabras». La había comprado años antes en un anticuario y durante un tiempo permaneció colgada en una de las paredes de su casa. Al verla allí, a Núñez se le ocurrió la idea de incorporar un número con gaita al espectáculo que estaban preparando, y Maronna fue la víctima. Sería difícil saber cuál es el instrumentoide favorito del grupo.

SE VA LONTANO

En cambio, casi todos están de acuerdo en que el piano es «el rey de los instrumentos». No les falta razón. Tecla por tecla, pedal por pedal, clavija por clavija, cuerda por cuerda, el piano es el instrumento más formal que interpretan Les Luthiers. Pero se porta a veces como si no lo fuese. Y es que el piano tiene sus bemoles, como han acabado por descubrirlo quienes lo tocan y quienes lo movilizan. En una oportunidad, en cierto lugar de Argentina de cuyo nombre no quieren acordarse, pusieron a disposición de Les Luthiers un piano tanguero mal templado, y fue preciso alquilar y desplazar un piano sustituto propiedad de una academia cultural. En otra ocasión produjo tal lío en la alfombra que fueron precisos dos minutos de oscuridad y la fuerza de ocho varones para desenredarlo. Pero tal vez la mejor ejecución de piano que se recuerde la ofreció un anciano en Mendoza, cerca de la frontera con Chile, durante una gira. Segundos antes de que se abriera el telón, se le trabó al instrumento la lira —que es el soporte de los pedales— y faltaban brazos para alzarlo cuanto exigía su urgente reparación. La situación se tornaba angustiosa; hasta los luthiers hacían fuerza y, sin embargo, el piano a duras penas levantaba un par de centímetros del suelo. Era como si hubiera sido construido de piedra con teclado de plomo.

Ya pensaban que iba a ser imperioso atrasar el comienzo de la función, cuando se alcanzó a escuchar la voz frágil de un viejito que observaba la escena desde la tramoya.

—Déjenme a mí —dijo, mientras los demás se miraban con burlón estupor.

Antes de que la Liga de Protección de la Tercera Edad pudiera impedirlo, el anciano se curvó bajo el piano, apoyó los omoplatos

contra la madera y se irguió en medio de un estrépito de huesos que-
brados y reventón de músculos. El piano levitó inseguro medio metro
por encima del piso durante más de un minuto, tiempo suficiente para
que manos veloces destrabaran la lira. Terminado el asunto, la espalda
volvió a agacharse, el piano aterrizó de nuevo y el viejito se retiró a
su modesto rincón entre telones escoltado por el asombro colectivo.

Dolores de cabeza electrónica

Pero pese a todos los dolores de cabeza que les ha dado el díscolo
piano, ninguno se compara a los que durante dos años les produjo
Antenor, el robot que construyeron en 1979 para *Les Luthiers hacen
muchas gracias de nada*. Antes de embarcarse en la difícil maternidad
electrónica de Antenor, Iraldi había fabricado ya un robot al que la
luz atraía. Pero este era un juego de niños al lado del otro monstruo,
que almacenaba, en un peso de ochenta kilos, miles de transistores,
una colección de motores, trece cornetas con sus respectivos parlan-
tes y una nota musical cada una, un órgano con cuatro octavas, cir-
cuitos, ruedas rebeldes, una batería de corriente continua de veinticuatro voltios, timbales, redoblante y una cabeza mucho más
complicada que la de Luis XVI, por poner otro ejemplo perteneciente al doloroso campo de las soberanas decapitaciones.

Antenor era una fiesta de luces, sonidos y señales cuando entraba,
de improviso, en medio del «Trío Opus 115». Robot casi humano,
saludaba al público, sonreía, se enojaba, hacía guiños con la mirada,
jugaba y se sonrojaba ante abrumadores aplausos del respetable. Eso, al
menos, era lo que observaban los espectadores fascinados. Detrás de
tanto ingenio, no obstante, acechaba sin cesar la tragedia. «Se jodía a
cada rato, dejaba de funcionar, hacía lo que le venía en gana —dice
un asistente que llegó a agarrarle verdadero odio—. Una vez hizo
puf, emitió un olor acre y empezó a arrojar volutas de humo en pleno escenario. Con sonrisas fingidas lo retiraron Maronna, Núñez y
Puccio, y al día siguiente la reparación tomó diez horas».

La verdadera víctima de Antenor era López Puccio, que había
recibido el cruel encargo de manejarlo. «Él no dependía de mí —recuerda Puccio con lágrimas de angustia en los ojos—: Yo dependía
de él. Cuando se descomponía, a mí me pasaba lo mismo por dentro.

Varias veces se me acercó, se detuvo sin atender los controles y empezó a emitir ruidos raros e incontrolables. Yo no sabía qué hacer».

Antenor creó problemas dentro y fuera del escenario. Pero hay que decir, en su honor, que nunca fue preciso cancelar una función por enfermedad suya, cosa que no puede predicarse de sus amos. Tuvo, incluso, un noble sentido de la oportunidad cuando le llegó su hora fatal; fue un *timing* digno de Hollywood. La última presentación del espectáculo *Les Luthiers hacen muchas gracias de nada* debía tener lugar en Ciudad de México el 30 de noviembre de 1980. Esa noche ocurrió lo que todos temían (con inocultable felicidad). López Puccio lo relata así:

> Era la última función del espectáculo que habíamos estrenado en junio de 1979, y ella coincidía con el día final de nuestra gira por México. Se produjo la entrada de Antenor, según lo programado, y estallaron las risas y aplausos de los casi dos mil espectadores. El muñeco hizo algunas de sus rutinas habituales y de pronto empecé a ver que las bombillas de los ojos se le alteraban. A los pocos segundos echó chispas verdes y humo blanco. Síntomas semejantes había padecido en dos o tres ocasiones anteriores. Pero en esta oportunidad el cortocircuito fue mucho más grave. En un momento dado, Antenor lanzó un gemido electrónico, soltó una llamarada y se fundió para siempre.

En el camino de regreso siguieron ocurriendo cosas terribles. Al llegar a Buenos Aires, un día después, habían desaparecido diecisiete de los treinta bultos de equipaje del conjunto. La aerolínea no tenía la menor idea acerca de la suerte que había corrido la carga. Pero al cabo de cinco días se descubrió que los bultos perdidos estaban arrumados en un depósito en el aeropuerto de Río de Janeiro. Poco a poco fueron llegando cajas y maletas. Al cabo de dos semanas, arribó la última. Eran los restos de Antenor.

Desde entonces, los luthiers resolvieron creer a su psicoanalista de cabecera, quien sostenía que «el instrumento informal más preciado de Les Luthiers son ellos mismos». Han jurado que ningún aparato creado por ellos llegará a ser más importante que ellos, como lo fue Antenor. Y lo han cumplido: hay que ver la vida que se dan y cómo se cuidan los malditos...

Carlos López Puccio

En medio de «Kathy, la reina del saloon», aquella pieza de cine mudo correspondiente al espectáculo de 1977, hay una secuencia dramática: Rabinovich le ha arrebatado a López Puccio un cuaderno de historietas que le produce a este impertinentes accesos de carcajadas. En actitud de matón, Daniel arruga el cómic o tebeo y lo arroja lejos de su alcance. López Puccio, que en esa época llevaba el pelo hasta más debajo de los hombros, se hunde compungido en su asiento. Pero unos minutos después finge relatar una muerte, se lanza al piso y, ante la sorpresa general, resucita, repta hasta la revista y se tiende a leerla tranquilamente en medio del aplauso y la risa aliviada del respetable público.

Fue ese el momento preciso —recordemos: Puccio convertido en alfombra, infantiloide y desgreñada— que escogió una vez Jorge Maronna para preguntar a sus compañeros en voz baja, haciendo alusión al prestigioso conjunto coral que dirigía entonces el caído: «Muchachos, ¿no es ese el director del Nueve de Cámara?».

La vida de Carlos Alberto Daniel López Puccio (Rosario, Santa Fe, 9 de octubre de 1946) es, de alguna manera, la prolongación interminable de ese instante: un curioso matrimonio profesional entre su oficio como humorista musical y su vocación de músico serio. Es el único del conjunto cuyos estudios universitarios se iniciaron entre los alambres del pentagrama. Por influencia de su hermano mayor, a los siete años ya ahorraba plata para comprar discos. A los diez comenzó a estudiar violín. Más adelante cantó y tocó la viola da gamba durante ocho años en el conjunto Pro Música de Rosario. Cuando llegó el momento de transformar su interés por la música en una carrera, tuvo que negociar con su familia. «Yo quería ser director de orquesta; mis padres querían que yo tuviera un título universitario. La opción, entonces, era estudiar música en la universidad», recuerda. Al revés de los otros, rodó de la música al silencio de los números y compaginó durante un tiempo los estudios de Dirección Orquestal en la Universidad de La Plata con los de Ingeniería. «Finalmente, y después de larga lucha —confiesa—, regresé definitivamente a mi primer amor». Del cual, hay que decirlo, no ha vuelto a apartarse. Además de las orquestas, sentía pasión por los coros. Ya antes de graduarse como licenciado en Dirección Orquestal tuvo sus primeras experiencias como director coral, hasta que en 1969 fundó el grupo vocal Nueve de Cámara, que dirigió durante diez años y que gozó de enorme prestigio entre los aficionados a la música culta. A fines de ese mismo año, ingresó a Les Luthiers. Su papel inicial en el conjunto fue el de artista contratado. En enero de 1971, cuando la primera gira de Les Luthiers en la ciudad costera de Mar del Plata no generó los resultados económicos esperados, el grupo le propuso a López Puccio ser un miembro más. «Me invitaron a hacerme socio de una desventura, de una bancarrota —dice—. Y naturalmente, acepté».

En 1981 pasó a dirigir el Estudio Coral de Buenos Aires, especializado en repertorio contemporáneo, con el cual obtuvo en 1999 el Premio Konex de Platino a la mejor agrupación musical de cámara de la década. Este premio, muy preciado en Argentina por la cuidada organización que lo respalda y por el largo periodo de diez años que separa cada entrega, volvió a concedérsele —precisamente— una década después. En esa ocasión, en 2009, además de distinguir al coro, Carlos López Puccio recibió el Premio Konex de Platino como mejor director de coros de la década. Paralelamente a Les Luthiers, Pucho, como se le denomina (quizá cariñosamente), ha seguido adelante con su actividad coral. Tampoco abandonó la dirección orquestal, aunque su trabajo en este campo haya sido menos frecuente. Entre otras obras, dirigió versiones integrales de *La Traviata*, de Verdi y, de Gluck, *Orfeo y Eurídice*, *Alceste* (2002), en el Teatro Argentino de La Plata y *Armida*, en el Teatro Colón de Buenos Aires (2003). También dirigió la Orquesta Filarmónica de Buenos Aires en el Colón, teatro del cual fue consejero artístico entre 2002 y 2004. Como batuta de Les Luthiers, dirigió las orquestas que interpretaron «Teresa y el oso» (*Volumen IV*, 1976), «El lago encantado» (*Volumen VII*, 1983) y «Cardoso en Gulevandia» (*Volumen VIII*, 1991). En 1986, cuando Les Luthiers interpretaron su recital sinfónico en el Teatro Colón, fue el encargado de dirigir la orquesta sinfónica de dicho teatro.

En junio de 2000, asumió la dirección del Coro Polifónico Nacional de Argentina, cargo en el que se desempeñó durante tres años y desde el que preparó gran cantidad de obras mayores del repertorio sinfónico coral, tales como los réquiems de Verdi, Mozart, Fauré y Duruflé; la *Novena Sinfonía* de Beethoven y su *Missa Solemnis*; la *Pasión según San Mateo*, de Bach; el *Gloria* de Poulenc y otras más.

Cuando se halla en Buenos Aires, López Puccio ensaya con su coro tres veces por semana. En cuanto a su actividad como director de orquesta, ha podido agitar la batuta cada vez que un disco de Les Luthiers requiere algún número sinfónico. Allí se transforma. Y ese personaje escénico un poco despistado y simpático al que parece haberle brotado estopa en la coronilla se convierte, más que nunca, en un profesional riguroso, exigente y perfeccionista. En estas circunstancias se cumple algo que él acepta: «Soy mucho más músico que luthier». En 2022 fue designado, por decisión unánime, académico de número de la Academia Nacional de Bellas Artes de Argentina.

¿Ha sido difícil mantener ese equilibrio entre la música seria y el humor musical?

López Puccio reflexiona: «Creo que mi caso es aleccionador para aquellos que piensan que de la música seriamente hecha no se puede vivir. Tienen razón».

En el grupo de música seriamente deshecha, Puccio se ocupa sobre todo de la elaboración de letras, labor que adelanta con su carnal Maronna. Encima de las tablas toca el latín, la violata, los teclados, el cello legüero y el bajo. Es, además, el encargado de encarnar candidatos políticos y dictadores sombríos. Nunca ha sido elegido.

Más allá de su formación esencialmente musical, Carlos López Puccio tiene una intensa y poco conocida actividad como creador de obras humorísticas para Les Luthiers. A su labor se deben muchas obras del repertorio del conjunto, en las que ha creado no solo la música sino también los textos. Sus compañeros, que sí lo saben, coinciden en manifestar la admiración que profesan por su talento musical y el aprecio por su amistad. Pero la prenda de López Puccio que realmente los enloquece es la cartera. Cada cierto tiempo, cuando las circunstancias son adecuadas y el local suficientemente espacioso, consiguen convencerlo de que vacíe el contenido de este adminículo que siempre lleva consigo. Y entonces aparecen allí piezas arqueológicas y objetos imposibles de identificar.

Un reciente inventario de la cartera de López Puccio arrojó, según certificado notarial, la siguiente lista de objetos:

- Llaves de dos casas y del camerino del Teatro Gran Rex.
- Curitas de diversos tamaños.
- Instrucciones para instalar un ventilador de techo.
- Recibo del último pago de unas lecciones de francés.
- Factor AG (píldoras contra flatulencia).
- Apuntes para una futura obra de Les Luthiers, escritos detrás de un recibo por la compra de sillones.
- Facturas, recibos, comprobantes, desprendibles.
- Muchos papeles más: palillos de dientes; restos de comida.

«Hay papeles que conservo desde hace más de diez años y no me decido a tirar», dice López Puccio, al tiempo que contempla con una sonrisa plácida el pequeño tesoro desparramado sobre la mesa de banquetes. De pronto se torna profundamente serio: «Uno no sabe cuándo podrá necesitarlos».

Entre esos papeles estaban sus respuestas al cuestionario que le propuso este libro:

La mejor obra de Les Luthiers: Más tropiezos de Mastropiero.

La obra de Les Luthiers que querría olvidar: Todas las primeras versiones de «Mi bebé es un tesoro»; «El acto en Banania» y «"Don Juan" de Mastropiero».

Su personaje luthierano favorito, excluido J. S. Mastropiero: Carolino Fuentes (protagonista de una obra inédita).

El papel o trabajo escénico más difícil que le ha correspondido: Ser el encargado de manejar al robot Antenor, que me hizo quedar como un idiota en repetidas ocasiones.

El mayor sacrificio que implica ser luthier: La angustia de tener que seguir siendo creativos.

Sus músicos preferidos: Richard Strauss, Gustav Mahler.

Sus humoristas predilectos: Monty Python, Quino, Tricicle, Fontanarrosa.

Alguna manía o agüero escénico: Solo el miedo a olvidarme de las cosas que debo decir de memoria; en general las repaso mentalmente antes de entrar a escena.

Su función inolvidable: La primera presentación que hicimos ante un gran auditorio, en la Universidad de Caracas.

Sus fortalezas y debilidades en su trabajo como luthier: Fuerte: eficacia escribiendo humor y componiendo música, en especial ciertos estilos clásicos. Debilidad: mi limitada calidad actoral.

Confiéselo todo: Carlos Alberto Daniel López Puccio; nacido en Rosario el 9 de octubre de 1946; 69 kilos de peso; 1,75 metros de estatura; apodo (dentro del grupo) Pucho; no soy hincha de ningún equipo de fútbol.

5

*SOL*amente nos ocupamos en este capítulo de los espectáculos y canciones del conjunto

Día: 17 de mayo de 1966. I Musicisti actúan por primera vez en una sala comercial. Es el Centro de Artes y Ciencias, en Buenos Aires. El nombre del espectáculo, *¿Música? Sí, claro*. Libro: Marcos Mundstock. ¿Música? Gerardo Masana, claro. Colaboración, en ambos, de Jorge Schussheim.

Se apaga la luz de la sala. El reflector se proyecta primero sobre un extraño instrumento confeccionado con una manguera y una corneta. Murmullo favorable entre el público. Enseguida ilumina un piano. Se escucha la voz de un locutor con resonancias graves: «En el día de hoy se cumple un nuevo aniversario del nacimiento del gran compositor italo-yanqui Johann Sebastian Masana. Este es, pues, nuestro homenaje a su persona, su vida, su obra y su pasión». Expectativa en la sala. El locutor prosigue: «Johann Sebastian nació en Manhattan, hijo de madre italiana y padre». Pausas. Risas. Luz central toma el pedestal por tres segundos. Continúa el locutor: «Siendo muy joven aún, ingresó al Conservatorio Municipal de Nueva York, del cual egresó al día siguiente, dado de alta por el portero del establecimiento, quien pronunció en esa ocasión la frase que serviría de norma a Johann Sebastian: "¿Justo cuando estoy barriendo se le ocurre pasar, bestia?"».

Acababa de nacer ante el público común y silvestre el compositor con quien se identifica la obra de Les Luthiers.* Aún no había

---

* Si el lector promete no abandonar la lectura en este punto y volar hacia allí, le contaré que en el apéndice de esta nueva edición aparece la biografía completa de Johann Sebastián Mastropiero, obra del malacólogo y maracólogo (ver «Serenata intimidatoria») Carlos Núñez Cortés.

modificado su apellido, cosa que haría dos años después. Johann Sebastian (pronúnciese Yójan Sebástian, por favor) se llamó así debido a
la veneración de Gerardo Masana por J. S. Bach. También su hijo
—el de Masana, no el de Bach— fue bautizado Sebastián (pronúnciese Sebastián). Con el seudónimo de Johann Sebastian Masana había presentado su autor la «Cantata Modatón» durante el Festival de
Coros Universitarios que se realizó en Tucumán en 1965. Para entonces ya existía un tal Freddy Mastropiero. En 1961, cuando escribía algunos textos sueltos para divertimento de los asistentes a una
fiesta interna de fin de año del coro de Ingeniería, al cual accedían
gentes de otras facultades, a Marcos Mundstock se le apareció el nombre de Freddy Mastropiero. Estaba en su casa, en su cama, y escribió
de un solo tirón el texto en que debuta Freddy. Era casi idéntico al
que conoció el público en ¿Música? Sí, claro.

«Le puse Mastropiero porque sonaba medio mafioso —decía
Mundstock—. Y Freddy porque tenía un sabor gracioso antes del
apellido italiano».

Freddy durmió durante siete años. En 1968, cuando ya Les Luthiers se habían separado de I Musicisti y habían estrenado *Les Luthiers
cuentan la ópera*, Jorge Maronna recordó a aquel hijo de madre italiana
y padre que le había hecho tanta gracia en La Plata, cuando aún no
era miembro del conjunto, y propuso revivirlo. En vez de revivirlo,
lo refundieron con el discípulo de Bach y lo hicieron debutar en *Querida condesa: cartas de Johann Sebastian Mastropiero a la condesa Shortshot*.
Desde entonces, Johann Sebastian Mastropiero es el compositor insignia de Les Luthiers, y la sola mención de su nombre produce un
estallido de risas en el teatro. La obra luthierana ha sido fruto de más
de cien compositores, que van desde el folclorista Cantalicio Luna
hasta Diego Dalbes, artista galardonado en *Los Premios Mastropiero*.
Sin embargo, muchos seguidores de Les Luthiers podrían jurar que
los ciento sesenta y siete temas que componen su obra llevan la firma
de Mastropiero.

La silenciosa danza del moscardón

Estas ciento sesenta y siete piezas no incluyen las que no se estrenaron nunca, pero sí varias que fueron desechadas después del estreno.

Una de ellas, por ejemplo, aparece aún señalada con el Opus 46 y se titula «La danza del moscardón». Es la historia de un domador que se convierte en coreógrafo de un moscardón rebelde; el bicho hace su voluntad mientras los músicos lo siguen con la vista, y todo termina en una alocada persecución en escena. Para la interpretación de esta pieza Les Luthiers inventaron un nuevo instrumento llamado compadescu, que hacía compañía al violín. Se trataba de un aparato enorme de más de dos metros y medio que acababa desarmado en manos de Marcos Mundstock. En el momento de su colapso final, y a imitación de un cisne hembra que depositara un huevo en trance de agonía, de los restos del armatoste rodaba una pelota de ping-pong. A lo mejor ese solitario huevo de compadescu quería enviar un mensaje optimista sobre el futuro. Pero su presente fue negro cuando se estrenó en 1973 en el Teatro Lasalle: el público guardó silencio de tumba. «La danza del moscardón» no se presentó nunca más y el compadescu terminó sus días desguazado y abandonado en un cuarto del teatro.

Otra obra de Les Luthiers que murió en el estreno se titulaba «Mi amada es una máquina». Aparecía registrada con el Opus 120 y era una canción de amor de un loco de la informática a su computadora, la cual no es una hipótesis improbable. El público de Rosario que asistió a la primera presentación de *Viegésimo aniversario* en mayo de 1987 pudo verla. Pero como no la aplaudió lo bastante, esa misma noche fue sepultada.

En este triste catálogo de obras desechadas, que algunos fans bautizaron con el nombre de «mariposas», por lo efímero de su existencia, se pueden encontrar títulos tales como «Archivaldo García», «El oratorio de las ratas», «No te vayas con él», «Su bohío queda al norte» y «Rock de la vida sana».

MÚSICA DE PURGANTE

En la lista de ciento cincuenta y nueve piezas sobrevivientes hay de todo: música de cámara, tangos, cantatas, jazz, varios boleros, óperas, zarzuelas, rock, salsa, música para cine y publicidad, *lieder*, conciertos, valses, marchas, raps, baladas, sambas, zambas; música rusa, venezolana, celta, polinésica... Algunas, como la «Pieza en forma de tango», se han desprendido del repertorio exclusivo de Les Luthiers y forman parte ya de otros espectáculos y del menú musical habitual de muchas emisoras. Una de ellas, justamente, transmitía un día la «Pieza en forma de tango» en el momento en que un amigo de Les Luthiers viajaba en taxi por Buenos Aires. Eran los primeros tiempos, cuando pocas personas los conocían. Al terminar la obra, el locutor mencionó en impecable francés el nombre del conjunto responsable de la obra, y el pasajero, ilusionado, se dirigió al conductor:

—¿Qué le pareció el tango de Les Luthiers?

—Una mierda —contestó malhumorado el taxista—. ¡Que se vayan a hacer tango a su país, franceses hijos de puta!

El Opus 001 de Les Luthiers no podía ser otro que la obra madre de todo este asunto, el Primer Día de la Creación, la travesura entre camaradas que inició aquello que la revista *Playboy* de Argentina definió, un poco hiperbólicamente, como «un género que no tiene otros ejecutores aquí ni en el exterior»: la «Cantata Laxatón», original de Gerardo Masana.

La obra rendía un doble homenaje. Por un lado, a Bach, pues estaba construida un poco a la manera de la *Pasión según San Mateo*; y, por otro lado (el lado más adecuado, por supuesto), a cierto purgante llamado Modatón. Una versión señala que fue el pediatra Mario Brotsky quien sugirió en 1965 a Masana la posibilidad de inspirarse en el noble medicamento para idear una obra con destino al Festival de Coros de Tucumán. Pero, según otra versión, Masana tenía una abuela octogenaria que consolaba sus dificultades estomacales con abundantes dosis de Modatón, razón por la cual el autor descubrió el farragoso folleto del purgante en el botiquín de su antepasada. Sea lo que fuere —y ojalá fuere lo de la abuela, que, pese a la molesta referencia a las vías digestivas, resulta más poético—, empezó a musicalizar el prospecto. «En las reuniones que hacíamos para los ensayos, todos contribuían con bocadillos e ideas», recuerda Magdalena de Masana. La cantata se convirtió en una gran obra coral con instrumentos informales que, según reseña de la revista argentina *Confirmado* del 14 de octubre de 1965, «barrió con cualquier precedente».

Tras el éxito extraordinario de la obra, y antes de incorporarla definitivamente al precario repertorio del grupo, Masana intentó conseguir el patrocinio de Laboratorios Bagó, fabricante del producto, pero no encontró eco en la empresa. Modatón perdió con ello la ocasión irrepetible de salir del íntimo lugar al que está confinado todo purgante y pasar a la historia de la música barroca. Muchos años después, Modatón sigue siendo un solicitado laxante, aunque ahora lo produce otro laboratorio. Como antes, la cajita advierte que se expende solo bajo receta médica, pero la realidad es que se le vende a todo el que lo pida. El enciclopédico prospecto que inspiró a Masana ha sido sustituido por un trozo de papel de exigua literatura. Aquel exhaustivo y delicioso caudal de palabras que contenía el folleto a manera de promisoria alegoría se reduce ahora a ciento cuarenta y siete términos precisos que ni siquiera son capaces de inspirar cuatro compases de música incidental a un Mozart en vena creativa.

THALES POR CUALES

La «Cantata Laxatón» fue pieza angular de *¿Música? Sí, claro*, el primer espectáculo de taquilla en que participaron, como miembros de I Musicisti, quienes conformarían Les Luthiers; después lo fue también, y dio su título, al segundo *long-play* del grupo, en 1972. Todavía habría dos espectáculos más en los que estarían presentes los luthiers primigenios —Maronna, Masana, Mundstock, Núñez y Rabinovich—, o, al menos, algunos de ellos. El primero fue *Mens sana in corpore sano*, una obra de Carlos del Peral en la que participaban otros actores. Y el segundo, *I Musicisti y las óperas históricas*, conocido con el acrónimo de *IMYLOH*. En él aparece otro clásico del repertorio de Les Luthiers, que en realidad tenía ya varios años de existencia: el «Teorema de Thales».

El «Teorema de Thales» nació como un mero experimento. Cuando su autor, Carlos Núñez Cortés, tenía diecinueve años y cursaba segundo año de Química, no conseguía meterse en la despeluchada cabeza un enunciado de análisis matemático; finalmente se le ocurrió acoplarle una melodía cantable, que probó ser inmejorable recurso mnemotécnico.

«Pensé entonces si no podría musicalizar todo un teorema —recuerda Núñez—. Fui a mi biblioteca, desempolvé el texto de Repetto, Linskens y Fesquet, ubiqué el teorema de Thales y le puse música. Al día siguiente le canté mi teorema a un grupito de locos lindos del coro de Ingeniería, y me lo festejaron».

127

Tanto lo festejaron que entró al repertorio de I Musicisti y más tarde, cuando Núñez cambió de bando, al de *leslu*. Allí pasó a ser pieza característica, repetida en algunos bises de espectáculos recientes. Muchos melómanos afirman que, sin este teorema, Les Luthiers no serían tales.

Línea de flotación

Les Luthiers cuentan la ópera viene a ser el primer espectáculo del grupo. I Musicisti se había dividido, y a Núñez lo agarró la guerra en el bando equivocado. Por eso no participó en este montaje, que se presentó con relativo éxito en el Teatro del Instituto Di Tella. En aquellos tiempos un poco bárbaros el afán de competencia entre los dos grupos era bastante burdo. Les Luthiers habían respondido al «Teorema de Thales» que presentaba I Musicisti con un «Calypso de Arquímedes» que contenía los siguientes versos levemente obscenos:

Si las cosas que se hunden desagradan ¿eh?
las que flotan es mejor no mencionarlas ¿eh?

Además, habían compuesto una chacarera sobre el delicado tema de los anticonceptivos, que había sido todo un éxito. Núñez lo escuchó y compuso para su grupo el «Calypso de las píldoras». Al cabo, cuando el hijo pródigo vio la luz y regresó al seno de Les Luthiers, se realizó uno de los primeros trasplantes musicales en la historia de la medicina sudamericana: la chacarera donó la exclusividad de su tema al calypso, y le fue insertada, a cambio, una letra completamente distinta. Nació así la «Chacarera del ácido lisérgico» o «Conozca el interior», Opus 008 en la mayor euforia.

El éxito de *Les Luthiers cuentan la ópera* en 1967 les permitió presentar un año después *Blancanieves y los siete pecados capitales*, que en realidad fueron ocho, pues se cometió, adicionalmente, el de recibir al traidor de Núñez. Este quedaba ya definitivamente incorporado como compositor, pianista, jefe de archivos, delegado ante los seguidores fanáticos y superintendente de instrumentos del grupo. No solo aumentó el número de músicos. También el de espectadores. Entre agosto y diciembre veintiocho mil personas entraron a ver a

Les Luthiers en el Di Tella, pese a que Daniel Rabinovich amenaza-
ba seriamente con convertirse en escribano, cosa que finalmente
consiguió ese mismo año. Y aunque es verdad que esta carrera le sirvió de muy poco para su éxito como artista, no es menos cierto que
también fue totalmente inútil para su afición al billar de tres bandas.

Los estrenos de espectáculos de Les Luthiers se convirtieron así
en un evento periódico. Durante diez años fueron estrenos anuales.
En abril de 1981 la ciudad de Rosario fue castigada como lugar per-
petuo del debut de los espectáculos de Les Luthiers, y solo dieciocho
años después multitudes hambrientas asaltaron los supermercados
rosarinos en busca de comida. A partir de 1977 se estrenó un nuevo
título cada dos años, y desde 1996, cada tres años. Al mismo tiempo,
aparecían algunos espectáculos antológicos, como *Viejos fracasos*, de
1976, *Les Luthiers, grandes hitos*, de 1992, y *Las obras de ayer (El Refrito)*, una década más tarde.

MÚSICA DE CÁMARA VERNÁCULA

En el siglo xxi se multiplican, además, los recitales especiales. Les
Luthiers saludaron el tercer milenio con *Do-Re-Mi-Ja!*, recital en
combinación con la Camerata Bariloche cuya única función se per-
petró el 21 de agosto de 2000 en el Teatro Colón de Buenos Aires.
Empezó el programa con tres piezas clásicas a cargo de la famosa
agrupación que de tanto prestigio mundial goza (hablamos de la Camerata), fundada el mismo año que Les Luthiers y que ha visitado
treinta y tres países en veinticinco giras internacionales; a continuación, Les Luthiers se dejaron venir con la sonata «Para Elisabeth», la
«Serenata tímida», el cántico «Educación sexual moderna» y el expe-
diente policial «¿Quién mató a Tom McCoffee?». Pero el gran sacrile-
gio estaba por venir, pues enseguida Camerata y Les Luthiers juntaron
instrumentos para interpretar el «Concerto grosso alla rustica» (una
de las obras más celebradas de Les Luthiers por quienes *realmente* sabemos de música) y el fragmento operístico «La hija de Escipión». El
público aplaudió a rabiar, por lo cual fue castigado con dos bises:
el bolérolo «Perdónala» y la zamba catástrofe «Añoralgias».

Como el público seguía rabiando, en diciembre del año siguiente se realizaron tres funciones más de la Camerata y Les Luthiers.

129

Para este recital sinfónico, que se llamó *El grosso concerto*, el programa sufrió importantes cambios. Increíblemente, se redujo en un tercio la cuota de grandes autores clásicos y aumentó en un 11,25 por ciento la aportación de Les Luthiers. Aquellas tres inolvidables noches decembrinas de 2001 en el Teatro Argentino de La Plata y el Luna Park de Buenos Aires los dos grupos protagonistas acometieron «La hija de Escipión», el «Concierto de Mpkstroff» para piano y orquesta y la zarzuela náutica «Las majas del bergantín», con el imponente «Concerto grosso alla rustica» como bis. Fueron funciones inolvidables, incluso para quienes estuvieron presentes. La del Luna Park marcó el asalto de Les Luthiers a los grandes escenarios deportivos, algo que nunca soñaron los grandes boxeadores, que no dejaban allí corcheas sino dientes. Los veintisiete mil fanáticos luthieranos comentaban admirados cuán alto había llegado el grupo de sus amores. No pudimos recoger lo que pensaban los fanáticos de la Camerata Bariloche. En verano de 2004, el quinteto (hablamos de Les Luthiers: la Camerata cuenta con diecinueve músicos) ofreció recitales parecidos en Oviedo, Roquetas de Mar, La Coruña, Zaragoza y Sevilla (España) con la Orquesta Filarmonía de Madrid. En esta última etapa se prescindió por completo de obras que no fueran creadas por Les Luthiers y aumentó al doble el número de músicos.

ELEUTERIO MANZANO CABALGA DE NUEVO

Habían pasado escasos seis meses de las funciones sinfónicas para españoles cuando, en enero de 2005, la plaza Próspero Molina de la localidad cordobesa y argentina de Cosquín se engalanó para festejar la cuadragésima quinta* edición de su Festival de la Canción Popular Argentina. Aprovechando el sobrecogedor escenario de montaña, el fervor de las masas y el hecho de que eran los invitados especiales, Les Luthiers ofrecieron un recital de aires típicos que abarcó el siguiente programa: «El explicado» (gato didáctico), «Añoralgias» (zamba catástrofe), «Recitado gauchesco» (aires de manguera), «Payada de la vaca» (payada), «Epopeya de los quince jinetes» (oratorio

* No lo calcule más: cuarenta y cinco.

130

autóctono) y, fuera de programa, «La yegua mía» (triunfo/empate) y «Candonga de los colectiveros» (candombe-milonga). Cientos de luthierólogos que estaban refundidos entre miles de luthierómanos sabían que, para los luthierólatras, la pieza fuerte de la jornada iba a ser el reestreno de la «Epopeya de los quince jinetes», que no se interpretaba desde 1985, cuando formó parte del espectáculo de *Humor dulce hogar*. La epopeya es una de las obras más largas de Les Luthiers, que intercala el relato de un relator y los cantos de unos cantantes. El tema: las guerras civiles argentinas entre federales y unitarios. La época: pretérita. El personaje: Eleuterio Manzano, enigmático caudillo «reservado y taciturno» del que «nadie supo nunca si estaba triste o alegre, si estaba con los federales o con los unitarios..., si estaba o no estaba».

Acaballados en las ancas del bagual de Manzano y perseguidos por los quince valientes que un día partieron en pos de su rastro, Les Luthiers dejaron caer sobre el público arremolinado en la plaza la *suite* criolla de la epopeya, que abarca milonga, zamba, payada, chacarera y triunfo, ¡y triunfaron!... Fue un espectáculo cuyo eco acalló los silencios milenarios de la cordillera erguida y exprimió nostálgicas lágrimas del ojo avizor del imponente cóndor tuerto. Cuando resonaron los últimos compases del recital, los once mil asistentes se abrazaron en un inefable movimiento de emoción vernácula, y la tierra se sacudió en un inconfundible movimiento telúrico.

BAILAR A TODAS LUCES

Entre 1967 y 2005 Les Luthiers estrenaron treinta y dos espectáculos. Quizá el público no se percate, pero varios de ellos significaron cambios de importancia. *Mastropiero que nunca* (1977) incorpora las luces como elemento dramático. «Me llamaron porque estaban convencidos de la necesidad de agregar el lenguaje de la iluminación», explicó Tito Diz, el asesor de iluminación del Teatro San Martín y de algunas óperas del Colón, en Buenos Aires. «En una primera instancia yo decía qué se hacía y luego íbamos modificándolo en los ensayos. Pero luego, a partir de una comprensión más profunda de lo que puede lograrse con la luz, Les Luthiers empezaron a crear elementos que se apoyaban en la iluminación: hubo entonces complicidad».

Un buen ejemplo de complicidad es «Quien conociera a María amaría a María», aquel canto desolado de un guitarrista a su novia que sufre las impertinentes interrupciones de García, ingeniero de luces del teatro. (A propósito, en las canciones del tándem López Puccio-Maronna, los personajes femeninos tienden a llamarse María y los masculinos, García. Empezó como algo funcional: dos apelativos corrientes y que rimaban. Después se volvió una reiteración divertida. Finalmente, una obsesión que solo cede ante razones muy especiales. El himno electoral «Vote a Ortega» iba a ser «Vote a García», hasta que la gigantesca manguera redonda aconsejó adoptar para el candidato un apellido que empezase con O. No fabrican cámaras neumáticas en forma de G. Serían muy tortuosas).

Les Luthiers hacen muchas gracias de nada (1979) da un paso hacia escenarios más teatrales, producto de largas discusiones. Aparecen elementos de utilería, telones, pasacalles, bandas magnéticas. Salta al escenario Antenor, aquel robot que les proporcionó tantas alegrías como dolores de cabeza. Era la primera vez que se rompía el esquema de recital y se buscaban efectos de tipo dramático. También en este espectáculo figuran algunos elementos de coreografía. Esther Ferrando, una bailarina a la que conocieron los luthiers en el Instituto Di Tella, dio algunos retoques coreográficos a dos o tres números del programa. La mano de Esther contribuyó a marcar pasos concretos de baile cuando el espectáculo lo exigía. Una de sus obras cumbre fue «Somos adolescentes, mi pequeña» (1987), aquella parodia del grupo Menudo hecha por Les Luthiers (¡menudo grupo!) en la que bailan hasta Maronna y López Puccio, dos sujetos cuyo talento para la danza no constituye una seria amenaza para el estrellato de Nureyev y Baryshnikov.

Más audaz aún que la gimnasia de «Somos adolescentes, mi pequeña» es la coreografía de «Los jóvenes de hoy en día», número final de *Todo por que rías* (1999), que anuncia ser un R.I.P. al rap pero está a punto de convertirse en un q. e. p. d. para Maronna y Puccio, que acaban arrojándose al piso como posesos y ofreciendo un verdadero recital de plasticidad, elasticidad, agilidad y madurez. En especial, esto último. Porque la verdad es que nuestros héroes descubren el arte de Terpsícore con la asesoría de la coreógrafa Daniela Fernández cuando ya el médico ha descubierto en ellos claros síntomas reumáticos.

Pese a todo, su tímido paso por la danza ha dejado huella. Así lo atestigua el programa del espectáculo de danza con coreografía de Lidia Segni que estrenaron en octubre de 2005 el famoso bailarín Julio Bocca y la dama Eleonora Cassano. La fotografía del programa muestra a una pareja que cualquier persona inculta definiría como integrada por un mosquetero y una señorita de minifalda rosada; unas sombras siniestras se esconden tras una especie de elefante muerto o dormido; frente al animal, cinco extraños individuos ataviados con sudadera Adidas y pasamontañas incas; en el extremo opuesto, seis muchachas de blanco que danzan con tutú; y en el centro, una diosa que baila como un yoyó. Excepto personas ignorantes capaces de describir en los términos anteriores la hermosa coreografía del número, todos los demás sabíamos que se trataba de las primeras figuras y el cuerpo de danza de la compañía Ballet Argentino, que ofrecían así su propia versión de «El lago encantado». Este hermoso ballet fue presentado por Les Luthiers en su recital de 1974 con la colaboración del público asistente a las funciones. La colaboración del público resultaba indispensable, porque, por tratarse de un ballet leído, no se representó. Si el público no aportaba su imaginación, la obra quedaba en la nada. Gracias a la iniciativa de Bocca, uno de los más famosos bailarines del mundo, esto no volverá a ocurrir. Desde octubre de 2005, quien escuche «El lago encantado» tendrá que contentarse con una versión incompleta de la obra. Es increíble cómo mejora con Julio Bocca, Eleonora Cassano y sus compañeros, incluidos la diosa del yoyó y los incas con sudadera de Adidas...

LLUEVA, TRUENE U OSCUREZCA

No ha sido extraña la presencia de jefes de Estado en los espectáculos de Les Luthiers. Consta que el mexicano José López Portillo, el español Felipe González y los colombianos Belisario Betancur y Ernesto Samper Pizano han sido admiradores del grupo. Pero con presidentes a bordo o sin ellos, Les Luthiers ponen sus mejores empeños en los espectáculos en vivo. Aunque sus discos llegan a miles de personas y sus ocasionales apariciones por televisión les permiten colarse a millones de hogares, lo que más cuidan, y ante lo cual sacrifican todo lo demás, son los espectáculos. Salvo emergencia nacional, enfermedad, accidente o huracán caribe, las funciones se cumplen, aunque llueva o aunque truene.

No es un decir. En 1980, un aguacero rompió un desagüe y un torrente se precipitó desde el techo sobre el escenario del Teatro Coliseo de Buenos Aires. Les Luthiers no se arredraron y salieron a saludar armados de paraguas y con los pantalones remangados. En muchas ocasiones el problema no es la lluvia sino la oscuridad. Una vez, cuando por coincidencia se presentaba en la capital argentina el famoso Teatro Negro de Praga, se produjo un corte de luz en el Coliseo. Entonces el oscuro Marcos Mundstock salió con su esmoquin oscuro al escenario oscuro y anunció al oscuro público del teatro en tinieblas: «Disfrutan ustedes en este momento de una función del Teatro Negro de Buenos Aires».

Ante esta muestra improvisada de humor negro, la gente alumbró con su risa el oscuro recinto. En cambio, cuando el grupo guerrillero peruano Sendero Luminoso se negó a hacer honor a su nombre y produjo un apagón general en Lima en 1982, fue preciso suspender la función.

A pesar de los múltiples momentos difíciles que ha afrontado la Argentina en los últimos lustros, solo se recuerda una función cancelada por emergencia nacional. Fue cuando la Argentina jugaba la Copa del Mundo en México, en 1986, y había función programada para aquel 29 de junio. Una hora antes de empezar la función, había cuatrocientas entradas vendidas para un espectáculo que teóricamente debía cumplirse al mismo tiempo que la selección nacional jugaba contra Alemania. Ni siquiera Les Luthiers estaban para andar cantando por ahí, así que el gerente de turno, Rubén Scarone optó por una fórmula cobardona pero sabia: se apagaron las luces del teatro, se encendió una vela en la taquilla y, con la peregrina disculpa de un corte de luz inesperado, se devolvió el dinero al escaso y comprensivo público.

LA PRESENCIA HACE EL MILAGRO

¿Se justifica tanta devoción de Les Luthiers al espectáculo en vivo, tanto ensayo, tanto perfeccionismo, tanta necedad, tanta porfía? Ellos afirman que sí. Que ese es su secreto. Su público asiduo dice lo mismo; pero quienes nunca o pocas veces han podido verlos —seguidores residentes en las islas Fiyi, por ejemplo— piensan que deberían dedicar sus mayores esfuerzos a los discos. ¿Qué opina de todo esto la crítica seria? Por lo general, la crítica seria asiste a otros espectáculos. Pero cuando se equivoca y entra al de Les Luthiers, acaba escribiendo cosas como esta:

> La presencia física del elenco de Les Luthiers establece de inmediato la naturaleza de la identidad circunstancial con la música clásica: su apariencia es estudiadamente refinada y visten siempre con el esmoquin que es de uso entre artistas de música clásica, imagen a la que agregan sus maneras exquisitas y conscientes de intérpretes académicos. Esta imagen convencional que proyectan tiene como contrapunto una serie de desviaciones calculadas que producen alivio respecto de las características de aquella norma... Su actividad teatral incidental (amarrarse los cordones del zapato, pedir fuego al vecino) mina el decoro de la interpretación musical a través del quebrantamiento de las convenciones claramente definidas de estos espectáculos y de la introducción de elementos (como los instrumentos informales) que se consideran ajenos al género, y que lo trastornan.*

Para apreciar todo lo anterior es preciso asistir al espectáculo en vivo. Se sabe, incluso, de muchos que asisten pero no alcanzan a ver todo lo que observó el perspicaz estudioso de la Universidad de Arizona a quien debemos el extenso y brillante análisis anterior. Las grabaciones sonoras oficiales de Les Luthiers son apenas diez, pero hay miles de ejemplares de ellas, así como de vídeos y de DVD que se venden o exhiben ilegalmente. La prudencia extrema con que han autorizado la aparición de discos consta en las fechas que separan a los títulos. La primera grabación del grupo fue *Sonamos, pese a todo* (1971) y en lapso de veinte años solo se han realizado siete más. En

---

* 19. Foster, David Williams: «"We Blew It After All": the Argentine Musical Group Les Luthiers», *Studies in Latin American Popular Culture*, 1986, pp. 143-153. El título del estudio, según se infiere del contexto del material sometido a análisis académico, podía ser «Sonamos, pese a todo», como el título de su primer disco; o, de modo más genérico pero menos gracioso, «Volvimos a fallar, hombre». *(N. del T.)*.

135

el mismo plazo han presentado diecisiete espectáculos. El disco siguiente, ya en formato compacto, es una recopilación de interesantes fragmentos inéditos que se autorizó a Sebastián Masana, hijo del fundador, para que circulase con su estupendo y ya citado libro de 2004 sobre la génesis del grupo: *Gerardo Masana y la fundación de Les Luthiers*.

Aparte de las presentaciones personales, el gran propagador inicial de Les Luthiers fue el disco. El disco de acetato. El grande. El disco-disco. De allí salieron numerosas cintas domésticas que hicieron circular el milagro de Les Luthiers entre estudiantes y gente de bien. En ellos se capta una parte del espectáculo. Pero, como en los partidos de fútbol por televisión, el cliente se pierde todo lo que ocurre fuera del estrecho ojo de la cámara. Los discos recogen y perpetúan textos de introducción, algunos apuntes incidentales y música; todo lo demás pertenece al mundo de la imaginación. Queda por cuenta del oyente el complementar con escenas todo aquello que en las grabaciones en vivo logra filtrarse al disco: las carcajadas siempre inexplicables del público, los ruidos equívocos de la utilería y los ocasionales gemidos de los intérpretes. Pese a sus limitaciones, los discos fueron el pasaporte de entrada de miles de fanáticos en el círculo de adoradores de Les Luthiers y, en algunos casos —las islas Fiyi, ciertas zonas desérticas de Somalia—, su única nutrición. Una argentina residente en Padua (Italia) escribe a Les Luthiers; les dice que el grupo forma parte de su vida y de su hogar y les confiesa que cuando sus hijas eran más jóvenes estaban platónicamente enamoradas de ellos: una, de Núñez, otra, de Maronna y «las menores soñaban con un papá como Mundstock». En la misma carta les cuenta que, a través de una amiga, escuchó sus discos Simone de Beauvoir, «y se rio hasta donde comprendía el idioma y los creyó superiores a Les Frères Jacques». Estos últimos, así como Les Quatre Barbus y Peter Schickele, son admirados colegas extranjeros de *leslu*. Al final, lanza un fuerte reproche por su escasa prodigalidad en televisión. Tal argumento fue superado gracias a las cintas de video y DVD que recogen once espectáculos de Les Luthiers y que ha preparado con prolijidad obsesiva Carlos Núñez, delegado del grupo para tales menesteres. La diferencia básica entre los videos y los DVD es que estos llevan el texto del espectáculo en cinco idiomas. ¡Cinco idiomas! La tarea es relativamente sencilla al principio, cuando Mundstock dice en el escenario: «Buenas noches…» (*Good night, bonne nuit, boas noi-tes*, etcétera). Pero traducir los juegos de palabras o la ópera de «Cardoso en Gulevandia», que está hablada en lengua gulevache, constituye un desafío lingüístico en el que los traductores dejan parte de su salud, de su cerebro y de su paciencia. También lo es, en algunos casos, el tono de la traducción. Cuando se escribió la versión inglesa de «El sendero de Warren Sánchez», el encargado buscó palabras de las que emplean los predicadores que imitan a Warren. Y para las serenatas renacentistas acudió a textos que parecen escritos por Shakespeare.

El gran espectáculo luthierano que no aparece en discos, videos, CD y DVD, y para el que no se venden entradas y ni siquiera se permite el acceso, es una sesión de grabación del grupo. Se trata de un privilegio reservado a pocos mortales de superior condición humana. Como el autor de este libro.

Como mandan los cánones

Érase que se era un soberano que ofrecía un regio banquete palaciego. En él, los músicos de la corte interpretaban, en homenaje a la reina, una canción en forma de canon, aquella modalidad de música por relevos donde los intérpretes inician su participación en momentos diferentes. Quisieron la mala fortuna y Jorge Maronna y Carlos López Puccio, autores de la música y letra de «Una canción regia», que el montaje de los trozos produjese unas frases involuntarias y escandalosas.

La tarde en que los extras encargados de hacer los ruidos de fondo del banquete acudimos al Estudio Ion de Buenos Aires —un inolvidable 2 de noviembre de 1990—, ya la canción está registrada en cinta. Nuestro trabajo consistirá, simplemente, en agregar sonidos y estridencias a las músicas ya grabadas. «Canción regia» forma parte del octavo disco de Les Luthiers, el primero desde 1983. Contiene ocho piezas, entre ellas «Añoralgias», «Romance del joven conde», «Cardoso en Gulevandia» y «Solo necesitamos» (canción ecológica). En el estudio nos sentamos alrededor de una mesa varios luthiers, algunas esposas de luthiers, asistentes de luthiers y dos amigos de luthiers llegados del extranjero para dar un matiz internacional a la cena. Nos corresponde grabar murmullos de los comensales, hacer ruidos de platos, tazas y cubiertos (hay una exigua vajilla encima de la mesa con tal propósito) y, al final, general estrépito.

Maronna dirige la escena. Se enciende una lucecita roja en el estudio. Silencio todos. Escuchamos por el parlante la voz pregrabada del pobre monarca:

REY: Y ahora, a los postres, nada mejor que un poco de buena música...

El juglar interpreta con su sola voz el madrigal en homenaje a la reina. El rey quiere escucharlo de nuevo, pero ahora a dos voces: la del juglar y la de un inocente violista que ignora la letra. El propio soberano propone la solución: cantar en canon, para que el segundo repita el texto que escucha al primero. Los versos parecen normales e inocentes, hasta el momento en que empiezan a sobreponerse unos a otros. Los extras hemos sido instruidos para hacer determinados ruidos según avanza la confusión en la letra:

Deseo mostrarte... /... lo que tú ya sabes.
(Comentarios sorprendidos de *oh, ah, uh* por cuenta de los extras).
Y tus pechos... /... cayendo sobre tu cintura.
(Comentarios indignados, chistidos).
Del infeliz... /... de tu marido.
(Escándalo, gritos, ruidos de comidas, vajilla que cae, derrumbe de asientos).

Así de sencillo es el asunto. Pero Les Luthiers son perfeccionistas. Hay que repetir los murmullos. En la cinta, aducen, solo deben escucharse platos rotos y gritos en el estruendo final; posteriormente resuelven agregar algunos asientos. Les Luthiers opinan:

RABINOVICH *(preocupado)*: En el tercero hay una diferencia teatral dramática respecto del cuarto. *(Los extras nos miramos sorprendidos e incapaces de detectar tan sutiles variaciones).*
LÓPEZ PUCCIO: Creo que al terminar hay que hacer más escándalo, como si nos precipitáramos sobre los músicos.
MARONNA: Vamos a grabar otra vez. *(Dirigiéndose a nosotros).* Ahora

quiero más sorpresa y menos indignación. *(Primero ponemos cara de sorpresa y, luego, de muchísima indignación).*

MUNDSTOCK: Incluso estupor, nenes, ¿de acuerdo? *(Nosotros pasamos de la indignación al más auténtico estupor al oír llamarnos nenes, pero asentimos y nos disponemos a acatar las instrucciones).*

LÓPEZ PUCCIO: Tengan presente que el aquelarre de palacio es lo que queda *después* de la sorpresa.

MARONNA *(al jefe de consola)*: Bajá el ruido de platos, Osvaldo.

Repetimos la escena. Después volveremos a hacerla, pero disminuyendo el ruido y agregando ofuscación. Y una vez más, mezclando estupor con indignación. Finalmente, al cabo de cinco repeticiones, la escena queda aprobada. Son las 6.27 de la tarde; la grabación empezó a las cinco. El trabajo —gratuito— de hora y media apenas ocupará en el disco trece segundos.

Personalmente no me puedo quejar: empecé como taza de café y fui ascendido en el último ensayo a silla que cae.

AL CINE CON LES LUTHIERS

Hacia 1976 se les ocurrió a unos locos la idea de que había llegado la hora de llevar al grupo a la pantalla grande y hacer una película con Les Luthiers. Los locos eran ellos; la idea fue suya. Como toda decisión colectiva, estuvo precedida de largas reflexiones y consideraciones. «Meditamos mucho cómo deberían ser Les Luthiers en cine; siempre hemos sido muy prudentes a la hora de emprender nuevas iniciativas, para no perder lo ganado —dice Maronna—. No podía ser simplemente que filmaran lo que pasaba en un escenario. Pensamos cuánto sería preciso cortar, cuánto sería necesario dejar. Lo que siempre tuvimos claro es que, en la película, Les Luthiers debían seguir siendo un grupo, un grupo musical».

En 1978, cuando al fin decidieron que «las condiciones estaban dadas», llamaron a Luis Puenzo, cuya película *La historia oficial*, con la actuación de Norma Aleandro, iba a dar, años después, su primer Oscar a la Argentina. Puenzo debía dirigir la cinta de Les Luthiers y participar en la elaboración del libreto. También, con este último propósito, buscaron a Fontanarrosa y a Jorge Goldenberg. Al cabo de unas semanas de trabajo estaban trazadas las pautas básicas de la obra. Iba a tener seis *sketches* independientes, protagonizados cada uno por un luthier. El hilo conductor serían los deseos, proyecciones, frustraciones y recuerdos que un grupo musical volcaba desde el diván —bueno: seis divanes— de un psicoanalista. Este recurso de pegamento no distaba mucho de la realidad, lo cual daba a la película un inesperado cariz de *cinéma vérité*. Las aventuras se movían en el tiempo, el espacio y el guardarropa, y abarcaban: el Chicago gangsteril de los años veinte; un doctor Jekyll que hacía experimentos en busca del músico perfecto; la Primera Guerra Mundial; una fiesta medieval en que todos querían matar al rey; un suburbio de Buenos Aires al comenzar el siglo. El procedimiento de trabajo era asaz luthierano: cada quien se desvelaba por su lado inventando chistes e imaginando situaciones, y Goldenberg tamizaba todo. «Fue un rompedero de neuronas», recuerda Maronna. Pero, a fines de 1979, el guion estaba terminado y se habló de rodar a partir de marzo de 1980. El obstáculo final no fue creativo sino económico. Aunque la gerencia del grupo calculaba un público mínimo de quinientos mil espectadores, la situación de Argentina se había deteriorado y la empresa se había vuelto azarosa. Fue así como la productora que iba a asumir el proyecto decidió cancelarlo hasta que llegaran mejores tiempos. Tampoco Les Luthiers estaban muy convencidos del resultado de esta primera etapa. Sin embargo, Maronna sentenció, amenazante, en 1991: «No hemos sepultado el proyecto».

Quince años después seguía sin cumplirse la amenaza. Pero, ya que ellos no iban a la pantalla, la pantalla había ido a ellos, como Mahoma. Veamos. Un luthier hacía exitosas apariciones en el cine; otro era figura en una comedia de televisión; y un tercero había escrito libretos para una teleserie destinada a parodiar las teleseries.

El luthier cinematográfico era Marcos Mundstock, que solamente entre agosto de 2003 y febrero de 2005 participó en cuatro películas y encarnó cuatro personajes muy diferentes. En *No sos vos, soy yo*, del argentino Juan Taratuto, hace de psicoanalista; en *Roma*, de Adolfo Aristarain, es un viejo librero; en *Cama adentro* (que en España se llamó *Señora Beba*, como si fuera un anuncio de whisky), cumple el efímero papel del efímero marido de Norma Aleandro. Su actuación más extensa ha sido en un episodio de la serie humorística policial *Mosca & Smith*, de la televisión argentina, donde fue Lierko Grunbaum, asesino global de incierta nacionalidad.

Daniel Rabinovich, a su turno, acudió como actor invitado a trece capítulos de la serie de pantalla chica *Juana y sus hermanas*. También actuó en un episodio de *Tiempo final* y en el largometraje de pantalla grande *Espérame mucho*, de Juan José Jusid.

A Jorge Maronna era difícil pedirle que actuara en la pantalla, ni grande ni chica. Un hombre armado de tal timidez no está destinado a entretener a nadie frente a las cámaras. Sino a incordiar detrás de ellas. Así lo hizo Maronna en *Leche*, telenovela sarcástica que escribió con Bernardo Romero Pereiro, uno de los fundadores de los culebrones latinoamericanos, fallecido en 2005, y Daniel Samper Pizano, con quien Maronna ha escrito —¡y publicado!, lo que constituye mayor mérito— tres libros de humor. La serie contenía treinta y dos canciones con música de Maronna y letra de los otros dos. Momento culminante fue cuando hizo su aparición en ella un cantante de tangos y especialista en asados cuyos rasgos recuerdan asombrosamente a los de Daniel Rabinovich, tal vez porque se trataba, en efecto, de Daniel Rabinovich, que fue contratado por elevada suma para un papel que él hacía gratis en la vida diaria.

En realidad, la vena artística de Les Luthiers es uno de los elementos que, merced a la experiencia adquirida con los años, sobresale cada vez más en el escenario. Desde los albores del grupo, cada uno acarrea su propio personaje, aparte de que ciertos números los obliguen a encarnar determinados papeles. Carlos Núñez se comporta como un sujeto alocado y tierno, de inspiración chaplinesca; Carlos López Puccio suele ser un observador risueño de lo que acontece en torno suyo; Daniel Rabinovich, que proyectaba un carisma especial en las tablas, hacía las veces del tipo bonachón pero un poco bruto con quien es fácil simpatizar; Jorge Maronna ha encarnado por igual a Belcebú y a un santo párroco; y Marcos Mundstock, a quien le correspondía la misión de presentador, desarrolló todo un lenguaje gestual de comunicación y complicidad con el público.

Los luthiers con mayor vocación artística han dejado actuaciones memorables. La preparación de Núñez en los momentos previos al concierto para piano y orquesta de Sergei Dimitri Mpkstroff es una pieza genial de mímica que parece extraída del cine mudo. Marcos Mundstock, a su turno, alcanzaba uno de sus mejores momentos como

actor cómico cuando le corresponde introducir al autor de «Encuentro en el restaurante», del compositor húngaro Lajos Imrenhazy. En
el instante en que se dispone a presentar al público los datos sobre el
maestro, echa en falta la hoja que contiene la información. A partir
de ese punto siguen seis minutos y cinco segundos gloriosos, en los
que Mundstock dice todo y no dice nada sobre el compositor; in-
venta y deduce, propone y retira, lanza y recoge, afirma y niega, en
una explosión de ruido sin nueces que adoba con silencios, adema-
nes, guiños y supuestas improvisaciones. Instante digno de conservar
en la videoteca.

No son menos desternillantes los soliloquios —o quizá «soquilo-
lios»— de Daniel Rabinovich, unos nudos de palabras y lenguaje en
los que, al contrario que las muñecas rusas, de cada enredo pequeño
surge uno mayor, hasta que el monólogo se convierte en una gigantesca telaraña que amenaza con tragarse al azorado individuo por
cuya boca emana el hilo. Tal vez el más célebre de estos embrollos
verbales es el que precede a «El negro quiere bailar», número de *Les
Luthiers unen canto con humor* (1994). Con el pretexto de discutir con
Marcos la diferencia entre el merengue, ritmo, y el merengue, postre, Daniel empieza a enredar el ovillo del texto hasta límites deliran-
tes que no tienen nada que ver con el origen de la explicación. La
cumbre del absurdo se corona cuando surge la confusión entre Terpsícore —la musa de la danza— y Esther Píscore, una extraña mujer
que desde entonces, y sin ningún mérito adicional, forma parte de
los más reconocibles personajes creados por Les Luthiers.

La semilla de estos maremagnos fue, posiblemente, un poema
de Torcuato Gemini, horripilante vate inventado por la imaginación
perversa de Les Luthiers. «Yo llevaba en escena una pequeña libretita
amarilla con espiral metálica e interrumpía a Marcos para preguntar-
le si conocía los poemas de Gemini —recordaba Rabinovich—. Lo
hacía tres veces en el show, y la última terminaba la lectura contán-
dole cuál era el que más me había gustado. Al decir "A mí es el que
más me…" comenzaba la trabazón». Y solo se destrababa al cabo de
unos instantes, que luego fueron segundos y que más tarde se volvieron minutos, porque el enmarañamiento, que había empezado como
breve improvisación, cautivaba cada vez más a los espectadores. «Era
un momento que el público disfrutaba mucho, y un servidor también», comentaba el apodado Neneco.

El inesperado éxito de la empanada Gemini propició otros so-quilolios. En 1977 la lengua de Daniel se convierte en esponja cuando intenta pronunciar la frase «avant garde», metamorfoseada en «lava el balde», en la escena previa a «Kathy, la reina del saloon». Y cuatro años después, en «El poeta y el eco», arma una ensalada indescifrable con solo tres palabras: «¿Viene de Viena?». Descubierto el tesoro de la catástrofe verbal, los programas incorporaron otras variedades de atentados contra el lenguaje, como los textos mal leídos y lo que Rabinovich llamaba «el delirio negro de don Rodrigo Díaz de Ca-rreras», un revoltillo lingüístico caribe.

RESPETABLE PÚBLICO: ¿Son estos jeroglíficos auténticas improvi-saciones?

RABINOVICH RESPONDE: Algunas trabazones están previstas, o, al menos, lo están en buena medida. Otras surgieron como juego escénico y se quedaron. En estas escenas la improvisación es libérrima, a diferencia de otros números de Les Luthiers. Existe una puerta de entrada y otra de salida, como las *cadenzas* de los conciertos para solista y orquesta, pero en el medio puede ocurrir cualcor quiesa... cuelquir cosia... locuar causia... alcor queiso...

RESPETABLE PÚBLICO: Muchas gracias, don Daniel. Así está bien; hemos entendido.

PALABRAS AL VIENTO

En su primera temporada en Caracas, cada vez que Les Luthiers mencionaban el Centro de Altos Estudios Musicales Manuela —donde fue compuesta la pieza de jazz «Manuela's Blues»— estallaba una carcajada entre el público. Los artistas agradecían, pero no entendían qué estaba ocurriendo, pues no se suponía que en este punto debieran reírse los espectadores. No tanto, al menos. Todo se aclaró cuando un caraqueño, amigo del grupo, les explicó que *manuela*, en la patria de Simón Bolívar, alude a «esta actividad placentera, recurrente y solitaria» que en otros países tiene nombre de gramínea.

Son las sorpresas que depara a veces el texto de un espectáculo cuando entra en extraña e inesperada sintonía con la parla local o con una circunstancia del momento. En otras oportunidades pueden darse situaciones embarazosas. Cuando se anunció que el presidente argentino Raúl Alfonsín acudiría a la histórica función de agosto de 1986 en el Teatro Colón de Buenos Aires, algún luthier dio la voz de alarma sobre el peligro de la zarzuela «Las majas del bergantín».

—Y ¿qué pasa con ella? —preguntó otro.

—Pues que el pirata de la obra se llama Raúl.

Sí. No habría sido oportuno el involuntario juego de palabras, así que, para esa función, el pirata pasó a llamarse Fermín.

También cambió de nombre en algunas funciones Juan Carlos, aquel compañero de Romeo en la grabación introductoria al espectáculo *El Reír de los Cantares*. La versión ultramarina de Juan Carlos fue José Luis, para evitar enojosas coincidencias con el rey de España.

En cada país donde se presentan, Les Luthiers introducen modificaciones en los textos a fin de acoplarlos al lenguaje doméstico. No son más de unas doce o quince palabras, pero todas aparecen rigurosamente registradas en un glosario panhispánico que se elabora con la complicidad de amigos locales. Cuando exportaron *Por humor al arte* a otros países sudamericanos, la bitácora lingüística mostraba las siguientes enmiendas:

BUENOS AIRES	CARACAS	COLOMBIA
Carqueja	Jarabe	Menjunje de ajonjolí
¡Y qué lomo!	¡Y qué mamachonga!	¡Y qué tarros, mamacita!
Licuado de coco	Merengada de coco	Malteada de coco
Un suponer	Un supuesto	Supongamos
A ver esas palmas	Aplaudir todos	Vamos todos
Tortilla dietética	Pastel dietético	Bizcochos dietéticos

En algunos casos la versión se vuelve complicada. Lo que en la Argentina era apenas una referencia al horario de protección de la televisión, en Bogotá consumió diecinueve palabras: «A partir de este momento confiamos en su responsabilidad si este programa va a ser presenciado por seres humanos». Y en Caracas, veinticinco: «Este programa fue realizado exclusivamente para adultos; si va a ser presenciado por menores de edad recomendamos su orientación por parte de padres o representantes».

En la historia del grupo, la palabra que mayor número de traducciones ha requerido fue la expresión minga-minga, con la que los indígenas americanos rechazan una estúpida propuesta de sus descubridores en la «Cantata del adelantado don Rodrigo Díaz de Carreras». Estas fueron las versiones domésticas del minga-minga: «Puñetas, puñetas» (centro de España); «Una leche, una leche» (norte de España); «Las pinzas, las pinzas» (Chile); «Ni madres, ni madres» (México); «Na'ape, na'ape» (Paraguay); «Pistola, pistola» (Colombia); «Mongo, mongo» (Venezuela).

El nombre de la última amante del rajá Rabinovich en «Serenata medio oriental» (parte de *Por humor al arte*, 1983, que nueve años después se incorporó a *Grandes hitos*) cambiaba de país en país, como aparece en la bitácora transcrita. En Argentina ostentaba el muy rioplatense nombre de Porota; en España era Mari Pili; en Ecuador, María Angélica; en Colombia, Petronila; en México, Lupita; en Cuba, Chea; y en Venezuela arrastraba el insólito apelativo de Coromotico. ¿De dónde salió semejante joya? De un amigo caraqueño de Les Luthiers, a quien pidieron un nombre de estrato humilde para reemplazar allí a la Porota.

—Coromoto —dijo el amigo sin un instante de vacilación.

—¿Coromoto? ¿Estás seguro de que es un nombre? Sobre todo, ¿un nombre de mujer?

—Sí, sí —respondió el amigo—. Es tomado de Nuestra Señora la Virgen de Coromoto.

Aunque todo ello les parecía absurdo, Les Luthiers resolvieron, con recelo, resignación y escepticismo, probar el Coromotico en la primera función. Lo demás lo relata Carlos Núñez: «Daniel nombró una a una a sus veinte futuras esposas: Zoraida, Sherezade, Zobeida... Y llegaron las últimas, Axa, Dunia, Zoe, hasta desembocar en la extravagante Coromotico. Al oírlo, el Teatro Teresa Carreño se vino abajo con una carcajada general y estrepitosa. De todos los que usamos en la gira, fue el nombre que mejor funcionó».

Aunque todos colaboran en la traducción, los principales encargados de este menester son los dos Carlos: López Puccio y Núñez Cortés. De vez en cuando —muy de vez en cuando— la sabiduría de este último en química inorgánica resulta más importante que la versación de todos los demás en lexicografía, semiótica y semántica. Así ocurrió cuando, al verse obligados a sustituir en el exterior el Pancután (único ítem de la farmacopea argentina capaz de calmar el ardor pasional en el «Bolero de Mastropiero»), Núñez recetó Picrato de Butesín. La ampolla escénica se esfumó como por encanto.

FESTIVAL DE CANES

Sumando los músicos que han hecho reemplazos por enfermedad del titular, las apariciones inesperadas en escena y unos pocos amigos a los que excepcionalmente se ha incluido en una función, no son más de dieciséis los mortales que pueden decir que alguna vez fueron luthiers.*

Ninguno de ellos, sin embargo, lo hizo en circunstancias tan sorpresivas y felices como Shiri, una perra irish setter de Carlos Núñez Cortés. Cuando Núñez afrontó una temporada de soledad, tras separarse de su primera esposa, Shiri se volvió su más fiel compañera. Vivía con ella en un departamento del barrio Palermo, la llevaba consigo a ensayos, visitas, funciones, sesiones de psicoanalistas, compras y hasta restaurantes. «Donde no podía entrar ella, no entraba yo», recuerda.

Todos los días, Shiri —nombre que corresponde al vesre de su raza— salía con Núñez al Teatro Coliseo y se echaba en el camerino hasta que la función terminaba. Una noche, sin embargo, por alguna razón que no quiso confesar, le dio a Shiri por abandonar el camerino y explorar el extraño lugar al que cotidianamente la traía su dueño. Shiri recorrió pasillos, subió escaleras, atravesó zonas oscuras, olisqueó rincones desconocidos, se sintió perdida y de pronto, como una reencarnación gaucha del perro de la Víctor, escuchó la voz del amo. ¡Estaba salvada! Ante un lleno total, Carlos cantaba «Singing to me», el último número de «Cartas de color», cuando vio entrar a

---

* No resisto la tentación de decir que uno de ellos fue el autor de este libro. Ocurrió en la última función de Les Luthiers durante su primera temporada en Bogotá: noviembre de 1983, para ser más exactos. Durante la despedida del grupo salí a saludar al público en reemplazo de Marcos Mundstock, cuyo tipo de belleza es muy semejante al mío. Marcos quedó oculto tras los telones, y apareció para rematar la última venia al lado de los otros seis. Los espectadores pensaron que era un primer experimento de clonación eugenésica (reservada a los más guapos e inteligentes) y aplaudieron a rabiar el hecho de que, por arte de magia, Les Luthiers se hubieran convertido en siete.

escena una sombra familiar, greñuda y de color marrón, que saltó sobre él en inequívoca demostración de alegría.

«Horrorizado, comencé a perseguirla por el escenario mientras el público reía y aplaudía el que consideraba un número imaginativo y novedoso de Les Luthiers —dice Núñez—. La perra también corría juguetona, de modo que aquello duró largos segundos. Finalmente logré atraparla y, con ayuda de los asistentes, la sacamos de escena y regresó al camerino».

El espectáculo continuó sin tropiezos hasta el final. Luego, a instancias de Mundstock, que había gozado casi tanto como la perra, salieron todos a escena... incluida Shiri.

Aquella fue la primera pero no la única vez que —con perdón— los perros de Les Luthiers subieron al escenario. En otra ocasión, cuando ya Shiri se había retirado de las tablas, coincidió que Mundstock llevó al teatro a su perra Fatiga y Rabinovich a su perro Vania. Los dos fueron parte del saludo final, mientras el público ladraba de la risa.

Ocurre que Les Luthiers han sido muy perrunos. Shiri acompañaba también a Núñez en las temporadas en Mar del Plata. Alguna vez se perdió el animal, y el desconsolado amo pidió ayuda por radio y televisión. El SOS se demostró efectivo cuando, tres días más tarde, apareció la perra. Carlos todavía cree que Shiri se extravió en alguna aventura amorosa y regresó al escuchar el patético llamado por la tele. Shiri murió en agosto de 1988 y su desaparición constituyó para Núñez un golpe emocional del cual tardó en recuperarse. Solo lo logró con ayuda de especialistas, de la familia y de Frida y Gabo, dos perros pastores u ovejeros alemanes que acompañaron, hasta su propio fallecimiento, la memoria nostálgica del primer perro que fue luthier.

El festival de canes luthierano incluye a otras estrellas inolvidables. La mayoría han sido ovejeros. Pero Boy, un boxer de Rabinovich que reemplazó a Vania, es memorable excepción. Su parecido con el Negro Fontanarrosa ayudó a la carrera de ambos y produjo una fotografía en la que es difícil saber quién es quién. En casa de Maronna reinaron Pina, una ovejera «muy brava pero muy simuladora», y Lupe, una golden retriever. A estas las reemplaza Layla, una schnauzer que, según su amo, «solo ladra cuando sale a pasear». Mundstock tuvo a otro de inane historia tras el sensible deceso de

Fatiga (Fati, para los amigos), mientras que Carlos López Puccio (Pucho, para los amigos) crio una perra enrazada de hueso que respondía al nombre de Brunilda.

Aunque los perros han dominado el panorama de las mascotas en el grupo, no detentan la exclusividad de la gloria. Masana crio aquel extraño axolotl que vigilaba la casa desde su pecera. Críticos literarios franceses averiguan la posibilidad de que este ejemplar hubiese inspirado un cuento a Julio Cortázar, ese luthier de la literatura. En ocasiones muy señaladas, Carlos Núñez accede a hacer una imitación del axolotl hasta tal punto realista que más de un gato, al verlo, traga saliva. Pero lo suyo en realidad son los caracoles, cuya colección es una de las más valiosas de Argentina. Está bien: de Buenos Aires. O de su barrio. En cuanto al axolotl de Masana, falleció hace más de treinta y cinco años, pero aún se espera el resultado definitivo de la autopsia que practican forenses de Scotland Yard. Se sospecha que murió ahogado.

La ovación más importante que ha dispensado el público de Mar del Plata a Les Luthiers estaba reservada, sin embargo, a una mascota humilde y anónima a la que la modestia inhibió de subir al escenario. Se trata de una rata gigantesca que en enero de 1980 recorrió durante una función la parte superior del enchapado del Teatro Roxy. El roedor sembró pánico en la mitad de la platea, carcajadas en la otra mitad, y al final del espectáculo, a instancia del grito anónimo de un espectador, recibió su correspondiente cuota de aplausos.

Daniel Rabinovich

Abraham K. Halevy hizo un esfuerzo y se incorporó del camastro. Llevaba tres meses tendido allí, víctima de insoportables dolores en las articulaciones. Apoyado en el hombro de su hijo se asomó a la ventana. No había duda alguna: era febrero de 1890 en Besarabia. Los campos estaban cubiertos de nieve. Próximas al establo, bajo los árboles pelados, caminaban unas figuras negras y desvalidas; la mayor de ellas daba saltos ágiles y picoteaba desperdicios.

—Han vuelto las grullas —comentó Abraham a su hijo Daniel.

—No, padre: son mamá y mis hermanos; han salido a recoger castañas con el panadero Rabinovich.

Abraham suspiró hondo: se había equivocado una vez más. A dos cuadras de allí, el río Dniéster se esforzaba por deslizarse con sus aguas negras y heladas. A la izquierda se extendían las planicies de Kishinev, tan castigadas por la sequía en el verano anterior. Su viejo instinto campesino le advirtió que este año la cosecha sería abundante; bajo la nieve dormían millones de semillas que, al llegar la primavera, poblarían de papas la comarca.

—Parece que deparan buenos tiempos al campo —dijo.

—Como los tuyos —dijo Daniel, el hijo, por animarlo.

—Y que terminarán sus viejos males.

—Como los tuyos.

—Mira el Dniéster: su lecho parece más sucio que nunca.

—Como el tuyo —rubricó el hijo.

Pero Abraham se había equivocado una vez más. Al llegar la primavera, el sol se anticipó furioso y quemó las semillas. La cosecha se redujo a cuatro papas agrias que no sirvieron para destilar vodka sino vermífugo. Pensó que su tierra se estaba hundiendo lentamente en una quietud baldía. Añoró los viejos tiempos del vaivén geopolítico, en que reinaban actividad y movimiento. Suspiró por la época en que, después de haber sido parte del Principado de Moldavia, Besarabia, como una mujer fácil y caprichosa, pasó al Imperio otomano, y luego se marchó del brazo de los tártaros de Crimea y en 1812 se puso a disposición de Rusia.

—Besarabia ya no es lo que fue —comentó Abraham, deprimido, a Daniel—. Esto se va a volver un desierto. ¡Quién tuviera un pasaporte para salir de esta tierra paralítica!

Una vez más se había equivocado el pobre viejo. Mal podía adivinar que en 1918 la región pasaría a ser parte de Rumanía; que en 1944 ingresaría al mapa de la Unión Soviética; que llegaría a tener tres millones de habitantes en 1982, según el *Diccionario General Ilustrado*, y que en 1991 sería parte de la nueva república independiente de Moldavia.

—¡Si por lo menos tuviera la salud envidiable del panadero Rabinovich! —se lamentó.

Esa noche murió el panadero Rabinovich, víctima de un derrame cerebral en masa. El viejo Halevy permutó a la viuda su trineo por el pasaporte del difunto y reunió a la familia.

—Cambiaremos de paisaje y de vida. Nos marcharemos primero hacia el norte y luego emprenderemos camino hacia el oriente —les dijo—. Dentro de algunas semanas llegaremos a los montes Urales. ¡Aquí! —agregó, clavando triunfalmente el dedo sobre el mapa—: Aquí, hijos míos, tendréis descendencia y algún día uno de esos retoños de mi sangre se llamará Carlitos y será agricultor afortunado, como yo.

Pero el mapa estaba al revés. Se trataba de la nueva equivocación de Halevy. En vez de llegar a los montes Urales, arribaron meses más tarde a las pampas argentinas y optaron por establecerse con el falso pasaporte en Buenos Aires. Allí nació, cincuenta y tres años después, aquel esperado retoño de su sangre. Pero no se llamó Carlitos sino Daniel (Daniel Abraham, en recuerdo del tatarabuelo y el bisabuelo) y no fue agricultor afortunado sino músico y humorista.

«Me casé en 1969 con Susana —escribió Daniel Rabinovich (en realidad Havely) en su autobiografía—. Soy porteño. También mis hijos Inés y Fernando y mis nietas, Vera y Eugenia. Estudié Derecho en la Universidad de Buenos Aires y me recibí de escribano. Actualmente no ejerzo. Amo a Les Luthiers. Lo que más me gusta es actuar en público. Fui deportista y luego engordé, luego adelgacé y volví a ser deportista; ahora deporté y soy adelgacista. Me gusta cantar. También me gusta viajar con el conjunto, conocer nuevos lugares y divertirme con mis amigos y compañeros».

También habla allí sobre otros amores: «Tuve dos perros boxer: Vania —que era igual al Negro Fontanarrosa— y Boy; además, un rottweiler, Sacha. Hoy no tengo perro, pero ando con ganas de comprar otro pues me encantan los animales».

Aunque no lo menciona en estas líneas, su pasión eran el juego del truco y el billar a tres bandas, actividad esta que practicaba con campeones del billar, como Avelino Rico, y del humor, como José Luis Coll. Entre 1968 y 1972 pesó ciento tres kilos. A fuerza de dietas naturales y deporte logró bajar la tercera parte de ellos. Después osciló entre los setenta y uno y los setenta y seis. Escribió y publicó dos libros de cuentos. Tocaba guitarra, violín, percusión y vientos fuertes. Estos últimos también en el escenario.

Sus compañeros opinaban sobre él cosas de la siguiente guisa: «Un histrión, un tipo que tiene un manejo notable en el escenario y mucho *swing*» (Mundstock); «Es la incontinencia humorística» (Núñez); «Brutalmente espontáneo» (López Puccio); «Un gran actor y, además, músico» (Maronna).

Estas fueron las respuestas de Daniel Rabinovich al cuestionario especial que le propuso este libro:

La mejor obra de Les Luthiers: Luthierías y *Bromato de armonio*.
La obra de Les Luthiers que querría olvidar: «Mi bebé es un tesoro».
Su personaje luthierano favorito, excluido J. S. Mastropiero: Helmut Bösengeist, de «El poeta y el eco»; el disertador sobre el merengue y el doctor de «La comisión» en *Bromato de armonio*.
El papel o trabajo escénico más difícil que le ha correspondido: Abelardo, el de «Encuentro en el restaurante».
El mayor sacrificio que implica ser luthier: Trabajar los domingos, no poder almorzar y beber en familia; los viajes, las presiones, no poder enfermarme nunca de una buena gripe.
Su mayor metida de pata con Les Luthiers: Un gesto obsceno involuntario en una presentación de «La tanda». Es un gesto que

ni siquiera hago en la vida cotidiana; aún no entiendo por qué lo hice aquella vez. También el día que se me borró la letra de «Perdónala» en Buenos Aires en 1996. La olvidé y me fui. Dejé a mis compañeros en el escenario, y les tocó hacer payasadas. Me pusieron un atril para que volviera a cantarla.

Sus músicos preferidos: Bach, Beethoven, Mozart, Franck, los Beatles, Serrat, Chico Buarque, Piazzolla, Louis Armstrong.

Sus humoristas predilectos: Woody Allen, Gila, Les Luthiers, Tricicle, Tip y Coll, Mr. Bean.

Alguna manía o agüero escénico: Ninguno.

Su función inolvidable: La nocturna del Teatro Colón de Buenos Aires y la presentación multitudinaria en la avenida del 9 de Julio. El debut en Barcelona el 3 de febrero de 1996 después de haber sufrido un infarto en esa misma ciudad el 7 de noviembre de 1995.

Sus fortalezas y debilidades en su trabajo como luthier: Actuación y composición, respectivamente.

Confiéselo todo: Daniel Abraham Rabinovich, alias Neneco; 1,76 metros de estatura y 75 kilos de peso; hincha de Independiente de Avellaneda. Nací el 18 de noviembre de 1943 en Buenos Aires.

Promete no volverlo a hacer...

6

LA horda entusiasta que los sigue ocupa
el capítulo que ahora abrimos

En una de las cinco reseñas negativas que ha publicado la prensa de trece países sobre actuaciones de Les Luthiers se leen los siguientes apartes amargos:

> Con contadas excepciones, los seguidores de Les Luthiers son la misma tropa de *snobs* que hablan mal de García Márquez, no les gusta la salsa, consideran el *rock and roll* una melopea estridente y a pesar de todo no tienen idea de quién era Béla Bartók. Son los mismos que años atrás quedaban embobados con el simpático Maurice Chevalier y no sabían nada de un hombrecillo llamado Charlot.*

Si así son los seguidores de Les Luthiers —francamente tontos, francamente esnobs, francamente ignorantes—, entonces estamos ante un ejército registrado de millones de tontos, esnobs e ignorantes que han pagado entradas por ver en vivo a Les Luthiers. Con perdón, el que parece reunir en grado sumo los tres defectos es el anónimo autor del suelto. Los seguidores de Les Luthiers no solo no hablan mal de García Márquez, sino que este se cuenta entre quienes han acudido a ver actuar al grupo; no solo bailan salsa, sino que se ha visto cómo la bailaban los propios luthiers «fuera de programa» en cierta discoteca de Cali, una de las capitales mundiales de la música caribe; no solo no consideran al rock and roll una melopea estridente, sino que muy buena parte de ellos también forma parte de los ejércitos de seguidores de rockeros de aquí y de allá; no solo saben que Charlot es un personaje

* *Revista Cromos*, Bogotá, 9 de noviembre de 1982, pp. 140-141.

inglés, sino que les consta que ha copiado gestos y maneras a Carlos Núñez Cortés. En cuanto a Béla Bartók, ¿no era este un actor de origen húngaro que interpretaba a Drácula en los años treinta?

Tal vez lo único realmente serio que se puede decir de los seguidores de Les Luthiers es que son muchos. Después, con enorme cautela, podría sugerirse que sus edades oscilan entre los cinco y los noventa años y que hay entre ellos hombres y mujeres de varias nacionalidades. Lo demás es aventura.

El psicoanalista argentino (excúsese el pleonasmo) Fernando Octavio Ulloa, citado a menudo en estas páginas, ofrecía una explicación científica al fenómeno de atracción que ejercen sus pupilos. «Ellos manejan el humor como una transferencia —decía—. Esto significa que captan situaciones de su vida y las pasan al espectador en forma de realidad placentera y esperanzadora. Cuando el público recibe esta transferencia y la enriquece con las experiencias positivas que él mismo tiene, se crea una relación de amor. Y si el eje de lo que está aconteciendo se enriquece con la dote de su vida que aporta cada espectador, se potencia y se crea un clima casi mágico».

Ulloa señalaba que este tipo de atmósfera solo pueden crearlo en el teatro la tragedia, el drama y la comedia. «En la tragedia el dolor es infernal y no hay salida posible; en el drama interviene un tercero, y crea una situación de salida; en la comedia siempre hay equivocación. En la tragedia prevalece el dolor psíquico; en el drama, la angustia; y en la comedia, la inteligencia y el amor. Les Luthiers pueden presentar cierto humor dramático a veces, pero siempre salen hacia la producción de la inteligencia y el amor, el humor y el placer. Esto explica que despierten tanta adhesión».

NO HAY LUGAR PARA HEREJES

La adhesión que despiertan Les Luthiers no se detiene en quienes son sus espectadores o quienes escuchan sus discos, sino que se extiende a los periodistas que escriben sobre ellos. Con excepción de esos cinco miserables que confundieron la libertad con el libertinaje y se atrevieron a señalar defectos en Les Luthiers, todos los demás comentaristas respiran simpatía por el grupo. En ocasiones, la respiración adquiere el síndrome entrecortado y jadeante del maniático.

«Los críticos a veces encuentran una herejía hablar mal de ellos», explicaba Ulloa.

No solo eso. Con frecuencia, las reseñas sobre sus espectáculos o los reportajes que se les hacen entran en el juego de la gracia. El que escribe suele sentirse con pasaporte legítimo para ser un luthieroide y en su artículo procura derrochar imaginación, humor e inteligencia, como hacen Les Luthiers. Muchas notas de prensa tienen frases que competirían exitosamente con las que presenciaron en el escenario. El crítico pierde ante ellos el rigor y la distancia que el periodismo independiente impone, y se entrega fácilmente al justificado ditirambo. Se sabe de periodistas que empezaron comentando con independencia profesional el espectáculo de Les Luthiers y acabaron escribiendo un libro entero sobre ellos, sin que les importara sacrificar en tal empeño la tranquilidad de su familia, los cada vez más esporádicos e instantáneos placeres del sexo, las pocas horas libres que les dejaba su condición de pluriempleados y su exiguo presupuesto.

Carlos Ulanovsky, en un tiempo redactor del diario argentino *Clarín*, forma parte de ese rebaño de periodistas sinceros y descomplicados que confiesan a gritos su parcialidad. Los siguientes párrafos suyos acerca de *El Reír de los Cantares* constituyen una mínima muestra de lo que son capaces de escribir los comunicadores libres cuando sienten inflamado el pecho por doble sentimiento: el luthierano y el patriótico:

> Descendientes directos de todos los genios del humor que se hicieron entender hasta convertirse en clásicos, Les Luthiers son insobornables compañeros de ruta del equívoco, de la desdicha, del disparate, de la extravagancia, de todo aquello que nos desternilla desde los labios hasta la planta de los pies, pero que primero que nada nos relampaguea en la cabeza y nos ilumina y explica mejor en el mundo. Ellos son el antídoto contra esa tecnología nacional, el rayo de la pálida Argentina, capaz de desactivar a tantos grandes talentos, investigadores, realizadores, famosos o no.

Todos somos luthiers

Más de una vez los críticos argentinos han procurado desentrañar una raíz nacional en Les Luthiers. Y, en honor a la verdad, habría que pensar si un humor como el suyo podría haberse formado en un rincón de América Latina menos cosmopolita, menos educado, menos urbano que Buenos Aires. Podría ser. Pero lo interesante es que Les Luthiers desbordan esta condición y se tornan universales. Su público cruza muchas fronteras nacionales y cronológicas. De hecho, no hay otro humorista que haga reír en español a auditorios tan vastos e internacionales como los que ellos alcanzan. Galardonados en 2017 con el Premio Princesa de Asturias, por su aportación al entendimiento universal a través del humor y por su capacidad de comunicación por encima de las fronteras, Les Luthiers han logrado un auditorio internacional uniformemente entusiasta. Parte de su secreto consiste en haber incorporado al público en calidad de luthier, cosa que ni el propio público sabe. Tito Diz, luminotécnico de muchos de sus espectáculos, lo explica así: «El veredicto final de todos los elementos de sus shows corre por cuenta del público. Si a la gente le gusta, se queda; si no, se modifica o suprime sin misericordia». Esto no significa, aclaraba Mundstock, que «aceptemos imponernos cosas porque a la gente le va a gustar». Lo que ocurre es que el humor luthierano tiene ya unos parámetros y unos territorios tan definidos que no es cuestión de explorar nuevas fronteras, sino de buscar nuevas creaciones dentro de las fronteras que están nítidamente trazadas. Por eso prestan cuidadosa atención a la respuesta que ofrece el sexto luthier, conformado por aquella señora, aquel caballero, aquellos niños, aquellas jovencitas, aquel oficinista que reposan en la sala oscura.

No siempre fue esa la constitución del público luthierano. «Al principio era un público muy cómplice para el que hacíamos humor a partir de códigos muy restringidos —explicaba Mundstock—. Con el tiempo fuimos conectándonos con el público en general. Ahora creo que hemos conquistado al público que tiene el hábito de ir al teatro». E incluso a auditorios de mayor envergadura, y aun a estadios. En ese proceso, el sexto luthier ha exigido modificaciones en el programa. «En un principio hacíamos cosas que nos divertían a nosotros y a nuestros amigos —continuaba Mundstock—. Algunas de esas hemos tenido que dejarlas. Al trabajar para una platea de tres mil doscientos espectadores tuvimos que adaptarnos a otro interlocutor, aunque procurando renunciar lo menos posible a lo que nos divierte y nos gusta».

EL LADO FLACO DEL GRUESO PÚBLICO

Uno de los momentos cruciales en la ampliación del público se presentó por pura casualidad. En octubre de 1971 la Municipalidad de Buenos Aires estaba realizando un ciclo de música popular en cines de barrio. Les Luthiers eran en ese entonces un típico producto del Instituto Di Tella, cuna de la intelectualidad porteña. No parecía muy sensato presentar en los barrios a un conjunto de melómanos en cuyo último espectáculo, *Les Luthiers Opus Pi*, figuraban una parodia a una ópera de Rossini, otra de corte maurice-chevalieresco y un quinteto de vientos. Pero los tiempos eran difíciles, el contrato caía como del cielo y los luthiers no tuvieron más remedio que salir de una sala culta y dar un paso hacia el abismo del pueblo soberano.

«El primer domingo, el teatro de barrio en el que nos presentamos estaba vacío —recuerda López Puccio—. Corrijo: casi vacío, porque es verdad que había una pareja de gitanos que había acudido pensando que se presentaba el cantante Sandro. Pero, a la semana siguiente, sin que sepamos hasta la fecha si esto lo debemos a los gitanos, el teatro estaba repleto y la función tuvo una acogida fantástica. Los primeros sorprendidos fuimos nosotros. Por primera vez nos dábamos cuenta de que podíamos llegar más allá de la crema intelectual».

Muchos de los fieles seguidores de Les Luthiers provienen de aquella temporada que ellos iniciaron un poco a regañadientes. Raúl Alberto Wallese, un porteño de cuarenta y cinco años que forma parte del Centro de Amigos de Les Luthiers, recuerda exactamente que su primer contacto con el conjunto fue «un domingo en la mañana en el Teatro Argos de Colegiales en un espectáculo auspiciado por la Municipalidad de Buenos Aires». Desde entonces no falta a ningún espectáculo, compra los discos y colecciona noticias de prensa sobre *leslu*.

La variedad de escenarios y públicos que han aplaudido a Les Luthiers en los últimos decenios demuestra que, contra lo que presagiaban sus temores iniciales, no solo había vida más allá del pequeño círculo culto del Instituto Di Tella, sino que esa vida ofrecía popularidad, un insospechado *modus vivendi* y unos cuantos seguidores de impredecible conducta.

El verdadero sexo de Les Luthiers

Ahora bien: ¿se refleja la popularidad de Les Luthiers en satisfacciones algo más concretas que la gloria, la fama o la admiración? ¿Cómo vamos en materia de sexo, por ejemplo?

Es el propio López Puccio quien contesta con un suspiro teñido de frustración. «Las admiradoras mandan cartas y hacen llamadas al hotel, pero no son como las cartas que reciben los artistas de rock ni como las llamadas que acosan a los jugadores de fútbol. Se trata de cartas y llamadas en que muestran curiosidad por saber cómo trabajamos, dónde nació Mastropiero, por qué no hemos vuelto a componer zarzuelas... Me temo que no son muy altas las cotas de entusiasmo sexual que despiertan Les Luthiers».

En realidad, Puccio es modesto. Se sabe de buena fuente que, sin llegar a exacerbar a las masas femeninas como lo han hecho baladistas de moda o valerosos matadores de toros, a Les Luthiers no les va tan mal en el florido campo del amor. Muchas veces lo que ocurre es que las admiradoras se enamoran del grupo en conjunto y poca atención prestan a sus integrantes individualmente considerados.

Aunque arqueólogos calificados lo duden, Les Luthiers, sin embargo, son humanos; y, como humanos, tienen opiniones sobre esta delicada materia. A veces hasta revelan inquietudes. En una entrevista que concedieron a la revista *Playboy*, versión argentina, los pudorosos artistas aceptaron hablar en público sobre el sexo por primera vez. O, mejor, por primera vez sobre el sexo. Fue una conversación desenfadada y reveladora.

—¿Sexo? ¿Qué era eso? —preguntó uno con legítima curiosidad.

—Que conteste Carlos Núñez, que siempre se acuerda de esas cosas —sugirió otro.

—Pensamos que todavía tenemos un buen sexo por delante —confesó el vecino.

—Abundan los prejuicios que impiden hablar con libertad de aspectos fundamentales de la vida humana —acotó un cuarto—. Hay temas urticantes, como la sexualidad sana en los jóvenes...

—Si es urticante, no es tan sana —corrigió uno más.

—En el avión, cuando se viaja al exterior, hay que llenar unos formularios. Donde dice sexo siempre contestamos: sí.

—Y en algunos casos, agregamos: por favor.

—Pero, pese a lo que se diga, el sexo era lindo.

—Yo creo en el sexo —sentenció finalmente otro.

—¿Cómo podés creer en algo que no ves? —le reprochó su vecino.

El entrevistador prefirió dejar las cosas de ese tamaño.

7

Biografía de Johann Sebastian Mastropiero

Una investigación de Carlos Núñez Cortés, basada en los espectáculos de Les Luthiers

Orígenes

Mastropiero es sin duda uno de los compositores que han motivado mayores polémicas entre los musicólogos. Por ejemplo, diversos autores coinciden en que nació un 7 de febrero, pero no se ponen de acuerdo respecto del año, y ni siquiera del siglo. Del mismo modo, diversos países se disputan su nacionalidad, sin que hasta el momento ninguno de ellos haya transigido en aceptarla. Tampoco se conoce la fecha exacta de su muerte; y ni siquiera se sabe si murió.

Aun su nombre de pila, Johann Sebastian, es materia de discusión, ya que también fue conocido por otros nombres: Peter Illich, Wolfgang Amadeus, etcétera. Por ejemplo, firmó su tercera sinfonía como Etcétera Mastropiero.

Lo único que se sabe con certeza sobre Mastropiero es que el Viernes Santo de 1729, la catedral de Leipzig fue testigo del estreno de una *Pasión según San Mateo* que, definitivamente, no le pertenece.

Formación musical

Su primer maestro de música fue un maestro de capilla. Así lo recuerda el propio Mastropiero en sus memorias: «De niño, yo poseía una agraciada voz y muy temprano comencé a cantar en la iglesia, hasta que se despertó el sacristán. El bondadoso anciano, impresionado por mi voz, me llevó ante el maestro de capilla, un obeso sacerdote que había dejado los hábitos y no se acordaba dónde. Él fue mi primer maestro de música».

A los veintitrés años, Mastropiero comenzó a tomar clases de música con Franz Schutzwarg, de tan solo cuatro años de edad.

El profesor Wolfgang Gangwolf también fue maestro de Mastropiero, durante la época de su composición de la opereta rusa «El zar y un puñado de aristócratas...». Gangwolf le aconsejó vivamente que no compusiera la opereta, consejo que Johann no tomó en cuenta.

Su familia

Sobre el padre de Mastropiero es poco lo que se puede decir. Se sabe, eso sí, que siempre se opuso a la carrera artística de su hijo. En la época en que Johann Sebastian escribía la opereta rusa, su padre le envió una carta en la que le pedía encarecidamente que abandonara la música. El compositor se vio obligado a optar entre su familia y la música, y eligió la música, para desgracia de ambas. Terminó de componer la opereta, y a fin de evitar más conflictos con su familia, se dispuso a firmarla con un seudónimo: Johann Severo Mastropiano. Enterado el padre, le mandó otra carta en la que le decía: «Hijo mío, si usas ese seudónimo, todos sabrán que no solo soy el padre del compositor, sino también el padre de un imbécil». Johann Sebastian reconoció que esta vez su padre tenía razón, y se cambió el seudónimo: firmó la opereta como Klaus Müller. Esto solucionó por fin el problema con su familia, pero le acarreó demandas penales de treinta y siete familias de apellido Müller.

Tuvo una nodriza, Teresa Hochzeitmeier, quien lo inspiró al escribir el cuento orquestal «Teresa y el oso». Dice Mastropiero en sus memorias: «Los personajes de "Teresa y el oso" están inspirados en Libi y Dini, mis dos ositos de felpa, y en Teresa Hochzeitmeier, mi nodriza. Con ellos yo dormí hasta los cinco, siete y veintiséis años, respectivamente».

Johann Sebastian tiene un hermano gemelo de asombroso parecido con él. Lleva por nombre Harold y es un mafioso que vive en

Nueva York. Harold Mastropiero explotaba un sórdido local en el que funcionaban un cabaret clandestino, un salón de juegos prohibidos y un centro de apuestas ilegales. Pero en realidad, el local era solo una pantalla para ocultar la verdadera fuente de sus fabulosos ingresos: en los fondos funcionaba un almacén.

Tuvo una tía, Matilde, a quien dedicó su «Cuarteto Opus 44».

Vida amorosa

Mastropiero tuvo una vida erótica tumultuosa que se refleja, por ejemplo, en los nombres con que se conocen sus sinfonías; así, tenemos por orden la Número 3, «La Fogosa»; la Número 15, «La Reflexiva»; la Número 16, «La Inconclusa»; y por último, su sinfonía Número 17 en fa mayor, «La Impotente».

Tuvo un gran número de amantes. Entre las más importantes podemos citar:

- Condesa Shortshot. Tal vez la relación más importante de Mastropiero. Algunos musicólogos sostienen que el músico llegó a tener seis hijos con la condesa (véase «Los hijos de Mastropiero»). Johann Sebastian le dedicó su divertimento matemático, el «Teorema de Thales», en una carta en la que le dice: «Condesa, nuestro amor se rige por el teorema de Thales: cuando estamos horizontales y paralelos, las transversales de la pasión nos atraviesan y nuestros segmentos correspondientes resultan maravillosamente proporcionales».
- Archiduquesa Úrsula von Zaubergeige. Durante su estadía en Viena, Mastropiero se enamoró de ella. La noche en que J. S. M. la conoció, la invitó a dar un paseo por los bosques de Viena, pero Úrsula rehusó por considerarlo prematuro y un tanto atrevido; sin embargo, ante la insistencia de Johann Sebastian, accedió, y ambos se vistieron y salieron. Resultado de este romance fue la composición de su *Epopeya de Edipo de Tebas*, Opus 47.
- Natasha Frotalaskova. En uno de sus viajes a la Unión Soviética, Mastropiero trabó relación con una robusta barrendera capataz de nombre Natasha Frotalaskova. En las heladas noches

de Ucrania, Johann Sebastian solía cantarle delicadas canciones de amor y precisamente a esa mujer el compositor le dedicó su canción rusa «Oi Gadóñaya», sobre texto de poeta ucranio un tanto anónimo.

- Henriette Leforquière. Viviendo en París, Mastropiero trabajó como pianista acompañante de cine mudo en el célebre Vieux Royal. Henriette era una tierna adolescente que solía sentarse junto a Johann en la estrecha banqueta del pianista, vigilada de cerca por su madre, madame Leforquière. Con Henriette a su lado, Mastropiero aporreaba el piano para ilustrar las películas. Henriette, por suerte para ella, era sorda. Y la madre, por suerte para Mastropiero, era ciega.

- Elisabeth. Fue una bella muchacha que conoció paseando por los bosques de Regenwald. Tiempo después la doncella le confió, en una carta, que había conocido a un joven y apuesto duque, quien la invitó a una fiesta íntima en su palacio y que la habían pasado de maravillas. Mastropiero, despechado y triste, reflejó el incidente en su sonata «Para Elisabeth».

- Beatrice Corsini. Durante la permanencia de Mastropiero en la corte de Mantua, la relación amorosa duró varios años, y se refleja en los títulos de las sonatas que el compositor le dedicara a lo largo de ese tiempo: «La Appassionata», «La Romántica», «La Risueña» y «La Gorda». De este periodo, la obra que más se ejecuta es el madrigal «Amami, oh Beatrice!».

- Gundula von von Lichtenkraut. En Praga, Mastropiero conoció al dúo formado por el violinista Rudolf von Lichtenkraut y su esposa, la pianista Gundula von von Lichtenkraut. Para ellos escribió su ciclo de sonatas Opus 17 para latín y piano. Muy pronto, Mastropiero se enamoró perdidamente de Gundula y la sedujo. Esto le valió un desafío a duelo lanzado por el violinista. El compositor, al recibir el reto, envió a sus padrinos a concertar el duelo, puso en orden sus papeles, escribió una patética carta a Gundula... y huyó de Praga.

- Duquesa de Lowbridge, su hija Genoveva y su nieta Matilde. Mastropiero era muy amigo de la duquesa, mujer madura cuyos encantos no habían disminuido con los años: habían desaparecido. Mastropiero fingía ardorosa pasión por ella pero, a sus espaldas, le hacía la corte a su hija, Genoveva; de esta manera, siempre podía ingresar en el castillo y frecuentar a su nieta, Matilde. Semejante juego de simulacros galantes daba excelentes resultados; no era la primera vez que este sistema había sido utilizado... por las tres mujeres.

- Margaret. Era este el nombre de la mujer de Harold Mastropiero, hermano gemelo de Johann Sebastian. Existe una leyenda acerca de la relación que ambos tuvieron durante el viaje que el compositor hizo a Nueva York para reconciliarse con su hermano. Debido al parecido asombroso entre ambos, Margaret los confundió en alguna ocasión, circunstancia que fue aprovechada por J. S. M. Hay quien asegura que la famosa «Lazy Daisy», que Johann Sebastian compuso mientras estuvo en Nueva York, está secretamente dedicada a su cuñada.
- Duquesa Sofía von Stauben. Abnegada protectora y amante de Mastropiero, a quien el compositor confundió con un extraño animal que se meneaba en la ventana de su estudio. La duquesa fue la que le encomendó la composición de la balada «A la playa con Mariana».
- Teodora Fluckweidel. Dama que estimuló y apoyó a Mastropiero durante sus épocas duras. Es probable que la haya conocido en Canadá, donde Teodora pasó su juventud. Johann Sebastian dedicó a ella su ballet «El lago encantado», Opus 37.
- Madame Petitcoup. Hermosa dama que ayudó a Mastropiero durante su estadía en París, y a quien el compositor dedicó su «Boleró», Opus 62. Algunos autores sostienen que se trataría de un *nom de guerre* de la mismísima condesa Shortshot. En aquella gira por Francia, impactado por el clamoroso éxito de «Boleró», obra de un joven compositor local, decidió hacer un arreglo y adaptación del mismo. Después de varios meses de elaboración, prácticamente no quedaba nada del material original y la obra pasó a la historia como el «Bolero de Mastropiero».
- La gitana Azucena. Mastropiero la tomó a su servicio para que no solo le lavara la ropa, sino que después también le leyera las manos y le tirara las cartas. Pero tuvo que despedirla porque Azucena le tiraba la ropa, también le leía las cartas y después se lavaba las manos. La gitana le rogó a Mastropiero que no la echara y, para conmoverlo, le relató su triste historia. El compo-

sitor, emocionado por el relato, permitió que siguiera en su casa. Tiempo después, Azucena daba a luz a un niño al que llamó Azuceno (como era natural). Mastropiero tomó al niño bajo su protección y le dio su apellido, actitud que despertó las sospechas de algunos y confirmó las de casi todos.

Los hijos de Mastropiero

A decir verdad, solo se conoce un personaje al que J. S. M. haya reconocido como hijo propio: Azuceno Mastropiero, hijo de su criada, la gitana Azucena, y que posteriormente fue autor de los *Vientos gitanos*.

Pero durante su atormentado romance con la condesa Shortshot, J. S. M. tuvo una variada descendencia de ella y, si bien no quiso reconocer a sus hijos como propios, les dio nombres que dejaron pistas acerca de su progenitura. Si nos atenemos al significado del nombre «Shortshot» (golpe o disparo corto), encontramos esa misma etimología en los siguientes personajes:

- Giovanni Colpocorto, autor de «Voglio entrare per la finestra».
- Mario Abraham Kortzclap, autor del tango Opus 11, «Miserere».
- Patrick McKleinschuss, autor de la «Romanza escocesa sin palabras».
- Rafael Brevetiro, autor de la «Oda a la alegría gitana».
- Anatole Tirecourt, el boticario que recetaba a sus pacientes Laxatón.
- Johnny Littlebang, autor del «Manuela's Blues».

Todos ellos, pues, pueden considerarse hijos de J. S. M. (y de la condesa Shortshot).

El hijo bastardo de la condesa Shortshot, a quien J. S. M. dedicara su «Berceuse» cuando nació, no es de Mastropiero.

LOS DISCÍPULOS

Mastropiero fue el director del Centro de Altos Estudios Musicales Manuela. A ese instituto acudió gran cantidad de músicos que luego compondrían obras famosas. Entre sus discípulos podemos destacar a:

- Giovanni Colpocorto, autor de la ópera *Leonora o El amor con juglar*, cuyo fragmento más conocido es el aria de tenor «Voglio entrare per la finestra».
- El sevillano Rafael Brevetiro, quien, por encargo del propio Mastropiero, compuso una obra para el concierto de homenaje al segundo centenario del descubrimiento del compás de dos por cuatro. Brevetiro compuso y estrenó en el Manuela «Oda a la alegría gitana», *scherzo* para solaz y esparcimiento.
- El desconcertante Johnny Littlebang, músico de color negro, autor del «Tristezas del Manuela», Opus 12, también conocido como «Manuela's Blues».
- Mario Abraham Kortzclap, un joven de ademán cadencioso y verdadera pasión por todo lo que significara suburbio, arrabal y malevaje, autor de «Pieza en forma de tango», Opus 11, también llamada «Miserere».
- Patrick McKleinschuss, autor de la «Romanza escocesa sin palabras», Opus 4, obra de carácter autobiográfico, ya que Mc Kleinschuss era un gaitero romántico, escocés y mudo.
- El coronel músico Nepomuceno De Alfa, autor de la marcha patriótica «Ya el sol asomaba en el poniente».
- Rudecindo Luis Santiago, autor de «Si no fuera santiagueño», también conocida como «Chacarera de Santiago».
- Sergei Dimitri Mpkstroff, compositor de origen eslavo, autor del «Concierto para piano y orquesta», Opus 57 en re menor (mayormente).
- Dorival Lampada, músico del Brasil, conocido popularmente como Lampinho, realizó un seminario en el Centro de Altos Estudios Musicales Manuela. En el curso de dicho seminario, y como obra de tesis, compuso «La bossa nostra».
- Por último, cabe destacar un grupo de alumnos del último curso del Manuela que compusieron en forma colectiva «El vals del segundo».

Viajes

Rusia. En uno de sus viajes a la Unión Soviética, J. S. M. trabó extraña relación con una robusta barrendera capataz, de nombre Natasha Frotalaskova. En las heladas noches de Ucrania, Mastropiero solía cantarle delicadas canciones de amor, entre ellas (entre las canciones) «Oi Gadóñaya».

Francia. En una gira por París, impactado por el clamoroso éxito de «Boleró», obra de un joven compositor francés, decidió hacer un arreglo y adaptación del mismo. Después de varios meses de elaboración, prácticamente no quedaba nada del material original y la obra pasó a la historia como el «Bolero de Mastropiero».

Checoslovaquia. En Praga, conoció al violinista Rudolf von Lichtenkraut y a su esposa, la pianista Gundula von von Lichtenkraut. Para ellos escribió su ciclo de sonatas Opus 17 para latín y piano.

Austria. Durante su estadía en Viena, Mastropiero se enamoró de la archiduquesa Úrsula von Zaubergeige. Resultado de dicha experiencia fue la composición de la *Epopeya de Edipo de Tebas*.

Argentina. En Buenos Aires trabajó, tocando el piano, en un local de los bajos fondos frecuentado por alternadoras y mujeres de la calle. Allí compuso varios tangos.

Estados Unidos. Viajó varias veces a Estados Unidos: a Nueva York, para ver a su hermano Harold, y a Hollywood, para componer música para las películas de los estudios Walrus Brothers.

Arabia. Realizó un viaje al Medio Oriente, a la calurosa región de Uf-Al-Sudar. Allí conoció a un jefe de una tribu de beduinos, el jeque Nomemohes, que estaba por contraer enlace con un harén de veinte odaliscas. Mastropiero compuso para el jeque una serenata para cantar en la víspera de su boda.

Italia. Visitó el Vaticano, donde ejecutó ante el sínodo de obispos su «Gloria», basado en un tango que escribiera en Buenos Aires. Luego del concierto, Mastropiero fue excomulgado.

Banania. Trabajó durante un tiempo como músico oficial del Gobierno de la República de Banania mientras era gobernada con mano firme por el general Eutanasio Rodríguez. Para él Mastropiero compuso la «Canción de homenaje a Eutanasio».

Brevísima iconografía

La única imagen de Mastropiero que se conoce lo muestra en una solitaria mansión campesina, compartiendo una cama con cinco modelos amigas.

En ese dibujo puede verse a Mastropiero escribiendo —con su pie izquierdo— su canción levemente obscena «La consagración de la primavera», Opus 21, mientras toca al mismo tiempo el dactilófono y el *gom-horn* natural. Las cinco modelos que lo acompañan, todas desnudas, lo acompañan tocando el cello legüero, el *bass-pipe*, el tubófono parafínico cromático, el latín y el yerbomatófono d'amore.

En un extremo de la habitación puede observarse un busto de la condesa Shortshot. Solo uno.

8

Otrosí: nuevos éxitos, espectáculos, canciones, instrumentos, premios, reconocimientos y novedades de Les Luthiers en los últimos años

En 1967 se produjo el oscuro alumbramiento de Les Luthiers como agrupación de humor musical. Lo anunció un breve boletín de prensa que parecía escrito por un músico o un escribano, no por un periodista. Casi todos sus amigos les auguraban un pronto y triste final. Uno de ellos, cuyo nombre reservamos, alcanzó a comentar con insuperable escepticismo:

—El día que estos locos triunfen, el papa será argentino.

Por esos mismos días, y en esa misma ciudad, un seminarista de vocación tardía llamado Jorge Mario Bergoglio recorría con sus viejos zapatos los alrededores de la facultad de Teología de San Miguel. Con el tiempo, el joven jesuita acudió a un cónclave en el Vaticano, fue elegido papa y ahora conduce su propio Renault-4 modelo 1984.

En cuanto a Les Luthiers, triunfaron antes de que el seminarista alcanzara el papado. Y al cumplir cuarenta años de aquel humilde nacimiento montaron una celebración multitudinaria, festiva e imaginativa que se llamó Expo Les Luthiers. Su consigna fue: 40 años, 5 décadas, 2 siglos.

EL GRAN JOLGORIO DE LOS SIGLOS

El formidable certamen se realizó en el Centro Cultural Recoleta (CCR), de Buenos Aires Expo, a partir del 16 de agosto de 2007. «Estaba programado para un mes —dice Carlos Núñez Cortés—, pero estuvimos trabajando para prepararlo más de un año». Resultó más concurrido de lo que anticipaban los pronósticos más optimistas. Las largas colas de cholulos, simpatizantes, curiosos y gente de bien obligaron a alargar la muestra quince días más... fuera de programa.

Parecía una feria de tres pistas —la sala mayor del CCR, una carpa-teatro desplegada especialmente para la ocasión y un microcine— donde reinaba actividad casi a toda hora. Entre las atracciones del gran jolgorio luthierano se destacaban las siguientes:

- Prehistoria de LL. Exhibición de las actividades previas al nacimiento del grupo, ilustrada con dibujos rupestres, daguerrotipos y fotografías del Coro de Ingeniería e I Musicisti entre 1959 y 1967 (ver capítulo 1).
- Futuro de Les Luthiers. Para explorar el porvenir de Les Luthiers se necesitó el aporte científico de un caricaturista. Ni más ni menos que el maestro Hermenegildo Sábat.
- Estaciones informativas. Cuarenta, una por cada año, ofrecían documentos, gráficos, filmaciones, discos e imágenes de los 480 meses, 2.080 semanas y 14.600 días de vida de Les Luthiers.
- Biografía de cada uno de los luthiers, con fotografía mural de la víctima para evitar confusiones enojosas.
- Biografía de Mastropiero. En uno de los muros del lugar, llamado El rincón de Mastropiero, se desplegó la biografía del gran maestro inspirador de Les Luthiers. Allí aparecieron los hitos de su carrera, sus amantes, sus hijos, sus obras, las influencias que recibió y las que regó por el mundo.
- Exposición de instrumentos informales. Para esta muestra se seleccionaron diez ornitorrincos musicales que el público pudo —¡por fin!— ver de cerca y palpar, aunque estaba prohibido tocarlos. Ellos eran: el bass-pipe a vara, la máquina de tocar o dactilófono, el shoephone, el nomeolbídet, el órgano de campaña, el robot Antenor, la manguelódica pneumática, el cellato, la violata y el gom-horn da testa.
- El Negro. En otro muro figuró un texto póstumo del Negro Fontanarrosa acerca de Les Luthiers, escenas de los estrenos en Rosario, una sección sobre los instrumentos fabricados por el artista Pablo Reinoso y una foto troquelada de tamaño natural para que el noble público pudiera retratarse con el grupo: el

visitante insertaba la cabeza entre las del cartón y parecería que había ingresado al conjunto. No, no es una tontería: hay gente que lo cree y felicita al nuevo luthier.

• Autocrítica. Fieles a sus principios de autocrítica y transparencia, Les Luthiers reservaron un espacio en la Expo a las más duras, formuladas por comentaristas de prensa.

• El pequeño salón estaba situado, como siempre, al fondo a la derecha y abría sus puertas durante sesenta (60) minutos cada madrugada.

• Una batería de computadoras disponía de toda suerte de materiales perteneciente a los archivos digitales no secretos de Les Luthiers: desde entrevistas hasta caricaturas publicadas por la prensa.

• Rompiendo el orden habitual de presentación de sus obras, que no existe, cinco estaciones de audio con capacidad para cinco escuchantes ofrecieron los trabajos del célebre quinteto agrupados en cinco géneros: clásico, tropical, folclórico, bolerístico y operático.

Mayor coherencia, imposible.

A la salida del teatro, una tienda ofrecía parafernalia luthierana: lápices, libretas, biromes, cuadernos, remeras, cartelones, libros, videos, discos… Era, en el fondo, un homenaje al pastor Warren Sánchez.

LA ESFERA CULTURAL

Amén de estos pabellones, la Expo Les Luthiers fue gratuito epicentro de charlas, conferencias, festivales, talleres luthieranos para niños y concursos. Entre estos últimos tuvieron especial éxito las convocatorias de fabricantes de instrumentos informales, autores de obras de música-humor y jóvenes intérpretes.

En cuanto a los instrumentos, se premiaron tres, entre los cuales estaba el bolarmonio (ver apéndice sobre Instrumentología), del artesano Fernando Tortosa. El pluriesférico aparato se incorporó al siguiente espectáculo de Les Luthiers, *Lutherapia* (2008), y al equipo de colaboradores del grupo. Once fueron los artistas a los que se brindó la posibilidad de montar en el Teatro Maipo un espectáculo basado en las obras de Les Luthiers. Y cuatro trabajos recibieron premio en la categoría de libretos.

En total, hubo treinta actividades culturales o informativas en las que participaron 107 panelistas, con un público que superó los diez mil asistentes. La cuenta general de visitantes superó los doscientos cincuenta mil.

El megaevento terminó con un hiperconcierto al aire libre en el parque de Palermo, sobre el que cayó una macrolluvia que obligó a aplazarlo, pero no impidió que fuera un superéxito.

La mejor terapia

Lutherapia, el más reciente espectáculo completamente nuevo de Les Luthiers, se estrenó el 22 de agosto de 2008 en el Teatro Astengo de Rosario. Señala el folleto de presentación que «gira alrededor de una terapia psicoanalítica. El analista y el paciente son dos luthiers y de la conversación entre ambos surgen los temas que darán paso a cada uno de los números que conforman el show».

Más precisamente, la visita al psicoanalista constituye el leitmotiv de ese espectáculo, tal como la escritura y aprobación de un himno patrio («La comisión») son el hilo que ensarta las piezas de *Bromato de armonio* (1996) y la ceremonia de entrega de premios conduce el desarrollo de *Los Premios Mastropiero* (2005).

Lutherapia consta de diez canciones, entre las cuales hay una opereta medieval («El cruzado, el arcángel y la harpía»), un aria agraria que desafía la capacidad de articulación de los intérpretes con sus aliteraciones, y un número que con seguridad figurará entre los más exitosos de todos los tiempos del conjunto: se trata de «Rhapsody in Balls», un handball blues con el que debuta ante el público el instrumento ganador del concurso de artesanos musicales de la Expo-LL, el bolarmonio.

Mientras Carlos Núñez extrae del piano ritmos y armonías jazzísticos, Jorge Maronna intenta seguirlo. Primero apretando una pelota de fútbol de salón que emite un pitido; luego, apretando dos y, finalmente, apretando un conjunto completo de pelotas ensartadas en una férrea armazón. Todo ello configura el bolarmonio, ingenio eólico que obliga a Maronna a correr de un lado a otro, apretando aquí y apretando allá. Inicialmente, el aparato compite con el piano en el blues, pero luego se integra con él hasta formar un inolvidable dúo instrumental.

No mentía el título del espectáculo. Imposible encontrar mejor terapia que esta combinación de vals, balada, cumbia, oratorio, tarareo y peloteo.

MÁS O MENOS

Entre 1967 y 1997 —los primeros treinta años de Les Luthiers—, su actividad creativa fue notable: diecinueve espectáculos, tres recitales especiales y dos antologías. A partir de entonces mengua el promedio de espectáculos completamente nuevos: ya no es uno cada año y medio, sino uno cada cinco años; aumenta, en cambio, el número de antologías y recitales especiales. Desde ese año hasta 2014, el conjunto estrenó tres espectáculos (*Todo por que rías*, *Los Premios Mastropiero* y *Lutherapia*), montó cinco recitales especiales y preparó tres antologías (*Las obras de ayer*, *¡Chist!* y *Viejos hazmerreíres*). En esta última se incorporó un número nuevo: «Receta postrera».

Varias razones explican este giro. La primera es que el depósito de canciones de Les Luthiers es vasto y de elevada calidad. Son cerca de 170 obras que sería imperdonable arrojar en un limbo donde nunca más se oigan ni se interpreten. La segunda es que los espectáculos pasaron a tener mayor duración en la cartelera. En vez de dos años, permanecían tres, parte de ellos en giras alrededor de España. Esta circunstancia planteó la necesidad de un reemplazante adicional: desde 2012, el tenor, músico y actor porteño Martín O'Connor formó parte del banquillo de Les Luthiers, junto con Horacio «Tato» Turano y Pedro Menéndez.

La tercera es que en casi medio siglo el público se renueva y quiere apreciar los heterodoxos instrumentos que empuñan Les Luthiers y escuchar piezas de su repertorio histórico. Tres generaciones han crecido acompañadas por canciones, espectáculos y gracejos de la agrupación. La «Cantata Laxatón» adormeció en sus cunitas a sujetos que hoy son ejecutivos de banco, funcionarios del Estado o prófugos de la justicia. Los hijos, ansiosos, quieren conocer aquellas parodias que sus padres machacaban reiteradamente en audiocasetes y que estos padres, a su vez, oyeron por primera vez cuando los suyos (hablo de sus padres, es decir, los abuelos de sus hijos: ¿me siguen?) llegaron a casa con los discos de vinilo del grupo bajo el brazo.

173

La cuarta razón es que muchas de las canciones y representaciones de Les Luthiers circulan por internet pirateadas y colgadas en versiones de calidad miserable, y es justo ofrecer al público el producto genuino y fresco. «Directamente de la ubre a la boca», proclamaba un anuncio que promovía la leche fresca en cierto país sudamericano. Eso es lo recomendable: de la ubre ubérrima de los instrumentos de Les Luthiers a la boca urgida de risas de los espectadores.

El balance es impresionante. Quedan ya pocos géneros que Les Luthiers no hayan torturado con sus tomaduras de pelo. Quizá podrían intentarlo con el dudak armenio, la maringa congolesa, el jùjú nigeriano o el hougaku japonés. Pero ¿quién podría determinar la calidad de la parodia?

Con espectáculos nuevos, con antologías o con recitales especiales, el éxito de Les Luthiers es constante. Como en 1967, cada vez que estos muchachos entrados en años saltan al escenario ataviados con esmóquines característicos y saludan al público, todos nos sentimos más jóvenes. Y ellos, los que más.

LES LUTHIERS CON DECORO

«Señoras y señores legisladores de la Ciudad Autónoma de Buenos Aires: gracias por este honor que nos otorgan en nombre de nuestra ciudad». Así empezaba el discurso de Les Luthiers cuando, en septiembre de 2007, la ciudad porteña concedió a los miembros del grupo el privilegio de designarlos «ciudadanos ilustres».

¿Qué tan ilustres, a ver, qué tan ilustres? El mismo discurso que empieza en circunspecta forma responde más adelante esta pregunta:

> Nosotros estábamos predestinados a ser ilustres.
> Aspirábamos a ser ilustres y ese es, ni más ni menos, el origen de nuestro nombre.
> Cuando fundamos el grupo, quisimos bautizarlo con una palabra que tuviera las mismas letras que ilustre... probamos varias combinaciones: titules, treluis, ultreis, resutil, lusiter... hasta que de ilustre quedó luthiers...
> Ustedes dirán:

—Pero sobra una hache... ¿Por qué le agregaron una hache?

—¡Éramos tan incultos que creíamos que ilustre se escribía con hache...!

Tanto queríamos ser ilustres que nuestra humilde y primitiva canción de presentación decía: «Y lustre, y lustre, no deje de lustrar...».

Apenas comenzábamos y ya éramos ilustres... ilustres desconocidos.

Pero tan predestinados estábamos que hace menos de un mes el Gobierno de España nos condecoró con la Orden de Isabel la Católica, y el tratamiento que nos corresponde por dicha condecoración es, según el protocolo, el de «Ilustrísimo Señor».

De ilustres desconocidos a ilustres ciudadanos y de allí a ilustrísimos señores. El cuadragésimo aniversario de Les Luthiers desgajó sobre sus cabezas un número de honores inesperados. Al que les otorgó la ciudad de Buenos Aires hay que agregar el que menciona el discurso: la Orden de Isabel la Católica.

Esta última, como dijo Marcos Mundstock en nombre de Les Luthiers cuando les entregó la medalla y el diploma la vicepresidenta española María Teresa Fernández de la Vega, fue un honor paradójico: «Nos condecoran por disfrutar».

Además de agradecer la distinción, Les Luthiers recordaron al comenzar su perorata que ya tenían nietos nacidos en España. Esta vez la pieza oratoria se refirió especialmente al idioma «que compartimos con España. Bueno, compartimos... casi». La filológica intervención demostró, por ejemplo, que la palabra «protocolo», imprescindible para describir esta clase de actos, procede de la primera orden de Isabel la Católica, cuando urgió al descubridor de América para que partiera en pos de su histórica hazaña: «¡Pronto, Colón». De esta se pasó a «proto Colón» y de allí a «protocolo».

También pudieron expresar su sorpresa ante ciertas alusiones hispánicas que parecen referirse a la familia, pero no es así. «Cuando alguien te dice "Oye, tío", no siempre se trata de un sobrino», analiza el penetrante discurso. «Y no siempre una hermana de tu madre, por más bondad que tenga, es una tía buena», advierte.

Termina admirando el uso colectivo e inesperable de los verbos andar, venir e ir, como en la frase «Anda, venga, vamos...». En reciprocidad por el alto honor recibido, Les Luthiers prometieron a la vicepresidenta que otorgarían al rey Juan Carlos y al presidente del Gobierno el prestigioso Premio Mastropiero.

Hasta hoy, la promesa no se ha cumplido. Anda, venga, vamos, tíos.., hay que ser serios, joder…

Pese al lamentable olvido, en septiembre de 2012, cinco años después, el Gobierno concedió la nacionalidad española a —por orden alfabético— López Puccio Carlos, Mundstock Marcos y Rabinovich Daniel.

La reacción de este último al recibir el nuevo pasaporte, afincada en sus hondos conocimientos jurídicos y geográficos, despeja nuevos horizontes al conjunto:

—Me parece que esto nos hace ciudadanos de Europa.

Ya los habían precedido en aquel continente Núñez Cortés Carlos, por herencia familiar española, y Maronna Jorge, de origen italiano.

Ahora Les Luthiers son también un grupo *europeo* de humor musical.

LOS JUEGOS DE NIÑEZ

El libro de Carlos Núñez Cortés se abre con una declaración de hondos ecos literarios: «Amo a Les Luthiers». ¿Acaso una historia romántica? No tal. ¿Un volumen de nostálgicas memorias? Tampoco. El título aclara de qué se trata: *Los juegos de Mastropiero: palíndromos, retruécanos y demás yerbas en Les Luthiers.* Cuando define la materia, el químico y pianista pone cara de circunstancias y pronuncia la horrible palabra «ludolingüismo». Es, pues, un libro en serio sobre el humor a partir del empleo del lenguaje.

Con prólogo del profesor argentino Adrián Paenza, doctor en Ciencias Matemáticas, y apadrinado por el catalán Màrius Serra, periodista, traductor y enigmista (ocupación que en sí misma es un enigma), *Los juegos de Mastropiero* estudia, clasifica, ofrece ejemplos e invita a participar al lector en los diversos trucos y recursos con los que Les Luthiers hacen reír a su público. En el lanzamiento, que ocurrió en septiembre de 2007 en Argentina y España, Núñez explicó del siguiente modo la diferencia entre *hacer* humor y *saber* por qué *funciona* el humor: «Nosotros, los luthiers, escribíamos chistes. Solo después supimos que esos chistes eran además retruécanos, metátesis o tautogramas».

Bueno, pues si ya lo saben, no es difícil imaginar lo que serán sus sesiones de trabajo: «Les traigo una paronomasia que les va a encantar». «Primero dejame leer el *snark* que se me ocurrió anoche»... «No está mal, pero prefiero el homeoteleutón de Daniel»... «A mí la que me gusta es la anadiplosis de Marcos...».

A pesar de que el índice soporta el peso de estos y otros términos sofocantes (paráfrasis, metátesis, oximorones, lipogramas...), *Los juegos de Mastropiero* es un divertido bosque de magias verbales que adquieren una tercera dimensión de interés en tanto se aplican a las obras del célebre compositor. Gracias al tratado nuñesco sabemos, por ejemplo, que el antológico diálogo entre Marcos y Daniel sobre Helmut Bösengeist, aquel músico misántropo reconvertido en criador de ovejas, «parece haber sido escrito exclusivamente mediante locuciones cristalizadas». Y que cuando el profesor Oppenheimer indica al fracasado baladista Manuel Darío que «más que como cantautor lo veo como auto-cantor», está enarbolando un retruécano.

Los juegos de Núñez en *Los juegos de Mastropiero* pasaron a convertirse, casi de inmediato, en la Biblia de los seguidores de Les Luthiers: a ellos, y a un puñado de personas más, está dedicada la obra.

Antes de este tomo, Núñez había publicado un tratado de malacología, *Cien caracoles argentinos,* en colaboración con Tito Narosky. Actualmente, el popular Loco trabaja en una adaptación teatral de la obra, donde la interpretación de los caracoles corre por cuenta de perros amaestrados. Se dice que problemas de *casting* han retrasado el montaje.

UN GRAMÓFONO PARA LES LUTHIERS

Los numerosos libros publicados acerca de Les Luthiers podrían aspirar al Premio Pulitzer, pero no a un premio Grammy. Este se reserva a música y espectáculos, y en su modalidad latina distingue sobre todo a los hispanohablantes o, mejor, hispanocantantes. En noviembre de 2011, cuando Les Luthiers lo recibieron en Las Vegas, en la categoría Excelencia, que aplaude una tradición artística, Marcos Mundstock comentó: «El Grammy Latino se asocia con artistas muy exitosos». Y, a renglón seguido: «El hecho de que nos lo hayan dado lo desmiente».

Con Les Luthiers subieron a recoger el prestigioso gramófono dorado que simboliza al Grammy los intérpretes Gal Costa, José Feliciano y Linda Ronstadt, entre otros.

EL ZOILO

Hijo de judíos rusos, socialistas y ateos, según lo describe su hija Daniela, Gerardo Horovitz nació en un barrio de Buenos Aires, pero siempre soñó con el campo, con caballos, con vacas, con ovejas, con árboles, con ríos. Por eso lo apodaban «Zoilo», que es un modo de nombrar al esforzado varón del medio rural. Pero Zoilo no vivía en la pampa sino en la ciudad. Eso sí, rodeado de palomas, pájaros, gatos, perros, tortugas, conejos, hijos... y cámaras de fotografía.

Esta última criatura lo vinculó a Les Luthiers. Desde 1979 Horovitz se convirtió en el fotógrafo oficial del grupo. Eran los tiempos del robot Antenor y de Yoghurtu Nghé. Durante treinta años Zoilo fue el encargado de captar todas las imágenes de Les Luthiers que aparecen en programas, cartelones, anuncios y boletines de prensa. Este libro que usted tiene en las manos —Les Luthiers de la L a la S— contiene una robusta contribución de Horovitz, un tipo afable, colaborador y generoso que siempre estaba de prisa pero nunca dejó de sonreír. Gerardo encontró sitio especial en el afecto de los reporteros de prensa (trabajó, entre otros, en La Nación, El Gráfico y Clarín) y de los Lelu, como solía llamar a los integrantes del conjunto.

La colección de imágenes de Les Luthiers captadas por las cámaras Horovitz tuvo un final cruel e inesperado el 16 de junio de 2009, cuando el fotógrafo murió en Buenos Aires, a los cincuenta y ocho años. Pero tanto la familia de Horovitz como sus amigos músicos decidieron perpetuar los largos años de gestos, luces e instrumentos en una exposición y un álbum. Fue así como el 18 de julio de 2013 se inauguró en el Centro Cultural Recoleta de Buenos Aires una gran exposición de Les Luthiers vistos por Gerardo Horovitz.

Con la exposición, se publicó un espléndido libro de mesa de 160 páginas, que recorre la historia de Les Luthiers a partir de 1979 a través del ojo de Gerardo.

Zoilo nos acompañó a lo largo de muchos años —escribe en el epílogo del libro Daniel Rabinovich, en nombre del grupo—: hacía fotos para los programas de mano y las publicidades, tomaba instantáneas durante los espectáculos y las grabaciones, y nos acompañaba en muchas de las giras y también en los cumpleaños y festejos. Es muy probable que él se sintiera casi uno más de nuestro grupo, y en cierto sentido lo fue.

Lo mismo puede decirse de quienes han acompañado fielmente a Les Luthiers a lo largo de los años.

Segunda parte

1

Enlace de ediciones

Mi amigo Daniel Samper Pizano me pasa la pelota con la intención de que remate yo este libro, siempre en el sentido futbolístico de la palabra y no en el criminal.

Lo hago con mucho gusto, esperando evitar esa segunda acepción; y me sirvo para ello de la ayuda prestada por los actuales integrantes de Les Luthiers (el «elenco 2019»); de los recuerdos que mantengo vivos tras las gratísimas conversaciones y encuentros con ellos y con los demás miembros históricos, y de la ayuda prestada para la obtención de datos por su oficina de representación y especialmente por su jefe, Javier Navarro. Además, he acudido a la documentación que se puede extraer de periódicos y ciberperiódicos, y publicaciones y ciberpublicaciones, siempre con la verificación correspondiente en los archivos del grupo.

La parte de este libro que corrió a cargo de mi admirado y querido Samper comprende desde el nacimiento del conjunto humorístico y musical hasta el año 2014, en el que se publicó la que era última edición de *Les Luthiers de la L a la S* hasta aparecer esta.

Y en tal punto me hago cargo de la continuación del relato. Aquí viene.

2

Introducción a la segunda parte

Daniel Rabinovich y Marcos Mundstock se murieron. Hay que empezar por ahí el último capítulo de la vida artística de Les Luthiers, una vez que ustedes han leído el armonioso, certero, documentado y divertido relato de Samper que precede a estas líneas.

Marcos y Daniel se murieron. No diré que nos dejaron, ni que se fueron al otro mundo, ni que partieron, ni cualquier otro eufemismo. Ni muchísimo menos escribiré la frase tan comúnmente empleada en los obituarios y que aquí constituiría una mentira de tomo y lomo: «Pasaron a mejor vida».

Ni hablar, eso es imposible. No existe ninguna vida mejor que las vividas por Marcos y Daniel. Sus vidas no las mejora ni Dios.

Daniel falleció el 21 de agosto de 2015 a los setenta y un años; y Marcos, el 22 de abril de 2020, con setenta y siete. Entre 2014 —cuando el relato de este libro se suspendía en su edición precedente— y esas dos fechas sucedieron hazañas inenarrables que, sin embargo, nos proponemos inenarrar. Y también las que llegaron después, que acabarán igualmente inenarradas.*

Daniel y Marcos recorrieron felices el tiempo, disfrutaron del camino entre risas, rodeados siempre por familiares que los amaban y

---

* No busquen este verbo en el *Diccionario*. Pero así como de «adorable» deducimos la existencia de «adorar» y de «inactivable» imaginamos «inactivar» (verbos que sí recogen las academias del español), bien podemos suponer que el verbo «inenarrar» existirá dentro de algunos siglos para definir el acto de contar lo que no se puede abarcar de ninguna manera; es decir, el acto de contar lo inenarrable. De inenarrarlo.

amigos que los querían hasta la adoración, de admiradores que los idolatraban, dentro de una película cuya banda sonora se compuso con la base armónica de millones de carcajadas.

Marcos y Daniel contribuyeron a crear un universo que, como se le supone a todo universo, no solamente los sobrevivió, sino que además se hizo infinito, a pesar de que la trayectoria escénica de Les Luthiers se acabara en el año de gracia de 2023. (Estamos hablando de Les Luthiers, así que para ellos y sus seguidores todos los años son de mucha gracia).

Daniel y Marcos se murieron. Y aquellos dolorosos momentos no impidieron que el grupo se mantuviera incólume en su misión, como había hecho tras la muerte del gran impulsor de la formación, Gerardo Masana, en 1973 a los treinta y seis años. El amor por los tres también se podía expresar mediante la continuación de su proyecto. Porque las mejores obras son las que sobreviven a su creador.

Es más, en la función posterior a la muerte de Daniel, Les Luthiers actuaban en Córdoba (Argentina), y desarrollaron el espectáculo completo en el escenario sin mencionar ni la desgracia ni su dolor, con la tristeza dentro del cuerpo pero cumpliendo la misión de transmitir esa alegría que un día les concedieron los dioses sin que en sus tablas de la ley se consignaran excepciones ante las malas noticias.

No obstante, en aquella luctuosa fecha hicieron distribuir junto con el programa de mano una hoja que contenía el comunicado del grupo donde daban cuenta de la dura noticia: «Hoy estamos de duelo pero, aun tristes y doloridos, mantenemos nuestra decisión de seguir trabajando».

Algunos reporteros preguntaron ese día a los espectadores qué les parecía que no se hubiera expresado en escena ningún recuerdo de Daniel. Y una mujer joven dio la clave con su respuesta en *Telefé Noticias*: «Le despidieron de la mejor manera y como él lo hubiera hecho, que es hacer reír a la gente».

Los demás integrantes aún se veían con fuerzas en su veterana juventud para seguir adelante en el camino. No se detuvieron las giras ni los éxitos, ni se desvaneció el cariño que hacia todos ellos sentían los admiradores, quienes en lo concerniente a este asunto deberían denominarse admirreidores. Es lo que tienen las buenas ideas como las suyas: se abren paso por sí solas. Unas veces por su propia fertilidad y otras por plagio.

A la viabilidad en el empeño de seguir en pie se unió que los propios fundadores habían construido el armazón* para mantener la tradicional presencia escénica y habían elegido para ello los mejores relevos posibles. Tato Turano, que ya fue mencionado en este libro por mi antecesor en el uso de la palabra, pasó de su función suplente a la de titular para desempeñar una parte de los papeles que interpretaba Daniel Rabinovich, principalmente con los instrumentos (guitarra, *bass-pipe*, batería) y también en la voz de los boleros; y, por supuesto, en muchas escenas habladas. Por su parte, Martín O'Connor se encargó de sustituir a Daniel en las partituras más líricas, donde hizo brillar su formación de tenor; pero también en los desternillantes diálogos que solía entrelazar con Marcos Mundstock.

Daniel era tan grande que hicieron falta dos nuevos luthiers para ocupar su espacio. Y eso que últimamente había adelgazado.

Recuerdo que una vez, durante unas funciones en Madrid, Rabinovich le dijo a Tato: «Hoy estoy algo acatarrado, ¿puedes reemplazarme en la última escena? Llegaría un poco justo para tocar el *bass-pipe*» (un instrumento que requiere de buenos pulmones). Y Tato se vistió rápidamente de esmoquin y estuvo listo para actuar.

Cuando murió Marcos, sus ingeniosos textos pasaron a la voz del actor Roberto Antier, que ya le había sustituido cuando la enfermedad le impidió comparecer en el escenario. Ambos también habían compartido funciones, dentro de una clara estrategia de que Roberto se fuera fogueando para el futuro.

Más tarde se sumaría a los relevos Tomás Mayer-Wolf, quien cobró mayor importancia tras la retirada de Carlos Núñez Cortés.

Todos estos reemplazantes fueron seleccionados y elegidos cuidadosamente, y con aprobación del quinteto completo. Por tanto, Núñez podía jubilarse tranquilo porque conocía bien la calidad artística de quien habría de sustituirlo.

Con ello, la idea fundacional venció una vez más. La renovación alentó la vieja apuesta, que de ese modo se convertía en clásica. La música y el humor salían indemnes del envite. Si la obra de Johann Sebastian Bach pervivió en el virtuosismo de cientos de miles de músicos que interpretarían sus partituras durante siglos, cómo no iba a

---

* «La armazón», femenino, en parte de América.

hacerlo la obra de Johann Sebastian Mastropiero, muy superior a la de aquel, en la destreza de un puñado de argentinos.

Los respectivos obituarios de Rabinovich y de Mundstock publicados en *elpais.com* fueron en sus fechas correspondientes la noticia más leída durante todo un día.

En el caso de Marcos, los lectores recuperaron además las imágenes que se habían ofrecido en esa ciberpágina un año antes con su divertidísima intervención en el Congreso Internacional de la Lengua celebrado en 2019 en Córdoba (Argentina), que se reseñará más adelante. Este vídeo se situó en la quinta información más seguida, con lo cual el gran luthier tuvo en aquella fecha dos posiciones entre los diez primeros temas. Durante los tres meses anteriores —desde que empezó la pandemia—, ninguna información ajena al coronavirus se había situado en esa lista. Alrededor del nombre de Mundstock aparecían noticias sobre confinamientos, investigaciones médicas, futuras vacunas, estadísticas de contagios, falta de mascarillas o tapabocas, derrumbes económicos por la inactividad… En ese panorama aún había espacio para recordar los mejores momentos del humor en español.

Como sueñan algunos alpinistas, Marcos y Daniel murieron en la cumbre.

Los comentarios que los lectores incorporaron en ambos obituarios dieron fe del inmenso cariño que Rabinovich y Mundstock habían despertado en todo el mundo de habla hispana. Y esa energía transmitida por sus seguidores habría de transformarse como es obligado en toda energía, y en este caso se transformó en un nuevo impulso para sus compañeros, que decidieron seguir adelante.

Los golpes propinados por ambos fallecimientos aún tuvieron, como los terremotos, una réplica más: Lino Patalano, también mencionado anteriormente en este libro, falleció el 10 de septiembre de 2022, a los setenta y seis años cumplidos en abril. A diferencia de lo ocurrido con sus dos amigos luthiers, que padecían sendas enfermedades, esta desgracia llegó por sorpresa.

Lino había modernizado a partir de 1995 la gestión administrativa y empresarial de Les Luthiers, y también tenía establecida con ellos una amistad inquebrantable. Los artistas y el gestor empresarial y productor teatral vivieron en compañería, disfrutaron de festejos y celebraciones y recorrieron juntos decenas de ciudades.

Para Lino, trabajar con Les Luthiers era «como hacer un posgrado», según declaró en una entrevista con el medio argentino *Gacemail*. ¿Por qué? «Porque tienen una disciplina y una rapidez de trabajo admirables. Son trabajadores incansables, muy respetuosos del público».

El empresario teatral estuvo muy vinculado asimismo a carreras como las del bailarín Julio Bocca o el tenor Gerónimo Rauch, o el cantautor Facundo Cabral; y trabajó igualmente con Astor Piazzolla o Mercedes Sosa. Y también con ¡Liza Minelli y Shirley MacLaine! La historia teatral de Buenos Aires no se entiende sin él.

La periodista Liliana Morelli escribió acerca de este gestor cultural en el diario *Perfil,* en junio de 2008: «Lino Patalano se pasó la vida amalgamando arte y taquilla, con pericia de fenicio y un amor imperecedero por los artistas».

Ese amor le fue correspondido siempre por nuestra banda humorística, a la que acompañó en muchos viajes. El último de ellos, en la gira española de principios de 2022. Nos vimos por última vez el 30 de enero, en Burgos, donde actuaba el grupo, y conversamos un rato caminando despacio junto al arco de Santa María. Seguía con algunos problemas de movilidad, pero se mostraba optimista sobre su evolución.

Patalano conservó siempre su nacionalidad italiana de origen, pese a haber emigrado a Argentina junto con su familia cuando él tenía cinco años. En 2008 fue declarado en Buenos Aires «Personalidad destacada de la cultura» tras una votación donde recibió el apoyo de legisladores tanto del peronismo como de la oposición.

Era agasajador, y los buenos amigos acudían siempre alegres a su finca situada a cierta distancia de Buenos Aires para disfrutar de una contundente comida preparada a la brasa. Algunos de ellos hasta jugaban al fútbol, ya de paso, en la generosa pradera, donde Juan Maronna, hijo de Jorge, se podía vestir con la camiseta albiceleste (selección argentina) y Marcos Mundstock lucir la roja zamarra de España, en compañía de los también futboleros Tomás Mayer-Wolf y Tato Turano, antes reemplazantes y luego titulares… también en el terreno de juego. Lino los observaba feliz, sin inmiscuirse en esos asuntos. Su predio era un espacio de libertad y de paz. Él disfrutaba más en su papel de nexo aglutinador de alegrías y de estar al tanto de cómo iba el asado (que en ese momento aún no era tal, puesto que estaba por asar).

A la muerte de Lino, cayó sobre las espaldas de Javier Navarro, «mánager general» de Les Luthiers, la doble tarea de continuar con su ámbito de trabajo y además reemplazar a quien hasta ese momento era su jefe. Debía sucederle... y sucedió. Por tanto, este bonaerense de cincuenta y cinco años (nació en 1968), de los que ha trabajado treinta y cuatro para Les Luthiers, ocupó en realidad el papel de representante principal del conjunto. Y lo hizo con una brillante eficacia, con la profesionalidad que le era conocida, a plena satisfacción del grupo, con discreción y sin hacerse el importante, con cariño y sin empalago, con la idea de que los problemas que se pueden resolver se resuelven y los que no se pueden resolver se superan. «Una tarea titánica —dice Puccio—. Sobre todo en la última gira [con *Más tropiezos de Mastropiero*], cuando en poco más de un año actuamos en ¡diez países!».

Lo que aquí sigue relatará la última etapa de Les Luthiers, la más difícil pero también la que más reconocimientos y amor les procuró. Una etapa que incluye la jubilación de Carlos Núñez Cortés, sustituido principalmente por el compositor y pianista Tomás Mayer-Wolf y además por Tato Turano, también al piano en ocasiones.

Las muertes de Marcos y Daniel y de Lino ya han quedado reflejadas en las líneas precedentes, pues, pero de vez en cuando aparecerán resucitados en las siguientes páginas. Los veremos moverse de nuevo en la vida sin término de un grupo cuyas obras jamás terminarán de hacernos reír. Una vida terminantemente interminable.

Gracias por eso, YouTube.

3

Presentación de un cholulo

Permítanme que me presente. Me llamo Álex Grijelmo, nací en Burgos (España) en 1956 y conocí la existencia de Les Luthiers en 1975, el año en que llegué a Madrid para estudiar Periodismo en la Universidad Complutense, tras un fugaz paso por la Universidad de Navarra (fugaz porque salí huyendo).

Formaba parte entonces de un grupo de música folk llamado Raíces,* junto con Agustín, Miguel, María Luisa, Esperanza, Alberto y Paul, siempre con la atenta audición de nuestro común amigo Ernesto. Entre todos ellos desbravaron a aquel paleto burgalés que desconocía entonces a The Weavers, a Pete Seeger, a Woody Guthrie... Y a tantos otros. Pero, con todo y eso, su intervención crucial en mi existencia se manifestó en otra revelación, aún más decisiva.

Un día, antes del ensayo, mis compañeros hicieron sonar en el tocadiscos de la buhardilla donde nos reuníamos, en el barrio de Chueca, el primer disco conocido en España de Les Luthiers. Si yo hubiera montado un caballo en aquel momento, me habría caído de él. Ocurrió una gran iluminación, quedé deslumbrado y a partir de entonces profesé una nueva religión, el luthieranismo.

Compré enseguida las casetes que contenían sus obras (sí, las casetes o *cassettes,* unos prodigios de la técnica; aquella especie de pastillas antiguas, de plástico, rectangulares, de pequeño tamaño, también llamadas «cintas», que permitían escuchar música tras encajarlas en

---

* Después descubrí la existencia de otro grupo llamado también Raíces, formado por María Luisa (otra María Luisa) y Javier, hermanos apellidados García Sánchez. Me sé sus canciones.

un aparato llamado del mismo modo, «casete», pero en masculino: «el casete»). Y fui descubriendo poco a poco la sociedad secreta que formábamos en España los seguidores de ese grupo casi clandestino porque no se emitían sus grabaciones en la radio, ni se hacía publicidad alguna, ni se difundían entrevistas con ellos.

Más tarde comprobé, paralelamente, que mis amigos de Burgos (entre ellos los de otro grupo musical, Orégano) habían experimentado la misma conversión que yo. Y en consecuencia llegaron los intercambios entre nosotros de copias de cintas con grabaciones de segunda y hasta de cuarta mano, en las que escuchábamos aquellas invenciones geniales y reíamos juntos mirando el aparato reproductor como si fuera un escenario, y recreábamos en nuestra imaginación el teatro donde se habían ejecutado los movimientos y los gestos de aquellos locos maravillosos. También nos imaginábamos entre el público que reía y aplaudía.

Asistí a sus funciones en Madrid desde 1981 (no alcancé a saber nada sobre su estreno del Teatro Marquina en 1974, pero, mísero estudiante, tampoco habría podido pagar la entrada); y he disfrutado desde entonces de todos sus espectáculos. Cuando ya sí podía permitirme más gastos, llegué a presenciar varias funciones de una misma gira en distintas ciudades; como los irredentos aficionados a los toros siguen a un torero.

Una vez, me las arreglé en el periódico donde trabajaba, *El País,* para que me enviaran a la rueda de prensa previa a uno de sus espectáculos, en noviembre de 1985, y ahí pude observarlos de cerca, como a ídolos, y hasta hacerles una pregunta.

Conocedor de que la venta de entradas iba como un tiro, igual que había sucedido en 1982, y sabiendo que su primera presencia en España había supuesto un fracaso, les planteé con toda valentía: «¿Cómo han conseguido pasar de un humor elitista a atraer a un público masivo?». A lo que Daniel Rabinovich me respondió: «Dicen que antes hacíamos un humor más elitista, pero es que actuábamos para las minorías porque venía muy poca gente. Luego vino más gente y ya no actuamos para las minorías».

Eso me pasa por preguntar.

Quiso la fortuna que, muchísimos años después de aquellos momentos iniciáticos, y ya en el segundo milenio de nuestra época, coincidiera con Rabinovich en un estudio de Radio Nacional de España en Barcelona, en el programa finisemanal de Pepa Fernández *No es un día cualquiera,* donde yo colaboraba entonces con un espacio sobre lenguaje. Tal vez fue en 2004. Le expresé a Daniel mi rendida admiración y resultó que él había leído mi libro *Defensa apasionada del español,* y que, según me contó, Carlos López Puccio había hecho lo propio con *La seducción de las palabras.* Sentí una alegría desbordante pero logré que no se me desbordara, para no parecer un alocado seguidor, un cholulo cualquiera; que es lo que soy (qué idioma tan rico el nuestro, aunque no lo seamos sus hablantes).*

Quedamos para tomar un café al día siguiente, a iniciativa suya (yo no me habría atrevido), y a partir de ahí desarrollamos Daniel y yo una profunda amistad, construida a base de risas y conversaciones, lo mismo de fútbol que sobre la vida o sobre el lenguaje y las palabras. Y sobre Les Luthiers, claro; materia en la que yo —después de tantos años de gozar con ellos— podía presumir de cierta erudición ¡ante el mismísimo Rabinovich!

La definición de «amigo» equivale a su nombre. Debería cambiarse incluso esa entrada en el diccionario: «Amigo. Dícese de Daniel Rabinovich». Es amigo quien señala los errores pero nunca juzga, el que comparte confidencias que se guardarán en cofres cerrados sin llave que los abra, el que telefonea cuando acaba de ser eliminado el Real Madrid y se hace preciso compartir el desconsuelo. Y el que hace que sus amigos sean amigos de sus demás amigos. Esa amistad mía con Neneco se extendió enseguida a Marcos, con quien él mantenía un estrecho contacto (eran vecinos y veían juntos a menudo los partidos del Real Madrid, terreno de la conversación en el que yo también atesoraba ciertos conocimientos).

Marcos resultó ser tan adorable y cariñoso, y divertido, como Daniel. Y tan sincero. Me encantaba soltar en las conversaciones con él, cuando venía a cuento del tema, algún chiste antiguo de Les Luthiers (como hacíamos los amigos de Burgos y yo a cada rato) y que se riese con una carcajada porque a él ya se le había olvidado.

Esta amistad inicial con Daniel y Marcos abarcó enseguida a todos los demás integrantes, a quienes terminé sintiendo como personas de mi propia familia. Eso me llevó a vivir con ellos momentos inolvidables en distintas ciudades de España, de Argentina o de Colombia. Charlas, comidas, almuerzos, cenas, desayunos, excursiones.

En estas páginas no aspiro, por tanto, a la neutralidad.

---

* Según el *Diccionario de Americanismos,* un cholulo es en Argentina y Uruguay la persona que demuestra un interés excesivo por la vida de actores, deportistas, músicos u otras personas famosas.

17 de mayo de 1966. Los televidentes que ese día encendieron
el aparato tuvieron que soportar esta alineación de I Musicisti.
De pie, de izquierda a derecha: Guillermo Marín,
Daniel Rabinovich, Raúl Puig, Jorge Maronna, Marcos Mundstock
y Carlos Núñez Cortés; sentados: Gerardo Masana, Daniel Durán,
Horacio López y Jorge Schussheim.

Mayo de 1967. Los cuatro fundadores de Les Luthiers (de izquierda a derecha:
Jorge Maronna, Marcos Mundstock, Gerardo Masana y Daniel Rabinovich)
rendidos ante las puertas del Instituto Di Tella, en Buenos Aires.

Septiembre de 1967. Primera foto
oficial de Les Luthiers. Maronna
—con gafas— toca el contrachitarrone
da gamba; Rabinovich, el primer latín,
elaborado con una caja de galletas;
Masana, casi escondido, sopla el
bass-pipe a vara, y el de escaso
gom-horn y abundante cabello
es, aunque algunos peluqueros
no lo crean, Marcos Mundstock.
(Foto: revista *Siete Días*).

2 de octubre de 1967. Primera
actuación de Les Luthiers (de
izquierda a derecha: Mundstock,
Maronna, Rabinovich y Masana).
Editorial Abril, Buenos Aires.

Diciembre de 1967. Daniel
Rabinovich en latín, Jorge
Maronna en cello legüero,
Marcos Mundstock en
gom-horn y Gerardo
Masana en *bass-pipe*
debutan en el Instituto
Di Tella con *Les Luthiers
cuentan la ópera.*

1968. Carlos Iraldi y Gerardo Masana a punto de inventar
un instrumento informal en el taller de Les Luthiers,
fotografiados por Jorge Maronna.

En 1970, tras el paso de la Revolución francesa por el Di Tella,
fueron hallados estos seis cráneos que dijeron pertenecer a Núñez,
López Puccio, Mundstock, Mario Neiman, Rabinovich y Maronna.
La expresión de divertido desconcierto en este último se ha atribuido
a manipulaciones indecorosas de su vecino.

Diciembre de 1970. Maronna, López Puccio, Mundstock y Masana escuchan embelesados el solo de Rabinovich durante la grabación de «Sonamos, pese a todo».

1971. En homenaje al famoso cuadro *La fundación de Buenos Aires*, los luthiers fundan Mar del Plata con sus instrumentos. De izquierda a derecha: Mundstock, Maronna, López Puccio, Núñez y Rabinovich. (Foto: P. Mastropasqua).

1972. El «Bolero de Mastropiero» enternece al Estadio Luna Park de Buenos Aires. López Puccio y Núñez (perplejos, a la izquierda), y Maronna, Acher y Masana (impacientes, a la derecha) escuchan la dramática confesión de Rabinovich: «Me hablaaa..., me hablaaa..., me hablaaaaaa...». (Foto: E. Abbate).

1973. Septeto: López Puccio en latín, Maronna en cello legüero, Núñez Cortés en tubófono, Rabinovich en *bass-pipe*, Acher en alt-pipe, Masana en violata, Mundstock en *gom-horn*. (Foto: A. Libone).

1974. Conocida como «Verano en España» o «Las 4:40 pm», esta fotografía fue tomada en el Buenos Aires otoñal a eso de la una menos veinte. Hacen equilibrio, de izquierda a derecha: Núñez, Maronna, Rabinovich, López Puccio, Acher y Mundstock. Aunque la moda es de los años sesenta, corresponde a mediados de la década siguiente.

1974. Como puede verse, Acher, Núñez Cortés, Mundstock, Maronna, Rabinovich y López Puccio manifiestan desinhibición, primer síntoma del consumo de alcohol. Luego, los centros nerviosos superiores del cerebro se deprimen y afectan al habla, al pensamiento, al entendimiento y al juicio. Así ocurrió, pero la cámara ya estaba lejos. Por fortuna. (Foto: A. Libone).

1978, Mar de Plata. Arriba, de izquierda a derecha: Tom Jobim, Maronna, Rabinovich, Vinícius de Moraes, Núñez, Francis Hime. Abajo: Puccio, Toquinho, Mundstock, Acher. Inspirados por la audición de «La bossa nostra», Jobim y Vinicius compondrán esa misma noche su célebre «Garota de Ipanema».

1983. Durante una función en Bogotá, Les Luthiers reciben una visita nobel: Gabriel García Márquez asiste al Teatro Colón. Rodeando al escritor colombiano, de izquierda a derecha: Maronna, Acher, López Puccio, Núñez, Rabinovich y Mundstock.
(Foto: J. Maldonado).

Alrededor de 1983. La princesa Creolina (López Puccio) acompañada
de su séquito en «Cardoso en Gulevandia», uno de los números de
Por humor al arte (1983). A la izquierda: Rabinovich y Mundstock. En el
costado opuesto: Acher y el trovador Maronna. (Foto: G. Horovitz).

1986. Los marineros del bergantín se preparan en vaqueros
para encontrar a las majas en el Teatro Colón de Buenos Aires, mientras
la orquesta sinfónica ensaya una partitura mareante. (Foto: G. Horovitz).

1983. Marcos, Daniel y Jorge guían a Joan Manuel Serrat en un recorrido por las calles de Buenos Aires. (Foto: E. Abbate).

Finales de los ochenta. El parecido entre Vania, el perro boxer de Daniel Rabinovich, y Roberto Fontanarrosa fue objeto de simposios internacionales de veterinaria. Aquí, por única vez, accedieron a posar juntos. Rabinovich es el de la gorra. ¿Podría identificar a los otros dos?

1994.Con el guitarrista Paco de Lucía en México D. F.

1996. En Gijón, explosión de júbilo y de vapor en la presentación de
«Fronteras de la ciencia», pieza didáctica de *Les Luthiers unen canto con humor*.
(Foto: Jesús M. Muel de Dios).

1998. Momento histórico en los anales de Les Luthiers: sus compañeros le presentan por primera vez un teclado a Daniel Rabinovich. (Foto: diario *Perfil*).

1998. En los ensayos de *Bromato de armonio* (1998),
Rabinovich se encarga del bromato y sus compañeros del resto.
(Foto: diario *Perfil*).

1998. Con el salsero y político Rubén Blades en San José, Costa Rica.

1999, Buenos Aires. Jorge y Carlos en el dramático final de
«Los jóvenes de hoy en día». (Foto: G. Horovitz).

Junio de 1999. Practicando su gimnasia cotidiana, posan en actitud profesional
López Puccio, Maronna, Núñez Cortés, Mundstock y Rabinovich.
(Foto: G. Horovitz).

2001. ¿Sauna, aseo colectivo, fiesta japonesa, cita donde el psiquiatra?
No. Les Luthiers celebran su trigésimo cuarto cumpleaños en casa
de López Puccio. (Foto: Fernando Rabinovich).

2002. Les Luthiers con el director de orquesta Daniel Barenboim
en el Teatro Coliseo de Buenos Aires, después de una función.
Barenboim es el de camisa negra, el músico.

2002, Rosario. Marcos, Jorge y Daniel, exultantes tras el estreno de
Las obras de ayer. Los observa Hugo Domínguez, luthier de Les Luthiers.
(Foto: G. Horovitz).

Mayo de 2007. Les Luthiers exhiben los bellos instrumentos Thonet
que les regaló el artista plástico Pablo Reinoso: silla eléctrica, percuchero,
percusilla, tamburete. Además, suenan. (Foto: G. Horovitz).

2011. Un adolorido paciente sufre los auxilios de enfermeros principiantes.
(Foto: Marcos López).

8 de agosto de 2014. En una de las salas del Teatro Colón de Buenos Aires, al grito de «¡Está todo mal!», Daniel Barenboim interrumpe un ensayo del concierto. Jorge, con cara de susto, se parapeta tras el bolarmonio, mientras vigila expectante Francesco Poletti, coordinador técnico de Les Luthiers durante más de cuarenta años. Fue un momento de desconcierto.

9 de agosto de 2014, Teatro Colón. Acompañados por Martha Argerich, los luthiers arriesgan un difícil paso de ballet en «El carnaval de los animales», así bautizado en memoria de su desempeño como bailarines.
(Foto: A. Colombaroli).

9 de agosto de 2014. Jorge en el barríltono y Daniel en *bass-pipe* ensayan en el escenario del Teatro Colón su número de «El carnaval de los animales». Por prudencia, Daniel Barenboim y Martha Argerich se mantienen alejados. (Foto: A. Colombaroli).

2017, Buenos Aires. Tras la batería de cocina, Tato, Tomás, Jorge,
Marcos, Carlos y Martín. (Foto: Machado Cicala).

20 de octubre 2017, Teatro Jovellanos de Oviedo. Carlos Núñez,
Marcos Mundstock, Carlos López Puccio y Jorge Maronna saludan
al público después de recibir el Premio Princesa de Asturias
de manos del rey Felipe VI.

12 de octubre de 2019, Madrid. Momento de una animada cena
de amigos, dos de ellos autores de este libro. De izquierda a derecha,
sentados: Tato, Kiki Turano, Tomás, Roberto, Lino Patalano, Martín,
Claudia Maronna, Jorge, Carlos y Daniel Samper Pizano. De pie:
Álex Grijelmo y Pepa Fernández. ¡Cochinillos!

Noviembre de 2019, Sevilla. Aterrados por la amenaza de hundimiento
de su barco, Carlos, Martín, Jorge, Tomás y Roberto sufren en
«Las majas del bergantín». Suele exhibirse en las exposiciones del Titanic.
Teatro de la Maestranza. (Foto: G. Mendo).

Noviembre de 2019, Teatro de la Maestranza, Sevilla. Derrochando gracia tropical, Carlos, Tomás y Jorge se lucen como bailarines en «Yvonne». Por la maldita envidia, nunca volvieron a ser convocados a la pista. (Foto: G. Mendo).

Noviembre de 2019, Teatro de la Maestranza, Sevilla. Tras la batería de cocina de «Pasión bucólica», Jorge y Tato se acusan agriamente de toda clase de faltas, y ambos llevan razón. (Foto: G. Mendo).

10 de octubre de 2019, Madrid. Después de depositar el legado de
Les Luthiers en el Instituto Cervantes, Roberto y Tato miran con desconfianza.
Mientras tanto, Carlos y Jorge escuchan divertidos a Joan Manuel Serrat,
quizá porque su niñez sigue jugando en su playa. (Foto: L. Yugo).

Noviembre de 2021, Sevilla. Posando durante una rueda de prensa.
No fue posible un selfi.

Noviembre de 2022, Teatro Astengo, Rosario. Tomás, Carlos y Jorge en un dramático momento de «Don Ciccio». Pudo haber sido trágico. (Foto: A. Macera).

Noviembre de 2022, Teatro Astengo, Rosario. Martín, Carlos y Tomás increpan a Roberto. Tato prefiere permanecer indiferente. Lo peor ocurrió después, en los camerinos, pero no quedó testimonio gráfico. «Days of Doris». (Foto: L. Frontini).

Noviembre de 2022, Teatro Astengo, Rosario. Carlos, Roberto,
Tato, Tomás, Jorge y Martín, felices en el «Chachachá para órgano
a pistones». Se oyeron aplausos de rosarinos y protestas de cubanos.
(Foto: A. Macera).

Noviembre de 2022, Teatro Astengo, Rosario. La bruja (Tomás)
vaticina a Mastropiero (Martín) un futuro sorprendente en «Partitura
invaluable». Seguimos esperando el futuro y es sorprendente que tarde
tanto en llegar. (Foto: A. Macera).

Gerardo Masana.

Marcos Mundstock. (Foto: Machado Cicala).

Jorge Maronna. (Foto: Machado Cicala).

Carlos López Puccio. (Foto: Machado Cicala).

Carlos Núñez Cortés. (Foto: Machado Cicala).

Daniel Rabinovich. (Foto: Marcos López).

Ernesto Acher. (Foto: Enrique Abate).

Roberto Antier. (Foto: A. Palacios).

Martín O'Connor. (Foto: A. Palacios).

Tomás Mayer-Wolf. (Foto: A. Palacios).

Tato Turano. (Foto: A. Palacios).

Pablo Rabinovich.

Santiago Otero Ramos. (Foto: Luis Frontini).

Rodeado de vasijas y embudos que le permitieron crear el alambique encantador,
Hugo Domínguez, luthier de Les Luthiers desde la muerte del patriarca
Carlos Iraldi. (Foto: G. Horovitz).

Sebastián Masana, hijo del fundador, biógrafo de los
primeros tiempos de Les Luthiers y asesor del grupo
en temas de comunicación. (Foto: G. Horovitz).

Javier Navarro, manager de Les Luthiers, interpretando el instrumento
que mejor domina. (Foto: G. Horovitz).

Pablo Maronna, gerente
y productor de las giras
del grupo por España.

Fernando Tortosa, creador del
campanófono autoflagelador,
el bolarmonio y el órgano a pistones.

4

Perfiles vistos de frente

Y ahora toca presentar a los nuevos integrantes del grupo, con quienes van a compartir ustedes algunas páginas, en las que no se olvidará, por supuesto, a ninguno de los fundadores, que seguirán protagonizando episodios.

La última formación escénica de Les Luthiers, ya sin Rabinovich, Mundstock ni Núñez, estuvo constituida por Carlos López Puccio, Jorge Maronna, Tato Turano, Martín O'Connor, Roberto Antier y Tomás Mayer-Wolf. Se llamó «elenco 2019».

Estos cuatro últimos pasaron de reemplazantes ocasionales a fundirse ya en la formación estable de Les Luthiers. He aquí sus perfiles:

Tato Turano

Cuando se publica este libro tiene setenta y un años, que no aparenta. O sea, aparenta menos. Nació el 10 de noviembre de 1953 en Buenos Aires, y eso sí tiene la apariencia de que en 2024 se cumplen por fuerza setenta y un años de su nacimiento. Su pelo es negro a juego con el esmoquin. Pianista, saxofonista, guitarrista, arreglista: un artista. Ah, y compositor (o composicionista, ya que estamos). Cantante de boleros (o sea, bolerista) y músico de jazz. (Aquí concluye el juego de palabras).

De 2000 a 2015 fue el principal reemplazante del quinteto titular cuando alguien sufría un contratiempo. Salvo de técnico de sonido, ha hecho de todo en Les Luthiers. Entre él y Martín O'Connor se repartieron las funciones del fallecido Daniel Rabinovich; pero antes ya ejerció como suplente que hubo de saltar al terreno de juego cuando era necesario.

Llegó a desempeñar todos los papeles de los integrantes titulares (aunque no todos a la vez). En el número denominado «San Ictícola de los Peces», el que más le gusta, ha representado a los cuatro personajes de esa escena. Esto significa que unas veces tocaba el trombón, otras el acordeón o el bombo, y otras el barríltono (un barril en cuyo interior hay que introducirse para accionar las cuerdas, una especie de contrabajo hueco); un invento que se traga al intérprete.

Además, fue el único que se atrevía a hacerse cargo del *bass-pipe* a vara, el complejo y descomunal instrumento que en su día tocaban Rabinovich y, antes, Masana. En su vida civil, dirigió el programa de radio *El faro del jazz* y formó parte de los grupos Mainstream 6 Jazz y Turano Jazz Trío (no he podido averiguar el género musical al que se dedicaba en estos tres casos).

También ha incursionado en otros estilos, entre ellos la música popular y los tangos. En 1979 y 1980 residió en Fráncfort (Alemania), donde completó su formación musical y suponemos que también su experiencia gastronómica. Y en 1986 fundó el grupo vocal Cuatro & 4 (lo cual suma 8), que actuó durante veinte años y grabó dos discos.

He aquí las respuestas de Turano al cuestionario ideado por Samper y que ya se aplicó en la primera parte de este libro a Rabinovich, Puccio, Mundstock, Maronna y Núñez.

> *La mejor obra de Les Luthiers*: En mi opinión, «Las majas del bergantín», «La bella y graciosa moza»… o la «Cantata del adelantado don Rodrigo Díaz de Carreras», a quien tuve el honor de interpretar durante la gira estreno de *Las obras de ayer* en Galicia (España). Pero yo siento especial predilección por una obra imbatible: «San Ictícola de los Peces». Su absurdo remate me produjo una risa incontenible desde la primera vez que la vi.
>
> *La obra de Les Luthiers que querría olvidar*: Participé en más de diez espectáculos como reemplazante o como titular, pero no recuerdo alguna obra que me costara hacerla o que me disgustara.
>
> *Su personaje luthierano favorito, excluido Mastropiero*: El célebre José Duval, famoso autor e intérprete de grandes temas de los años

veinte que tan maravillosamente interpretó Marcos en «La hora de la nostalgia» y que luego hizo también maravillosamente Roberto Antier.

El papel o trabajo escénico más difícil que le ha correspondido: Hay tres. En el estreno de *Las obras de ayer* en Galicia en 2005, cuando yo era único reemplazante de los cinco luthiers, Jorge me avisó un día y medio antes de que tenía que sustituir a Núñez porque había tenido un episodio cardiológico. En un día y medio debí abocarme a preparar el personaje y salir a escena en Santiago de Compostela. Fue muy intenso y estresante pero todo salió muy bien. En 2014 debí hacer lo mismo para el estreno de *Viejos hazmerreíres* en Rosario, Argentina; pero esta vez por Jorge, que por razones médicas no pudo viajar. Y por último, en 2012, estando en Montevideo, Daniel sufrió también un episodio cardiológico y fue internado. Núñez ya había avisado de que ese día no iba estar, y yo me había preparado para hacer su personaje. Pero nos repartimos los papeles Martín y yo, ensayamos en una noche y el resultado fue impecable.

El mayor sacrificio que implica ser luthier: Perderme cumpleaños, casamientos y reuniones de familia y amigos por estar de gira o llegar tarde a cualquiera de estas reuniones por estar trabajando en el teatro.

Su mayor metida de pata con Les Luthiers: No recuerdo ninguna grave salvo algún error al decir un texto, pero nada que haya perjudicado el chiste.

Sus músicos preferidos: Bach, Mozart, Chopin, Granados, Sinatra, John Coltrane, The Beatles, Aníbal Troilo, Carlos Gardel.

Sus humoristas predilectos: Chaplin, Mr. Bean, Benny Hill, Pepe Biondi, Roberto Fontanarrosa, Quino, Luis Landriscina, Daniel Rabinovich y Marcos Mundstock.

Alguna manía o agüero escénico: Siempre salgo a escena con un calzoncillo rojo.

Su función inolvidable: Cada una de las funciones de la gira de despedida con *Más tropiezos de Mastropiero*. Jamás podré olvidar las ovaciones del público de todas partes aplaudiéndonos de pie con tanto fervor y agradecimiento. Conmovedor hasta las lágrimas.

Sus fortalezas y debilidades en su trabajo como luthier: Estoy orgulloso de haber sido elegido como reemplazante y de haber llegado a ser titular sin proponérmelo. Y creo que mi debilidad es haber abandonado en el intento de tocar bien el violín, tal vez el único instrumento con el que nunca me he encontrado cómodo.

Confiéselo todo: Nunca esperé formar parte de Les Luthiers. Y menos aún, ser parte de la etapa final con la que nos despedimos tras cincuenta y seis años de trayectoria. Es un regalo inesperado que me dio la vida y que llevó mi carrera artística hasta lo más alto a lo que podía aspirar.

MARTÍN O'CONNOR

Cincuenta y ocho años. Nació en Buenos Aires el 2 de agosto de 1966. Es hijo del actor Horacio O'Connor y nieto de Elsa O'Connor y Lalo Hartich, también artistas. A los seis años de edad ya aparecía en televisión junto a su padre. Y en 1991, con veinticinco años, protagonizó el musical *Drácula* en el famoso recinto Luna Park. Ahí empezó una gran carrera en el teatro musical argentino, que incluiría *Cat's, El beso de la mujer araña, La bella y la bestia, Grease...* Y tantas otras.

Tiene formación como tenor lírico, y una voz que consuena a la perfección con los restantes luthiers. Porque su formación vocal es muy consonante, paradójicamente. Su primer contacto con Les Luthiers se produjo gracias a los discos de vinilo. (Para quienes no los hayan conocido, les diré que eran redondos). Después presenció todos sus espectáculos a partir de *Les Luthiers hacen muchas gracias de nada*. Igual que Turano, viajó con el grupo como suplente (en este caso, de 2012 a 2015). Él pensó que quizá saldría como titular transcurrido un mes de su contratación, pero la oportunidad le llegó muchísimo antes: en Mendoza, tres días después de incorporarse. Había que tirarse a la alberca sin saber la temperatura del agua... en caso de que tuviera agua. Aquella vez representó un papel en «La hija de Escipión». «Me lo dijo Jorge un viernes para la actuación del lunes siguiente. En esos días no comí, no cené. Y el lunes debuté en escena. Sin anestesia».

Su incorporación se produjo gracias a las gestiones de Lino Patalano, quien le había visto las características adecuadas para una integración fácil y provechosa, como reemplazante primero y como titular después. No fue el ojo de Lino, fue el ojo de un lince.

Martín pasó a la alineación titular tras la muerte de Rabinovich, en 2015.

Es seguidor de River Plate, y por tanto rival de Mayer-Wolf (Boca Juniors).

Ahí va el cuestionario:

La mejor obra de Les Luthiers: Me la voy a jugar por dos, explicando los motivos. «Pepper Clemens…», por su enorme destreza musical de excelencia, acompañada de un texto maravilloso y una cantidad de instrumentos informales que describen a la perfección lo que es Les Luthiers; y «Don Rodrigo», por el contexto en el que fue escrita, la prisa, la intervención de todos. Solamente unos genios impredecibles podrían hacer semejante obra en esas condiciones.

La obra de Les Luthiers que querría olvidar: Ninguna. Hay una obra de *Más tropiezos de Mastropiero* que se llama «¡Arriba los carteles!» y que en su origen hubiera querido olvidar. [Pero esa escena fue experimentando muchas mejoras y modificaciones desde que se concibió].

Su personaje luthierano favorito, excluido Mastropiero: Ramírez [el locutor de radio compañero de Murena], que se repitió en muchas ocasiones de la mano de Daniel. Era desopilante en todos sus aspectos y además tuve el privilegio de encarnarlo muchísimas veces.

El papel o trabajo escénico más difícil que le ha correspondido: Sin dudas, Mastropiero. Fue un desafío tremendo ponerle voz, rostro y personalidad a, tal vez, uno de los personajes imaginarios más famosos el mundo de habla hispana. Cuando Carlos y Jorge me lo propusieron, me emocioné y al mismo tiempo tuve miedo. Fue un trabajo de ingeniería, paso por paso, palabra por palabra, chiste por chiste, caras, pausas… Por suerte, la genialidad del texto, la ayuda de mis compañeros, la complicidad con Roberto, quien encarna al entrevistador, hicieron que este maravilloso personaje llegase al corazón de la gente.

El mayor sacrificio que implica ser luthier: Para mí nunca lo ha sido. Sí reconozco que conllevaba una gran dedicación, con viajes eternos, dejar a la familia y otras tantas cosas. Pero la recompensa es tan grande que te llena el corazón. Hacer feliz a alguien, aunque sea por dos horas, no tiene precio.

Su mayor metida de pata con Les Luthiers: Sinceramente no recuerdo ninguna, al menos no he tenido ninguna como para no olvidarme. Y si sucedió fue en escena y rápidamente se solucionó.

Sus músicos preferidos: Tengo predilección por varios; y muy distintos. Piazzola, Serrat, Spinetta, Freddy Mercury, Paul McCartney y varios otros. Soy bastante amplio en gustos.

Sus cómicos preferidos: Locales: Alberto Olmedo, Tato Bores, y mi ídolo máximo, Daniel Rabinovich. Internacionales: Dany Key, Mr. Bean, Tricicle, Gila, Jerry Lewis y algún otro que se me escapa ahora.

Alguna manía o agüero escénico: Me persignaba antes de empezar cada función; y desde *Más tropiezos de Mastropiero,* justo antes de entrar a escena en el comienzo, un compañero (Pablito Rabinovich, uno de los nuevos suplentes) me hacía masajes en los hombros.

Su función inolvidable: Fue lamentablemente por una desgracia, el infarto de Daniel en 2012. Hasta ese día yo no había hecho una función completa. Sucedió en Montevideo, íbamos a actuar dos semanas allí, y Carlos Núñez Cortés había consensuado con sus compañeros que la segunda semana no iba a trabajarla, por una cuestión personal. Tato Turano iba a reemplazarle. Pero ahora Daniel era quien no podía trabajar, dada su situación. A pedido de Jorge, intentamos repartirnos ambos roles, ensayamos en la habitación del hotel como pudimos… Y milagrosamente todo fluyó con mucha naturalidad. Hicimos una función inolvidable. Era *¡Chist!* Jamás me olvidaré de ese día.

[Este testimonio coincide con el de Turano sobre el mismo episodio. Se demuestra que ambos dicen la verdad, pues para su declaración fueron separados en distintas celdas].

Sus debilidades y fortalezas como luthier: Mi mayor debilidad quizá sea no ejecutar más instrumentos; y mi fortaleza, tal vez mi solvencia como cantante y como actor: mis años de experiencia previos a Les Luthiers, en los que trabajé y fui dirigido por grandes directores nacionales e internacionales. Además trabajar al lado de Marcos varios años me dio el toque de luthierismo que me faltaba.

Confiéselo todo: Más que una confesión es una declaración de absoluta gratitud hacia quienes confiaron en mí en todos estos hermosos años. Empezando por el querido Lino Patalano, que fue quien me buscó en varias ocasiones hasta que logró incorporarme al grupo. Una pequeña metáfora: hace varios años, un pequeño niño de Calchín —un pueblito de Córdoba (Argentina)— llamado Julián Álvarez se tomó una foto con Messi, su ídolo máximo. Hoy ese pibe junto a Messi es campeón del mundo. Yo me siento campeón del mundo.

Roberto Antier

Sesenta y un años. Nació el 13 de enero de 1963. Es hijo de la famosa actriz argentina Violeta Antier. Se topó con Les Luthiers cuando tenía quince años. Estaba predestinado a integrarse algún día en ese club del esmoquin, porque de muy joven tocaba ya al piano «Las majas del bergantín»; y a la guitarra «La bossa nostra» para agradar a las chicas. Y a las majas.

A los diecisiete años ganó un concurso de televisión en el programa *Feliz domingo,* donde representaba un número de Les Luthiers: «Lazy Daisy». El premio consistía en un viaje, pero no imaginó que fuese tan largo.

De 2015 a 2017 sustituyó a Marcos y a Martín cuando fue requerido (a veces solamente para ganar práctica, sin que mediara enfermedad del titular). Desde 2017 a 2019 reemplazó ya a cualquiera de los seis habituales. Y en 2019 pasó definitivamente a la primera línea.

Ha trabajado como actor en la televisión argentina y ha actuado como cantante de boleros y de jazz. Ha sido profesor de teoría musical y solfeo (o sea, que ha sido profesor teóricamente); y también se formó como pianista. Y ha dirigido numerosas obras de teatro y otros espectáculos.

Estudió jazz en Estados Unidos y al principio actuaba como aficionado. «Luego ya recibí dinero a cambio —dice—. A cambio de dejar de tocar».

Ha operado como reemplazante de Les Luthiers desde 2015 a 2019, año a partir del cual representó definitivamente los papeles de Marcos. Pero en el último espectáculo (*Más tropiezos de Mastropiero*) intervino al piano en algunas de las piezas nuevas.

Como actor, había actuado en comedias y teleteatros en su país. Y participó en películas y obras escénicas tanto en Argentina como en Broadway (Nueva York). Como pianista, tocó en las versiones argentinas de muchos musicales.

Además ha escrito guiones y los ha representado en el papel de monologuista en espectáculos de su propia creación, una experiencia inigualable para asumir después las tareas de Marcos con su carpeta roja.

En su perfil de Twitter/X añade: «También soy deportista, pero no ejerzo».

Vayamos al cuestionario:

La mejor obra de Les Luthiers: Elija usted entre «Teresa y el oso», «Cantata de don Rodrigo...», «Pepper Clemens...», *Más tropiezos de Mastropiero*, «La comisión», «Cartas de color» y «Añoralgias».

[No voy a esquivar el desafío: yo me quedo con la «Cantata de don Rodrigo...»; pero toco a la guitarra «Añoralgias», que es más fácil].

La obra de Les Luthiers que querría olvidar: Más que obra, todas las frases que tuve que aprender y que luego fueron descartadas. Me cuesta olvidarlas y a cada tanto acuden a mi memoria, como espectros.

Su personaje luthierano favorito, excluido Mastropiero: José Duval; y los que me tocó crear de cero en *Más tropiezos*: el entrevistador, el general y el maestro de música. Además, me gustan mucho el soldado guitarrista de «La balada del Séptimo Regimiento», por la canción. Y el político de «La comisión».

El papel o trabajo escénico más difícil que le ha correspondido: En mi función de prueba en A Coruña en *¡Chist!*, aparecía por primera vez como a la hora y media de show, de vampiro, y lo primero que tenía que hacer era un gesto de pícara complicidad al público, buscando que ellos se rieran de un gesto de un tipo que no vieron en su vida. (Lo conseguí).

El mayor sacrificio que implica ser luthier: Pasar periodos largos lejos de la familia, mantener alta la vara de calidad sin repetirse y alejarse de otras actividades artísticas por lo nutrido del calendario.

Su mayor metida de pata con Les Luthiers: En «Days of Doris», el general (papel que me tocaba hacer) trota junto a un pelotón de soldados, arengándolos con una cadencia cantada en fragmentos que el general inicia y los soldados repiten. En una función tuve un lapsus y quedó algo así:

GENERAL: Una aldea vamos a ocupar.

SOLDADOS: Una aldea vamos a ocupar.

GENERAL: trgnñmetebejejk lararararrá. (¿Que venía? Me quedé en blanco).

SOLDADOS: trgnñmetebejejk lararararrá. (La soldadesca se destaca por lo obediente y repitieron ¡lo mismo!).

GENERAL: Pero debo recordar (eso es lo que más quería yo: recordar, pero estaba en blanco. Y encima¹ esa línea venía después).

SOLDADOS: Pero debo recordar. (¿? ¿?).

GENERAL: Pero debo recordar. (Ahora sí va).

SOLDADOS: Pero debo recordar. (Debe de haber dos cantando, el resto está ahogado de risa).

GENERAL: Que si alguna se quiere propasar.

SOLDADOS: Que si alguna se quiere propasar. (Ya se tropiezan y pierden el paso).

TODOS: Mi consentimiento por escrito debo dar. (Armonizado, o algo así. Salen de escena revolcándose de risa).

Sus músicos preferidos: Erroll Garner, Martha Argerich, George Gershwin, Leonard Bernstein, Alan Menken, Tom Jobim, Chopin, Chaikovski.

Sus humoristas predilectos: Peter Sellers, Mr. Bean, los Marx Bros, Osvaldo Miranda, Enrique Almada, Niní Marshall, Biondi, Lucille Ball, Carol Burnett, *Friends,* Jerry Lewis, Mel Brooks, Antonio Gasalla, Les Luthiers.

Alguna manía o agüero escénico: Darle un abrazo a Tato antes de entrar.

Su función inolvidable: También aquí me cuesta elegir: 1) El debut en A Coruña; 2) la vez que tuve que cubrir todo lo de Tato, por razones familiares, cantar el bolero y tocar instrumentos; 3) la función en Valencia donde por primera vez tomé el rol completo de Marcos y sentí que me bajaba la presión de los nervios y comencé a ver manchas blancas y negras al comienzo y se mantuvo por unos minutos; y 4) la última función de Marcos en el Gran Rex donde compartimos el rol y en el final tomó mi mano y la puso en alto. [Se narrará más adelante]. Una emoción que atesoro en mi corazón para siempre.

Sus fortalezas y debilidades en su trabajo como luthier: Mis fortalezas: la actuación y la dirección actoral. Y los remates (chistes). Mis debilidades: los instrumentos de cuerda frotada y los aerófonos de boquilla.

Confiéselo todo: El trabajo que hicimos me dio mucha felicidad. Llenamos teatros constantemente y, por encima de todo, recibimos cientos de comentarios de espectadores que nos dicen la felicidad que les produce lo que hacemos. Agrego a eso el encontrarse por el mundo con compatriotas orgullosos de lo que el grupo sigue teniendo para dar, lo que hace que nos sintamos un poco embajadores. Es un orgullo y una alegría además haber pertenecido a un grupo del que he sido admirador desde mi adolescencia.

TOMÁS MAYER-WOLF

Cuarenta y un años. Nació el 10 de diciembre de 1982. El más joven de la formación, con distancia. Pianista desde niño, ahora es director de orquesta; ha compuesto canciones para cine, televisión y teatro, y ha dirigido la producción musical de otros espectáculos. Oyó por vez primera a Les Luthiers cuando tenía nueve años. Había nacido doce meses después de que el grupo se presentara por segunda vez en Madrid, en el Teatro Alcalá (entonces el de mayor aforo de la capital) con *Luthierías*. Y luego en el conservatorio estudió algunas de las obras de estos genios. Por ejemplo, «La bella y graciosa moza», que los profesores les propusieron como ejemplo de un madrigal. Veinte años después estaría cantándola con ellos sobre las tablas. Con los profesores no, con Les Luthiers.

Ha venido ejerciendo principalmente los papeles que dejó Carlos Núñez Cortés al jubilarse, tras haberle reemplazado ocasionalmente de 2015 a 2017; es decir, suplió a Núñez antes de la retirada y después.

Es un buen jugador de fútbol, seguidor de Boca Juniors. (Y por tanto, rival de Martín O'Connor, de River Plate). Si tiene tiempo, dará unas patadas (al balón) donde le brinden la oportunidad.

Mayer-Wolf es licenciado en Composición y Dirección Orquestal por la University of the Arts de Filadelfia. Formó parte de una banda vocal que él mismo fundó: Voxpop.

Ha creado música para películas y fue director musical en espectáculos para Disney como *100 años de magia* y *Disney 100* en el Teatro Colón.

Dirigió la orquesta de Telefé en el estadio Luna Park con motivo del vigesimoquinto aniversario de ese canal televisivo.

Tommy responde así al cuestionario:

La mejor obra de Les Luthiers: «¿Quién mató a Tom McCoffee?». Además de que es una de mis favoritas, fue la obra con la que audicioné, la primera que ensayé, y con la que debuté en 2015. También «San Ictícola de los Peces», «Pepper Clemens...» y «Aria agraria».

La obra de Les Luthiers que querría olvidar: No hay ninguna, pero si tengo que elegir una sería «Lo que el sheriff se contó».

Su personaje luthierano favorito, excluido Mastropiero: De los que me tocó interpretar, la pianista en «¿Quién mató a Tom McCoffee?» y el alumno en «La clase de música» (*Más tropiezos de Mastropiero*). De todos los personajes luthieranos, José Duval («La hora de la nostalgia»); el personaje de Daniel en la escena de Terpsícore y los políticos en «La comisión».

El papel o trabajo más difícil que le ha correspondido: El cantante en «Dilema de amor» (cumbia epistemológica), por la cantidad de letra; la pianista de «¿Quién mató a Tom McCoffee?» y el alumno en «La clase de música». También la vez que tuve que hacer el papel del padre Gervasio en «San Ictícola de los Peces» porque Jorge se quedó sin voz un par de horas antes de la función.

El mayor sacrificio que implica ser luthier: Durante los primeros años fue difícil interpretar obras originalmente escritas para los luthiers originales y no sentir la presión por las comparaciones. Por eso fue muy importante buscar una identidad propia y no copiar a los luthiers anteriores. Por otra parte, las giras implican alejarse de la familia y rechazar otras propuestas laborales. También hay que cuidarse para no enfermarse o estar mal de la voz.

Su mayor metida de pata con Les Luthiers: En una función de *Viejos hazmerreíres*, Carlos, Jorge y yo nos distrajimos hablando fuera del escenario y no escuchamos nuestro pie para entrar en la canción de «Yvonne», de London Inspection. Comenzó la música, y cuando se prendió la luz, nosotros aún estábamos fuera del escenario, por lo que entramos haciendo una especie de trenecito de carnaval brasilero entre carcajadas. Otra vez, en la escena «Música y costumbres de Makanoa», con Martín nos tentamos de risa durante nuestro intercambio de palabras en idioma de los nativos, y tuvimos que frenar unos segundos porque no pudimos seguir.

Sus músicos preferidos: Bach, Debussy, Ravel, Puccini, Piazzolla, Maria Schneider [sí, hay más de una], Alan Menken, Stevie Wonder.

Sus humoristas predilectos: Les Luthiers, Mr. Bean (Rowan Atkinson), algunas cosas de Mel Brooks, Leslie Nielsen, Tricicle, Steve Carell, Robin Williams.

Alguna manía o agüero escénico: Las vocalizaciones prefunción, tomar agua antes de entrar y al salir del escenario, probar el piano antes de cada función, repasar letra constantemente por el miedo a olvidármela en escena.

Su función inolvidable: Mi debut en Mendoza en 2015; la primera función como titular en Lima en 2017, la primera función en Burgos luego de la pausa de dos años por la pandemia de la covid; en el Congreso Internacional de la Lengua Española en 2019 en Córdoba (Argentina), y en el Movistar Arena de Bogotá en 2023 ante nueve mil personas.

Sus fortalezas y debilidades en su trabajo como luthier: Fortalezas: tocar el piano, aprender las partes que me toca cantar, armar pistas musicales, ayudar en la dirección vocal en ensayos, encontrar buenos lugares para comer y organizar excursiones en giras. Debilidades: actuar e improvisar actoralmente, memorizar y recordar letras, perder llaves de habitaciones de hoteles.

Confiéselo todo: Ser parte de Les Luthiers fue un sueño no soñado. Cuando me llegó el llamado de Lino Patalano para formar parte, fue tal la sorpresa que me costó digerirlo por unos días. Siento un profundo orgullo y honor por haber formado parte de este grupo, con el que siempre me sentí cuidado (fui el benjamín o «chiquilín», como me dice Roberto, durante mucho tiempo), con el que aprendí, disfruté, conocí el mundo y a tanta gente querida, y me di el lujo de compartir escenario con algunos de mis ídolos.

5

Distinciones muy distinguidas

Atención, que este grupo de señores cómicos atesora distinciones que justificarían toda una vida aun si se les hubiera otorgado una sola de ellas. Vamos a repasar por orden cronológico las más recientes, pero dejaremos para el final la más importante.

Congreso de la nación (agosto de 2017)

Les Luthiers recibieron en Buenos Aires un reconocimiento especial dentro de los Premios María Guerrero 2016, que llevan como nombre el de una de las glorias del teatro español. Los galardones están auspiciados por la embajada de España y el Ministerio de Cultura de la Nación de Argentina. Les Luthiers recibieron el suyo en un acto celebrado en mayo de 2017. Este premio sirvió de antesala para los que llegaron después.

En la tarde del 28 de agosto de 2017, el Congreso de la Nación argentina, que comprende el Senado y la Cámara de Diputados, entregó a los miembros del grupo la Mención de Honor Diputado Juan Bautista Alberdi y la Mención de Honor Domingo Faustino Sarmiento, una por cada institución, en honor a su aporte a la cultura iberoamericana, así como por sus valores democráticos y republicanos. Los mismos que, curiosamente, premiaría después una monarquía: la española, con el Princesa de Asturias.

Años antes les habían sugerido estas condecoraciones de las cámaras parlamentarias argentinas, pero no se sintieron a gusto con los gobernantes del momento y las declinaron amablemente.

En esta oportunidad sí se vieron cómodos, quizá porque además no debían actuar en agradecimiento por el galardón concedido (como sí harían en otras situaciones similares).

El acto estuvo presidido por Gabriela Michetti, la vicepresidenta del Gobierno. (O sea, que estuvo vicepresidido). La acompañó Emilio Monzó, presidente de los diputados; y actuó como maestro de ceremonias el periodista televisivo Nelson Castro, antikirchnerista señalado. Es decir, señalado por el kirchnerismo a causa de su señalado antikirchnerismo. Ah, y también por las informaciones que difundió sobre corruptelas en su Administración, que se vio muy señalada.

Pero en esa ocasión ya no se encontraban al frente del Gobierno ni Néstor Kirchner ni su esposa, Cristina Fernández, sino Mauricio Macri, quien quizá entonces ni sospechaba que un día se aliaría con Javier Milei. Ni los demás tampoco.

Los acuerdos respectivos de ambas cámaras fueron adoptados por unanimidad. Además, por vez primera los diputados y los senadores distinguían a alguien con un homenaje conjunto.

Al agradecer el gesto parlamentario, Marcos Mundstock recordó la pieza titulada «La comisión». Y dijo: «Sentimos al mismo tiempo satisfacción profesional y decepción republicana por la vigencia de la obra». Esa escena data de 1996 y evoca las corruptelas políticas de cualquier lugar; por ejemplo, Argentina. Les Luthiers tuvieron el valor y la decencia de mentar la soga en casa del ahorcado.

El acto se celebró en el Salón de los Pasos Perdidos, en el Congreso de la Nación. Existen dependencias llamadas de igual manera en diferentes palacios y lugares (también en el Congreso español), y suelen evocar con ese nombre las mullidas alfombras que impiden el ruido de las pisadas y hacen que los pasos se pierdan en el ambiente. Sin embargo, la huella de Les Luthiers quedó indeleble.

DOCTORADO *HONORIS CAUSA* (2017)

Los cinco luthiers del momento (estamos en el 15 de noviembre de 2017) suben al estrado del salón de actos de la facultad de Ciencias Económicas de la Universidad de Buenos Aires, vestidos con traje oscuro y corbata. Los acompañan Susana Szylowicki, viuda de Daniel Rabinovich, y Sebastián Masana, hijo de Gerardo. En el centro de todos ellos, el rector Alberto Edgardo Barbieri.

El recinto universitario no les es ajeno. Al menos, no más ajeno que cuando eran estudiantes. En la facultad de Ingeniería de ese centro docente se formó aquel coro en el que todos ellos cantaban y del que salió el esqueje I Musicisti, grupo de donde nació a su vez el esqueje de Les Luthiers. Ahora regresaban al lugar del crimen, pero sin miedo al suspenso («reprobación» en otros países: la riqueza del español o castellano es inconmensurable; hasta el punto de que el mismo idioma tiene dos nombres).

Tras ser leída la resolución número 7.780/2017 adoptada unánimemente por el Consejo Superior de la Universidad, el rector tomó la palabra. «Les Luthiers —recordó con enorme sentido histórico— nace en esta casa de altos estudios». Los fieles seguidores del grupo habrán imaginado en ese instante que se refería al centro de altos estudios musicales Manuela; pero no. «Nace en el coro de la facultad de Ingeniería de la Universidad de Buenos Aires».

Tras referir los premios anteriores que atesoraba el grupo, el directivo universitario contó que había formado parte unos meses antes del jurado de los Premios Princesa de Asturias, «que tiene la envergadura casi de los Premios Nobel». (Pronto hablaremos de eso). Y eso fue «una casualidad del destino». Obviamente, anunció, él votó por Les Luthiers.

El rector resaltó la «conducta intachable» de los miembros del conjunto humorístico, tanto en el escenario como en su vida cotidiana, en consonancia con los valores de la universidad.

Se confirmaba con ello que la institución académica no disponía de información suficiente acerca de los sospechosos movimientos de un país a otro ejecutados por estos individuos, cargados de enormes recipientes cerrados herméticamente en los que transportaban unos grandes botes que aparentaban contener detergente y que ellos decían llevar para hacer que sonasen como si fueran violonchelos. Es inaudito que la policía de aduanas llegara a creerse todo eso.

Durante el acto académico, en una de las filas intermedias, escuchaban hombro con hombro los cómplices Tato Turano, Roberto Antier, Tomás Mayer-Wolf y Martín O'Connor, haciéndose los distraídos. Lino Patalano los observaba a todos ellos sin hacer cuestión del asunto.

A continuación, Sebastián Masana, de cincuenta años, pasó al estrado para recordar la sucesión de emociones que le había traído la segunda parte del año 2017, con el cincuentenario del grupo y los distintos premios y honores (en este caso, *honoris*) que habían recibido, y de los que él participó en nombre de su padre.

Le escuchaban su hermana, Magdalena Masana, y la madre de ambos, Magdalena Tomás de Masana, quienes delegaron en él —quizá por su condición de periodista y profesor de Comunicación— la representación de Gerardo y su familia. El acto le pareció a Sebastián «muy simbólico, porque es como si se cerrara un círculo».

A continuación, recordó cómo tres de los integrantes de Les Luthiers son tenidos por maestros en el dominio del castellano y en los juegos de palabras, aunque solamente aprendieron la lengua general de Argentina cuando asistieron a clase en el colegio, porque se habían criado en otros idiomas: Mundstock, en el yidis* que le transmitieron sus padres, judíos; Ernesto Acher (que dejó el grupo en 1986), hijo de emigrantes turcos, aprendió la lengua de sus padres, además del francés; y el propio Masana se expresó en catalán hasta que decidió enfrentarse a sus progenitores, hacerse argentino y hablar en argentino. Eso da idea de la diversidad de Les Luthiers, «algo que era visto como una riqueza».

Ya se tenían indicios de que el potaje bien aderezado era un gran invento, y esto lo confirma. Lo mejor del potaje es que contenga un poquito de todo... pero abundante.

El hijo de Gerardo Masana terminó diciendo que se siente sobrino de todos los miembros de la banda, cuyos miembros siempre tuvieron la generosidad de integrarle a él y a su hermana «en esa familia maravillosa que es la familia de Les Luthiers». A continuación, Susana Szylowicki recogió el diploma que certifica el doctorado *honoris causa* en nombre de quien tuvo siempre a su brazo: Daniel Rabinovich. Y dijo: «A mi marido le hubiera gustado muchísimo recibir este premio. Estoy muy conmovida, estoy triste, pero a la vez me reconforta muchísimo la presencia de todos ustedes acá. Este diploma otorgado *post mortem* va a significar mucho para mí y para mi familia».

---

* Adaptación académica de la voz inglesa *yiddish*: dialecto hablado por los judíos askenazíes. Esta lengua se escribe con caracteres hebreos, y está compuesta de alemán medieval y hebreo, con agregados de ruso, polaco, lituano, letón, etcétera, en función de en qué zona se hable.

Sus hijos, Inés y Fernando, acompañados de sus respectivas parejas, escuchaban entre el público.

Y resaltó una feliz paradoja: los doctorados *honoris causa* se conceden a veces a personas que no cursaron un doctorado y que por tanto no defendieron una tesis. «Y esta vez ha sido a la inversa: conocemos muchos casos de estudiantes universitarios en distintos lugares del mundo que han hecho tesis sobre Les Luthiers. Y es muy simpático que se reciba un diploma de doctor sin haber tenido que hacer esas tesis tan tremendas con aprobación de un tribunal superserio».

La viuda de Rabinovich recordó que su marido egresó de la Universidad de Buenos Aires con su título de notario (usó esa palabra, y no la más habitual en Argentina, «escribano»; la riqueza del idioma lo permite). «Y le tengo mucho que agradecer a la Universidad de Buenos Aires porque mi conocimiento con él se produjo en un aula de la facultad de Derecho allá en el año 1963, y a partir de ese momento estuvimos juntos hasta su fallecimiento el 21 de agosto de 2015».

La alegría y la tristeza se juntaron en la ovación para Susana, la amada Susi de Daniel Rabinovich, reforzándose ambas entre sí para producir emociones desbordantes que se transmitieron a los aplausos.

Jorge Maronna fue el siguiente en pasar por el atril. De entrada, y tras agradecer que ese centro universitario sirviese como cuna del grupo, advirtió de que iba a exponer «un descarado elogio íntimo de Les Luthiers».

Y se remontó lógicamente al principio. A su principio: «Llegué de Bahía Blanca con dieciséis años para estudiar Medicina; carrera que, como dije en otra oportunidad, abandoné cuando apenas me faltaban seis años para terminarla».

Tras las risas, elevó la voz: «Ya volveré». Y continuó:

> Aprendimos cómo escribir un texto humorístico, cómo componer música para él, cómo hacer su puesta en escena, cómo actuarlo. Aprendimos que existía un tiempo teatral que, administrado en dosis homeopáticas, era vital para el éxito de un chiste. Aprendimos a tocar instrumentos nuevos, informales y formales; a compartir decisiones, a interactuar, a ser tolerantes. A veces. [Risas]. A colaborar, a convivir. Maduramos, y no solo por los años: sospecho que nuestro trabajo nos hizo mejores personas. […] En un modesto ejemplo puedo decir que yo, que siempre tuve más vocación de espectador que de actor, más aptitudes de oyente que de comuni-

cador, llegué a extremos que jamás podría haber imaginado: de pronto me encontré bailando y vociferando un rap ante multitudes. ¡Pobres multitudes!

El público ríe, seguramente al formar en sus mentes el contraste entre este tímido Maronna que toma la palabra y el desenfrenado bailarín de «Los jóvenes de hoy en día».

Ahora bien, la aventura de este grupo de talentosos amigos depararía muchas sorpresas:

> Les Luthiers también me permitió, entre otros privilegios, el de componer música para orquesta sinfónica; el de ser dirigido por Daniel Barenboim en el Teatro Colón en un solo de barríltono [ese instrumento informal con forma de barril]; el de tocar, esa misma noche, una desgarradora melodía en el nomeolbídet [el instrumento de cuerda con forma de zanfona formado por un bidet, con sonido ciertamente de desgarro], acompañado al piano nada menos que por Martha Argerich. ¡Pobre Martha Argerich!

Los aplausos acompañaron los pasos de Jorge hasta el lugar reservado en el escenario junto a sus compañeros, y aún continuaron cuando llevaba un rato sentado.

Núñez no dejó sobre la silla el diploma (enrollado en forma de telescopio). Se lo llevó al atril. Debió de ser por la costumbre. Al terminar el acto tomaría otro folio similar, ahora sí para otear el barco pirata durante la escena «Las majas del bergantín».

El Loco comenzó con una confesión:

> Soy bastante inepto para leer discursos. Y no les digo si además debo redactarlos. Como los discursos habitualmente los hace Marcos, el cual siempre nos hace quedar muuuy bien, le escribí una carta y le pedí ayuda. Le dije: «Marquitos: Te cuento que estoy aterrado ante la perspectiva de escribir un discurso. No sé ni por dónde empezar, ¿me darías una mano?».

(En medio del público, Tato Turano se partía la caja riendo, porque imaginaba bien la situación).

Y siguió Núñez: «Marcos me contestó: "Podrías hablar de tu paso del coro de Exactas al de Ingeniería, de tu ascenso de licenciado a doctor, algún recuerdo de la facultad. Algo así. Un abrazo y suerte"».

211

(Los asistentes prorrumpen en una carcajada; y Roberto Antier mira a Tato con cara de «me lo temía». Tato se lleva las manos a los ojos para secarse alguna lágrima de risa. Marcos también parecía divertido). Y continuó Núñez: «Balbuceé unas tímidas "gracias", y, por las dudas, le pedí disculpas». (Marcos rio más).

Marcos Mundstock tomó el testigo, tras haberlo sido hasta entonces, sentado en su silla; de modo que el testigo se tomó a sí mismo.

Tras expresar la gratitud a la universidad que propició el nacimiento del grupo, resaltó que se trata de una de las universidades públicas que acababa de recuperar entonces la autonomía por muchos años suspendida. «Eran universidades nacionales de gran nivel académico y pródiga extensión universitaria con abundantes actividades culturales de todo tipo. Y una de esas actividades fue precisamente el movimiento de coros del que provenimos y los maravillosos festivales de coros universitarios».

Esos festivales, como se sabe y como recordó Marcos, culminaban con las agrupaciones de todo el país unidas en conmovedoras masas cantando el *Gaudeamus igitur* y el *Aleluya* de Haendel.

Lamentablemente, esa etapa se cortó por mucho tiempo en 1966, con la noche de los bastones largos de Onganía.* Por suerte, la semilla ya estaba sembrada y nosotros logramos vivir y desarrollarnos.

Aclaremos en este punto que, aparte de cantar y hacer espectáculos en broma, la mayoría de nosotros siguió estudiando y se recibió [se licenció, se graduó]. [...] Y no solamente muchos lograron terminar sus carreras. Varios hemos logrado... abandonar nuestras carreras. [Risas generales]. Así es. Yo dejé Ingeniería, sí, pero la dejé... en la Universidad de Buenos Aires. ¡Y no va a comparar! A mí quién me quita lo cursado. [Más risas y más generales]. Lo que sí lamento —concluyó—, es que además del doctor *honoris causa* no entreguen también el ingeniero *honoris causa*.

---

* Se refiere al desalojo violento de la Universidad de Buenos Aires —que quedó en la memoria colectiva como «la noche de los bastones largos»—, tras tomar el poder el dictador Juan Carlos Onganía el 29 de junio de 1996, festividad de San Pedro y San Pablo, patronos de Burgos. Esto último no tiene nada que ver, pero también es rigurosamente cierto.

Desfiló enseguida hacia el micrófono Carlos López Puccio, con paso firme y decidido:

> Hoy se va a cumplir el deseo de mi madre, que siempre quiso tener un hijo doctor. Mis padres, los dos graduados universitarios, querían tener un hijo con un título honorable. Yo traté. Fui alumno de esta querida universidad, la UBA, que hoy nos mima con un reconocimiento invalorable. Fui alumno de Ingeniería hasta que una noche oscura de 1976 me sacaron a bastonazos de la sede del paseo de Colón. Me conmovió mucho tanta injusticia. Yo era mal alumno de Ingeniería…, pero no tanto como para los bastonazos.*

(Tato Turano da saltitos de risa, sentado en su asiento. Saltitos con la mitad superior de su cuerpo).

> Lo cuento así, pero no fue más que una excusa para justificar mi deserción. Yo quería ser músico. Onganía [el dictador] era muy malo. Pero yo como alumno de Ingeniería era mucho peor.
> Así que estudiaba música paralelamente. Mi madre quería a su hijo el doctor, pero no pude más. En esos días me decidí y enfrenté a mis padres:
> —Padres, tengo algo importante que decirles.
> Mis padres se alarmaron.
> —Se trata de mis inclinaciones…, mis preferencias. [Risas generales].
> Mis padres, comprensivos, modernos, entendieron. Mi madre me tomó de la mano y ensayó algo como: «Hijo, uno es lo que es… [más risas del público] y hay que aceptarlo. Lo importante es ser feliz.

La comprensión de su madre le dio valor, según fue contando Puccio, y por eso consiguió por fin decirle: «¡No quiero ser ingeniero, quiero ser músico!». A lo que su madre le contestó: «Ah, eso sí que no». (Carcajada estruendosa de toda la concurrencia). Y el luthier continuó, exultante: «¡Me mandaron a terapia! Pero ese día salí del armario».

---

* Se refiere de nuevo al desalojo violento de la Universidad de Buenos Aires ya mencionado por Marcos Mundstock.

La conclusión no se haría esperar. Finalmente, negociaron: músico, sí; pero disfrazado con estudios universitarios. Así fue como unos años después era flamante licenciado en Dirección Orquestal de la Universidad de La Plata». Puccio terminaría su discurso diciendo:

> Muchas gracias al Rectorado de la UBA por esta distinción; y al Consejo Superior, porque es uno de los mejores consejos que ha dado. [Risas]. Tengo claro que esta distinción de doctor no me habilita para el ejercicio de la medicina [más risas], pero me comprometo a seguir usando mi doctorado para tratar con la risa y aliviarle un poco a la gente los dolores de la vida. [Ovación].

Una voz femenina proclamó desde el público. «¡Bravo!». Y en ese grito representó a todos los presentes. (Al menos, nadie se opuso gritando lo contrario).

Tras la foto de familia, porque como una familia se agrupaban les luthiers y familiares —con el rector como hermano adoptivo—, el acto tuvo su broche musical con la escena «Las majas del bergantín». Núñez se añadió a sus excompañeros, vulnerando así por un buen motivo su retirada. Curiosamente, interpretó la misma canción que había tocado un mes antes en su última aparición escénica, en Gijón (en uno de los homenajes que rodearon la entrega del premio Princesa de Asturias, de lo que enseguida hablaremos en este apartado anacrónico pero de cierto sentido jerárquico: la realeza siempre clausura los actos). Se sumó a los intérpretes también en esta oportunidad Martín O'Connor, quien había conseguido colarse en la ceremonia haciéndose pasar por alumno y se hallaba entre el público.

Se dio así una escena tremendamente inusual: Les Luthiers actuaron, hecho inaudito, sin esmoquin: todos ellos con traje y corbata, la vestimenta que habían llevado a la premiación. No obstante, el gran piano que ocupaba la parte trasera del escenario daba idea de que aquello no se había improvisado.

Al terminar, Núñez Cortés declaró a la prensa: «Después de todos los premios de este año, esto ha sido la frutilla del postre».*

* La frutilla se llama «fresa» en España.

Placa en recuerdo del Di Tella (2018)

El Instituto Di Tella es tenido por Les Luthiers como un lugar fundacional: el escenario de sus primeras actuaciones. No nos debe confundir la palabra «instituto», aunque se trate de una institución. Se trataba de un centro de investigación cultural promovido por la Fundación Di Tella, creada a su vez en 1958 por la sociedad del mismo nombre que había impulsado el empresario italoargentino Torcuato di Tella, dedicada a la venta de heladeras (frigoríficos o neveras).

Y al calor de esa empresa de frigoríficos, paradójicamente, nació el instituto escénico que serviría para alentar la carrera de quienes luego se iban a convertir en notables artistas argentinos y pasarían de aquel recinto para algo más de doscientos espectadores a la fama mundial y a las funciones que en algunos casos presenciarán decenas de miles de personas que los premiarán con cálidos aplausos. Nunca una empresa de heladeras elevó tanto la temperatura cultural de una ciudad. Era todo un foco artístico.

Los hijos del destacado emprendedor italoargentino, Guido y Torcuato, crearon la Fundación Di Tella en memoria de su padre y de su espíritu filantrópico. Después de lo cual se dedicaron ambos a la política, ya con la conciencia tranquila.

De aquel local sito en la calle Florida no queda nada en el lugar donde se estableció, salvo los viejos fantasmas de todo inmueble mágico, que se juntaron seguramente, en sensual enredo de sus sábanas, con las tradicionales musas del teatro, quizá Terpsícore entre ellas. Con seguridad, fantasmas y musas deambulan todavía, en alegre compañía, por la calle aneja. Por la otra no podría ser: esa vía está ahora muy florida de comercios, demasiadas luces para las costumbres de los espectros.*

Sí pervive, en otro lugar, la Universidad Di Tella, fundada en 1991.

---

* Reproduzco la escritura habitual en Argentina para las denominaciones de las calles. En España se escribiría «calle *de* Florida» en un texto cuidado. Esta calle se denomina así en recuerdo de la batalla de Florida (librada en una localidad que hoy pertenece a Bolivia), y no porque en su origen estuviera llena de flores. En tal caso sí habría que suprimir la preposición en España: «Calle Florida», o floreada. Esta nota erudita no acarrea precio adicional por el libro.

215

En cierta ocasión, Maronna llegó a visitar las ruinas de la mítica sala. Habían desaparecido las sillas, pero resistía el espacio. Jorge quedó impactado ante los vestigios de aquel recinto sagrado para ellos, como quien recorre con la vista los restos del Partenón.

Mundstock, Maronna y Masana actuaron en el instituto Di Tella por primera vez en 1966, en un espectáculo con otros artistas denominado *Mens sana in corpore sano*. La música que ellos interpretaron había salido del talento de Masana y Maronna.

La sala desapareció, pero la memoria de su influencia siguió viva. En aquel lugar se levantó un comercio, «triste metáfora de la cultura en Argentina», según dijo Maronna el 28 de agosto de 2018 al diario *El Espectador* de Colombia.

Todo esto viene a que el municipio de Buenos Aires rindió homenaje en 2018 a Les Luthiers en ese mismo lugar donde se ubicaba aquel teatro experimental, y colocó una placa en el suelo de la calle, frente al edificio, durante un acto público. La placa dice: «A Les Luthiers, en su 50º aniversario. Aquí estaba el célebre instituto Di Tella donde el 14/11/1967 se estrenó *Les Luthiers cuentan la ópera*».

La iniciativa había partido de la diputada de la ciudad Carolina Estebarena, idea respaldada por Enrique Avogadro, responsable del área de Cultura en el municipio de Buenos Aires. Ambos asistieron al descubrimiento de la placa (descubrimiento en cierta medida, pues ya sabían que se hallaba ahí) y dirigieron una calurosa bienvenida a los presentes, algunos de los cuales se protegían del frío con bufandas. Las calurosa bienvenida no hizo que se las quitaran, ni que se vendieran menos heladeras.

Carolina Estebarena dijo ser «desde chica» seguidora de Les Luthiers. Por fin los alcanzó.

Avogadro mencionó al grupo como «un pedazo de la historia de Buenos Aires» que se merece «un pedacito» en el suelo para que puedan verlo los caminantes que circulen mirando sus celulares con la cabeza hacia abajo.

Tras esas intervenciones, todos los miembros de Les Luthiers, los de antes y los del momento, agachados ágilmente, levantaron con sus manos el tapete rojo que cubría la placa, tomándolo de sus extremos. Lo hicieron como si de un trofeo futbolístico se tratara, lo cual desató la reacción inmediata del público, que estaba muy a favor.

Las palabras de agradecimiento corrieron a cargo de Marcos Mundstock, quien aclararía que aquello era una placa y no una lápida. No obstante, eso de hallarse entre las baldosas le parecía un riesgo: «El riesgo de que algún malintencionado pueda decir que el prestigio de Les Luthiers está por los suelos, o que nuestra honra está siendo pisoteada». Sin embargo, se alegró de que este premio no se le pudiera perder a ninguno de ellos en la oficina.

Ante lo original de todo el planteamiento y de su plasmación en aquellas letras indelebles, Mundstock también expresó su temor de que algún turista despistado pudiera pensar que a partir de ese momento el nombre de la calle era «Aniversario 50» y que luego, al leer «A Les Luthiers» interpretase que iba en dirección «a una plaza dedicada a un prócer francés».

La placa y la calle se encontraban además apenas a diez cuadras (o manzanas, en España) del Teatro Gran Rex, donde, cincuenta años después de estrenarse en el Instituto Di Tella, seguirían trabajando felices; el teatro donde iban a representar *Gran reserva* desde el siguiente mayo.

La organización y el engrase de la ceremonia tuvieron detrás, como artífice en la sombra, a Lino Patalano, con su fiel Javier Navarro atento a resolver cualquier problema. Ambos asistieron en lugar de honor.

Estuvieron presentes, obviamente, los miembros históricos que seguían en activo (Mundstock, Puccio y Maronna) y sus familias; las nuevas incorporaciones (Turano, Antier, O'Connor y Mayer-Wolf); también la esposa de Daniel Rabinovich, Susana Szylowicki, y la de Masana, Magdalena Tomás; y Carlos Núñez, quien, como se ve, se había retirado de los escenarios pero no de los homenajes. Y representantes de la Universidad Di Tella.

Se habían instalado en la calle algunas sillas (en la primera fila, los históricos de Les Luthiers), pero más de un centenar de personas siguieron el acto de pie; algunas, convocadas al efecto; y otras, transeúntes que se toparon con el acto. Y que se pararon en el acto.

El programa contenía algunas sorpresas. Al llegar, Puccio, Mundstock, Maronna y Núñez se encontraron con unos micrófonos dispuestos en fila y de pie para algo que desconocían. ¡En ese homenaje no estaba previsto que ellos actuaran! Pero sí cantarían Turano, O'Connor, Antier y Mayer-Wolf, junto con el cuarteto Cuatro Vientos, que hace honor a su nombre: son cuatro y tocan instrumentos de viento. Nada que ver con el aeródromo madrileño de Cuatro Vientos, llamado así, según la tradición, porque el aire te puede venir desde cualquiera de los puntos cardinales. En el caso del conjunto instrumental, en cambio, todos los instrumentistas soplan en la misma dirección.

El cuarteto estaba formado por Leo Heras, Jorge Polanuer, Julio Martínez y Marcelo Barragán. Todos ellos vestían elegantes trajes en tonos pálidos y camisa blanca, sin corbata. Los cuatro vientos se acercaron hacia los micrófonos en primer lugar. Y después se levantaron de sus asientos los cuatro nuevos luthiers, ante las sorprendidas miradas de sus compañeros más veteranos. Uno de los asistentes habituales del conjunto humorístico en todos los teatros, Jerónimo Pujal (ese tipo alto), y su compañero Maximiliano Fontán (ese buen futbolista), fueron colocando los atriles para las partituras de los saxofonistas, y dispusieron unas congas (para Turano), unos bongos (para Mayer-Wolf), una pequeña percusión de lata (para O'Connor) y finalmente una guitarra formada por dos latas (era para Antier, pero la entregaron hoy).

Antes de comenzar, Carlos Núñez hizo notar desde su silla, mirando a los instrumentistas: «¡Hay mucho viento!».

A la llamada de «un, do, tre, cuatr», se arrancaron los saxofones. Y a continuación llegaron las estrofas con dúos armonizados por parejas, y luego el estribillo coral de «El calipso de Arquímedes». No hace falta decir que los saxofonistas no podían cantar, y que eso corrió a cargo de los cuatro vocalistas.

La canción «El calipso de Arquímedes»* había sido creada por Marcos, a la letra, y Masana y Maronna, a la música, y estrenada en 1967 en el Instituto Di Tella, y grabada en aquella histórica actuación para recuerdo de todos, principalmente el de quienes compraron el libro escrito por Sebastián Masana y titulado *Masana y la fundación de Les Luthiers,* porque con él iba adjunto un cedé que contenía viejas canciones originales, entre ellas esa.

Se vio en todo momento que la relación entre los dos grupos actuantes era estrecha. No cabía nadie más.

La versión ofrecida en el homenaje por Cuatro Vientos y los más recientes luthiers responde a un arreglo posterior de Jorge Polanuer,

---

* Un calipso es una canción y una danza propias de las Antillas Menores.

integrante del cuarteto, y del propio Maronna, que la escuchaba feliz desde su silla. El grupo del esmoquin y el de los cuatro trajes pálidos habían actuado conjuntamente alguna vez y habían grabado esa canción para un disco de la banda instrumental.

Los cuatro luthiers veteranos escuchaban divertidos la actuación, evocando gratísimos recuerdos, añorando a Gerardo Masana y comentando entre ellos algunos aspectos de la interpretación; todos ellos favorables. Y además seguían el contagioso ritmo con sus cabezas, moviéndolas de un lado a otro, al son del calipso.

En esta versión, los actuantes intercalaron en la vieja melodía algunas estrofas de conocidísimas canciones luthieranas («La bella y graciosa moza», «El teorema de Thales», «Voglio entrare per la finestra»...), para regocijo general. Lograron que la base y las incrustaciones encajaran perfectamente. Una joya.

Maronna recordaría ya en 2023, sobre aquel homenaje de la calle Florida, número 936, en declaraciones a este libro: «Me resultó impactante escuchar esa pieza que habíamos estrenado allí cincuenta años atrás; me produjo una emoción intensa en la que había un desconcierto temporal: ¿Dónde estoy?; o más bien, ¿cuándo estoy?».

Legado en el Instituto Cervantes (2019)

La sede principal del Instituto Cervantes en Madrid, entidad estatal española dedicada a la enseñanza de la lengua castellana y a la difusión, en el mundo no hispanohablante, de nuestra cultura común (lo que comprende la hispanoamericana), se asienta en el edificio que antaño había ocupado el Banco Central. En una dependencia de la planta inferior de ese imponente inmueble de la calle de Alcalá, cuya fachada custodian cuatro enormes cariátides (esculturas de mujer que sirven como columnas), el Cervantes heredó un espacio fortificado, dotado de grandes medidas de protección, que albergaba las mil ochocientas cajas fuertes donde en otro tiempo personas particulares o entidades jurídicas ocultaban sus más preciadas propiedades: dinero, joyas, documentos, legados y botines (incluidos los que se usaban para la pata que no era de palo).

Para su desgracia, el Instituto Cervantes recibió todas las cajas vacías.

En 2007, el entonces director de esta institución pública, César Antonio Molina, ideó, al tomar posesión de la sede, un rito que será muy festejado cada vez que se cumple con él y que aún se mantiene, tantos años después: cada cierto tiempo, una persona o una institución muy significativas de las letras, de las artes o de las ciencias deposita en uno de esos recipientes su legado para la posteridad, sus recuerdos, quizá el cotizado manuscrito de una obra, tal vez un testamento literario. La caja se abrirá cuando cada legatario determine. En algunos casos, cincuenta años después. En otros, apenas diez. En unas ocasiones, su contenido se desconoce. En otras, se comunica en el mismo acto de cerrarse el recipiente.

Se trata de una cápsula del tiempo mediante la cual las personalidades más prominentes de nuestra cultura se comunicarán con generaciones futuras. Allí entregaron sus pertenencias para la posteridad algunos premios Nobel de la literatura en español, y los premios Cervantes, y los más prestigiosos autores, y grandes compositores, dramaturgos, artistas en general y científicos hispanos.

Gabriel García Márquez está representado con una arqueta que contiene tierra recogida junto a su casa natal, y que fue depositada *in memoriam* por la ministra de Cultura de Colombia. Se guardó en la caja 1.483.

La cápsula que inauguró toda esta tradición, la número 1.000, correspondió al escritor y académico Francisco Ayala, fallecido dos años después a los noventa y tres años, quien en 2007 fijó su apertura para 2057, medio siglo después de haberse cerrado.

El poeta chileno Nicanor Parra, premio Cervantes en 2011, cedió la máquina de escribir que había usado durante media vida. Se halla en la caja 1.552, y no se abrirá hasta 2064.

Su compatriota Jorge Edwards confesó haber dejado para la posteridad una carta de amor que nunca envió a su destinataria, quien en realidad no fue tal porque precisamente el destino determinó que ni Edwards la enviase ni ella la recibiera. Su contenido, en la caja 1.482, se conocerá en 2035. Definitivamente, no le llegará a su destinataria.

El novelista Juan Marsé dijo haber introducido en ese lugar el secreto de la escalivada, un plato catalán que se cocina con pimientos, berenjenas y otras hortalizas asadas. La receta exacta de Marsé se conocerá en 2029, cuando se abra la caja 1.533. Ya podemos ir relamiéndonos, no falta mucho. Algunas informaciones contaron que Marsé había dejado ahí los ingredientes, pero no puede ser: se estropearían.

Entre las muchas curiosidades que acaba promoviendo esta costumbre, destaca la que protagonizó el músico español Luis de Pablo, quien decidió guardar partituras de su autoría que no se podrían interpretar sino en la fecha de su muerte. Tiene gracia la idea, pero en un caso así habremos de andar con cuidado y no decirle nunca al autor «estoy deseando conocer esa composición».

Pues bien, entre todos esos monstruos de la cultura se hallan también Les Luthiers, que fueron invitados por el Instituto Cervantes a donar su legado. Les correspondió la caja 1.224. En la parte frontal del metálico cofre empotrado, se puede leer: «Les Luthiers, músicos y humoristas. Legado el 10/10/2019. Apertura el 04/09/2042», cuando se cumplirán exactamente setenta y cinco años desde la creación del grupo.

El procedimiento se cumplió, con su debido protocolo, el 10 de octubre de 2019 ante los reporteros de varias televisiones, algunos periodistas de micrófono y otros de bolígrafo, o birome, o esferográfico, y ante cerca de un centenar de invitados (no cabían más en el exiguo espacio de la cámara acorazada), y con la presencia de Carmen Calvo, entonces vicepresidenta del Gobierno español.

Además, se vio por allí a grandes amigos del grupo argentino, como Joan Manuel Serrat, Víctor Manuel, Ana Belén, Miguel Ríos, los integrantes de Tricicle y, obviamente, el director del Cervantes, el poeta Luis García Montero. Faltó Marcos, que por esas fechas se hallaba ya convaleciente y recibió el saludo y el cariño de Puccio cuando tomó la palabra en nombre de todos los demás.

Los integrantes del grupo de la pajarita («corbatín» en gran parte de América y «moño» o «moñito» en Argentina), que en esos días ponía en escena en Madrid *Viejos hazmerreíres,* asistieron en pleno, vestidos con corbata. Por el contrario, Daniel Samper Pizano, convocado en calidad de testigo por García Montero, prescindió una vez más de esta prenda, lo que no impidió que se apreciaran sus elegantes movimientos.

Tras unas elogiosas palabras del director del Cervantes, Maronna y Puccio fueron detallando lentamente, y disfrutando de la situación, cada uno de los objetos que enviaban al futuro. Se irán relatando a continuación aquí como testimonio histórico por si se perdiese alguno en el camino hacia tan indeterminado lugar.

No me explico cómo pudieron entrar todos en un receptáculo tan chico.

López Puccio empezó bromeando: «Al saber que nosotros dejábamos nuestro legado, muchos otros artistas que lo entregaron antes han venido a exigir que les devuelvan el suyo».

Les Luthiers depositaron en primer lugar en la caja la partitura manuscrita por Masana de la «Cantata Modatón» (más tarde Laxatón): «Una parodia de la *Pasión según San Mateo,* de Bach, tocada con once instrumentos informales», según especificó Maronna. «Está escrita —puntualizó— sobre papel para planos [los que usaba el arquitecto Gerardo Masana], porque salían más baratos». A la partitura le acompañaba el prospecto de aquel fármaco tan inspirador. Activador, más bien. Puccio proclamó su valor para el futuro. «Y cuando digo futuro, hablo del futuro inmediato. En dos o tres horas hace un efecto...».

También incluían una carta escrita de puño y letra por su viejo compañero fallecido en 1973 a los treinta y seis años, en la que contaba a sus padres y a su hermana, residentes en aquel momento en Estados Unidos, la formación del grupo. Decía Masana:

> Tengo mucho trabajo ahora que nos separamos de I Mucisisti, escribiendo cosas, montando todo para largar en noviembre con IMYLOH [*I Musicisti y las óperas históricas*] en el Di Tella. Como sabrán por Magda [su esposa, Magdalena Tomás de Masana], nosotros cuatro somos Marcos, Maronna, Rabinovich y yo. Estamos preparando bastantes cosas y creo que nos va a ir muy bien. Nos llamamos Les Luthiers.

La caja albergó también fotografías de la primera actuación de los cuatro fundadores (como se ha contado, Núñez Cortés y López Puccio se incorporaron después), en las que aparecen el primer latín (o violín de lata), la máquina de tocar (o dactilófono), el contrachitarrone, el *gom-horn* (una manguera que manejaba Marcos); la primera nota de prensa (o «gacetilla»), escrita por Mundstock y destinada a informar a los medios de la aparición de esta banda humorística; manuscritos originales de algunas obras, con correcciones y tachaduras… Entre esos papeles fueron encerrados los de la presentación de «La balada del Séptimo Regimiento» y la letra de «El rey enamorado» (en ese documento histórico titulada *Serenata con intermediario)*, y también uno de los primeros textos relativos al predicador Warren Sánchez, así como la conferencia sobre *La isla de Makanoa.*

Puccio bromeó de nuevo: «Veo mi letra en esos papeles y digo "estos escritos tienen cincuenta años, y yo tenía entonces más de veinte. Creo que merecería yo estar en la caja"».

Otros objetos guardados allí son los siguientes:

Todos los libros publicados en aquel momento sobre el grupo o sus integrantes (véase la bibliografía al final de esta obra), entre ellos esta misma biografía oficial que usted tiene ante sus ojos (*Les Luthiers de la L a la S),* pero en la edición de 2014, sin estos últimos capítulos. Maronna aclaró acerca de lo que cuenta ese texto: «No se parece en nada a lo que nos ocurrió realmente». O sea, que estaban guardando un ejemplar nada ejemplar. Samper reía muy cerca, disimulando su deseo de abalanzarse contra él.

A diferencia de esa obra, después se guardaron otras mucho más ilustradas. Por ejemplo, un libro de fotografías tomadas por Gerardo Horovitz, el retratista oficial del grupo argentino. «Era nuestro Velázquez, y nosotros éramos algo así como sus meninos —dijo Puccio—. Este libro demuestra que en todo tiempo pasado fuimos más jóvenes».

Además entraron en la caja varios libros con partituras de Les Luthiers y un ejemplar con dibujos y destinado al público infantil: *Mi primer Quijote.* Puccio resaltó que había pertenecido a Mastropiero, quien «no lo entendió cuando lo leyó, y ya era adulto».

Le siguió una colección completa de los DVD de Les Luthiers. «Discutimos mucho sobre si depositar esto para generaciones venideras. Y creo que lo vamos a dejar con una carta y un desafío: ¡A que no saben cómo se reproducía esto!».

Y luego, unos objetos con los cuales los ciudadanos del futuro se devanarán aún más los sesos: los vinilos grabados hace ya una eternidad.

La representación de los instrumentos informales corrió a cargo de tres yerbomatófonos (de pequeño tamaño, elaborados con un mate o instrumento para beber mate), a los que siguió una estatuilla de las entregadas en *Los Premios Mastropiero.*

Con eso concluyó el minucioso ingreso de objetos en la caja, que sería cerrada por el mismísimo García Montero, quien les entregó una llave a cada uno por si desean comprobar en cualquier momento que el legado sigue allí. Nunca lo han hecho, son gente confiada. Pero... ¿el legado seguirá allí?

A continuación, Puccio, Maronna y Mayer-Wolf interpretaron con los yerbomatófonos «una obra atribuida a Mastropiero»: el «Himno a la alegría». Se los veía alegres, sí. Mientras tanto, Beethoven se revolvía en su tumba.

Acto seguido, porque fue realmente un acto de seguido, todos los presentes pasaron al salón del Instituto Cervantes (el salón de actos seguidos), que estaba lleno hasta la bandera. La bandera se hallaba en el escenario, pero sobre ella no podía sentarse nadie. Por eso se dice hasta la bandera, y no encima.

En tal escenario se desarrolló un coloquio dirigido por Samper en el que participaron la cantante Rosa León (directiva del Instituto Cervantes), el cantante Joan Manuel Serrat (el más grande, no sé si hace falta decirlo), el trío cómico de mimo Tricicle y los miembros del grupo argentino en pleno (salvo Marcos, como se ha dicho); ah, y el arriba firmante, un servidor de ustedes.

Previamente, Carmen Calvo, entonces vicepresidenta del Gobierno socialista, reclamó a la sanidad pública que considere la opción de incluir en sus recetas la prescripción de oír y ver a Les Luthiers. Para extrañeza de todos los españoles, la oposición no defendió en ningún momento lo contrario.

Los coloquiantes desgranaron distintos elogios sobre los homenajeados y detallaron la relación que cada uno de esos invitados había mantenido con la obra del conjunto del esmoquin. Serrat demostró que el humor de los argentinos se había apoderado de él, porque empezó diciendo: «Estoy muy feliz y al mismo tiempo muy contento».

Más adelante contó: «Yo conocí a Les Luthiers por los años setenta en Barcelona, en el segundo de sus viajes» («En el primero», le corrigió Jorge Maronna con gran atrevimiento). «Se instalaron con sus bártulos —continuó Serrat sin molestarse (sin molestarse en responder)— en un teatro, en las Ramblas, llamado el Teatro Poliorama, del que en aquel momento mi empresario y yo éramos productores. Allí iniciamos nuestra relación. Yo luego volví a Buenos Aires después de diez años y Les Luthiers fueron mis empresarios en aquella serie de conciertos. Es decir, que nos hemos intercambiado papeles. Y ahí empezó nuestra relación, que ha sido muy curiosa a lo largo de los años, porque ellos han venido cantidad de veces a España y yo he viajado cantidad de veces a Argentina. Y curiosamente, casi siempre, cuando ellos venían a España, yo viajaba a Argentina» [risas].

Maronna apostilló: «Salíamos huyendo».

«Gracias a eso —continuó el cantautor catalán—, hemos funcionado como un matrimonio inteligente».

Serrat recordó que había compartido escenario con ellos una vez, «en el número de Warren Sánchez» y tocando el bombo. «Y ellos han compartido conmigo un trabajo discográfico, compartíamos una canción en la antología de mis primeros cincuenta años».

«Por tanto —remachó Serrat— hay una relación de muchísimos años; una relación de la que estoy especialmente satisfecho. Ha habido un cariño grupal enorme y también hemos podido desarrollar un cariño personal entre cada uno de nosotros. Con algunos de ellos, afortunadamente, lo puedo seguir viviendo; y a alguno de ellos no dejaré jamás de echarlo de menos. (En referencia obvia en aquel momento a Daniel Rabinovich).

Serrat elogió la eficacia y la profesionalidad de Les Luthiers en ese trabajo conjunto. «Gente que al talento une la eficacia y el orden». Y disparó entre risas: «No como otros artistas con los que comparto giras». Y estando en la primera fila Víctor Manuel, Miguel Ríos y Ana Belén, con los que ha compartido varias y bien largas, se apresuró a aclarar: «No, no. No sois vosotros. Vosotros sois relojes suizos». Todos los que andan en el ajo entendieron que se refería a Joaquín Sabina. Eso le pasa al de Úbeda por no haber ido a ese acto.

Samper presentó a continuación al trío de humor mudo Tricicle, tras aclarar que en un principio no creyó que sus integrantes fueran a hablar. Ellos suelen pronunciarse normalmente en su vida real acerca de lo que consideran pertinente, carecen de problemas con eso; pero no así en el escenario. Ahí no abren la boca. Eso ahora es bien conocido, pero en una de sus primeras actuaciones, en un lugar reducido porque no eran famosos aún, un espectador que se hallaba en las últimas filas les gritaba: «Acá no se oye…».

En este caso, antes de que emitieran el más mínimo sonido en su turno, se proyectó sobre una gran pantalla el momento en que Tricicle y Les Luthiers compartieron las tablas (todos ellos vestidos de esmoquin).

En aquel domingo de marzo de 2016 que veíamos en vídeo ese día de octubre de 2019, los dos mil quinientos espectadores del Auditorio Fórum de Barcelona pudieron disfrutar de un memorable cierre de esa fase de la gira. Les Luthiers contaron en él con la participación del trío cómico catalán, juntos en el escenario por primera vez. Ocurrió por sorpresa para la concurrencia.

Los tres —Carles, Joan y Paco— fueron presentados en aquella ocasión como «hijos de Mastropiero: Charles, Johann y Francis. Trillizos idénticos nacidos con apenas tres años de diferencia».

Los tres, dijo Marcos al describir sus personajes, tenían «el mismo talento natural para la música que su padre. Ninguno».

Mundstock fue detallando luego el carácter de cada uno mientras los hijos de Tricicle, o de Mastropiero, escenificaban mímicamente lo que se pretendía significar.

Imposible reproducirlo aquí. Por mucho mimo que le pusiéramos.

La irrupción del trío cómico catalán se produjo tras haber concluido incluso el número «Fuera de programa» de ¡Chist! Cuando ya todo el público creía que era llegada la hora de marcharse, Marcos Mundstock dio paso a los tres integrantes de Tricicle, que fueron reconocidos de inmediato.

Paco Mir (o sea, Francis Mastropiero) contó tras concluir el vídeo, ya de nuevo en el coloquio, que los dos grupos humorísticos se conocieron en la primera gira del trío catalán por Argentina en 1988, cuando los españoles fueron a ver el espectáculo de Les Luthiers como grandes admiradores suyos que eran. Igual que pasó con Serrat, también compartían empresario, quien hizo de enlace para que pudieran saludarse. Después cenaron, y ahí brotó una gran amistad. Y también coincidirían más tarde en Barcelona. «Eso fue el principio —continuó Mir—, de una larga serie de cenas que no tienen fin, como podéis ver por mis compañeros» (tal vez en referencia a que él es el más delgado).

En una de esas cenas, y tras los alcoholes, surgió la idea de montar un espectáculo juntos. Solo llegaron a crear un número, el ya referido de Barcelona. La propuesta implicaba algún aspecto positivo —«compartimos el mismo tipo de público», aportó Carles Sans—, pero también alguno negativo —«compartíamos el público pero no queríamos compartir la taquilla», matizó Paco Mir.

Y ya que se hablaba de colaboraciones sorprendentes, Samper recordó, una vez más, la anécdota de la función en la que él se hizo pasar por Marcos en el Teatro Colón de Bogotá, contada ya en la primera parte de esta obra. «Los dos nos parecíamos entonces: éramos jóvenes y guapos. Y calvos». El periodista colombiano aseguró con convicción: «Realmente nos parecíamos tanto que mientras yo trabajaba me estaba preguntando dónde estaría mi mujer y dónde estaría Marcos».

El chiste de aquella actuación de Les Luthiers consistió en que Samper se vestía con el esmoquin tradicional del conjunto; y cuando Mundstock abandonaba la escena por un lado, el periodista entraba inmediatamente por el otro. El público pensaba que en los dos casos se trataba del luthier de toda la vida, y se quedaba perplejo ante el truco de magia, para después reír a carcajadas sin haberlo entendido. Samper se aprendió con gran ahínco la frase que debía pronunciar al final de la escena «El rey enamorado»: «Guardias, a mí. Guardias, a él».

Y eso, según Samper, desató la envidia de Carlos Núñez. «Porque vio que en ese intruso había talento».

Premio Princesa de Asturias (2017)

La entrega del premio Princesa de Asturias de Comunicación y Humanidades 2017 a Les Luthiers constituyó uno de los actos más emocionantes de su carrera. Y también todo lo que sucedió en esos días, porque la fundación que otorga los galardones en sus distintas disciplinas promovió unos cuantos actos en torno al grupo, todos ellos conmovedores y de gran participación popular.

El acta del jurado que contenía el fallo (un fallo muy acertado) decía lo siguiente:

> Reunido en Oviedo el Jurado del Premio Princesa de Asturias de Comunicación y Humanidades 2017, integrado por José Antonio Álvarez Gundín, Luis María Anson Oliart, Alberto Edgardo Barbieri, Juan Barja de Quiroga Losada, César Bona García, Adela Cortina Orts, Taciana Fisac Badell, Santiago González Suárez, Emilio Lledó Íñigo, Emilio Morenatti Fernández, Benigno Pendás Gar-

cía, Diana Sorensen y José Antonio Vera Gil, presidido por Víctor García de la Concha, y actuando de secretario Alberto Anaut González, acuerda conceder el Premio Princesa de Asturias de Comunicación y Humanidades 2017 al grupo argentino Les Luthiers.

Nacido hace medio siglo en el ámbito universitario, es uno de los principales comunicadores de la cultura iberoamericana desde la creación artística y el humor.

Su original tratamiento del lenguaje, de los instrumentos musicales y de la acción escénica atrae a cientos de miles de espectadores de todas las generaciones, que han convertido a Les Luthiers en un espejo crítico y en un referente de libertad en la sociedad contemporánea.

Oviedo, 10 de mayo de 2017

EL LIBRO ACADÉMICO SOBRE MASTROPIERO

Uno de los homenajes que Les Luthiers recibieron en Asturias con motivo del galardón, que se va acercando en prestigio incluso a los Premios Nobel, se celebró el 16 de octubre de 2017 en el Paraninfo del Edificio Histórico de la Universidad de Oviedo, y con él se consagró la categoría académica de Johann Sebastian Mastropiero, cuya obra fue avalada por fin en una institución seria.

Un grupo de profesores presentó en aquel acto académico seis ponencias reunidas bajo el título común *La inapreciable contribución de Johann Sebastian Mastropiero a la historia de la música,* que serían editadas en libro el siguiente diciembre por esa institución docente y por la Fundación Princesa de Asturias, con el sello de la cátedra Leonard Cohen (cantautor galardonado también con ese premio unos años antes).

Debajo del título, y al modo antiguo, la portada muestra una explicación prolija sobre su contenido: «Seis variaciones sobre un tema de Les Luthiers» (es decir, seis trabajos). «Curso poco extenso de extensión universitaria. Con el agradecimiento de Les Luthiers y una protesta de Mastropiero».

El paraninfo universitario se quedó pequeño ante la afluencia de público, y fue necesario habilitar dos salas más, dotadas de grandes pantallas, para seguir la ceremonia.

En ese acto, el rector, Santiago García Granda, comenzó advirtiendo, ante el regocijo general que ya se percibía tras la llegada de los cinco fundadores rodeados de aplausos: «No somos la Universidad de Wildstone».* Y enseguida precisó ante la avisada concurrencia (y bien avisada, como bien significaron las risas desatadas por la mera pronunciación del topónimo Wildstone) que en su despacho tampoco funciona un criadero experimental destinado a estudiar el comportamiento de doscientas gallinas; si bien añadió: «Por el momento».

La primera profesora que intervino a continuación dijo llamarse Esther Píscore,** de la Universidad de Atenas, y estar especializada en el estudio de la danza dentro de la obra de Mastropiero. La seguiría el profesor Gunther Frager,*** de la Universidad de Stuttgart. Ambos comparecieron tocados con sendas pajaritas (o corbatines) bajo la nuez de sus respectivas gargantas; igual que el resto de los docentes que discursearían a continuación.

En realidad, Píscore y Frager ocultaban la verdadera identidad de los coordinadores y editores del libro, los profesores Miriam Perandones y José Errasti.

Frager/Errasti se congratuló por la masiva asistencia al curso poco extenso de extensión universitaria, y se preguntó si por ello habría que replantearse la materia académica en la que se englobaba: en lugar de las Bellas Artes, las Plebeyas Artes.

El humor característico de Les Luthiers ha impregnado las mentes de millones de hispanohablantes, y también ocupó las de aquellos profesores/autores que intervinieron en el acto, todos los cuales remedaron o imitaron los chistes y los hallazgos del grupo argentino, desde las más antiguas creaciones a las más recientes.

Hicieron uso de la palabra, y de la ironía, los docentes Antonio Rico, Enrique Álvarez Mastache, Félix Fernando de Castro, Alejan-

* En referencia a la universidad caricaturizada por Les Luthiers en una de sus más divertidas parodias, «Visita a la Universidad de Wildstone», incluida en *Mastropiero que nunca* (1979). En ella, el grupo presenta un documental que intenta publicitar ese centro docente cuya traducción al castellano es Piedrasalvaje.

** En referencia al delirante diálogo entre Marcos Mundstock y Daniel Rabinovich en el que este llama así, Ester Píscore, a la diosa de la danza, Terpsícore.

*** En referencia al compositor al que plagiaba Mastropiero.

dro García Villalibre, Pedro Ignacio Ortega y Pablo Martínez Menéndez, quienes se fueron refiriendo sucesivamente a las facetas de Mastropiero relacionadas con las respectivas disciplinas académicas de cada uno: la Comunicación, la Filosofía, la Filología, la Música, el Arte Dramático y el Humor.

Las ponencias describían con un exquisito lenguaje erudito los rasgos principales de la obra del apócrifo autor. La seriedad académica y lo estrafalario del intento solo podían desatar carcajadas agradecidas. El lector interesado podrá hallar estos textos en el citado libro, *La inapreciable contribución de Johann Sebastian Mastropiero a la historia de la música* (2017), que se divide en los siguientes capítulos titulados con el lenguaje académico y erudito que nuestro compositor se merece:

> La comunicación en Johann Sebastian Mastropiero: del solipsismo individualista en una sociedad impersonal a la hiperconexión multidireccional instantánea de un mundo entrelazado. (Antonio Rico).
>
> La filosofía en Johann Sebastian Mastropiero: de la racionalidad matemática en Thales de Mileto a las últimas tendencias en la epistemología de la cumbia. (Enrique Álvarez Mastache).
>
> Del verdadero y último fin de las ciencias y las artes, tal como fue revelado en las aulas ovetenses por el eminente doctor Johann Sebastian Mastropiero, maestro de gramática y retórica. (Félix Fernández de Castro).
>
> Intertexto: simbolismo, referencia, pastiche y homenaje en el corpus musical de Johann Sebastian Mastropiero. O no. (Alejandro García Villalibre).
>
> El arte nuevo de hacer con medias o «como las paga el vulgo es justo / hablarle en griego para darle un susto», de Johann Sebastian Mastropiero. (Pedro Ignacio Ortega Sanz).
>
> Análisis y clasificación de las obras del conspicuo compositor Johann Sebastian Mastropiero, según sea su humor (y el de las obras). (Pablo Martínez Menéndez).

Durante los discursos, el segundo de los ponentes, el profesor Antonio Rico, reclamó para ellos «el Nobel de Luthieratura». Y en otro momento proclamó: «Si Cassirer define al hombre como "animal simbólico", Mastropiero es tan animal como simbólico, si no más». Enrique Álvarez Mastache admitió que el materialismo de Mastropiero no siempre fue comprendido, incluso por alguno de sus compañeros. «Diríase que son más aristotélicos que tomistas, al entender que lo importante en epistemología es el paso de la potencia al acto».

Villalibre confesó: «Muchas veces mis alumnos me preguntan si esta afasia contrapuntística en la temática de Mastropiero imbrica la totalidad intrínseca de su producción en tanto causa-efecto en la consecuencia posterior, o más bien como consecuencia posterior en una causa-efecto anterior, epónima, inmarcesible, fáctica o *utsupra*. Yo siempre les contesto que no».

Después de todas las ponencias sesudas y además hilarantes, llegó el coloquio, en el que los falsos Esther Píscore y Günter Frager (ya es gracioso que falsificaran nombres falsos) plantearon distintas preguntas a los cinco argentinos. Tras mencionar los orígenes de la formación y su insospechada y larga carrera artística hasta la solemne concesión del premio Princesa de Asturias, Esther Píscore (Miriam Perandones), preguntó seriamente: «¿Cómo han llegado hasta aquí?». Y Mundstock respondió: «En auto». Las risas estallaron.

En ese mismo acto universitario, los miembros de Les Luthiers fueron nombrados tácitamente doctores *humoris causa*. Y la ceremonia concluyó con el himno universitario, el *Gaudeamus igitur*, interpretado por el Coro de la Universidad de Oviedo, primero en plan serio (con Carlos Núñez apoyando desde el estrado en voz tenor) y luego en plan luthier, con ritmo sincopado y con tambor añadido. Esta percusión tocó los corazones de Les Luthiers. Tuvo repercusión.

Y Marcos Mundstock pidió la palabra para resaltar la emoción que les había producido que un coro universitario se hubiera transformado de repente, igual que el coro de la facultad de Ingeniería al que ellos se habían sumado tantos años atrás para inseminarlo hasta hacer que pariera a Les Luthiers.

El libro que recoge las intervenciones de aquel acto incorpora una *Refutación* a cargo del propio Mastropiero, que no se expuso en la ceremonia universitaria de Oviedo. En ese texto, el imaginario autor se ríe de que los ponentes quisieran sentar cátedra cuando precisamente habían hablado todos de pie. El diacrónico compositor termina diciendo: «He leído todas las exposiciones y estoy profundamente disgustado ante las peyorativas e insolentes palabras vertidas sobre mi persona y mi obra. Como sigan así, con este tipo de cursos, más que la Extensión universitaria lo que lograrán es la Extinción universitaria».

Homenaje en Gijón

La comunidad de Asturias se volcó en demostrar su cariño a este grupo de argentinos entrañables. El 17 de octubre de 2017, exactamente 902 espectadores que habían guardado una larga cola para hacerse con entradas gratuitas se sentaban a media tarde en las butacas del Teatro Jovellanos de Gijón a fin de asistir a la ultimísima actuación de Carlos Núñez Cortés y, de paso, presenciar el coloquio que un tal Grijelmo debía mantener sobre el escenario con los actuantes de Les Luthiers (fundadores y nuevos miembros), papel que con sumo gusto asumió el presentador a solicitud de la Fundación Princesa de Asturias.

Dos de los afanados asistentes, Natalia Méndez y Ricardo Villaverde, se habían plantado a las siete de la mañana ante la taquilla del teatro hasta conseguir su invitación (los gijoneses habían sido invitados a recoger las invitaciones), pero no daban importancia al esfuerzo. «Fue bonito ver amanecer aquí, y en un día tan espléndido», le contaron al reportero Pablo Antón Marín, del diario local *El Comercio*. Ambos agradecieron al padre de ella, José Ignacio Méndez, haberles iluminado el camino hacia el paraíso de Mastropiero.

Una vez dentro del teatro, Natalia y Ricardo escucharon el coloquio, donde Jorge Maronna —el más cuerdo de todos, por su condición de guitarrista, bajista, banjista (de banjo), laudista y sitarista (el instrumento de Ravi Shankar) y contrabajista (no confundir con contrabandista)— proclamó que su propuesta para el nombre del grupo fue acertada, con una pega: «Nos pasamos años explicando su significado». Por su parte, Tato Turano contó cómo había conocido la concesión del Princesa: «Me enteré con la radio despertador y no sabía si era una broma; luego, me desmayé». Martín O'Connor lo contó así: «Escuché a las siete de la mañana a Marcos hablando en la radio y me pregunté: "¿Qué diablos hace a estas horas ahí?"». Núñez contestó: «A mí me llamó directamente el rey». Lo cual fue superado por Mundstock: «Y a mí, la princesa».

Carlos Núñez Cortés, el Loco, se había despedido formalmente del público en la última función celebrada unos días antes, el 29 de septiembre, en el Teatro Romano de Mérida (España); pero esa tarde en Gijón ya parecía la *refinitiva*. Decía adiós sin remedio, creíamos. Sin embargo, aún tendría una presencia adicional en el ya referido acto de concesión del doctorado *honoris causa* en Buenos Aires (nos hemos saltado el orden cronológico para dejar en el final de este capítulo los actos de Asturias).

Tras la conversación cordial en la que repasamos su trayectoria y en la que procuré trazar el perfil personal de cada uno, Les Luthiers y sus corbatines interpretarían, con Núñez al piano, «Las majas del bergantín» (cuya música de zarzuela fue compuesta precisamente por él) y «Rhapsody in Balls», donde aparece el célebre bolarmonio, ese instrumento formado por balones de plástico, número en el que Núñez compite con el tradicional teclado frente a Jorge Maronna, quien se hace cargo del estrafalario instrumento. Durante el diálogo previo a la actuación musical, Núñez tocó también un fragmento de su creación «El teorema de Thales», a petición mía. Y además cantó la melodía, en voz de tenor, y los perseguidos, en voz de barítono. Puestos a que se despidiera, al menos que trabajara un poco.

En ese diálogo que precedía a la intervención musical del conjunto, sentí en mis hombros la responsabilidad que sin duda estarían descargando sobre el presentador del acto millones de seguidores del grupo humorístico: debía afrontar el último intento para convencer a Núñez de que no abandonara como un cobarde la banda de músicos castrenses que se habían perdido en el campo de batalla («La balada del Séptimo Regimiento»).

Intenté hacerle trampas a Carlos en las cuentas que escrupulosamente llevaba anotadas sobre los años que cumplía el conjunto: desde el 4 de septiembre de 1967, en que se creó, al 17 de octubre de 2017, en que nos encontrábamos, iban cincuenta años sobre el escenario, el límite temporal que él se había impuesto para jubilarse. Pretendí engañarle con el argumento de que él había llegado a Les Luthiers en 1969, cuando ya estaba el grupo formado, pero se sacó de la manga el argumento de que también había estado en el escenario con I Musicisti, el embrión originario. Quizá la responsabilidad que los hombros cargados me transmitían hizo que extralimitara la insistencia, y Núñez cortó la discusión prometiendo que ya lo hablaríamos en privado.

El diario *La Voz de Asturias* contaba, en la crónica sobre ese acto firmada por J. C. Gea: «No hubo manera de que Grijelmo le convenciese de lo contrario», lo cual lleva implícito el mensaje de que lo intenté de todas las maneras posibles. Eso me dejó tranquilo, noté que mis hombros se relajaban.

No busquen el vídeo de esa última presencia escénica de Carlos Núñez Cortés junto a sus compañeros, ni de la conversación, de una hora, a la que acompañaron innumerables carcajadas del público. En la era de internet, de los celulares o móviles que lo cotillean todo, en los años en que todas las sandeces se graban, no existe un documento videográfico que pueda repetir las que yo proferí, ni tampoco el testimonio impagable de aquel acontecimiento. Salvo unas tomas sueltas captadas por la televisión asturiana, si mal no recuerdo, y destinadas a ilustrar la información en uno de sus telediarios, ese acto carece de reflejo extenso en la gran telaraña digital. Bueno, al menos, perdurará en el cajón de asuntos agradables de la memoria de cada uno de los 902 asistentes.

Los homenajes organizados en Asturias incluyeron también un pasacalles por Gijón, el 15 de octubre, a cargo de ocho alumnos de la Escuela de Música Sonidópolis que habían creado sus propios instrumentos con el ánimo de escenificar la «Canción para moverse o canción infantil en 12 movimientos» (texto de Roberto Fontanarrosa y música de López Puccio, 1979).

Los actuantes en la llamada *Yincanta* tenían entre cuatro y seis años, y entonaron con firmeza:

> *Va a empezar el juego y no es complicado*
> *estos diez deditos ya están preparados.*
> *La mano derecha y la otra también*
> *van hacia delante junto con un pie.*
> *El pie que nos queda marcha para atrás,*
> *mientras la cabeza gira sin cesar.*

En su escenificación, Núñez va cumpliendo las instrucciones de la letra hasta hacerse un ovillo en el suelo, con las manos y las piernas enredadas. Un ejercicio peligroso. Tampoco era fácil mover el cuello como lo hacía Núñez al son de la música y la letra, y algunos padres se lo prohibieron a sus hijos; seguramente porque recordaban a la niña de *El exorcista*.

Después se les unió en la plaza del Marqués la formación infantil del Coro de la Fundación Princesa de Asturias con una armónica

234

interpretación sin armónica del «Aria agraria» («la rara lila, la rara lila, la lila lila, la lila lívida y la rara lila»), esa canción llena de tarareos y lalaleos conceptuales, también llamados aliteraciones. Carlos Núñez Cortés los acompañó al piano, sin aliterarse por la emoción.

NIÑOS CON PAJARITA

Al día siguiente, el 18 de octubre de 2017, los integrantes del grupo llegaban en autocar al colegio público Condado de Noreña, en la localidad del mismo nombre (Noreña; lo del Condado va aparte), para recibir un entrañable homenaje.

A su llegada, cientos de niños y niñas de entre seis y diez años y de 58 centros escolares asturianos los saludaban a la puerta del colegio (por la parte de fuera, pero protegidos de la lluvia), ataviados con camisas blancas y tocados con una pajarita. O sea, con una pajarita o corbatín para cada uno (no hay que provocar peleas inútiles). Estaban para comérselos a besos. De vez en cuando coreaban: «¡Les Luthiers!, ¡Les Luthiers!».

El centro docente se había constituido en centro luthierista que acogía dos exposiciones: una de palabras y otra de instrumentos.

La primera de esas iniciativas había consistido en que los escolares asturianos inventaran vocablos y definiciones con el más fiel estilo del grupo argentino. Se recolectaron así cuatro mil quinientos vocablos, llegados desde toda la comunidad asturiana (también llamada el Principado) con la participación de dos mil quinientos alumnos.

Una vez reunidas y seleccionadas las palabras, se expusieron en los muros del colegio. Digamos que las palabras se subieron por las paredes. Recuerdo algunas de aquellas invenciones infantiles:

«Pachuchos» es una comida para perros; «aguacero» significa «ni gota de agua»; y «universo» es un poema de una sola línea. A su vez, el «leotardo» da nombre a un leopardo de reacción tardía; la «buhardilla» es un animal híbrido de ardilla y búho; la «encuesta» refiere una subida muy pronunciada; y se llama «solfatear» a lo que hace el perro de un músico cuando está buscando el sol (quizá, el sol bemol). Por supuesto, «verosímil» es como se denomina a un misil lanzado por Verónica, o tal vez era un símil; y un «andaluz» es quien camina con una linterna. «Farolillo» equivale a una mentira piadosa; y «vaqueri-zo» designa a un erizo vestido con tejanos. Un «contrabajo» es al-guien que ha encontrado empleo, y se dice «novena» de una persona con dificultades de visión.

Además, en ese mismo colegio se exponían varias decenas de ins-trumentos informales creados por los alumnos asturianos. Entre ellos, el sidrófono: unas botellas de sidra ordenadas a modo de xilófono —en este caso vidriófono— para que produjeran afinadas notas en función del volumen de agua que cada una contenía. Carlos Núñez Cortés se animó a hacerlo sonar. Y el creador del instrumento, Cris-tian Ortea, le dedicó la canción «Cumpleaños feliz»; porque el Loco cumplía cincuenta años con el grupo y tres días antes había celebra-do su septuagésimo quinto aniversario. También el constructor de la gaita cooperativa —llamada así porque hace falta tocarla entre dos—, Gael Suárez, de siete años, extrajo unas cuantas notas armoniosas del instrumento.

La sartén cuerda era una locura: solo tenía una. Y el guitagorri-no constaba de una caja de madera con agujero en el centro y ocho cuerdas… sobre una cara de cerdo (o chancho, que podemos ser po-líglotas dentro de nuestro propio idioma). A su vez, un instrumento creado con una trompa y un embudo se denominaba trombudo.

También se podían observar la madreñacas, o maracas construi-das con madreñas (calzado típico asturiano también llamado almadre-ñas). La madreñacas obtenían el sonido típico de este instrumento de percusión menor gracias a unas fabes (habas, alubias) que golpeaban entre sí en su interior. Si uno se cansaba de tocar, podía abrirlas y ponerlas en la cazuela. Otros instrumentos se describían ya solo con su propio nombre, como la saxotubería.

Tras el recorrido por las instalaciones colegiales rodeados de mú-sica y de palabras, Les Luthiers se sometieron a una especie de rueda de prensa, sentados en un escenario encima del nudo de sendas paja-ritas gigantescas (o corbatines) que hacían la vez de sillones. En esa conferencia de preguntas, los alumnos ejercieron como sesudos pe-riodistas. Un avispadísimo enviado especial infantil quiso saber cuál fue la primera palabra que inventaron. Los miembros del grupo se miraron fugazmente entre sí, en busca de alguna respuesta, algún gesto, algo que reactivara sus memorias. Y como no llegaba nin-gún salvavidas, Marcos Mundstock se tiró solo a la piscina para resolver la situación: «No recuerdo la primera palabra, pero sí la última: Noreña. Que significa "alegría" y "felicidad"». El aplauso ya se lo supondrá el lector. Uno de los niños había regalado su pajarita a Mundstock, quien contó ante el público: «Después de cincuenta años de haberme puesto muchas pajaritas, esta es la más linda que tengo».

Los muchachos andaban bien documentados, pero aun así alguno se hizo el despistado y preguntó si sucedió realmente la anécdota del serrucho que ya contó aquí mi colega de libro, Samper: Carlos Núñez se dañó una mano con ese instrumento raramente musical y fue necesario suspender el espectáculo; y cuando Marcos salió a escena para comunicar la desgracia, la gente se reía creyendo que se trataba de un chiste.

En los distintos actos, se reconoció especialmente a los cuatro fundadores: Núñez, Puccio, Maronna y Mundstock, pues se premiaba la larga trayectoria del grupo. Los nuevos luthiers (entonces O'Connor y Turano) y los todavía suplentes (Antier y Mayer-Wolf) ocuparon un segundo plano, pero asistieron a todos los homenajes y también recibieron el cariño de los admiradores.

Aquel día lluvioso en Noreña, Carlos López Puccio y Jorge Maronna vestían informalmente y con americana (o chaqueta, o saco), igual que Tato Turano y Martín O'Connor. Tomás Mayer-Wolf y Roberto Antier se ataviaron con abrigos impermeables de medio cuerpo. Y Carlos Núñez Cortés se enfundó un polo con trenza de lazos de cinta en el cuello abierto, un polo de los de verdad, de los de jugar al polo, lo cual proclamaban los dos caballos impresos sobre su pectoral izquierdo junto con sendos jinetes que portaban el bastón de golpear la bola. Mundstock, por su parte, se defendía más eficazmente de la lluvia con un chubasquero rojo, el oficial de la selección española de fútbol; el mismo que le había ocasionado meses antes un incidente en la ciudad vasca de San Sebastián, cuando lo llevaba puesto por la calle tras salir del hotel para comprar los periódicos. Alguien le dijo: «Vestir eso es una provocación aquí». No entró él a esa otra provocación, más temible sin duda, pero le pareció una tristeza que algo así pudiera suceder.

En ese acto de Noreña, que terminó con el breve concierto de una banda escolar, algunos niños recordaron en sus preguntas a Daniel Rabinovich. Y los compañeros de este lamentaron que no hubiera llegado a participar en vida de ese júbilo. Dijo Marcos: «Qué pena que Masana y Rabinovich no estén aquí con nosotros, compartiendo esto tan bonito».

Masana nunca pudo imaginar que la formación por él impulsada llegaría hasta tan inmenso reconocimiento. Pero sí puedo testificar realmente que Daniel, el entrañable Neneco, se mostró siempre muy ilusionado con recibir el prestigiosísimo premio asturiano. Sin que eso signifique un menoscabo para los ímpetus de los demás.

La candidatura

Lo que sigue a continuación debo contarlo en primera persona, porque de otro modo, si eligiera la opción contraria en aras de la humildad, estaría falseando la historia al hurtarle ciertos datos al lector.

He formado parte de los jurados de los Premios Príncipe de Asturias, primero, y Princesa de Asturias, después, desde el año 2004. Primero en el de Cooperación Internacional, después en el de las Letras, más tarde en Comunicación y Humanidades (a partir de 2018). (Los periodistas servimos para cualquier trabajo superficial). En esos años tramité la candidatura de Les Luthiers en distintas ocasiones para el premio de las Artes, y también para el de Comunicación (cuando aún no debía tomar parte en ese fallo). Los miembros de tan honroso sanedrín podíamos proponer aspirantes con un plazo específico más amplio que el concedido al resto de las instituciones, siempre que no los defendiéramos para la disciplina que habíamos de juzgar. Desde 2010 a 2017, presenté a Les Luthiers para el galardón de las Artes y para el de Comunicación y Humanidades. Creo que durante al menos ocho años insistí en alguna de las dos opciones, cuando no en ambas. Y que antes también lo habían hecho otros proponentes, que sin embargo desistieron en algún momento. En total, el grupo argentino fue candidato al premio de las Artes, entre 2004 y 2016, durante nueve ediciones; y al de Comunicación y Humanidades, otras cinco en ese mismo periodo.

En una de esas ocasiones, en febrero de 2011, y recogiendo una sugerencia que me pareció pertinente, gestioné una propuesta doble para el premio: una candidatura conjunta de Les Luthiers y el grupo humorístico británico Monty Python, tras ponerme en contacto con ellos y solicitarles su aquiescencia, que me concedieron.

No tuvimos éxito.

Tras cada una de esas derrotas, antes de la colosal victoria en 2017, le escribía un correo a Daniel Rabinovich para darle cuenta de quién era el ganador que les había arrebatado su merecido lugar. Siempre le pareció bien la decisión del jurado, porque los triunfadores de cada año reunían sin duda trayectorias admirables. Y se conjuraba a continuación para que la varita de la suerte les tocara en el hombro el siguiente año. Tras la muerte de Rabinovich, solía dirigir la información a Marcos, quien mantuvo igualmente la señorial actitud de admitir los méritos ajenos. No hay que olvidar que Les Luthiers habían proclamado ya desde sus primeros discos que estaban familiarizados con la derrota: «Perdiiiiimoooos, perdiiiiimoooos, perdiiiiimos... ¡ooootra veeeeez!».

A menudo, Marcos bromeaba con el problema que podría suponerles la concesión de ese premio. El hecho de figurar en las candidaturas y de que los periódicos de habla hispana los incluyeran cada año entre los favoritos ya les parecía una buena presea. En un correo que me envió el 13 de febrero de 2017, me decía: «Sobre el Princesa de Asturias, seguí intentando, pero con cuidado. Las repetidas nominaciones son una gran propaganda para nosotros, no vayamos a perderla por culpa de ganar el premio». En otra ocasión me comentó, también por correo: «La ventaja de ser candidato es que se puede repetir cada año; mientras que si te premian, ahí se acaba todo».

El texto de la propuesta ganadora que firmé en favor de estos genios se titulaba *Les Luthiers, gente que nos hace felices* y decía, entre otras consideraciones:

> Propongo al grupo humorístico argentino Les Luthiers para el Premio Princesa de Asturias de las Artes por su calidad artística, su ironía inteligente, su compromiso con las libertades y la democracia alejado del panfleto y de la simpleza. Porque han creado un género singular que empieza a influir en otras manifestaciones literarias y musicales, porque el humor de gran altura no puede seguir olvidado en unos galardones de esta categoría y porque sería inolvidable escuchar en el Teatro Campoamor el discurso de agradecimiento a cargo de Marcos Mundstock, el portavoz del grupo.

Estos cinco músicos y escritores argentinos han cumplido ya cuarenta años en los escenarios, y los diferentes espectáculos que han compuesto durante estos cuatro decenios han sido siempre, y a la vez, iguales y distintos a sí mismos. Todos ellos han contado además con un denominador común: las carcajadas sinceras de los espectadores, que aplauden la sutileza de sus escenas y el conocimiento musical y léxico que muestran en cada una de sus piezas.

Las armonías perfectas, los juegos de palabras inteligentes y originales, el *estilo Luthiers,* han conseguido crear una suerte de *sociedad secreta* de espectadores que los sigue y los venera sin necesidad de gran aparato publicitario o comercial, sin apenas apoyos radiofónicos, televisivos o institucionales.

Pocos grupos en el mundo han cumplido cuarenta años de unión artística, y desde luego ninguno de los dedicados al humor. Y pocos como ellos habrán despertado tanta gratitud, pues nada genera más reconocimiento que la risa espontánea [...].

Por todo esto, considero que merecen el premio Princesa de Asturias; y que con ello se repararía cierto olvido de los jurados hacia los artistas de Hispanoamérica en los últimos años; y, sobre todo, hacia el conjunto de los cómicos que más nos han hecho reír.

Entre los candidatos que compitieron en aquella ocasión para el premio de Comunicación y Humanidades figuraban los directores del *Washington Post,* Martin Baron, y del *New York Times,* Arthur Ochs Sulzberger Jr.; la periodista inglesa de la CNN Christiane Amanpour, el filósofo mexicano Miguel León-Portilla o el cineasta Martin Scorsese, además del Teatro Real de Madrid y la Feria Internacional del Libro de Guadalajara, una de las mayores del mundo (que obtendría el galardón en una edición posterior). Y también fue candidato el biólogo especialista en evolución Francisco José Ayala. Habría tenido gracia que el grupo más brillante en el monólogo fuera vencido por un biólogo, aprovechándose del valor doble de ese *prefijo...*

El año precedente, el premio había recaído sobre el fotoperiodista estadounidense James Nachtwey, un maestro del reporterismo de guerra. Además, han logrado el Princesa de Asturias de Comunicación y Humanidades el filósofo sevillano Emilio Lledó; Joaquín Salvador Lavado, conocido popularmente como Quino y por ser el creador del personaje de Mafalda; la fotógrafa estadounidense Annie Leibovitz; el creador japonés de videojuegos Shigeru Miyamoto; la comunidad científica The Royal Society; el buscador Google; las revistas científicas *Nature* y *Science;* la National Geographic Society o la Agencia Efe.

Cada premio Princesa de Asturias está dotado con la reproducción de una escultura de Joan Miró —símbolo del galardón—, cincuenta mil euros, un diploma y una insignia que tradicionalmente entrega el rey Felipe en una gala que se celebra en octubre en el Teatro Campoamor de Oviedo. Según los Estatutos de la Fundación, este reconocimiento está destinado a aquellos «cuya labor contribuya, de manera extraordinaria y a nivel internacional, al progreso y bienestar social a través del cultivo y perfeccionamiento de las ciencias y disciplinas del conjunto de actividades humanísticas y en lo relacionado con los medios de comunicación social».

LA CEREMONIA

Faltaban aquel día Rabinovich y Masana, pero se hallaban en el teatro Campoamor de Oviedo Susana Szylowicki, la que fue compañera de Daniel en todos los caminos, y Sebastián, hijo de Gerardo, que apenas pudo conocer a su padre —tenía seis años cuando aquel falleció—, pero ha estudiado su obra hasta el punto de escribir el ya citado libro sobre los orígenes de la formación: *Gerardo Masana y la fundación de Les Luthiers* (Belacqua, 2004), que incorpora un disco con audios originales en los cuales se oye la voz de su padre, además de ensayos, primeras versiones…

Sebastián disfrutó de cada instante aquellos días, y pudo oír multitud de menciones a Gerardo, en todos los actos celebrados. Susana, la querida Susi adorada por Daniel y por todos los amigos de Daniel, como yo, abogada de profesión, ocupó un papel discreto, y vivió todo aquello próxima y a la vez recogida. Obviamente, la ausencia de Rabinovich se sentía mucho más intensa que la de Masana, por la proximidad del luto. Pero en todo momento se proclamaron las decisivas aportaciones de ambos.

Compartían aquellos momentos también los hijos y los demás familiares de los actuales integrantes, incluso algunos nietos. La felicidad de todos se la contagiaban entre sí, con lo cual iba aumentando exponencialmente. Y unos y otros fueron conscientes de la generosidad y el cariño que los asturianos les iban mostrando. Tras recibir el galardón, Marcos Mundstock pronunció en el Teatro Campoamor unas palabras de agradecimiento. El portavoz del grupo comenzó compartiendo el premio con los «queridos hermanos que ya no están, Gerardo Masana y Daniel Rabinovich», y con los «actuales compañeros de Les Luthiers, Tato Turano, Tomás Mayer-Wolf, Martín O'Connor y Roberto Antier», así como con la «familia española», tanto «los que están» como «los que ya han partido» y añoran: José Luis Coll, Miguel Gila, Tricicle, Joan Manuel Serrat, Pepe Caturla, Rafael Estrella [que fue embajador en Buenos Aires, y del que ya se habló en este libro]. «Y Álex Grijelmo —añadió—, que presentó nuestra candidatura al Princesa de Asturias en varias oportunidades. Qué suerte que esta vez se haya salido con la suya [risas del público]. Más que nada, nos alegramos por él [más risas]. Porque si fuera por nosotros... Más aún: nosotros vamos a echar de menos estas nominaciones que nos llenaban de incertidumbre, de ansiedad, de frustración. Es que habíamos llegado a encariñarnos con el hecho de ser candidatos [risas también]. No ganábamos, pero salíamos en la prensa, los amigos nos felicitaban... Ahora que nos han dado el premio, solo esperamos que nuestros amigos no se olviden de nosotros» [risas para rematar].

A continuación, Marcos cambió el tono de sus palabras:

> Ahora en serio: es un enorme orgullo que nos den el premio de Comunicación y Humanidades. Además, en este ilustre escenario del Teatro Campoamor que fue testigo de nuestras primeras actuaciones en Oviedo. Es una casa muy querida. Y nos alegra especialmente que este premio haya sido otorgado a un grupo de humoristas. Hoy más que nunca nos sentimos orgullosos de esta bendita profesión. El ejercicio del humorismo profesional o doméstico, más refinado o más burdo, oral, escrito, mímico o dibujado, mejora la vida. Permite contemplar las cosas de una manera distinta: lúdica; pero, sobre todo, lúcida; a la cual no llegan otros mecanismos de la razón. El humorismo no depende de estar de buen humor o de mal humor, o de un humor de perros. (Eso es cuando no movemos la cola). El humorismo no tiene que ver con el buen humor o el mal humor. Hay gente que siempre está de buen

242

humor, pero es incapaz de entender un chiste. No importa. El sentido del humor se aprende y mejora con la práctica. Como dice el dicho, nadie nace riendo. El humorismo es siempre social. Curiosamente acá, el presidente de la fundación mencionó en su discurso un poema del premiado poeta Adam Zagajewski, donde habla de que el arte es siempre algo que nos dicen los otros. El humorismo es siempre social. Uno no se cuenta un chiste a sí mismo, avalando lo que acabo de citar; sino a los amigos o conocidos, en el trabajo, en el bar, en un velatorio [risas]. Y sí, el humorismo, señoras y señores, es comunicación. Comunicación y humanidades... Que es lo que queríamos demostrar [Risas de nuevo, quizá entendiendo el guiño a la última frase de la canción «El teorema de Thales»].

«Nuestra mayor satisfacción —continuó el premiado— es habernos ganado, con la ayuda de la música, unos raros instrumentos y la exuberancia y las ambigüedades del idioma castellano, un lugar en el humorismo». Y ya fue terminando:

> Qué orgullo recibir este premio de prestigio mundial. Qué alegría integrar la lista de argentinos que lo han ganado: Raúl Alfonsín, Mario Bunge, Daniel Barenboim y nuestro querido amigo Quino, el padre de Mafalda, esa niña que nos observa desde un banco del campo de San Francisco a unos metros de aquí» [en referencia a la reproducción de Mafalda, en tamaño natural (o sea, humano), que se instaló en ese espacio arbóreo, y junto a la cual se pueden sentar el lugareño o el visitante para tomarse fotos sin que ella se canse de posar].

Y ya terminó:

> En los fundamentos de este premio, el jurado considera que nuestro grupo es uno de los principales comunicadores de la cultura iberoamericana. Aparte del enorme halago que eso significa, estamos un poco sorprendidos; y no por modestia, sino porque nunca nos habíamos propuesto llegar a tanto. Pero, en fin... Si el jurado lo dice, quiénes somos nosotros para oponernos a sus sabias decisiones. Muchas gracias. [Aplausos sonrientes o risas aplaudidoras: el público se dividió].

Aquella oportunidad les sirvió para saludar de nuevo a los reyes de España, Felipe y Letizia, quienes —desde años antes, desde los tiempos en que aún eran príncipes— solían acudir juntos a sus representaciones en Madrid y pasaban a saludar a los artistas del corbatín al término de cada función a la que asistían. La reina ya los seguía antes de conocer a quien sería su esposo, al que condujo a formar parte de la legión de admiradores. Cuando presenciaban una función, siempre se situaban entre el público, como cualquier otro espectador más (nada de palcos ni filas privilegiadas). Y en cada ocasión pedían a algún amigo que les consiguiera las localidades: nunca las solicitaron personalmente al grupo, ni tampoco de forma institucional, para no obtener privilegio alguno frente a otros espectadores que hacían cola. Tampoco asistieron a ningún estreno. Por tanto, los miembros de Les Luthiers jamás supieron con antelación que los reyes o, antes, los príncipes iban a asistir un día concreto, ni en qué butacas.

Una noche, en medio de una representación en el Auditorio del Campo de las Naciones en Madrid, López Puccio se fijó desde las tablas en un tipo alto situado en la zona central del auditorio. Y en una pausa le dijo a Maronna: «¿Has visto que hay un tipo que se parece mucho al príncipe Felipe?». Maronna aguzó la vista y le respondió: «A su lado está una mujer que se parece mucho a Letizia». Al final de la representación confirmaron que se trataba de ellos exactamente cuando los entonces todavía príncipes pidieron al personal de la sala pasar a la zona de camerinos y saludar a sus ídolos.

Para los actuales reyes de España también constituyó un premio el galardón a Les Luthiers. Un premio que bañaba en oro toda una trayectoria, un reconocimiento internacional que daba aún más sentido a todo lo que habían creado. La más alta distinción posible de la más alta institución española. Por eso la entregan sus altezas.

6

Actuaciones señaladas

Durante estos últimos veinte años —entre 2014, donde quedó el trabajo de Daniel Samper Pizano, y 2024, en que terminan el mío y la trayectoria del grupo—, Les Luthiers completaron 700 funciones, en 12 países, con 1.200.000 espectadores.

De todas ellas, me permito resaltar ocho: las dos (ensayo y función) en que compartieron escenario con la orquesta de cámara West-Eastern Divan en el Teatro Colón de Buenos Aires, bajo la dirección de Daniel Barenboim y con la participación de la pianista Martha Argerich (2014); la presentación inicial de la primera gira española tras la muerte de Rabinovich (2015); la que presentaron en la explanada frente al Teatro Colón con motivo de los actos del Bicentenario de la Independencia de Argentina (2016); la que acogió el Teatro Romano de Mérida (España), última ocasión en la que Carlos Núñez Cortés participó de una función completa con el grupo (2017); la que se dio ante veinte mil personas con motivo del Congreso Internacional de la Lengua celebrado en Córdoba (Argentina), con la primera ausencia de Marcos Mundstock, enfermo, y con la nueva formación a pleno (2019). Y finalmente, las dos actuaciones en el Teatro Gran Rex de Buenos Aires, en las que Marcos habló desde una silla de ruedas (2019) y fueron sus últimas presentaciones en público.

Barenboim y Argerich (2014)

Fue un día memorable. La insólita conjunción de tres nombres ilustres del talento musical argentino se produjo el 9 de agosto de 2014 en el Teatro

Colón de Buenos Aires: el director Daniel Barenboim, la pianista Martha Argerich y Les Luthiers; arropados por la orquesta West-Eastern Divan. El reconocidísimo batuta israelo-argentino Daniel Barenboim* se sentó además a uno de los dos pianos dispuestos al efecto, para armonizar sus notas con las del teclado yuxtapuesto cara a cara, donde se hallaba nada menos que la extraordinaria Martha Argerich. Todos ellos brindaron una sesión el día 8 (la única de la que existe algún vídeo) que consistía en un ensayo general con público, y la del día siguiente fue ya la actuación a pleno rendimiento de vestuario y formalidad. Barenboim sabía con mucha antelación que él y Argerich iban a coincidir en la capital argentina, y lo cuadró todo para ofrecer estas dos actuaciones con ella y con Les Luthiers.

La chispa para que aquello sucediera se había activado aún antes, cuando el director de orquesta coincidió en un canal argentino de televisión con Marcos Mundstock. A iniciativa del músico, empezaron a pensar en la posibilidad de que la banda humorística y la orquesta de Barenboim participaran conjuntamente en un concierto. El pianista propuso luego dos obras: *La historia del soldado,* de Ígor Stravinski, y *El carnaval de los animales,* de Camille Saint-Saëns. La primera se puede catalogar como música seria, bastante ajena al estilo de Les Luthiers; pero estos, siendo tan grandes músicos, consiguieron adaptarse a las exigencias y que se mezclaran armoniosamente sus artilugios informales con los orquestales de toda la vida. La segunda obra, como final feliz humorístico, es en realidad una broma musical que se presta más a las risas. Saint-Saëns la concibió para dos pianos, además de otros instrumentos, lo que permitió actuar juntos a los dos virtuosos argentinos. «Esa obra es una broma —recordaría luego López Puccio, en las con-

---

* Cada vez que oigo o leo el nombre de Barenboim, o escucho música dirigida o interpretada por este genio, me viene a la cabeza una anécdota que me contó una persona muy próxima a él durante años, y que estuvo presente en los hechos. El famoso pianista cenaba en un restaurante de Barcelona junto con un reducido grupo de amigos, y el local contaba con un magnífico piano. A los postres, los comensales con los que compartía mesa le animaron a que lo tocara para ellos (y de paso, para el resto de los clientes del establecimiento). Tras resistirse en un principio, Barenboim se acercó finalmente al instrumento a fin de satisfacer los ruegos de sus amigos. Pero nada más sentarse en el banco, un solícito camarero («mesero» para una parte de América) se dirigió a él diciéndole: «Lo siento señor, pero este piano es solo para profesionales». Y Barenboim se volvió a su mesa.

versaciones para este libro—. Busca crear un clima festivo. Es un humor un poco antiguo, pero humor al fin y al cabo». Las presentaciones de Marcos Mundstock lo actualizaron. El espectáculo terminaría con otra broma: la canción «El explicao», ya a cargo de sus autores, Les Luthiers.

No resultó fácil la coordinación entre Barenboim, Argerich y los hombres del esmoquin. Pero tanto talento junto podía superar las más adversas dificultades. En una de las jornadas en que Les Luthiers ensayaban su parte en el Teatro Colón, y un par de días antes del estreno, Barenboim, al que no veían hacía meses y que no había escuchado todavía lo ensayado por el grupo, irrumpió en la sala mientras aún se oía la música, y tras accionar con mucha fuerza una de las puertas gritó:

—¡No, no, no, no, no! ¡Está mal, está todo mal!

Casi mueren todos de infarto. Pero enseguida aclaró entre carcajadas:

—¡Era una broma!

Esas dos interpretaciones de Barenboim, Argerich y Les Luthiers se pueden considerar irrefutablemente como dos acontecimientos irrepetibles: jamás se repitieron.

Oviedo sin Daniel (2015)

Les Luthiers emprendió el 10 de octubre de 2015 en Oviedo una de las giras más dolorosas. Apenas siete semanas antes, el 24 de agosto, había fallecido Rabinovich. Las actuaciones ya se previeron sin él, porque llevaba meses convaleciente de un cáncer. El grupo debió enfrentarse a la fatalidad una vez más, como cuando falleció Gerardo Masana; y el espectáculo debió seguir adelante. Llorar la muerte de Daniel era compatible con reír su vida.

Así lo habían entendido también los miembros de Monty Python cuando en 1989 murió de cáncer Graham Chapman, de cuarenta y ocho años, uno de los fundadores del célebre grupo británico. Ellos no solamente siguieron su camino con el recuerdo del amigo fallecido, sino que además hicieron de su funeral un acto de humor, en el que se les caía la urna con las cenizas. Les Luthiers no transitarían por esa senda: «Nosotros no hemos usado nunca el humor negro», explicaría al respecto López Puccio en septiembre de 2015. Ellos dieron a cada ocasión el tratamiento que les brotaba de adentro.

«Daniel quería que siguiera el grupo, incluso sin nosotros —manifestó también Puccio—. Lo habíamos hablado y nos lo pidió. Estuvo hasta sus últimos días empujándonos. Nos insistió durante meses. Era su idea de permanencia, de supervivencia. Él quería que siguiéramos y que tuviéramos grupos satélite con clones nuestros haciendo nuestro repertorio».* Es decir, una especie de Cirque du Soleil o de Mayumana, con franquicias y de modo que un mismo espectáculo se pueda estar representando simultáneamente en distintos países con distintos actores. Los papeles que dejó Rabinovich serán ya desempeñados en lo sucesivo por Tato Turano y Martín O'Connor. Desaparecerán los *monólogos* estrafalarios que desarrollaba él solo en escena y también los *biólogos* que sostenía con Marcos. Pero las demás carcajadas siguen en su sitio gracias al talento y la profesionalidad de los dos reemplazantes, ahora ya titulares. Una semana después del deceso de Neneco, en agosto de 2015, el grupo debe actuar en Córdoba (Argentina). Y después, emprender una gira por España que comenzará en Oviedo (Asturias). En aquellos días asturianos tuve la ocasión y el privilegio de amistad de asistir a una escena que me pareció crucial, en uno de los camerinos (camarines en América) del auditorio ovetense, el asignado a Marcos, y que definiría los siguientes nueve años del grupo: Mundstock se sienta cerca de un gran espejo y se apoya en una mesita, Jorge Maronna se agacha en un rincón cual futbolista que posa ante los fotógrafos. Carlos Núñez Cortés ocupa un sillón y en el otro se acomoda Carlos López Puccio. El periodista y escritor colombiano Daniel Samper Pizano, amigo de todos ellos y su biógrafo oficial, como se ha visto aquí, se apoya en el piano de pared que hace más estrecha la estancia, y permanece en silencio. Aquel 8 de octubre, en aquella reunión, los históricos de Les Luthiers empiezan a programar ese proceso que se acelerará en 2017 cuando Núñez Cortés se jubile, una decisión que él ya proclama como «irrevocable». La reunión comienza con elogios a los dos reemplazantes, Turano y O'Connor (que no están presentes, pues la convocatoria se ha reducido a los integrantes históricos, los dueños de la marca y del repertorio). Y todos reconocen que las risas del público se desatan con ellos en los mismos puntos en que antes las activaba Rabinovich (excluidos los citados monólogos y *biólogos* que se han suprimido). Además, se muestran satisfechos con los dos reem-

---

* Declaraciones a Carlos E. Cué, corresponsal de *El País* en Buenos Aires. 30 de septiembre de 2015.

plazantes que en aquel momento los acompañaban, Roberto Antier y Tomás Mayer-Wolf. Y plantean ya que ambos deberán ir fogueándose en algunas funciones de esta gira a fin de preparar el momento en que deban salir a escena más continuadamente. Se trata de que estén preparados para sustituirlos algún día a ellos o incluso a los otros dos anteriores reemplazantes. Y esos turnos empezarán pronto. Antier sustituirá a Marcos en el número «La redención del vampiro» cuando se hallen en A Coruña, unos días después. Allí representará el papel del primo del famoso conde Drácula. Todos elogian su entusiasmo, su talento, su profesionalidad. Después van planificando ese proceso, también con los demás nuevos integrantes sustitutos. Aún pasarían cuatro años hasta que Antier sucediese por completo al gran cronista de las aventuras de Mastropiero. Cuando eso ocurra, su experiencia con el grupo lo habrá puesto a salvo de cualquier fracaso. En esa reunión me sorprende la minuciosidad de los pasos, el acuerdo entre todos, la armonía fuera del escenario. El futuro del próximo quinquenio queda planificado. Y aún se extenderá algo más. Por lo demás, las actuaciones de Oviedo confirman el pacto histórico entre el público y la banda humorística. Las ovaciones con el Auditorio Príncipe Felipe puesto en pie animan a continuar. Se suceden cinco representaciones con el aforo al completo: 1.496 asientos en cada una de ellas. Cuando entraron en Asturias por carretera, en cómodo viaje desde Madrid, casi todas las localidades de esas cinco funciones se habían vendido ya. Los aforos se completan en toda la gira. Los teatros se llenan de gente y de carcajadas.

El bicentenario, frente al Colón (2016)

La plaza bonaerense del Vaticano acogió a una ecuménica multitud junto al Teatro Colón, en el otoño argentino de 2016. Muchos de los espectadores se abrigaban con ponchos albicelestes especiales para esa noche, en un día ventoso. Las patas del escenario armado al efecto se movían sembrando cierta inquietud en quienes lo habrían de pisar. La actuación de Les Luthiers dentro del programa de actos conmemorativos por el Bicentenario de la Independencia se celebró el 8 de julio junto a la avenida del 9 de Julio, nombrada así precisamente por tan histórica fecha. O sea, se celebró un día antes que el lugar donde se celebró. Un desfase temporal y filosófico. Quizá fue una forma de homenajear a Rodrigo Díaz de Carreras, el adelantado. Y además, en las narices mismas de un teatro llamado Colón.

En esa explanada se congregaban unas cinco mil personas, parte de ellas en las gradas laterales y frontales, con tres mil asientos en total, y otras en una gigantesca platea sobre el terreno más próximo al proscenio, con todas las localidades de acceso gratuito. Sobre el frontis de la boca de escena, en el peine, un lema: «Vamos Buenos Aires» (le faltaba la…, esto…, la… ¡la diéresis!, que habría dicho Rabinovich. En este caso, la coma necesaria en un vocativo: «Vamos, Buenos Aires»). El escenario reproducía la fachada misma del Colón, a modo de trampantojo con cuyas luces se resaltaba el edificio… tapado por el propio andamiaje. Tremendo armazón. El fin de todo eso consistía en festejar el Bicentenario de la Independencia de Argentina respecto de España.

Después de otros actos festivos, como un desfile de autos antiguos y un patio gastronómico con comida de hace dos siglos (pese a lo cual se hallaba en perfectas condiciones), se sucedían desde las ocho de la tarde las actuaciones en el escenario, como parte del programa *La noche de los 200 años*. Entre los anunciados, el histórico rockero David Lebón o el grupo vocal Opus 4, buenos amigos de Les Luthiers y que llegaron a prestarles una voz baja en la primera grabación de «El teorema de Thales». También se ofrecieron espectáculos musicales, de danza con fondo de bandoneón, recreaciones históricas… Centenares de personas se afanaron por montar la función, delante y detrás del escenario; antes y después de que comenzara el espectáculo.

Y finalmente entraron ellos en escena: Mundstock, Puccio, Núñez, Maronna, Turano y O'Connor. Ya había sobrevenido la noche, y con ella el frío del julio bonaerense. Ya se habían cumplido las once en el reloj, y los congregados esperaban ansiosos la media hora larga en que Les Luthiers los harían disfrutar desde el escenario y desde varias pantallas gigantes montadas al efecto, que podían ser observadas por los que se hallaban en el recinto y también por quienes no habían podido entrar. Y para empezar el espectáculo en el que se conmemoraba la desvinculación respecto a España, nada más paradójico que programar como primer número una zarzuela, el género español por excelencia: «Las majas del bergantín». Le siguieron «Rhapsody in Balls» (con el bolarmonio), «Dilema de amor» y «Los jóvenes de hoy en día», con cuyo ritmo discotequero terminó la función. El público aplaudía a reír (qué absurdo eso de «aplaudieron a rabiar»), degustando cada instante. Detrás de las tablas se veía imponente, iluminado, el edificio del Teatro Colón, insignia de la cultura bonaerense.

El Teatro Romano de Mérida (España) (2017)

Una de las presentaciones más recordadas por los miembros de la banda en la última etapa de Les Luthiers tuvo como escenario, según quedó dicho, el Teatro Romano de Mérida, donde actuaron el 29 de septiembre de 2017 con el espectáculo ¡*Chist!* Una fecha emotiva porque en aquella noche iba a presentarse por última vez Carlos Núñez y porque el escenario permitía a los artistas imaginarse en las funciones teatrales que se organizaban en ese mismísimo recinto hace más de dos mil años. (Este anfiteatro data del año 15 antes de Jesucristo).

El aforo reúne 3.086 localidades —ahora con cómodos asientos posados sobre la vieja piedra—, la mitad de las que albergaba en la Antigüedad (esto es una ruina). La construcción del teatro fue impulsada por el cónsul romano Marco Vipsanio Agripa, cuya inevitable ausencia aquel día de octubre fue suplida por las autoridades locales en los puestos de honor.

El original recinto se dividía, como era usual en la arquitectura escénica de entonces, en tres zonas, llamadas *caveas*: las gradas *summa, media et ima*; es decir, alta, media y baja. En esta última se situaban las personalidades de la ciudad; en la media, los caballeros, los sacerdotes, los magistrados, los comerciantes ricos y otras gentes de dinero; y en la grada alta, el resto de la población. Aún quedaba la *cavea ultima*, o última fila, un cuarto sector reservado amablemente a los más desgraciados.

Los presentes aquel día en Mérida, sin duda más afortunados que algunos de los romanos emeritenses,* disfrutaron de las escenas tituladas «Manuel Darío» (con sus canciones descartables); «Las himnovaciones» (también conocidas como «La comisión», historia grandiosamente patriótica que va cosiendo con hilo de oro toda la función); «La bella y graciosa moza marchose a lavar la ropa» (el enredo de partituras); la canción ecológica «Solo necesitamos»; el fragmento

---

* Gentilicio de la Mérida española, que en latín se llamó Emérita Augusta. El gentilicio de la Mérida mexicana es «meridano»; y el de la Mérida venezolana, «merideño». Todo esto lo tengo meridianamente claro.

251

operístico «La hija de Escipión»; el «Bolero de los celos»; el cántico enclaustrado «Educación sexual moderna»; la hematopeya «Redención del vampiro»; la rapsodia gastronómica «Encuentro en el restaurante» y finalmente «Los jóvenes de hoy en día» (subtitulada «R.I.P. al rap»). Y como propina, la «Rhapsody in Balls», con el bolarmonio sobre las tablas (que a su vez se hallaban sobre las piedras).

El escenario suponía un enorme reto técnico para el equipo de Les Luthiers, porque al tratarse de un monumento histórico no se puede romper nada ahí dentro. Las zonas de camerinos (o camarines) se han acondicionado con añadidos actuales que permiten cierta comodidad, pero la escena carece de telón y de bambalinas, de peine y telar, tampoco tiene ni tramoya ni cuerdas (salvo las cuerdas de los instrumentos), ni proscenio (que en este caso no hacía mucha falta), ni concha acústica (perdonen los rioplatenses, pero en España se llama así: concha).

El equipo técnico sí dispuso en el fondo de la escena un gran telón, cuya escasa altura dejaba ver las imponentes columnas romanas situadas detrás.

La noche, aunque el otoño hubiera dado sus primeros pasos, ofreció una temperatura agradable.

Empieza la actuación, y los asistentes al espectáculo ríen como si fueran romanos (aquella gente de entonces se reía mucho, y consta que entre ellos se contaban muy buenos chistes), disfruta de la luz y del sonido (un sonido impecable) y aplaude con entusiasmo la lírica intervención de Martín O'Connor en «La hija de Escipión».

Como era de esperar en esta época de bulos, surgieron rumores y enredos (o sea, rumores en las redes) sobre algún supuesto enfado de Núñez que lo impelía a abandonar la formación, y también sobre una cruel enfermedad que aquejaba al pianista. El lector que haya llegado conmigo hasta aquí sabrá que todo eso es más falso que las maracas de Mastropiero.

Tal vez todo vino de un titular confuso distribuido por una agencia de noticias: «Les Luthiers despiden a Carlos Núñez». Claro, lo despidieron porque se iba. No lo despidieron en la cuarta acepción (prescindir de los servicios de alguien), sino en la sexta (acompañar durante algún rato por obsequio a quien sale). En esa sexta acepción, lo despidieron con tristeza y cariño en Mérida.

Les Luthiers respondieron a las insidias como solamente ellos podían hacerlo: tomándose todo a broma... y denunciando a su compañero:

Denunciamos que, en realidad, Carlitos tiene solamente treinta años y lo que se propone el muy ladino es cambiar a Les Luthiers por otras actividades con las que sueña en secreto desde siempre: apenas se retire escalará el Aconcagua para avistar algunos cóndores que todavía no conoce, practicará buceo de aguas profundas para enriquecer su colección de caracoles marinos y se aprenderá de memoria las 32 sonatas para piano de Beethoven y toda la obra de Chopin.

Núñez había anunciado hacía mucho tiempo su decisión de retirarse en ese momento preciso al cumplir setenta y cinco años de edad, como se ha señalado aquí. A mí me constaba al menos desde octubre de 2015, cuando lo publiqué así en un reportaje de *El País Semanal,* el suplemento de los domingos (el *colorín* en la jerga interna del periódico).

El público de Mérida prescindió de esos chismorreos y se partió de risa saboreando el presente y olvidándose de todo. Esos son los poderes del grupo argentino, conseguir la felicidad de los demás durante dos horas. En el resto del tiempo, eso ya dependerá de cada uno.

En los aplausos finales, los compañeros de Núñez lo animaron a que se adelantara un paso respecto a los demás para recibir en solitario la cariñosa despedida del público, que estaba bien informado al respecto. Carlos diría más tarde a la prensa: «Fue un final realmente hermoso para mí».

Tratándose de aquel lugar romano, lo de Núñez fue más bien un hermoso mutis por el foro.

CÓRDOBA (ARGENTINA). CONGRESO INTERNACIONAL DE LA LENGUA ESPAÑOLA (2019)

El VIII Congreso Internacional de la Lengua celebrado en la localidad argentina de Córdoba en 2019 estuvo muy luthieralizado. Primero, por una grandiosa actuación del grupo ante veinte mil personas, al aire libre;* después, por la presentación de una ponencia de Marcos Mundstock ante el pleno; y finalmente porque en un ambiente en el

---

* Uso el dato medio de varios periódicos del día siguiente. Hubo uno, no obstante, que escribió «veinte mil» en los elementos de titulación y «diez mil» en el texto. Esta última cifra bajaría la media. La media del rigor informativo.

que una parte del público defendía el lenguaje inclusivo y proponía el morfema *e* como neutral frente a los tradicionales *a* para el femenino y *o* para el masculino (les niñes, les amigues, etcétera, ya saben), Les Luthiers cumplían los requisitos. Por cierto, alguna vez les preguntaron por qué no habían incorporado al grupo alguna mujer. De las opciones mostradas por Samper en un capítulo precedente de este libro como posibles respuestas (véase página 89), Núñez escogió la segunda de ellas durante la conferencia de prensa celebrada en España el 17 de octubre de 2017, y dijo: «¿Cuántas veces les han preguntado al Gordo y el Flaco por qué no eran tres?». Y agregó, tras las risas de los periodistas: «Nunca se nos ocurrió. Tampoco a los Rolling Stones».

Marcos matizó luego, ya más en serio, que jamás adoptaron deliberadamente una decisión al respecto, pero precisó que en algunas remotas épocas una mujer sí formó parte del grupo, esporádicamente, para sustituir a Rabinovich durante su excedencia destinada a terminar la carrera de escribano. Quien le reemplazó en algunas piezas en las que este tocaba el violín fue Clara de Rabinovich. La intérprete no tenía ninguna relación familiar con Daniel, pero no se puede negar el alarde de coherencia a cargo de Les Luthiers.

Gran parte de la responsabilidad de que ese manto de buen humor cayera sobre todos los asistentes al congreso de Córdoba ha de adjudicarse a Pablo Avelluto, secretario de Cultura argentino, promotor de esta presencia. El político declaró a la prensa que veía una relación entre los espectáculos del grupo del esmoquin y la desternillante ponencia que había presentado en el Congreso Internacional de la Lengua Española (CILE) celebrado en Rosario (Argentina) en 2004 su compatriota Roberto Fontanarrosa (colaborador precisamente de Les Luthiers): «Ambos destacan en eso tan argentino de unir el humor con el idioma».

Allá en Rosario, el humorista Fontanarrosa (llamado cariñosamente el Negro por sus amigos) hizo llorar de risa a los asistentes con su defensa de las malas palabras (o palabras malsonantes, o tacos, o palabrotas; o garabatos en Bolivia y Chile; qué riqueza la nuestra). Incluso planteó la necesidad de una amnistía para ellas: «¿Por qué son malas las malas palabras? ¿Qué actitud tienen las malas palabras? ¿Les pegan a las otras palabras?». Y a continuación destacó que uno de los problemas comunicativos de la Revolución cubana se derivaba de que sus dirigentes no podían pronunciar con toda su sonoridad la erre de «mierda», porque allí dicen «mielda» como si fueran chinos. Y con eso la expresividad pierde, dijo.

Les Luthiers, y concretamente la ponencia de Mundstock, deberían enlazar con aquel testimonio.

La idea estaba planteada, pero hacía falta concretar los detalles. El ministro y los artistas del humor se reunieron por vez primera en Mar del Plata (Argentina), donde actuaba el grupo, el 10 de enero de 2019, para ir adelantando el trabajo. Y a partir de ahí, todo salió bien.

Actuación

El jueves 28 de marzo de 2019, a las 21.00, con la noche ya incipiente, Les Luthiers ofrecían una actuación al aire libre, gratuita, ante dos decenas de miles de personas* en una inmensa explanada del campus de la Universidad Nacional de Córdoba, una de las sedes del congreso. La gente disfrutó de la excursión hacia el lugar —la mayoría a pie, pues no parecía fácil estacionar—, con la posibilidad de interrumpir brevemente el camino para adquirir en alguno de los muchos puestos establecidos allí un choripán, una hamburguesa, un chorizo o un trozo de asado, cuyos seductores aromas asaltaban al viandante.

La banda humorística acomodó para la ocasión una mezcla entre sus dos últimos programas: *Viejos hazmerreíres* y *Gran reserva*. Eligieron los números más acordes con las circunstancias: un público alejado físicamente, un escenario metálico, bien construido pero más imaginable para un concierto de rock que para las obras de Mastropiero, por mucho que este compositor hubiera sido capaz, si se lo hubiera propuesto, de componer para Mick Jagger.

Ya durante la prueba de sonido, los espectadores tempraneros se agolpaban lo más cerca posible del escenario. Y se reían, también como prueba de sonido. Se habían situado tras la zona de invitados, aún vacía, reservada a las autoridades locales, las autoridades del congreso de la lengua y supongo que a otros individuos de peor nivel, entre ellos yo. Esa parte estaba dotada de sillas portátiles. (Bueno, todas las sillas son portátiles, pero estas eran más portátiles que las demás). El resto del público presenció el espectáculo de pie, si bien algunos se habían lleva-

---

* Véase la nota anterior. De entonces acá no se han sumado espectadores.

255

do sillas portátiles igualmente, por lo general llamadas sillas plegables. Y lo que en Argentina, Paraguay y Uruguay (o sea, en el español llamado rioplatense) se denominan «reposeras» y, en España, «tumbonas». Parece ser que sirven respectivamente para reposarse y para tumbarse.

Los espectadores que no consiguieron un lugar cerca de la escena pudieron observar con detalle la función gracias a las ocho grandes pantallas instaladas en distintas zonas de la explanada, y escuchar las canciones y los chistes gracias a un sistema megafónico de origen alemán. El sonido, eso sí, llegaba en castellano. Pese a la dificultad técnica, no se registraron protestas del público, así que quedó claro que todo salió bien. En cualquier caso, nadie habría podido reclamar el reembolso de la entrada.

La función se abrió con la zarzuela «Las majas del bergantín», lo que sirvió aquí para rendir homenaje a la parte europea de los promotores del congreso (la Real Academia y el Instituto Cervantes) y a la variedad española del castellano, con esas ces y esas zetas pronunciadas por los luthiers a la castiza usanza de Madrid. Seguirían «Dilema de amor», «Música y costumbres de Makanoa», el bolero «Perdónala», «El blus del fortín», «Quien conociera a María amaría a María», «Rhapsody in Balls» (o sea, el bolarmonio), «Ya no te amo, Raúl», «Pepper Clemens Sent the Messenger: Nevertheless the Reverend Left the Herd» y «Los jóvenes de hoy en día».

El bis, haciendo honor al olor de las parrillas que llegaba hasta el escenario, se lo dedicaron al folclorista Cantalicio Luna, con la pieza de música tradicional argentina «El explicao».

Esta ocasión sirvió para presentar multitudinariamente al último elenco del grupo, el que luego se denominaría oficialmente «elenco 2019». Sobre el escenario faltaban Mundstock, convaleciente, y Núñez Cortés, jubilado dos años antes. Por tanto, subieron a las tablas (es un decir, porque ya se ha contado que se trataba de una estructura metálica) Jorge Maronna, Carlos López Puccio, Tato Turano, Martín O'Connor, Tomás Mayer-Wolf y Roberto Antier, quien asumió los papeles de Marcos. Principalmente, los papeles.

Era la primera actuación grande para Antier, quien no obstante se había fogueado antes en una gira por Cataluña y también había sustituido ocasionalmente a Mundstock en algunos números concretos de otras giras, conforme se había planificado en Oviedo en 2015.

El espectáculo presentado en Córdoba se recibió con alborozo —antes, durante y después—, y logró que miles de personas que tal vez no habían podido permitirse nunca pagar una localidad consiguieran ver a sus ídolos y reír con ellos.

No obstante, el hecho de que los organizadores no dispusieran de asientos para tantos miles de asistentes impidió a los informadores asegurar que el público se puso en pie para despedir a los artistas.

Tras concluir la función, las sonrisas brillaban en la gente que iba caminando de vuelta a casa o al hotel; se festejaban las canciones, se recordaban los chistes, se hablaba de las palabras ambiguas.

Entre las declaraciones que los miembros del conjunto humorístico regalaron a los medios informativos en aquella fecha, se pueden resaltar las palabras de Martín O'Connor destinadas a resaltar el vínculo del grupo con la lengua española y, por tanto, con el congreso de Córdoba: «Cuando nos entregaron el premio Princesa de Asturias, el rey Felipe dijo que Les Luthiers han hecho un gran aporte al idioma. Ese aporte ha sido muy rico, y ha forjado a varias generaciones en el humor sano».

Ponencia de Marcos

Las sesiones congresuales de Córdoba contaron con la participación de 250 ponentes de 32 países. Como prueba de que las academias de la lengua española o castellana saben abrir sus mentes y sus simposios, entre los participantes figuraban gentes tan poco formales con Joaquín Sabina o Marcos Mundstock.

La ponencia de este, a quien me correspondió presentar el viernes 29 de marzo ante un distinguido público (alcancé a distinguir a Puccio, Maronna y al resto de sus compañeros), desató el descacharre entre los asistentes que ocupaban poco más tarde de la una del mediodía las butacas del Teatro Libertador General San Martín.

Unos días antes, le envié por correo el texto de mi presentación, por si contenía algún error biográfico o de cualquier otro tipo. En su contestación me decía:

¡Fantástico, querido Álex!
¿Ahora podrías agregar algo sobre mis ensortijados cabellos morenos?
Marcos.

La exposición de Mundstock se mostró en un vídeo porque ya en esas fechas el portavoz escénico del grupo padecía problemas de movilidad y tuvo que renunciar a su presencia física en el congreso. He aquí la desternillante intervención de quince minutos que pronunció el locutor de Les Luthiers el 29 de marzo de 2019, bajo el título «Reflexiones, reclamos y correcciones poco serias sugeridas a la RAE. Novedosos usos y abusos del idioma: Academias y epidemias».

Hola, buenos días, estimado público. Y me permito decir «estimado público» porque los organizadores estiman que hay en el recinto unas ochocientas personas. Y ese es el famoso *público estimado* o *estimado público*.

Mi primer reclamo a la RAE [Real Academia Española] tiene que ver con un conflicto familiar.

Durante años he presumido ante mi hija de conocer algunos secretos del idioma adquiridos en ámbitos tan dispares y queridos como la salita de locutores de Radio Municipal, las redacciones de recordadas agencias de publicidad y en el contexto de Les Luthiers, muy cuidadosos con las sutilezas del español. Así le expliqué que no se dice *desapercibido* sino *inadvertido*, que se debe decir *delante de mí* y no *delante mío*, que las cosas se *adecuan* y no *adecúan*. Que no hay *varias alternativas* sino solo una alternativa con varias opciones. Que algo *podría ser* en lugar de *pudiera ser*. Que no se dice *te lo vuelvo a repetir*... Que el que prevé, lo que hace es *prever* y no *preveer*; y por muchas *ees* que agregue: *preveeeeer,* no preverá más que *hace unos días atrás*... [pausita] (¡Uy! perdón, *hace unos días* o *unos días atrás*).

Bueno, mi hija me acaba de plantear que verifique mejor cada uno de esos supuestos errores porque muchos ya han sido admitidos, o aceptados como lenguaje coloquial, o regional, y la estoy haciendo quedar mal con sus amigos.

Nuestro idioma y la medición del tiempo [rótulo en pantalla]

Bueno, ya entrando en materia quiero hablarles de nuestro idioma y la medición del tiempo.

Hay dichos del habla popular sobre el paso del tiempo elocuentes y graciosos, pero a la vez muy imperfectos. Yo propongo desde aquí una valoración más estricta de las unidades de tiempo del habla popular. Hay que ordenarlas y codificarlas, asignarle a cada una un valor preciso en comparación con las otras.

Propongo que un *lo que canta un gallo* equivalga a dos *santiamenes* y a cuatro *periquetes*. Y que un *me pareció un siglo* sea igual a la cuarta parte de *una eternidad*, y un 0,33 de *ya no veo la hora*.

Asimismo, habrá que dar la discusión sobre los valores asignados a las cosas de poca importancia:

Cuando alguien dice *me importa un comino*, ¿en qué está pensando?, ¿en más o en menos que *me importa tres pepinos*, o *medio pimiento...* todos entrañables vegetales?

Pero la carga ominosa de *me importa un bledo* no tiene igual, ¿alguien sabe lo que es un bledo? ¡Algún día un ejército de bledos se lanzará sobre los hispanoparlantes para vengarse de tantos siglos de ninguneo!

Forma, aspecto, morfología, capacidad descriptiva del sonido de las palabras y posibles confusiones

Comencemos por la palabra «agnóstico».

Muchos científicos se declaran agnósticos. El agnosticismo sostiene que la existencia o no existencia de Dios está fuera del alcance del entendimiento, o de la experiencia. El agnóstico se abstiene de cualquier juicio sobre la existencia de Dios. Digamos que no sabe, no contesta...

Pero, cuidado, no debemos confundir *agnosticismo* con *angosticismo*, que es una doctrina que postula que todo lo bello debe ser angosto... Ni con el *agosticismo*, que postula que todo lo bello ocurre en el mes de agosto.

Y menos aún con *agnoloticismo*, que postula que la existencia o no existencia de Dios está fuera del alcance de la ingesta de un plato de agnolotis [en el español del Cono Sur, pasta de forma rectangular o redonda rellena de algunos ingredientes].

El sonido de una palabra puede dar pistas sobre su significado: por ejemplo, algo *finiiiiito* no puede ser *grrruesooo*. Pero ¡ojo!: *infiniiiiito*, que suena casi igual, es enorme, lo que no tiene fin. O sea, es [inflado] *infinitooooo...*

Nuevas especialidades médicas

Es cierto que es constante la aceptación e incorporación de nuevos términos. No podemos soslayar la necesidad de incorporar nuevos términos relacionados con la medicina.

Tantas especialidades desorientan. Hace poco, en una prestigiosa revista médica, un artículo que debía ser publicado en la sección de Virología... apareció en la sección de Oftalmología. La confusión se produjo porque el artículo se llamaba: «La Hepatitis B...» [leído «ve»].

Cada vez se especializan más. Por citar un ejemplo, hay médicos que solo atienden actrices de cine. Son los *cinecólogos*.

Los *cinecólogos* han descubierto nuevas enfermedades, como el endurecimiento de los dedos de las actrices por gesticular demasiado: la *actritis*.

O la inflamación provocada por lavar los utensilios de cocina con productos irritantes: la *vajillitis*.

Congreso de lingüistas y filólogos

Ahora pasaré a un interesante tema gramatical.

En un reciente congreso de lingüistas y filólogos al que fui invitado se presentó un trabajo sobre la estructura de algunas formas idiomáticas curiosas, como por ejemplo la oración «Pedro sujetó al sujeto».

En esta oración, «Pedro» es el sujeto y «sujetó al sujeto» es el predicado.

Pedro es al mismo tiempo el sujeto y el que sujeta, o sea el sujetador... Pero también, «Pedro» es un *sujeto sintáctico*... Sin-táctico: o sea, le falta tacto, eso es falta de tacto... (y por eso anda sujetando a los demás). Porque si tuviera un poco de tacto no andaría sujetando a ningún sujeto, trataría de conversar con él.

«Pedro» es el sujeto de la oración; el que ejecuta el predicado, el predicador.

Pero el predicador reza sus oraciones, por lo tanto ¡el sujeto de la oración no es Pedro, es el predicador! (Ya lo dijo el famoso predicador mediático Warren Sánchez: «Nunca me he sentido mejor sujeto que después de haber predicado»..., etcétera).

Otra oración curiosa es: «Pedro lleva una gorra sujeta en la nuca». Lo que llama la atención no es que Pedro lleve una gorra, ¡sino que tenga su jeta, su propia jeta, en la nuca... ¡Como el dios Jano!

La conclusión a que arribaron los autores de este estudio fue que estas oraciones pertenecían a un tipo muy raro... Y que ese tipo se llamaba Pedro.

La gloria. Academias y epidemias

Quiero llamar la atención de los señores académicos sobre una epidemia lexicológica: el uso y abuso que hace el periodismo deportivo de ciertos términos, por ejemplo «gloria». Todo comenzó a degradarse la primera vez que alguien, ante un récord mundial, o una hazaña atlética deslumbrante, se atrevió a titular «Fulano alcanzó la gloria». Ahora, *gloria* ya es la de un empate sobre la hora, o la de un equipo que se salva raspando del descenso o la del que gana un amistoso de verano.

El colmo ocurrió hace unos meses. Resulta que a un delantero de un equipo del interior le tocó someterse al examen *antidoping*. Tal vez por una excesiva deshidratación, o por el pudor comprensible ante esas miradas extrañas para un acto de naturaleza tan íntima, lo que debía ser un trámite rápido y rutinario, más precisamente *ruti-urinario,* se había convertido en un suplicio, en una *micción imposible.* Por fin, y luego de dos horas de esforzadas contracciones, nuestro futbolista consiguió completar el volumen requerido, aportar la muestra en el recipiente destinado a tal fin, o, como se dice vulgarmente, logró *mear dentro del tarro.* ¿Saben cómo tituló la noticia un vespertino de gran circulación? A ocho columnas: «¡Osorio pudo orinar!, ¡alcanzó la gloria!».

Talleres literarios

Para prevenir este tipo de epidemias y elevar el nivel, un recurso posible son los talleres literarios.

Pero, señores académicos, hablemos brevemente sobre el auge de los talleres literarios. Creo que es urgente aclarar su alcance, utilidad y propósito. Porque muchos inexpertos se confunden.

Conozco el caso de un joven aspirante a escritor que se dirigió resueltamente hacia la dirección que le había dado un amigo. Tocó el timbre.

«¿Aquí es el taller literario?», le preguntó al joven de pelo largo y gafas que abrió la puerta. «Bueno, aquí le dejo este cuento para que me lo arreglen, ¿podrá estar para el martes?».

Refranes

Por necesidad he cultivado todos los géneros. Un prestigioso crítico literario dijo de mí: «Llama la atención su atrevida prosa; no por su valentía, sino porque uno piensa: Este tipo cómo se atreve a escribir...».

Sigue el crítico: «Entre sus libros más difundidos se encuentra su tratado *Crítica a los refranes tradicionales.* Aclaremos que es un *tratado* no por su profundidad, sino porque ha tratado de desarrollar un tema, y no ha podido».

En *Crítica a los refranes tradicionales* denuncio los notables silogismos que los refranes usuales han ido construyendo en silencio, a nuestras espaldas. Por ejemplo: «Cría cuervos y te sacarán los ojos», es del todo coherente con «el ojo del patrón engorda el ganado»; o sea, los cuervos que tú crías te sacarán los ojos, se los comerán y engordarán consecuentemente.

Otra conspiración de refranes, más compleja aún, es esta: Si es verdad que «el casado casa quiere» y «cada casa es un mundo», como también se dice que «el mundo es un pañuelo», se demuestra que en realidad lo que el casado quiere es un pañuelo... ¡Un simple pañuelo! Me parece una dote muy razonable.

También propongo formas más directas para algunos refranes conocidos. Por ejemplo: «Donde manda capitán no manda marinero» es redundante. Propongo el más explícito «donde manda capitán... hay que ir». Y también, por ejemplo: en vez de «una golondrina no hace verano» apelo a expresiones más vulgares pero contundentes como: «Una golondrina... no hace un carajo». (Con perdón de Gustavo Adolfo Bécquer).

Libros de autoayuda

En este punto quiero referirme a los libros de autoayuda y pedir que la RAE y el Instituto Cervantes supervisen su proliferación.

No se puede negar la importancia de los libros de autoayuda. Son sustentables, no consumen energías literarias no renovables... ni de las otras; digamos, de literario, muy poco...

Propongo a la RAE y al Instituto Cervantes apoyar el desarrollo de los libros de autoayuda de última generación: los libros de autolectura. O sea, libros que se leen solos: usted lo compra, lo deja un tiempo en la biblioteca y ya no tiene que leerlo. Al fin de cuentas, es lo que muchos hacemos con todos los libros.

A esta altura, y con cierto rubor, debo admitir que yo mismo he escrito libros de autoayuda.

El primero consistía en un manual que me fue encargado por el Automóvil Club. Dicho manual, más que de *autoayuda,* era de *ayuda-autos.* Fue un libro incomprendido por el gran público. Eso me llevó a escribir el siguiente, titulado *Ayuda para leer libros de autoayuda.* Que fue un éxito.

También firmé un título voluntarista:

¿Qué ganas con seguir durmiendo? Que luego yo mismo refuté con otro titulado *¡Qué ganas de seguir durmiendo!*

Después escribí *Monte su propio Shakespeare* y me fue mal porque lo exhibían en la sección de equitación de las librerías.

Pero tal vez el que más satisfacciones me trajo lo hice para la colección Temas Eróticos: *Manual de autoayuda, autoayuda manual.*

Despedida
Para despedirme les voy a leer *Invocación al amor*, de mi libro *La vida hay que vivirla, es para lo único que sirve*. Dice así: «¡Amaos los unos a los otros! Más aún, ¡amaos los unos *sobre* los otros! Como decía Atila, rey de los hunos: "Amaos los hunos a los hunos". O, como brindan los traficantes de armas: "¡Armaos los unos contra los otros! Precios especiales". Levantad las copas y ¡mamaos los unos y los otros! Y si queréis salir en la foto, ¡arrimaos los unos a los otros!».

Un par de horas después, le envié a Marcos un mensaje por WhatsApp en el que le decía: «Todo el mundo dice que lo tuyo ha sido lo mejor del congreso». Y me contestó: «Majaderoooo». A lo que yo respondí. «Sí. El majadero del bergantinero».

El vídeo de Mundstock fue el tema más visto en *elpais.com* durante un día entero. Cuando le conté, también por WhatsApp, que ocupaba el primer lugar de la lista, me contestó: «Vamos mejor que el Madrid».

ÚLTIMA PRESENCIA DE MARCOS. TEATRO REX (2019)

Las dos últimas actuaciones de Marcos Mundstock, casi inmediatamente posteriores al congreso de Córdoba, se produjeron en mayo de 2019 en el Teatro Gran Rex, el mayor de Buenos Aires, magno recinto donde el grupo se había presentado tantísimas veces, una sala con aforo para 3.200 espectadores que siempre se llena durante las largas temporadas en que es ocupada por Les Luthiers. Allí pudo despedirse tácitamente de su público, desde una silla de ruedas que empujaba Roberto Antier. Ya no podía mover una pierna, como consecuencia del tumor cerebral que se le había diagnosticado a principios de año.

El periodista Marcelo Stiletano escribiría luego en *La Nación*:

Las tres mil personas sentadas en el colmado Gran Rex se levantan al mismo tiempo y estallan en una ovación que este cronista, presente en la sala, recuerda solo haber escuchado en las canchas de fútbol ante la presencia de algún ídolo indiscutido.

Antes de ese momento de verdadera epifanía (no recuerdo una ovación igual en mis muchísimos años de asistencia a los shows de Les Luthiers) habíamos celebrado la vigencia del grupo y la capacidad de sobrevivir a las ausencias, momentáneas o definitivas, con

sangre nueva de la misma estirpe. Antier había brillado en el escenario en uno de los grandes papeles de Marcos, el de José Duval,
el desmemoriado cantante de «La hora de la nostalgia».
La felicidad estaba allí, seguía siendo completa. Hasta que esa
aparición que nadie esperaba fue todavía más lejos. Pensé que ese momento podía encuadrarse en una de las clásicas ocurrencias de Marcos. Una presencia «fuera de programa» como solía decir antes del
cierre de cada show.
Desde el corazón de la platea lo veíamos feliz. Estaba exactamente donde quería estar. Con su carpeta roja en la mano, dispuesto a narrarnos la presentación de un nuevo cuadro. Logró contener
la emoción cumpliendo con el ritual. La dicción perfecta, los silencios transformados en disparadores del humor, los juegos de
palabras, el ingenio infinito para encontrar el chiste de alto vuelo,
las miradas y risas cómplices con el público. Fueron apenas tres
apariciones. Y el saludo final, de nuevo con Antier, su reemplazante, llevando la silla de ruedas.
Nadie vivió ese instante como el de un homenaje. Sí como un
gigantesco agradecimiento.

Tras haber leído esas tres presentaciones durante el segundo tramo del espectáculo, Mundstock se alineó con sus compañeros en el
saludo final, sentado, alzando los brazos, para recibir la devoción de
todos los presentes. Marcos y Antier, situado a su izquierda, se toman
las manos y las levantan. Roberto acaricia la de Marcos y la besa.
El director de cine José Campanella grabó esa escena con su celu-
lar y la difundió en Twitter/X el día en que Marcos murió, once
meses después, el 22 de abril de 2020. Ambos habían trabajado juntos
en las películas *Futbolín*, en 2013 (llamada en Argentina *Metegol*, tan
ricamente), cinta de dibujos animados en la que el luthier ponía voz
al jugador Evaristo; y *El cuento de las comadrejas*, en 2019, un divertido
enredo de intriga y suspense («suspenso» en Argentina, Colombia y
otros países) —la riqueza del idioma y tal y cual— en cuyos diálogos
se adivinan algunas morcillas suyas (frases propias que un actor intercala en el guion), porque responden a su peculiar estilo humorístico.
En aquella época, Mundstock aún se proponía terminar un libro
que le había sugerido la editorial Espasa-Calpe y que debería haberse titulado *Sobras completas*, compuestas con escritos inéditos que tenía archivados.

7

Nuevos libros

Entre 2014 y 2024, los integrantes de Les Luthiers han añadido dos obras a las que ya circulaban en el mercado bajo sus autorías. (Véase la bibliografía al final de estas páginas, cuyos títulos podrán adquirir ustedes en las librerías situadas en sus ciudades).

MEMORIAS DE UN LUTHIER

Carlos Núñez Cortés presentó en Buenos Aires en 2017 *Memorias de un luthier* (Libros del Kultrum). En sus cerca de cuatrocientas páginas, este integrante histórico refleja su visión personal acerca de la historia del grupo argentino desde que se creó y hasta que él lo abandonó por propia voluntad en 2017. Los textos incluyen anécdotas insólitas y garantizan muchas risas. En los casos que Núñez selecciona, se desentraña su punto de vista acerca de *cómo lo hicieron*: la chispa que originó una escena, quién aportó qué, cómo evolucionaron los chistes.

Núñez ejerció siempre como el historiador del grupo. Un historiador paradójico, porque, lejos de investigar en legajos y documentos antiguos, anotaba el día a día de sus aconteceres para que en un futuro todo eso pasara a los anales. Por tanto, se trata de un historiador que iba por delante de la historia; y que tendría la ventaja de todos los historiadores: contarla según le fue en ella. Y parece que le fue bien.

La obra con sus memorias (se llaman memorias, pero no están escritas de memoria porque ya hemos dicho que lo anotaba todo) recorre una selección personal de los montajes de Les Luthiers en los que él participó, desde la «Cantata Laxatón», de 1965 (compuesta por Masana sobre el prospecto de un laxante), hasta la «Rhapsody in Balls», de 2008), basada en el inaudito bolarmonio, un instrumento formado por dieciocho balones de plástico con lengüetas y cuyo aire produce afinadas notas al ser pellizcados y que necesita dieciocho micrófonos invisibles (más bien micromicrófonos) para su correcta sonorización. En este caso, el exluthier nos permite conocer qué otros nombres barajaron ellos para el invento: armónica de estadio, deportófono, bolarmónica, fonogol…

El prólogo corre a cargo de su compañero Marcos Mundstock, quien revela que en «Las majas del bergantín» había escrito una letra más extensa, con los marineros que llegaban a una isla, conocían a unos pastores, hablaban de ovejas… «Esta vez, el Loco, muy cuerdamente, se opuso: "Va a quedar más larga que una zarzuela de verdad…". Tenía razón y le hice caso».

En ese texto, lamenta Marcos que a la *Epopeya de Edipo de Tebas* no se les ocurriera llamarla *Edipopeya*.

LA VIDA PRIVADA DE LES LUTHIERS

Jorge Maronna es conocido como miembro de Les Luthiers, guitarrista, concertista y compositor, pero se sabe poco de otra de sus pasiones: la fotografía. Por tanto, Maronna reúne doblemente la condición de músico de cámara.

Entre este luthier y Samper, a quien ya han tenido oportunidad de leer en este libro, elaboraron *La vida privada de Les Luthiers*, con fotos del uno y textos del otro; y chistes seguramente de los dos.

Jorge compró su primera máquina de fotos coincidiendo con el nacimiento de Les Luthiers, en 1967, y desde entonces no ha dejado de usarla en cualquier oportunidad que lo ameritase. No exactamente la primera cámara; también compró otras. Le atrae mucho esa afición. Digamos que se enfocó a ella. Tomó imágenes de sus compañeros en todo tipo de situaciones ajenas al escenario.

También se ve en el libro a los miembros de Tricicle y a Joan Manuel Serrat, entre otros. Y a Samper, por supuesto. Y a Fontanarrosa, y a su querido Caturla, el empresario español, y a Lino Patalano, a Javier Navarro, a todos los asistentes de escena... El libro representa un homenaje a la historia de la banda y a quienes la acompañaron con cariño, eficacia o profesionalidad, o con las tres prendas a la vez.

Como indica el propio Maronna en la introducción, se muestran imágenes captadas en restaurantes, playas, hoteles, aviones, camarines, ensayos... tomadas en viajes, ensayos o fiestas. Les Luthiers aparecen en traje de baño (esta frase no es un reclamo erótico), en tejanos (vaqueros, yins...), en escenas desenfadadas, en ensayos...

Sus 248 páginas se abren con una dedicatoria: «Al Flaco Masana. A Neneco»; y en ellas se suceden decenas de fotografías en las cuales los esmóquines solo aparecen en tres imágenes; y en dos de ellas, para mostrar sendas situaciones un tanto indecorosas después de una actuación: las entradas se habían agotado y ellos también.

Como en tantas iniciativas de Les Luthiers, Lino Patalano impulsó la idea de ese libro y se movió en la sombra, una vez más, para que Jorge llevara a cabo este proyecto que había ido preparando sin darse cuenta.

En una de las más sorprendentes imágenes publicadas ahí, se ve a Marcos Mundstock junto a un prado donde se encuentra una oveja, en Villa de Leyva (Colombia), en noviembre de 1987, según detalla el pie de foto. Ambos se entendieron de inmediato, porque la oveja lo mira con embeleso. Marcos, por su parte, se muestra en actitud de cantar. Por supuesto, le estaba cantando una balada.

8

Nuevos espectáculos

Entre 2014 y 2023, Les Luthiers han llevado por medio mundo cuatro espectáculos, que en ocasiones se solapaban entre sí: *¡Chist!* (2011-2018), *Viejos hazmerreíres* (2014-2022), *Gran reserva* (2017-2022) y *Más tropiezos de Mastropiero* (2022-2023). Este último y el anterior a todos ellos, *Lutherapia* (2008-2015), fueron programas originales, pero entre ambos transcurrieron catorce años en que pasearon por los escenarios solamente antologías. Las rentas artísticas acumuladas desde su fundación les permitían eso y más, dada la prolífica actividad del grupo durante toda su historia.

Cada programa se concebía con atención a criterios muy estrictos y profesionales: variedad en las escenas y las músicas, diversidad de los instrumentos presentados, protagonismos repartidos, apertura y cierre de gran éxito probado, y una sinusoide interna en su desarrollo (mayor o menor intensidad musical y escénica) que rompa en cada número con cualquier idea de rutina o repetición.

¡CHIST! (2011-2018)

El espectáculo llamado *¡Chist!*, esa expresión que en castellano ordena callar, se plasmó en los programas de mano con un diseño revolucionario: un cuadernillo troquelado con la silueta del anverso de una mano humana que mostraba el dedo índice erecto en actitud de aviso. En la cartelería, ese dedo cumplía el papel de la «i» inserta en la palabra «Chist».

Ese compendio de números ya estrenados en anteriores giras se presentó en 253 funciones desde el 13 de mayo de 2011 (con estreno en el Teatro Astengo de Rosario, como siempre) hasta el 21 de mayo de 2018 en el Teatro Guimerá, de Santa Cruz de Tenerife (España). En el recorrido de este programa por distintas ciudades y países, por vez primera Les Luthiers terminaron con una formación distinta de la que había iniciado la andadura, pues Daniel Rabinovich falleció en Buenos Aires con la gira en marcha, en 2015; y más tarde la abandonaría voluntariamente Carlos Núñez, en 2017, según dijimos. Eso ocurriría igualmente con los dos espectáculos posteriores, *Viejos hazmerreíres* y *Gran reserva* (también antológicos, en el doble sentido de la palabra), puesto que ambos se solaparon entre sí e incluso con *¡Chist!* dependiendo del lugar donde el grupo iba a actuar y de si ya se había representado allí o no el anterior. En esos años, los hombres del esmoquin fueron capaces de almacenar en su memoria y su talento ¡tres! espectáculos completos a la vez, y sacaban de los bolsillos uno u otro en función de las necesidades de cada plaza.

¡Chist! comenzaba con «Manuel Darío», escena a la que puso letra Marcos Mundstock, y música Jorge Maronna. En ella brillaba precisamente Neneco Rabinovich en la primera etapa de la gira. Tomado del programa *Les Luthiers unen canto con humor* (1994), este número refleja una semblanza, a modo de documental, sobre el artista biografiado, el mediocre cantante Manuel Darío. A partir de febrero de 2015, Daniel está ya enfermo y no puede seguir con las actuaciones. Le suple Martín O'Connor, que ya le había reemplazado otras veces, siempre ocasionalmente. Asimismo, Tomás Mayer-Wolf acabaría ocupando en esta escena el lugar de Carlos Núñez a partir de octubre de 2015, cuando el Loco decidió jubilarse.

Rabinovich y luego Martín cantaban en el personaje de Manuel Darío: «Cuando te veo... me late el corazón / Cuando no te veo... también me late. / ¡Qué suerte, qué suerte!». No era una canción digna de mucho reconocimiento. Pero el intérprete y autor, Manuel Darío, declaraba en esa parodia documental: «Con esta canción gané el premio de la Sociedad de Cardiología». Bueno, sí hubo reconocimiento, pero fue un reconocimiento médico.

Aquel espectáculo tenía como hilo de costura la escena titulada «La comisión», que se iba mostrando por entregas entre número y número, como un folletín. El término «comisión» aludía a una comisión política encargada de gestionar el nuevo himno nacional y cuyos integrantes mantenían una segunda relación con esa palabra.

También rescataban «La bella y graciosa moza... y la colgó de un abedul», una pieza de 1997 que ya había formado parte de *Mastropiero que nunca*, compuesta por Mundstock (letra) y Maronna y Puccio (música). Pero todos ellos son unos impostores, porque el auténtico creador de esta obra fue Johann Sebastian Mastropiero. En la escena, a uno de los miembros del conjunto que entona este madrigal, Marcos, se le caen las partituras al suelo y las recoge desordenadas, con lo cual la letra empieza a tomar un rumbo muy diferente... ¡con los mismos versos! Un prodigio de manejo del lenguaje.

Le seguía «Solo necesitamos», canción que apareció en el programa *Por humor al arte* (1983) y que parodia una canción hippy entonada a dúo por sus creadores, Puccio y Maronna, dos hippies de espíritu que dominan aquel lenguaje y aquella música surgida en los años sesenta. Paz y amor, hermanos. Y todos juntos haremos la paz y haremos... la paz.

A continuación interpretaban el fragmento operístico «La hija de Escipión» (incluida en *Bromato de armonio*, 1996), donde Martín O'Connor deslumbra en su papel de tenor.

Y luego, el «Bolero de los celos», en el que Rabinovich ofrecía su mejor imagen romántica a partir de la letra compuesta por Puccio y Maronna, con música de este último. Un homenaje a Los Panchos en el que Les Luthiers suenan tan bien como el famoso trío mexicano (que, por cierto, también fue cambiando integrantes a lo largo de su larga historia y manteniéndose vivo pese a las desgracias).

Con el siguiente número llegó «Educación sexual moderna», cuyas letra y música (al estilo gregoriano) salieron del talento de Puccio. Esta obra se había presentado también en *Bromato de armonio*, y en ella se ofrecen unos consejos muy desaconsejables.

«La redención del vampiro», de Puccio y de Maronna, con música de este último, se concibió como parodia de Drácula, y asimismo se había estrenado dentro de *Bromato de armonio*, 1996. En ella, Marcos representa a un personaje que lleva siglos viviendo en un castillo, y que resulta ser un primo del conde vampiro. Unos músicos, adivinen quiénes, acuden a visitarlo.

Después llegó «Encuentro en el restaurante» (de *Viegésimo aniversario*, 1987), creada por Puccio en la música y Marcos con él en el texto. Representa una escena en la que Daniel primero y Martín después contratan a unos músicos a fin de que den el toque romántico a una cena en la que el luthier espera a una bella dama. Este personaje había que imaginarlo, porque el grupo no incluye a ninguna mujer. Y la cena tampoco.

El número de cierre lo aporta «Los jóvenes de hoy en día», que tuvo en sus orígenes como jóvenes bailarines a Puccio y Maronna, más tarde sustituido por Martín O'Connor. Se estrenó con *Todo por que rías* (1999). La música, a ritmo de rap, fue compuesta por Maronna; y la letra, por Puccio. En ella, Les Luthiers critican lo que añoran.

Y fuera de programa llegaría «Rhapsody in Balls», extraída de *Lutherapia* (2008), el famosísimo combate entre el piano y el bolarmonio, con música de Núñez Cortés, quien afinó la escena tras duras sesiones de ensayo mano a mano con Jorge Maronna, intérprete a su vez del instrumento formado por balones.

El espectáculo *¡Chist!* (104 minutos) se grabó en vídeo (o video, hasta tenemos variedad de tildes) el sábado 15 de junio de 2013 en el Teatro Gran Rex de Buenos Aires.

Viejos hazmerreíres (2014-2022)

Este nuevo programa se estrenó el 9 de mayo de 2014 en el Teatro Astengo de Rosario (Argentina) y cumplió su última presentación el 16 de julio de 2022 en el Teatro Gran Ituzaingó de Buenos Aires. En total, 243 funciones. Desde febrero de 2015, Martín O'Connor y Tato Turano representan los papeles que antes correspondieron a Rabinovich. Y desde octubre de 2017, Tomás Mayer-Wolf suple a Núñez.

Las funciones comenzaban con «Radio Tertulia» (nuestra opinión y la sulla), que cumplía un papel similar al de «La comisión» en *¡Chist!*: escenas sucesivas intercaladas entre los demás números.

Aquí, dos comentaristas radiofónicos, llamados Murena y Ramírez (Marcos y Daniel al principio; Marcos y Martín después; Roberto Antier y Martín tras la muerte de Marcos en 2020, en posteriores representaciones de esta obra) abordan la actualidad y van dando paso a distintos personajes entrevistados. Se había incluido

271

antes en *Todo por que rías* (1999). Por ese espacio radiofónico pasarán en total veintiocho personajes, mencionados o representados, treinta si contamos a los dos integrantes adicionales del grupo London Inspection, cuyas preguntas en inglés recibirán una creativa traducción por parte de los incultos radiofonistas.

A continuación llegaría la zarzuela «Las majas del bergantín», título ya reiterado en páginas anteriores. En este episodio, los marineros de un buque español que traslada unas prisioneras de mala vida se ven en un aprieto cuando se les acerca el barco del pirata Raúl y les reclama la entrega de las mujeres. Se trata de una de las creaciones más antiguas del grupo, incluida en el espectáculo *Luthierías* (1981). La música había sido compuesta por Carlos Núñez, y podría pasar perfectamente por una zarzuela, con todos sus cánones. Ernesto Acher le añadió algunos arreglos, y la letra salió de la mano y la inventiva de Marcos. La composición pasa en sus distintas fases por el ritmo de jota, el chotis y el fandango. Todo un ejercicio de erudición musical.

A renglón seguido, los artistas se fueron al cuarto de baño a entonar sus loas. Así lo requería la obra sanitaria «Loas al cuarto de baño» (letra de Mundstock, música de Núñez). El texto comienza diciendo: «Músicos, filósofos y artistas; y escritores eminentes, todos ellos van al baño; y algunos muy frecuentemente». En la música emiten llamativos sonidos —no son los que se podrían pensar por el contexto— de ciertos aparatos informales que tienen algo en común: la desafinaducha, el lirodoro, el nomeolbídet y el calefón. Esta escena procede de *Todo por que rías* (1999), y desde entonces Les Luthiers no han dejado de usar esos instrumentos. No siempre en el baño.

«Así hablaba Salí Baba» planteó algunas «verdades hindudables» del gurú que lleva el nombre recogido en el título. Con letra de Mundstock y música de Maronna, ya había aparecido en *Les Luthiers unen canto con humor* (1994). Puccio cumple fidedignamente con el papel de maestro indio, y Maronna toca aquí el sitar, ese instrumento que hizo famoso Ravi Shankar tras apasionarse el *beatle* George Harrison por él (por el instrumento), y hacerse amigo (George Harrison) del músico indio (Ravi Shankar).

La escena «¿Quién mató a Tom McCoffee?», estrenada en 1989 dentro de *El Reír de los Cantares*, parte de un texto de Marcos Mundstock, con quien colaboró aquí Roberto Fontanarrosa, y de una partitura de Núñez, quien se sienta al piano. (En esa posición le reemplazarían más tarde Tomás Mayer-Wolf o Tato Turano, muchos años después de su estreno; o sea, sentados). Doce personajes aparecen en este relato, donde se cuenta la búsqueda emprendida por el sargento Morrison (Puccio) y el teniente Stanley (Mundstock) para detener al famoso delincuente Rizos Negros. En esa continua mejora de los textos, Tomás Mayer-Wolf llegó a añadir a este episodio sobre la vida de Tom McCoffee un chiste de su propio ingenio. Cuando uno de los policías le pregunta qué tomaba en el bar la víctima de aquel asesinato, él le responde: «Tomac *coffee*».

La «Receta postrera» sí fue obra nueva, aunque figurase incluida en esta recopilación. Su música la crearon en 2014 Núñez y Maronna; y la letra, Mundstock. Dos viejitas, Clarita y Rosarito, representadas por los autores de la música (y a veces por Turano en el papel de Maronna-Clarita), explican a ritmo de vals en el programa *Radio Tertulia* una receta para ese dulce. Durante la canción, se van contradiciendo entre ellas con los ingredientes y sus cantidades. Afortunadamente, no se ofrece a los espectadores que prueben el postre.

«Amor a primera vista...» comparece por vez primera en *Los Premios Mastropiero* (2005), y Les Luthiers la mantuvieron en cartel para este nuevo espectáculo recopilatorio. La música de Maronna y la letra que escribió con Puccio sirven para ofrecer una *bossa nova* donde el cantante, Jorge, llamado aquí Jorginho, cuenta que conoció a dos mujeres y que una de ellas estaba casada con un guitarrista de Les Luthiers. En el escenario, Núñez y Rabinovich (más adelante Turano y O'Connor) discuten mímicamente, cada uno con su instrumento en la mano (la guitarra, se entiende), acerca de quién de los dos es el engañado por su mujer con el cantante.

Tras la *bossa*, suave y triste, ahora llega todo lo contrario: ¡la cumbia! La obra siguiente, «Dilema de amor», extraída de *Lutherapia* (2008) y escrita por Puccio, nos regala esa famosa letra sobre la epistemología, que no es solamente lo que se podría pensar, sino también todo lo contrario.

Esta música triunfó en Burgos con una comparsa carnavalesca, que la usó para sus aceradas críticas callejeras en esas fechas de febrero de 2020. Se trata de la chirigota «El Papamoscas», llamada así en referencia al gran muñeco autómata que marca las horas con su reloj gigantesco situado en lo alto del interior de la Catedral de Burgos, y que abre la boca al dar las campanadas mientras mueve el brazo para accionar el mecanismo, con lo cual acaba zampándose algún insecto despistado. Esa letra de la chirigota «El Papamoscas», compuesta encima de la epistemológica música de «Dilema de amor», decía:

La tierra está en peligro,
el clima está cambiando,
los Papamoscas lo estamos detectando.
No hace tanto frío como hacía antes
ya no necesitamos… ni el suelo radiante.
Como las lumbres no sirven de nada,
empresas y gobiernos sacan tajada.
Firman acuerdos constantemente
mientras se cargan el medio ambiente.
Con nuestro talento y agudeza visual
los Papamoscas queremos presentar
nuestro programa más radical
*que al noveno centenario queremos llegar.**

La letra incluía también un llamamiento contra tanto uso del plástico:

Todo de un solo uso, qué desperdicio,
tirar tanto envase me saca de quicio.
He adquirido una bolsa de tela
en el Mercadona para ir con mi abuela.
[…]
Nuestra solución es clara y evidente
seguro que es / del gusto de la gente.
Abandonamos este modelo
a partir de ahora, hacedlo siempre a pelo.

El siguiente tema de este programa forma parte de la serie de canciones bautizadas con títulos de una sola vocal: «Pepper Clemens Sent the Messenger: Nevertheless the Reverend Left the Herd». («Pepper Clemens envió el mensajero; sin embargo, el reverendo abandonó la

* Se refieren al noveno centenario de la catedral, que acababa de cumplir… ¡el octavo!

manada»; pero Marcos la traducirá así finalmente en su presentación: «Schmerz el mequetrefe es el repelente vejete verde»). En este episodio, Mastropiero debe responder a la encomienda de crear un homenaje póstumo al célebre ginecólogo doctor Schmerz von Utter. La partitura fue escrita por Núñez y Acher, y la letra quedó a cargo de Núñez y Maronna. Data nada menos que de 1983 (en *Por humor al arte*), y en ella los cambios de criterio de Mastropiero sobre la estructura musical y los instrumentos que debería incluir la composición van afectando simultáneamente a los músicos que hacen falta para interpretarla. Uno de esos instrumentos, el gran *bass-pipe*, largo y con ruedas, viajó por todos los países de la gira únicamente para un solo efecto cómico que duraba apenas dos segundos en esta escena. En él, Tato Turano (y antes Rabinovich) entra en el escenario moviendo el pesado aparato de viento, pero da la vuelta de inmediato cuando el narrador anuncia que Mastropiero había decidido finalmente suprimir los vientos. Eso es profesionalidad, precisión, respeto al público.

El espectáculo concluirá con la propina de «Los jóvenes de hoy en día», ya comentada en el apartado anterior.

Este programa fue registrado en vídeo el lunes 27 de junio de 2016 en el Teatro Gran Rex de Buenos Aires. Dura 120 minutos.

Gran reserva (2017-2022)

En enero de 2018, Tomas, *Tommy*, ya forma parte del elenco habitual, una vez que Núñez ha dejado la escena. El grupo se adentra en un tramo de su recorrido que lo llevará hasta 2020 con una nueva formación estable, en la que, por vez primera, se juntan en escena tres hornadas distintas de luthiers: los clásicos integrantes Maronna, Mundstock y Puccio; dos incorporados a la formación titular tres años antes, Turano y O'Connor; y un debutante esa temporada, el propio Mayer-Wolf. Por su parte, Roberto Antier sigue dispuesto en el trascenio, y entrará a las tablas a partir de la enfermedad de Marcos.

El Teatro Gran Rex llena una vez más sus 3.200 localidades durante la nueva tanda de Les Luthiers que empieza en enero de 2018. El público aclama a los artistas, quizá con añoranza de los viejos luthiers pero también con admiración hacia los incorporados al elenco. La gente que abarrota la sala ríe sin cesar, aplaude interrumpiendo los números, aclama a los artistas al terminar el espectáculo. Entre los asistentes se oyen acentos de Chile, de Colombia, de Centroamérica. Es verano en esa zona del mundo y algunos han aprovechado su viaje a Argentina para no perderse la actuación, o viceversa: han ido a ver a Les Luthiers y de paso no se han perdido una visita a Buenos Aires.

Llegamos así al penúltimo programa de la historia de Les Luthiers: *Gran reserva*. El nombre no se refiere a ninguno de los reemplazantes, aunque todos ellos sean grandes, sino a las escenas bien destiladas y conservadas en barrica que se ofrecerán a los espectadores. Se estrenó el 5 de mayo de 2017 en el Teatro Astengo de Rosario (Argentina), para variar; y concluyó el 23 de octubre de 2018 en el Auditorio del Palacio de Congresos Mar de Vigo después de solamente 157 funciones; un número muy bajo si se comparan con las 253 de *¡Chist!* y las 243 de *Viejos hazmerreíres*. ¿Por qué pasó eso?

Pasó por una desgraciada circunstancia de todos conocida, la pandemia de la covid (*coronavirus desease* o enfermedad del coronavirus), cuyas consecuencias para la actividad del grupo se detallarán más adelante.

En la gira prepandemia de *Gran reserva* se intercalarán algunas funciones con el programa de *¡Chist!* y con el de *Viejos hazmerreíres*, como ya se ha dicho. El recorrido comenzará con una formación estable constituida por Roberto Antier, Carlos López Puccio, Jorge Maronna, Tomás Mayer-Wolf, Martín O'Connor y Tato Turano. Desde octubre de 2017, Tomás suplirá al jubiloso jubilado Núñez; y Antier asumirá desde 2019 los personajes y las presentaciones de Marcos durante su enfermedad y después de su fallecimiento.

Esta nueva antología, la última ya del trayecto vital como grupo, comienza con «Entreteniciencia familiar», extraída de *Por humor al arte* (1983). Con letra de Mundstock y música de Acher, integra la formidable actuación de Collegium Armonicum, un cuarteto musical al que el presentador televisivo Marcos (y más tarde Roberto en su lugar) preguntará: «¿Y por qué el nombre en inglés?».

Los espectadores que acierten los títulos de las piezas que interpreta el trío de cámara «¡recibirán jugosos premios!: un kilo de naranjas, una docena de limones…».

El siguiente número dejará lugar para la fanfarronería de un guardián de la ley demasiado envanecido. «Lo que el sheriff se contó» nació de uno de los dúos creativos del conjunto: Puccio-Maronna, con letra de ambos y música de Jorge. La canción, estrenada en 1999, incluida entonces en *Todo por que rías*, fue compuesta, según se cuenta en la escena, por el propio sheriff Benson en persona, quien relata ahí (en boca de Martín O'Connor, antes Daniel) cómo detuvo heroicamente a Rick el Forajido. El banjo de Maronna pone el toque del Oeste, y el espectador se traslada enseguida al *saloon* donde Benson actúa como guardián de la ley pero no como guardián de la verdad.

«Perdónala» también fue aportada por Puccio (letra) y Maronna (música), si bien ambos fueron suplantados por Mastropiero, quien se apresuró a registrar la partitura antes que ellos... y antes que Gunther Frager, su verdadero autor ficticio. En la presentación, Marcos desmenuza la historia de los plagios obsesivos de Mastropiero que tenían como víctima al creador alemán. Esta melodía, tomada de *Les Luthiers unen canto con humor* (1994), queda envuelta en un maravilloso bolero que, de haber caído en manos de Los Panchos, habría formado parte de su repertorio y de sus canciones más populares. El punteo de la guitarra de Maronna enamora. La letra relata la triste situación en la que se ve el cantante protagonista (empezó Rabinovich, terminó Turano) por el trato que recibe de su mujer: «No quisiera con Esther seguir viviendo», empieza cada estrofa. No es Esther Píscore, sino tal vez Esther Frager.

«Buscando a Helmut Bösengeist» nació del ingenio genial de Marcos Mundstock y Roberto Fontanarrosa. Esta escena, estrenada en 1981 como parte de *Luthierías*, fue titulada antes «El poeta y el eco», y consta de dos segmentos, pero esta vez se usó solamente el primero. En él, Marcos encuentra a Bösengeist (Daniel y luego Martín), un compositor austriaco huido a las montañas y al que busca para reclamarle su deuda con la sociedad: con la Sociedad de Compositores. Quince cuotas. En la segunda mitad de la escena (omitida en *Gran reserva*), Marcos encuentra unas partituras en la cabaña del músico huido, que se interpretan a continuación (hasta que dejaron de interpretarse, como se ha dicho, en siguientes versiones), con Núñez al piano, Maronna como solista y Puccio en el papel de eco. Este último pronuncia las últimas sílabas de cada verso. Pero las rimas empiezan a complicarse, como era de prever tratándose de ellos.

«San Ictícola de los Peces» nació para el programa *Les Luthiers unen canto con humor* (1994), de la mano del dúo Mundstock-Núñez; y representa las plegarias de un pueblo marinero del sur de Italia destinadas a reclamar que haya pesca en sus aguas. Los marineros primitivos entonaban cánticos que halagaban a los dioses pero ahuyentaban a los peces. Por eso los contemporáneos rezan a san Ictícola en la ermita del pueblo, situada en plena montaña, donde los peces no pueden oírlos. Allá se dirigen los pescadores en procesión con sus ruegos. El título de esta tarantela muestra el vasto léxico de Les Luthiers y el basto criterio del lugareño que puso nombre al santo de aquel pueblo. «Ictícola» procede del griego *ichthýs* (pez) y, según el *Diccionario* de las academias del español, quiere decir «perteneciente o relativo a los peces». Así que el nombre «san Ictícola de los Peces» significa «san relativo a los peces de los peces».

En la pieza «Música y costumbres de Makanoa» (de *Por humor al arte*, 1983) Puccio ejerce como erudito conferenciante que explica las virtudes de esa isla de la Polinesia mientras sus compañeros ilustran el relato con danzas y canciones. Durante su desarrollo, representan también una *haka* neozelandesa con el mismo entusiasmo que los All Black, ese equipo de rugby galardonado también, el mismo año que ellos, con el Princesa de Asturias, en este caso en la disciplina de Deportes. En el Teatro Campoamor de Oviedo, en la gala de los premios, una representación del seleccionado de Nueva Zelanda representó también esa danza ritual típica de su tierra, que los jugadores ejecutan momentos antes de empezar cada partido. Lograron parecerse a Les Luthiers.

«La hora de la nostalgia» fue ideada en su texto por Mundstock, Puccio y Maronna; y la música corrió a cargo de Núñez. Tuvo como protagonista en las primeras representaciones a Marcos (y a Roberto Antier desde 2019), en el papel del decrépito cantante y autor José Duval, quien, pese a su penosa memoria, va recordando los grandes éxitos de su carrera, con la inestimable ayuda del presentador (Rabinovich en su día, O'Connor en *Gran reserva*). Entre esos éxitos figuran «Plánchame las polainas» y «Vuelvo a ti pues no encontré nada mejor». Pero lo más interesante para los espectadores serán sus relaciones amorosas con Brigitte Cocó y con Deborah Duncan (por separado). El resto de los integrantes ejercen como banda sonora del programa y logran despertar la ternura del público ante esas canciones de otra época.

El juego de palabras «Quien conociera a María amaría a María» (de *Viegésimo aniversario*, 1987) muestra una letra de Puccio y Maronna, con música de este último. En esta canción, Jorge canta con su guitarra la vida de María, y se acompaña de una escena en la cual los recuerdos del cantante son representados en silencio por Núñez (después Mayer-Wolf) y Marcos (después Puccio), quienes se enfrentan al reto de escenificar con mímica, por ejemplo, el concepto «dicotomía». Y lo consiguen.

«La balada del Séptimo Regimiento» se había estrenado en 1989 dentro de *El Reír de los Cantares*. Sale de la factoría Puccio-Maronna (este, de nuevo, autor de la partitura). Unos músicos militares andan perdidos en medio de la batalla y quedan aislados de sus fuerzas. Y sin fuerzas. De repente, se ven envueltos en el fuego cruzado y no saben cómo desenvolverse. Puccio avisa a sus compañeros: «Detrás de esa colina debe de estar el enemigo». O'Connor le responde envalentonado: «¿El enemigo? No le tengo miedo si es uno solo».

Así como en otras escenas Tato ocupa el papel de Núñez, aquí lo hace Tomás, quien se encarga del acordeón en la atípica banda militar. Los juegos de palabras se suceden uno tras otro y las carcajadas estallan cada pocos segundos: unas veces, por el ingenio de los textos; otras, por las parodias musicales. Incluso con mezcla de ambas materias: lo que cantan merece realmente el nombre de balada... pero no por su cadencia musical, sino por las balas que se oyen en los efectos especiales.

A continuación llegó «Rhapsody in Balls» (de *Lutherapia*, 2008), que ya se ha descrito más arriba. El número del bolarmonio se había convertido en imprescindible. Pero desde octubre de 2017 al piano de cola se sienta ya Tato Turano, que hace su propia versión del blues interpretado hasta ese momento por Núñez Cortés. En ocasiones posteriores (en *Más tropiezos de Mastropiero*) lo hará Tomás Mayer-Wolf, quien muestra su talento futbolístico en el momento de patear la pelota que lleva consigo Maronna.

Gran reserva terminará con «Ya no te amo, Raúl», fruto de la factoría Puccio-Maronna, canción que había sido presentada por vez primera en *Los Premios Mastropiero* (2005). En ella, Martín O'Connor (y antes Daniel) debe sustituir a la cantante que la hizo famosa, Guadalupe Luján, quien, por diversas circunstancias adversas, no ha podido acudir al programa de televisión. Le dan la partitura con la letra, que debe interpretar. Pero, ay: está concebida para una cantante y todo va en masculino, para referirse a su hombre. El improvisado

279

intérprete intentará cambiar las palabras al género gramatical que corresponde, pero se armará un buen lío. ¿Cómo sustituir el género de «tu tupido bigote»?

En el apartado «Fuera de programa» se incluirán (valga la paradoja: se incluirían fuera) «El explicao» y «Los jóvenes de hoy en día». Esta última ya se ha descrito en el apartado correspondiente a *¡Chist!*; y «El explicao» (lo pronuncian así, pero lo escriben «El explicado») recoge una música tradicional que escribió Ernesto Acher, con letra de Marcos. Se trata de un «gato», en el sentido de la acepción decimoquinta del *Diccionario* de las academias y que es propia de Argentina y Uruguay (o sea, que tiene gato encerrado): «Baile de movimientos rápidos, de pareja suelta que suele acompañarse de coplas cuya letra coincide con las distintas figuras». Y también, «música que acompaña al gato» (acepción decimosexta). Les Luthiers hablan en esa canción, y en su propio subtítulo, de un «gato con explicaciones», pues en él se describen con rapidísimas palabras los conceptos más importantes que eran de esperar en el final de cada estrofa y que son sustituidos por esas definiciones. Por ejemplo: «Mi caballo es el mejor / aunque a alguno esto le duela. / Mi caballo es el mejor / aunque a alguno esto le duela. / Galopando casi vuela / si le clavo las… rueditas pequeñas, metálicas, dentadas, que se fijan a la bota del jinete y que se clavan en las carnes del caballo al galopar».

MÁS TROPIEZOS DE MASTROPIERO (2022-2023)

El último programa del conjunto humorístico los acompañó hasta la despedida en diciembre de 2023, tras una gira por los países de habla hispana. Se tituló *Más tropiezos de Mastropiero*, y de él hablaremos más adelante, después de los comerciales.

9

La pandemia

Ya vieron ustedes los comerciales, que se han pasado volando.

GIRA INTERRUMPIDA EN ESPAÑA. CONFINAMIENTO

La pandemia del coronavirus sorprendió en marzo de 2020 al grupo en España, concretamente en Logroño (La Rioja). Aún quedaban actuaciones por otras plazas de la Península cuando empezaron a intensificarse las noticias alarmantes sobre la nueva enfermedad. Puccio, Maronna, O'Connor, Mayer-Wolf, Antier y Turano se hallaban envueltos en la gira de *Viejos hazmerreíres* cuando las autoridades españolas comenzaron a decretar restricciones.

Se vieron entonces en una encrucijada: suspender las funciones todavía posibles (aún no había llegado el confinamiento) y regresar rápidamente a Argentina antes de que empezaran a cancelarse vuelos; o cumplir los contratos y permanecer un tiempo más en España. Pero el riesgo de no salir a tiempo y bloquearse en su país de adopción implicaba la posibilidad de que se cancelaran las actuaciones y de quedarse sin ingresos; con la obligación, además, de mantener a todo el equipo técnico y profesional que los acompaña en las giras, lo que supondría asumir los pagos de salarios, hoteles, restaurantes y gastos generales.

«Bueno —bromea Jorge ahora que ha pasado todo—, habríamos podido comer de nuevo cordero en Burgos».

Afortunadamente, consiguieron salir hacia Argentina antes de que se interrumpiera el tráfico aéreo. Lograron pasajes para todos, con la amenaza de que se cerrase el aeropuerto de Buenos Aires sobre sus cabezas. O peor aún: a sus pies. Viajaron en un avión casi vacío, y angustiados por la situación. «Huimos en uno de los últimos vuelos que despegaron de Barajas hacia allá —recuerda Puccio—. Parecía un avión fantasma».

Tras aterrizar en el aeropuerto de Ezeiza, al poco tuvieron que convivir ya con las medidas de protección, la distancia física, las mascarillas, el dolor por los seres queridos que fallecían de esa enfermedad sorpresiva y sorprendente. Por fortuna, ellos no la sufrieron en su fase más peligrosa. Pero tanto Puccio como Maronna pasaron por el contagio (en 2021 y 2022, respectivamente); eso sí, después de haberse vacunado, por lo que solamente experimentaron síntomas leves.

La prolongada inactividad que se esperaba —quizá de años con los teatros cerrados— y la consiguiente incertidumbre económica obligan a la compañía de Les Luthiers a rescindir los contratos con todos los técnicos y asistentes, así como de gran parte del personal administrativo. Un drama irresoluble, sin alternativa posible. No quedaba otra opción.

Pero cuando se interrumpe la gira por España, el grupo (entonces con Puccio, Maronna, Turano, O'Connor, Antier y Mayer-Wolf) ya andaba ensayando algunas escenas del siguiente espectáculo surgido de su inagotable imaginación: *Más tropiezos de Mastropiero*. En Logroño, justo antes de cancelar la gira, habían probado en el escenario, sin público, los episodios titulados «Don Ciccio» y «Partitura invaluable». Esta segunda escena la mostrarían en Madrid dos años después, como prueba, en una sola función de la gira de 2022, dentro de *Viejos hazmerreíres*; pero no quedaron satisfechos con el resultado. Seguirían perfeccionándola hasta que la consideraron a punto para representarla sin solución de continuidad, hecho que sucedió a partir del estreno de *Más tropiezos*.

Eran fechas de mucho trabajo, aquellas de 2019 previas a la pandemia; como tantas veces. Por un lado, la función y los preparativos de cada día. Y por otro, los ensayos del siguiente espectáculo. Los teatros donde se presentaban en cada lugar les servían para las pruebas con todo el equipo técnico y todos los integrantes. Un empeño exigente.

La idea de montar un programa nuevo surgió después de *Lutherapia*, estrenado en 2008. Maronna y Puccio, sobre todo, le daban vueltas al barrunto de crear desde cero. El anterior, haciendo honor a su nombre, había ejercido un gran alivio en el grupo, pues el esfuerzo de componer de nuevo un espectáculo original tuvo su recompensa: un éxito mayúsculo. O sea, un ÉXITO.

Tras el trabajo inmenso de montar aquel espectáculo de 2008, Daniel Rabinovich empezaba ya a sentirse mermado físicamente y no se veía con muchas fuerzas para todo el proceso de ensayos, aprendizaje y memorización que acarrearía un nuevo desarrollo con todos los números originales, tarea que debía compatibilizar además con las funciones de la gira en vigor. Marcos también se mostraba perezoso.

Puccio y Jorge les preguntaron a sus compañeros si podían seguir ellos ideando canciones y textos por su cuenta. «Háganlo —respondió Rabinovich—, pero yo prefiero no hacer las pruebas». No deseaba estudiar ni ensayar, porque realmente le parecía un trabajo adicional importante.

Y entonces (aquí estamos todavía en 2009) acordaron montar el recopilatorio *¡Chist!*, más fácil de armar para su salida a las tablas porque todos sus ingredientes se habían probado y ensayado cientos de veces. Digamos que se trataba de probar lo mismo que ya se habían comido en otras ocasiones. Una degustación de éxitos.

A *¡Chist!* le siguieron en años sucesivos otras presentaciones que contenían también piezas de espectáculos anteriores. Así, vinieron luego *Viejos hazmerreíres* y *Gran reserva*, cuyos títulos mostraban sin tapujos que en ellos se ofrecerían números ya saboreados por su público.

Con todo ello, Puccio y Maronna se sentían muy frenados en sus propuestas innovadoras, porque no les cabía en la cabeza la posibilidad de armar una función sin ensayar con Marcos y Daniel. Sin embargo, no abandonaban el pálpito y seguían barruntando músicas y letras por su cuenta.

Durante los viajes en automóvil para las giras locales, Puccio conversaba sentado al lado de Marcos con la intención de convencerle para montar un nuevo espectáculo, pero su amigo seguía mostrándose desganado al respecto. Más tarde, en 2019, llegaría su enfermedad.

En la última actuación de Mundstock con Les Luthiers, aquel día en el Teatro Gran Rex, el grupo le sorprendió con la representación de «Villancicos. Opus 25/12», que incluyeron también como prueba en la función para verificar las reacciones del público. Él no había participado ni en la creación ni en los ensayos. Desconocía por completo la pieza. Pero, desde su silla de ruedas, se mostró contento con el resultado: «Qué bueno que lo hicieron», les dijo. Era julio de 2019, todavía.

Pensaban entonces en continuar con el proyecto, siguiendo las ideas expresadas por Jorge Maronna al final del acto, ya relatado, que se celebró en la Universidad de Oviedo, el 16 de octubre de 2017, con Marcos y Núñez presentes:

> Les Luthiers es un ser vivo que se modificó a lo largo del tiempo. Éramos cuarteto, luego fue septeto muchos años, fue quinteto la mayor parte del tiempo, treinta años, pero también fuimos sexteto en otro momento y ahora nuevamente sexteto con nuevos integrantes. Yo creo que Les Luthiers puede seguir adelante tal vez sin los históricos originales, porque confío en el producto que hicimos, en la idea de Les Luthiers, en esta creación de tantas obras tan buenas. Perdón por la inmodestia... [...] Yo creo que esas obras con una buena interpretación pueden seguir adelante más allá de nosotros.

Y en efecto, la trayectoria del grupo se prolongaría aún seis años.

Al llegar el confinamiento, y ya libres de actuaciones ante el público, Puccio y Jorge trabajaron a dúo; se comunicaban por teléfono, por videollamadas... Tardarían mucho en encontrarse físicamente en el mismo lugar. Paralelamente, cada jueves participaban en videoconferencias con todos los demás integrantes, pero no se trataba de encuentros creativos, sino de conversaciones sobre la evolución del virus, la situación de familiares y amigos... «Era más bien una reunión social», dice Puccio. Hablaban sobre las nuevas vacunas, las variantes del virus... igual que todo el mundo (y nunca fue más literal esta locución del castellano).

ACUERDO FAVORABLE PARA TODOS

La muerte de Marcos en abril de 2020 (sin relación con la pandemia, pero en medio de los confinamientos), casi un año después de su despedida escénica, trastoca todo. Las representaciones no pueden ya contar ni con él ni con Neneco, y tampoco con Núñez. Y la fuerza creativa no será la misma. Sin embargo, todo el entorno familiar y profesional de los vigentes hombres del corbatín desea que continúen.

La hija de Marcos Mundstock, Lucía, actriz y cantante, incluso lo dice públicamente en las redes sociales en abril de 2020:

> Hablan de Les Luthiers en pasado, como si hubiera muerto con mi papá. Empapados de elogios, pero en tiempo pasado. Quizá sienten, a primera vista, que diciendo que Les Luthiers murió con papá es forma de homenajearlo pero, por favor, todo lo contrario. Tanto para él como para Daniel y para todos los históricos creadores/integrantes, Les Luthiers es su proyecto, su vida. Y no hay sueño más grande que el de que eso perdure por siempre. Les Luthiers no muere con ninguno de sus integrantes. Les Luthiers es eterno. Les Luthiers es inmortal. Es tanto más grande que cualquiera de ellos. Porque es tan enorme lo que consiguieron que sobrepasa a cualquier individualidad. Es un ingenio y una genialidad tan enorme que merece que no la dejemos morir jamás.

Tras alcanzar un acuerdo favorable para todos (con respeto a los derechos de autor y de marca de quienes ya no estaban), Maronna y Puccio afrontan el reto de que el espectáculo continúe, a partir de marzo de 2021, como quería Bob Fosse en aquella película tan clarividente sobre el alma de los artistas, *All that Jazz*.

Lino Patalano desempeñó de nuevo en esta fase un crucial y discreto papel, misión en la que se manejaba con eficacia y humildad. Sin embargo, su gusto por permanecer en la sombra no le impedía que se le viera siempre bronceado.

«Llegamos a un buen acuerdo», opina Puccio, «era conveniente para todos, sobre todo para los jóvenes», quienes continuarían en activo con el grupo y participando en las giras internacionales y locales. «Seguiríamos usando el nombre de Les Luthiers durante el tiempo que pudiéramos; y nos comprometíamos a mantener la calidad y el buen nombre, la imagen histórica».

Nuevos ensayos. Nuevo espectáculo

Gracias a esa tranquilidad, Puccio y Jorge ya pueden trabajar con un horizonte limpio y recuperar el impulso para el nuevo espectáculo que tenían *in mente* desde hacía tantos años. Ahora ya no estará pensado para las habilidades y el talento de sus queridos compañeros de toda la vida, sino para las igualmente extraordinarias condiciones artísticas, pero diferentes, de quienes continúan en el frente de batalla con un valor que ya quisieran para sí los músicos del Séptimo Regimiento (y eso que es de todos el mejor).

A partir de ese momento, podrán compatibilizar los ensayos de los nuevos números para *Más tropiezos* con la puesta en escena del programa *Gran reserva*, que tenían también en cartel cuando llegó el virus y que recuperarían después, tras acabar la pandemia. Ambos hacen de la necesidad virtud, y aprovechan la inactividad de los teatros para seguir componiendo.

Finalmente, los contagios atenúan sus efectos en todo el mundo y ya se pueden ofrecer otra vez espectáculos masivos. El 21 de diciembre de 2021 podrán reunirse físicamente y desarrollar su primer ensayo después de veinte meses.

Con todo ello, Les Luthiers deciden contratar de nuevo a técnicos y gestores para sus nuevas giras. Y forman la siguiente plantilla de colaboradores, con Lino Patalano y Javier Navarro al frente:

Equipo técnico:
Jerónimo Pujal. Veintiséis años de antigüedad. Coordinación técnica.

Bruno Poletti. Treinta años de antigüedad. Diseño y operación de luces.

Alan Fryszberg. Trece años de antigüedad. Sonido.

Maximiliano Fontán. Asistente de escenario.

Rodolfo Biondo. Asistente de instrumentos.

Eugenio Mellano. Técnico de sonido y RF.

Ignacio Rabinovich (sin relación con Daniel). Técnico de sonido y Midi.

Kevin González. Asistente general.

Administración:
Alejandra Bermúdez. Veinticinco años de antigüedad. Administradora.

Producción:
Javier Navarro. Treinta y cuatro años de antigüedad.
Cinthia Sclippa. Trece años de antigüedad. Secretaria.
Pablo Maronna (hijo de Jorge). Nueve años de antigüedad. Gerencia y producción en España.
Eduardo Estrella. *Tour manager* o gerente de gira.

A ellos se suman técnicos y personal locales de cada lugar extranjero. Obviamente, algunos de estos países acarrean un intenso trabajo, por los recorridos internos de teatro en teatro.

En España, uno de los técnicos que se añaden al equipo es el entrañable Malaguita (Rubén Sánchez Millán, de nombre), que trabaja en la parte de iluminación de escenario junto con Manolo Gil. En las cenas que todo el equipo tenía por costumbre celebrar en cada fin de gira, los artistas le pedían insistentemente que les contara chistes, en los que imitaba fielmente el estilo de Chiquito de la Calzada para regocijo de todos. Qué honor que Les Luthiers reclamen a alguien que les cuente chistes con los que se van a reír invariablemente.

Por la boca del Malaguita y por sus gestos desfilaba por ejemplo el mono del zoológico que le dice al niño que lo mira: «¿Quién es tu abogado, que te sacó de aquí?». Todos reían como si no lo hubieran oído nunca. «¡El de Wenceslao, el de Wenceslao!», reclamaba Jorge Maronna como esos niños que le piden a su padre que lea el cuento otra vez. Y el Malaguita soltaba sin problemas, con su acento andaluz irrenunciable, ese chiste que narra lo sucedido una vez en algún sitio por culpa de ese nombre propio de tan difícil escritura: Un señor va a la oficina de telégrafos y pide que manden un mensaje que diga «Wenceslao, vete a tomar por el culo». El funcionario se queda pensando un momento, y luego le pregunta: «Oiga, y Wenceslao... ¿cómo se pone?». Y el señor responde: «Wenceslao se pone así». Y el Malaguita se colocaba de espaldas a los demás, agachándose levemente.

Regreso a España

En Madrid, Pablo Maronna ha venido gestionando los detalles de cada gira anterior por España, como la interrumpida en 2020, con minuciosa mirada y amable gesto. Hace falta conversar con los empresarios de cada sitio (allá donde sean la parte contratante de la primera parte), o promover desde la propia compañía las actuaciones y negociar con teatros y salas, contratar la publicidad, hablar con la prensa...

Pablo se había integrado feliz en España, adonde se desplazó en 2011 para instalarse en Madrid y gestionar desde ahí toda la operación del grupo en el país, que suele acoger largas giras por la Península y las Islas. Y en Madrid pasó el confinamiento con su familia. Al atenuarse las medidas, volvió a jugar al fútbol todas las semanas con un grupo de periodistas y amigos de periodistas, algunos de ellos argentinos o con experiencia en ese país, lo cual siempre facilita la conversación. Parece mentira la destreza futbolística de Pablo, sobre todo porque su padre jamás ha tocado nada redondo, si excluimos el bolarmonio. Los pases precisos al compañero y sus disparos potentes junto al palo sorprenden enseguida a los colegas de juego, que lo reclaman un domingo tras otro. Alguna vez se sumaba a esas pachangas o picados su hermano Juan, menor que él, quien estudiaba en Salamanca el grado de piloto de aviación. No solo quería volar alto en el fútbol.

Pasada la pandemia, pues, y con la ayuda de Pablo, el nuevo elenco de Les Luthiers (llamado en los carteles «elenco 2019» porque de ese modo se pactó en el acuerdo de continuidad) reanuda el recorrido que interrumpió el virus, ahora con distinto orden en la sucesión de ciudades y con adición de algunas.

Empieza el sábado 29 de enero de 2022 en Burgos (España), un día antes de que el tenista español Rafa Nadal gane su vigesimoprimer Grand Slam en las pistas de Australia (ese mismo año conquistaría además Roland Garros por decimocuarta vez; me gusta recordarlo). Y terminaría el 26 de marzo en Palma, tras pasar por Miranda de Ebro, Madrid, Alicante, Málaga, Granada, El Ejido, Cádiz, Valladolid, Pamplona, Bilbao, Vitoria, Logroño —la ciudad donde se había interrumpido la gira anterior—, Murcia y Albacete: 16 plazas y 38 conciertos a los que asistieron más de 40.000 espectadores.

Puccio declara en *El País* que este nuevo empeño es una venganza: «A nuestro público le digo que esta gira la sentimos como una venganza contra el virus. Por eso les pido que se adhieran a la venganza... ¡y vengan!».

No sin inquietud, durante esta gira de 2022 siguen ensayando las nuevas escenas de lo que se llamará *Más tropiezos de Mastropiero*, aprovechando huecos libres en los teatros donde actúan.

Terminado el recorrido, Pablo Maronna y sus colaboradores en la gestión, con Javier Navarro al frente, se aprestan a organizar cada detalle de la siguiente gira. ¡Ya pronto llegaría *Más tropiezos de Mastropiero*!

Tras su regreso a Argentina una vez concluida esa nueva incursión en España, Puccio, Jorge y sus compañeros seguirán con los preparativos del nuevo programa en el estudio de grabación de Tomás Mayer-Wolf (allí ensayan por ejemplo «La clase de música», con Roberto Antier) y en un pequeño teatro de Buenos Aires que suelen alquilar cuando necesitan preparar un espectáculo y que, por azares de la inmensa fortuna que acompaña siempre a Puccio, queda cerca de su casa.

Todos extreman las precauciones sanitarias, porque la pandemia persiste. Hablan y cantan con tapabocas (o mascarillas) y extreman los cuidados para no contagiarse aunque ya se hayan vacunado todos.

En ese escenario, y ante las butacas vacías, consiguen ir redondeando el «Cha cha cha» con el órgano de pistones, un desafío de tremenda dificultad musical.

Este instrumento consta solamente de una octava (mientras que un piano tiene siete y media), pero Jorge y Puccio hacen posible que hasta cinco luthiers y nueve manos (ya no cabía una más) consigan accionar tan escasas teclas o palancas sin chocarse entre sí y que todo ello suene lógico, armonioso... y provoque que los espectadores bailen y rían en sus asientos. Un prodigio.

«¡Gran invento, la octava!», exclama Jorge.*

---

* Para los profanos: «do, re, mi, fa, sol, la, si, do» son las notas que conforman una octava, y que se van sucediendo a lo largo de la escala, con unos tonos intermedios, llamados «bemoles», activados por las teclas negras que se intercalan entre las blancas, excepto entre las correspondientes al mi y al fa. ¿Por qué? Porque esa

El órgano de pistones fue construido por Fernando Tortosa, artífice también del bolarmonio (estrenado en *Lutherapia*, 2008). Les Luthiers lo describen como un instrumento formidable, musicalmente muy versátil: «Tiene *legato* [o «ligado»: es decir, que se puede hacer sonar una nota sin que desaparezca el sonido de la anterior],* admite efectos dinámicos tales como *crescendo* y *diminuendo*, *vibrato* y varios más. Además, es extremadamente confiable en afinación y, por si todo eso fuera poco, suena gracias a un procedimiento absolutamente diferente de cualquier instrumento occidental».

El órgano de pistones está lleno de válvulas, mecanismos y cámaras de aire. La versión presentada en *Más tropiezos* constituye la evolución de un prototipo mostrado en el concierto con Barenboim y Argerich, si bien no alcanzó allí más que una misión casi decorativa: era mucho más pequeño, poco llamativo, no tuvo una presencia destacada, desempeñó un papel espectral y prácticamente no se manifestó.

«Cuando decidimos seguir adelante en 2019 —cuenta López Puccio— animamos a Fernando a que continuara desarrollando aquel engendro a partir del prototipo 2014. Lo terminó hacia finales de 2019».

Así, poco a poco y a sobresaltos, fueron configurando tras la pandemia el nuevo espectáculo, a la vez que viajaban de un lugar a otro y en un trabajo extenuante rodeado de colas en los aeropuertos, controles de pasaportes, retrasos de aviones, vuelos internacionales y luego locales, funciones continuadas que requieren una concentración extrema, ruedas de prensa, entrevistas, sesiones de fotos, cambios de hotel, ensayos para el programa vigente, ensayos para el programa que está por venir, hacer y deshacer equipajes, levantarse de la cama sin recordar dónde…

Pero llegó el día en que el programa por fin estaba armado. Tan armado que incluía un número de militares. Un número de exactamente seis.

---

nota entrometida sonaría a gato hidráulico averiado. ¿Y por qué? Bueno… esto no es un libro de música.

* Esto no es un libro de música, pero este asunto ha resultado más fácil de explicar que el anterior.

10

Despedida y cierre. Por todo lo alto

Después de las largas sesiones de ensayos, iniciadas tres años antes como quedó dicho, por fin el 18 de noviembre de 2022, en Rosario, ¡llegó la hora de *Más tropiezos de Mastropiero*! Aquel día presentarán los nuevos episodios originales y añadirán tres piezas antiguas: «Pasión bucólica» (1985), «Aria agraria» (2008) y «Vote a Ortega» (1989); esta última, una sátira de los dictadores latinoamericanos cuyo nombre se ideó sin que entonces hubiera en la vida real un dictador apellidado igual que en la ficción. (Curiosamente, el personaje real Daniel Ortega cada vez se parece más al ficticio).

Pero esa pieza, a diferencia del dictador real, se acabará retirando. «"Vote a Ortega" —dice Puccio— se tomaba en cada país de una manera diferente, dependiendo del ánimo del momento. No en todos los lugares funcionaba igual. Y decidimos quitarla para reducir la duración del espectáculo, que llegaba a superar con mucho las dos horas». Ese número había sido creado en 1989 por Maronna y Puccio, con música de Núñez Cortés.

El «Aria agraria», la canción del tarareo conceptual estrenada en *Lutherapia*, sí sobrevivió; y también «Pasión bucólica» (1985, *Humor, dulce hogar*), la escena de las dos ancianitas que tocan juntas sus instrumentos musicales respectivos.

En cambio, desaparecería del espectáculo el número «Tristeza que entristece», porque no superó las exigentes expectativas que se impone el grupo. Con él salía de escena el tristacho, un instrumento construido por Hugo Domínguez sobre la base de un barril de petróleo de doscientos litros que se va girando a modo de zanfona o de pieza de organillo para que suenen las cuerdas tensadas longitudinalmente de un extremo a otro del cilindro. Se acciona con un pedal, al estilo de las viejas máquinas de coser. Ese episodio incluía música de tango y una letra que quizá resultó demasiado argentina como para ir de gira con ella.

Y ahí se quedó, aunque les pesara sacar del escenario el trabajado diseño de Domínguez. «Era vistoso, pero no valía la pena mantener ese número», reconoce Puccio.

Ante el inminente estreno en Rosario, todos los integrantes están invadidos por la incertidumbre. Había motivos. Por vez primera, en la preparación no participan ni Marcos, ni Daniel, ni Núñez. Todo el peso creativo y de dirección recae sobre Maronna y Puccio. Ambos disponen de la formación y de la trayectoria suficientes como para afrontar el desafío, y muchas de las piezas nacidas de su factoría han constituido éxitos grandiosos, recuperados en las antologías y repetidos como bises en espectáculos anteriores; pero ¿la legión de viejos admiradores de Les Luthiers daría su aprobado a este proyecto? La respuesta real fue «sí». Salieron triunfantes. Las críticas tremendamente favorables los dejarán ya más tranquilos.

Rosario acoge seis funciones, que fueron mejorando de tarde en tarde. Y esto no significa lo que señala el *Diccionario* para esa locución («de vez en cuando, transcurriendo largo tiempo entre una y otra vez»). Es literal. Cada tarde introducían modificaciones y, sobre todo, recortaban la duración.

El gran logro ya está ahí. *Más tropiezos de Mastropiero* se puso en marcha y va de plaza en plaza. Así, día tras día, y a la luz de las respuestas del público en cada momento, paso a paso, añaden o suprimen chistes, modifican gestos, aprenden de la experiencia como siempre hicieron.

El empeño de *Más tropiezos* fue un golpe sobre la mesa para comunicar a todos los seguidores que a este modelo de humor léxico y musical único le faltaba por decir su última palabra.

Y ante la acogida tan favorable, Jorge y Puccio deciden: «Que sea el último». ¿Por qué? Puccio responde:

> *Más tropiezos* estaba programado para estrenarse en marzo de 2020 y terminó presentándose en noviembre de 2022. Estábamos francamente más viejos, Lino también se había muerto, y los dos nos dimos cuenta de que nos había costado tres años y medio montarlo, con un trabajo infernal. No tanto por la escritura, que fue un

hermoso trabajo, sino por los ensayos y el montaje. Estábamos agotados. Fue paradójico: el éxito en Rosario nos ayudó en la decisión.

Una vez estrenado el espectáculo, entendieron que habían hallado una manera de decir adiós desde la cumbre, con una presentación y despedida final del propio Mastropiero en persona para rematar su longeva biografía, que es la del propio grupo. Y quedar rematado él mismo, esta vez en la segunda acepción del verbo.

En realidad, habían estado escribiendo la despedida sin saberlo.

LOS NÚMEROS DE *MÁS TROPIEZOS*

173.000 espectadores de 26 ciudades y de 10 países presenciaron el espectáculo *Más tropiezos de Mastropiero*. La gira pasó por Buenos Aires, Rosario (Argentina), Quito (Ecuador), Monterrey, Guadalajara, Ciudad de México (México), Bogotá, Medellín (Colombia), Madrid, Sevilla, Nerja, Barcelona, Sant Feliu de Guíxols (España), Santa Cruz de la Sierra (Bolivia), Salta, Tucumán, San Juan, Mendoza, Córdoba (Argentina), Santiago (Chile), Montevideo (Uruguay), Neuquén, La Plata (Argentina), San José (Costa Rica), Lima (Perú) y Bahía Blanca (Argentina).

Más tropiezos de Mastropiero se presentó, como se ha dicho, el 18 de noviembre de 2022 en el Teatro Astengo de Rosario (Argentina), sede habitual de las funciones iniciales. Y concluyó en Bahía Blanca (localidad natal de Maronna) el 10 de diciembre de 2023, después de 119 funciones en poco más de un año, una cada tres días.

El programa consolidado de este último espectáculo incluyó nueve piezas nuevas (una más antes de suprimirse «Tristeza que entristece»).

El espectáculo se abre con el diálogo que mantiene un entrevistador televisivo, Roberto Antier, con el mismísimo personaje de Mastropiero, que hasta ahora no había mostrado plasmación corpórea. Lo representa Martín O'Connor, quien se vio así en la responsabilidad de dar voz y gestos a un ente supuestamente humano que cada cual se había forjado en su imaginación. He ahí el reto: ¿Cómo estar a la altura de lo que la gente se había creado en su interior a lo largo de los años?

Ese desafío me trae a la memoria lo que le ocurrió al gran Quino cuando Mafalda fue llevada al cine y los globos o bocadillos de sus tiras («bocadillos» en España, «globos» o «globitos» en otros lugares) se convirtieron en voz: la aportada por la actriz argentina Susana Klein. Al salir del estreno, el 3 de diciembre de 1981, el dibujante oyó a una niña que decía: «Sí, está bien Mafalda. Pero su voz no es la misma».

La voz de Mastropiero, que resultó ser, pues, muy parecida a la de Martín O'Connor, sirve como engarce para los diferentes números, en la conversación con Roberto. La entrevista coserá todo el espectáculo, y logra permanentes carcajadas incluso con mayor intensidad que otros hilos conductores equiparables en esa misma misión, como «Las himnovaciones» (también llamado «La comisión») o «Radio Tertulia».

En esta conversación, Mastropiero (O'Connor) muestra una enorme incapacidad para entender la más sencilla metáfora, lo que va incrementando la desesperación del entrevistador (Antier).

El diálogo va de disparate en disparate (todos creíbles cuando se trata de Mastropiero), lo que lleva al espectador en cuestión de pocos segundos desde los maniqueos a Magallanes —y su célebre frase política «avanzando siempre hacia la izquierda se llega a la derecha»—, hasta la ley del talión, y desde allí al talión de Aquiles, a la *Ilíada* y a Homero (Homero Simpson, por supuesto). Para regresar al pobre Aquiles con su pie de atleta...

La primera obra musical de este último espectáculo se titula «Villancicos Opus 25-12» (a juego con la fecha de la Navidad). En esa escena, un cardenal dotado de capelo y con un aspecto muy parecido al de López Puccio encarga a Mastropiero que componga unas canciones navideñas profundamente religiosas pero a la vez modernas «para interesar a los niños». Pero no será fácil hallar la medida que dé cumplimiento a las dos exigencias. Además, los intérpretes buscan que los versos rimen a toda costa, aunque eso derrumbe los mitos tradicionales de esas fechas... y su historia.

Llega a continuación un número ciertamente arriesgado, en el que se permiten satirizar el llamado «lenguaje inclusivo». Un texto de gran valentía, sobre todo para una formación de ideas progresistas. Que a uno lo critiquen los opuestos se puede conllevar, pero los ataques del fuego amigo suelen obrar resultados más dolorosos. Sin embargo, y a tenor de las reacciones favorables observadas en los teatros, Les Luthiers se han situado junto a Nietzsche *más allá del bien y del mal*, y pueden permitirse estas libertades que otros prefieren ahorrarse. No obstante, la escena se muestra divertida, sin ensañamientos; se limita a explicitar algunas contradicciones de esa ingeniería del lenguaje.*

Protagoniza el número un general que se dirige a sus soldados en un ejercicio durante la guerra del Golfo. El episodio pone en contraste por un lado la idea que se suele tener acerca de los militares (imagínense en Argentina) como personas de pocas contemplaciones y, por otro, la bienintencionada arenga del general, con su pálpito feminista y atribulado por las nuevas normas, llena de duplicaciones y que intenta no solo visibilizar a las mujeres sino evitar discriminarlas a toda costa.

Una parte del diálogo se desarrolla así:

GENERAL (ANTIER). ¡Atención! Dado que desde ahora hombres y mujeres somos iguales, cuando asaltemos la próxima aldea ya no perdonaremos la vida a mujeres y niños... Perdonaremos también a los hombres.

TOMÁS MAYER-WOLF: ¿A los hombres, general?

GENERAL: Sí, a los hombres en general. Hay que ser inclusivos, perdonaremos a los hombres in-clu-si-ve.

LÓPEZ PUCCIO: Pero... ¿y si esos hombres están armados?

GENERAL: ¿No le digo yo? ¡Machista! ¿Y por qué van a estar armados los hombres y no las mujeres?

Finalmente, el general decidirá atacar al alba con todos sus hombres... ¡y sus mujeres!

Le seguirá el episodio «Ella me engañó», donde Les Luthiers (aquí con Maronna a la cabeza y a la voz) demuestran una vez más su tremenda categoría como boleristas y su capacidad para conseguir que el público entienda lo que no se ha dicho. «Nuestro amor llegó al final porque ella me engañó...» y volvió a casa antes de lo que había dicho.

Y después se representará «Don Ciccio», una de las primeras piezas que montaron para este programa, hasta el punto de que llegó a ofrecerse durante la gira de *Gran reserva*, dentro de las pruebas que el grupo solía plantearse para averiguar cómo funcionaban los chistes y afinar los mecanismos del humor. En aquella ocasión, llevó por título «Giulietta». Esta mujer era la amante de un malvado mafioso lla-

---

* Un servidor de ustedes se ha expresado al respecto en el libro *Propuesta de acuerdo sobre el lenguaje inclusivo* (Taurus, 2019).

mado don Ciccio. Y a Martín no se le ocurre nada mejor que cantarle por teléfono una canción a Giulietta, sin que ni el público pueda
imaginar el riesgo que corre, porque don Ciccio lo está escuchando.
El papel del mafioso lo representará Roberto Antier.

A renglón seguido, interpretarán el «Aria agraria», con una presentación a cargo de Mastropiero/O'Connor que introduce muy bien
lo que se avecina: los tarareos ofrecen muchas posibilidades, de lo cual
se apercibirá el espectador cuando se le cuenta en la presentación que
una familia había parado para comprar queso y que luego «pararán
para pan, pararán para pan». Se trata de no desaprovechar esos textos
comodines y sin significado que pronunciamos cuando la letra de una
canción no viene a nuestra memoria. Les Luthiers, en cambio, han
descubierto el tarareo conceptual. «Y la lana hilarán, y para hilarla la
lavarán, hilarán la lana y la hilarán, la hilarán [...]. La rara lila, la lila
rara, la lila lila y la rara lila, la lila lívida, la lila lívida y la rara lila…».

La «Partitura invaluable» muestra después lo que sucede cuando
el manuscrito original de una composición de Mastropiero sale a
subasta. Aquí el texto sí entra en el escarnio, pero a su famoso personaje no parece importarle. López Puccio cumple brillantemente con
el papel de maestro de ceremonias en la subasta.

«¡Arriba los carteles!» desfila a continuación. Una pieza rock que
canta Tomás y en la que proclama su valentía en la lucha contra los
narcotraficantes, con cierta disconformidad al respecto mostrada por
el coro final.

En este punto se recupera el número «Pasión bucólica», estrenado en
1985 dentro de *Humor, dulce hogar,* y que regresó en *Lutherapia* (2008).
Queda claro que la pieza funciona de maravilla, como vuelve a suceder
en este espectáculo. Aquí, las venerables ancianas Rosarito y Clarita (Maronna y Turano) se encuentran en la casa de esta (de este) a fin de tocar
juntas el piano y el chelo, pero se interrumpen continuamente para comentar asuntos de distinta índole, especialmente algunos concernien-
tes a Arnolfo, el marido ya difunto de una de ellas. El encuentro inicial
entre ambas y el tono de sus voces hace que el público se desternille.

El episodio que más les costó montar y ejecutar, porque necesitaba
un exigente trabajo previo, es el que recoge «La clase de música». En
él, un joven rebelde abducido por los ritmos de hoy (esta perífrasis me
evita calificarlos y hasta nombrarlos), acude a recibir clase de piano con
un profesor de clásica. El conflicto se ve venir. En efecto, el alumno

jovencito, poseído por las tendencias actuales y por Jerry Lee Lewis, se enfrenta cara a cara con su profesor. El número se acaba convirtiendo en un combate musical entre ambos, cada uno con su herencia y sus habilidades en el instrumento. El montaje sirve para apreciar el virtuosismo interpretativo de Roberto Antier y Tomás Mayer-Wolf, y muestra cómo Puccio y Maronna compusieron este nuevo y último espectáculo pensando en los talentos y las características de los nuevos luthiers. Marcos Mundstock no habría podido tocar el piano como Antier, ni Carlos Núñez habría podido pasar fácilmente como jovencito aprendiz...

Llegará luego el órgano de pistones, con el enganchante «Cha, cha cha» (o «Che, che, che», como dirán luego, pues se refieren a Cuba). El nuevo instrumento informal, ya detallado más arriba, obtiene tal protagonismo que se cuela en el mismísimo título de la escena: «Chachachá para órgano a pistones».

El espectáculo dentro de programa termina con la «Coda a la alegría», el himno final que Les Luthiers cantan cuando Mastropiero revela su lado inteligente, para sorpresa de todos, y deja mal parado al entrevistador.

Y ya fuera de programa, rematan con la infalible «Rhapsody in Balls», con Tommy al piano y Jorge tocando las pelotas. Pero el pianista, una vez más, no se enfada.

Con *Más tropiezos de Mastropiero*, Les Luthiers habían conseguido levantar un espectáculo de enorme categoría, a la altura de las mejores creaciones históricas; si no mejor incluso, para opinión de muchos; y lo habían logrado después de atravesar una pandemia, con descomunales dificultades para ensayar y crear juntos, con la pérdida de personas a las que adoraban, sin los aportes siempre maravillosos de tres de los integrantes clásicos y frente a los agoreros que habían pronosticado un final antes de tiempo.

Las reseñas favorables (véase el apéndice correspondiente, al final de este libro) se sucedieron una tras otra en la última gira. Se disipó así, enseguida, el miedo a que entre público y crítica pesaran las ausencias, a que el recuerdo de los luthiers que ya no estaban impidiese ver el bosque de los nuevos integrantes junto con los dos fundadores que aún seguían al pie del trombón, y de los imaginativos números que salían a las tablas.

Ninguna crítica expresó la hipotética disyuntiva entre unos viejos y unos nuevos luthiers como si no se tratara en realidad del mismo equipo, de la misma idea, los mismos valores, idéntico escudo, igual camiseta.

11

Nuevos reemplazantes

En esta nueva etapa pospandemia, la formación incorporó a dos nuevos alternantes: Pablo Rabinovich (sin relación familiar con Daniel) y Santiago Otero Ramos. Los procesos de selección se acometieron con una exigencia extrema, pero ambos los superaron con buen humor.

Santiago Otero era, antes de integrarse en el equipo, un actor polifacético que había desempeñado muy diferentes papeles en el teatro. Nació en Buenos Aires el 26 de noviembre de 1980, por lo que al terminar 2024 habrá cumplido cuarenta y cuatro años.

Cursó la carrera de Dirección Orquestal; toca el piano, se especializó en música de cámara, dirige coros y espectáculos, y ha logrado importantes reconocimientos. Su sólida formación musical previa acabó integrada en esta sólida formación humorística.

Tenía doce años cuando escuchó por vez primera a Les Luthiers, gracias a su entonces cuñado, con el que viajaba en un Renault 8 azul eléctrico. (Eléctrico el color, el coche era de gasolina como todos los de aquella época). También recuerda las risas del conductor. Él no entendía muchos de los chistes, pero también soltaba carcajadas, por contagio. No podía imaginar la fortuna que le depararía la vida cuando creciera. En 2015 se presentó a unas pruebas para seleccionar reemplazantes de Les Luthiers, pero le fue fatal. «Una semana antes mandaron el material para la prueba, lo preparé y di una muy mala audición. Realmente espantosa. Estaba muy nervioso porque para mí era como audicionar para los Beatles. Así que en esa no quedé seleccionado».

Siguió su camino como actor, y en eso no le fue tan mal. Estaba representando en Buenos Aires la obra *Asesinato para dos*, con gran éxito, y el mismísimo Marcos Mundstock acudió a presenciar una función. Después, el luthier pasó al camarín para saludarle y expresarle sus felicitaciones.

En 2019 fue convocado de nuevo para una prueba con Les Luthiers, en el Teatro Gran Rex, y ahí ya salió todo perfecto. Pronto conocería a los demás integrantes del conjunto humorístico (excepto a Núñez, ya retirado).

En las últimas giras reemplazó en funciones completas a Martín O'Connor y a Roberto Antier; y en algunos números, a Tomás Mayer-Wolf, a Tato Turano y a López Puccio. Hace falta trabajar mucho para aprenderse todos esos papeles que los reemplazantes pueden asumir en un momento dado, con sus correspondientes instrumentos. «Como somos dos reemplazantes, el trabajo no es tan pesado —explica—. Y al no salir a escena cotidianamente hay que hacer un trabajo constante con el estudio».

La historia de Pablo Rabinovich transitó por otras vías. Durante la exposición *40 Años de Les Luthiers* (en 2007), en Buenos Aires, se abrieron tres concursos; y uno de esos certámenes, llamado Jóvenes Intérpretes, congregó a músicos con habilidades instrumentales y escénicas que tuvieran entre dieciocho y treinta y cinco años y que pudieran interpretar obras del conjunto de los esmóquines.*

La hermana de Pablo, Lupe Rabinovich, le insistió para que se presentara, y envió el vídeo que se requería en una primera fase, que él superó con éxito. En la prueba presencial ya conoció a Daniel, encargado de juzgar a los candidatos en ese segundo tramo, y obviamente enseguida comentaron su coincidencia de apellidos. «Eso fue clave para estar un poco más tranquilo en ese momento», recuerda Pablo. Y más tarde llegaría la última etapa, ya con los cinco luthiers (Rabinovich, Mundstock, Puccio, Maronna y Núñez) como tribunal. «Una locura —dice—. ¡Ellos mirándonos a nosotros hacer música y payasadas!». Estaba previsto que llegaran hasta ahí cinco o seis finalistas, pero finalmente pasaron nueve: siete varones y dos muje-

---

* Los otros dos concursos se dedicaron a construcción de instrumentos (uno de cuyos ganadores fue Fernando Tortosa con el bolarmonio) y a obras de humor y música (que se declaró desierto).

res. Y Pablo se proclamó ganador. Y se proclamó tal con razón, porque había ganado el concurso.

La idea de los avispados organizadores (con Lino Patalano en la sombra) se dirigía a conformar un grupo de jóvenes que representara en el Teatro Maipo (propiedad de Lino) cuatro funciones de una obra de Les Luthiers, como así ocurrió.

Cuando en 2019 se incorporaron como titulares Antier y Mayer-Wolf, fue necesario contratar a nuevos alternantes. Lino Patalano y sus amigos luthiers aún guardaban en la memoria el recuerdo de aquel muchacho nacido en Ituzaingó el 27 de diciembre de 1984 y que en aquel momento tenía treinta y cinco años (cuarenta en 2024); y lo convocó para pasar nuevas pruebas.

Pablo afrontó primero una nueva selección mediante vídeos. Montó al efecto la canción final de «¿Quién mató a Tom McCoffee?», para piano, bajo y olla de cocina. En el segundo envite, aún en vídeo, le pidieron que añadiera instrumentos, y acometió varios fragmentos de obras de Les Luthiers interpretados con vientos, contrabajo, charango, guitarras y batería. Finalmente, los inmisericordes examinadores le obligaron a representar, ya ante ellos, el papel de la pianista negra de aquel club nocturno, María Sorensen; lo cual logró sin que se notara diferencia con la auténtica.

En un teatro de verdad se estrenaría más tarde, ya vestido con esmoquin y con el papel de acordeonista en la escena «La balada del Séptimo Regimiento». Tras muchos ensayos y enorme preparación, llegaba por fin su primera interpretación con fuego real, nunca mejor dicho. Además de formar parte de la banda militar perdida en combate, también se encargó de la voz principal del bolero «Perdónala», todo ello dentro de una de las representaciones de *Gran reserva* en Rosario.

Pablo Rabinovich había conocido a Les Luthiers de niño, porque su padre ya los escuchaba y hasta manejaba su lenguaje. (Claro, él también se apellidaba Rabinovich). Después se convirtió en espectador, tanto en el teatro como ante los vídeos. Nunca soñó con formar parte del grupo. «Ponerse el esmoquin y salir con ellos a escena era algo imposible de soñar. Pero sí jugué a interpretar las obras de Les Luthiers», confiesa.

Desde entonces reemplazó ocasionalmente a algunos de los seis titulares (a veces como mero entrenamiento, no por necesidad), y además a Jorge Maronna quince funciones completas de *Viejos haz-merreíres*, una en *Gran reserva* (sucedió en Chile) y una decena de días en *Más tropiezos de Mastropiero*. Y a Tomás Mayer-Wolf, media docena de veces entre *Viejos hazmerreíres* y la gira final de 2023.

Los reemplazantes Pablo y Santiago ensayaban juntos a menudo, pasándose la lección el uno al otro. Y grababan algunas escenas en multipistas, para cumplir con todos los papeles.

Sobre el apellido común con Daniel, el joven Pablo cuenta:

> Toda la vida me preguntaron si era algo de Daniel, y yo decía que sí: su fan. A todos los miembros de mi familia nos pasó lo mismo. Siempre fue genial que hubiera uno con nuestro apellido, nos sentíamos más cerca de ellos. El día que conocí a Daniel, en 2007, primero bromeamos sobre el apellido y luego intentamos identificar si al final éramos parientes, al menos lejanos, pero no llegamos a ninguna conclusión. De todas maneras, de ahí en más me dijo *sobrino*.

Les pregunto a Santiago y a Pablo sobre la posibilidad de que los espectáculos de Les Luthiers sigan en escena con ellos o con otros artistas.

Santiago Otero responde que «como posibilidad, en principio sí». «Teniendo el material y ya conociendo el funcionamiento y la dinámica creo que sería posible —añade—. Paralelamente creo que sería conveniente que al menos alguno de los fundadores, en la medida que puedan, tengan fuerza y ganas de hacerlo, esté presente. Quizá no de la misma manera. Pero sí dirigiendo, escribiendo y componiendo. Ahora, también creo que se tienen merecido un buen descanso».

Por su parte, Pablo Rabinovich argumenta: «Así como se siguen tocando piezas de Bach, la obra de Les Luthiers no tiene fecha de vencimiento. Se seguirá representando, no tengo dudas. No sé cómo ni cuándo ni de qué forma. ¡Ya se verá!».

12

Bahía Blanca

La última actuación en la historia de Les Luthiers tuvo como escenario el del teatro Gran Plaza de Bahía Blanca, que acoge 910 butacas y que se llenó en las dos funciones programadas.

Muchos seguidores de Les Luthiers esbozarán una sonrisa al oír el nombre de esa ciudad, porque forma parte de un chiste de la canción «Bossa nostra». En aquella primera grabación que llegó a España en los años setenta, comienza sonando la guitarra de Jorge Maronna con ritmo de *bossa nova*, y dice el narrador: «Ahora les quiero presentar a un excelente músico. Nacido en Bahía... (aplausos). En Bahía... (aplausos). ¡En Bahía Blanca! (silencio)».

La localidad argentina de Bahía Blanca, provincia de Buenos Aires, 335.000 habitantes, no se parece en nada al estado costero brasileño con el que comparte el primer enunciado de su nombre... y con el que no comparte nada más.

La noche anterior a esa postrera actuación, se celebró una cena, también postrera, con todos los integrantes del equipo, a la que asistieron los artistas, los técnicos, los gestores... y los asistentes; que eran así doblemente asistentes. Y algunos familiares. También se hallaba allí Sebastián Masana.

Dispusieron las mesas en forma de *o* cuadrada, de modo que todos podían verse y oírse, sentados en el perímetro. Y Maronna leyó ante los comensales un brevísimo texto que comenzaba así:

> Me gusta pensar que Les Luthiers es como un barco, y que todos nosotros somos su tripulación [...]. Hoy podemos estar orgullosos de ser la tripulación que lleva esta hermosa nave a puerto,

al final de un viaje de nada menos que cincuenta y seis años. Porque sabemos que el barco trae en sus bodegas una carga de enorme valor.

Y tras un recorrido en el que fue mencionando todos los espectáculos representados por el grupo, terminaba de este modo:

> Los tripulantes bajamos. Sentimos tristeza, pero hay un consuelo en saber que esta nave inigualable, nuestra obra, no desaparece, sino que queda en puerto, siempre iluminada, para recibir a los visitantes y continuar divirtiendo y encantando. Brindo por esta gloriosa tripulación, por todos los que alguna vez fueron tripulantes de este barco, y por Les Luthiers.

Todos brindaron.

López Puccio, por su parte, no había preparado discurso alguno. Pero dijo: «Hoy tengo ganas de hablar. Es algo que me ocurre cada cincuenta y seis años. Así que aprovechen estas palabras porque la próxima vez que me den ganas, posiblemente algunos de ustedes no estén». (Risas incrédulas).

En esa intervención, Puccio (Pucho para los amigos) se declaró satisfecho de este último espectáculo, con todas las dificultades y ausencias que había entrañado. «Demostramos que se podía hacer entre todos un nuevo espectáculo de Les Luthiers que no fuera inferior a los anteriores». A ello contribuyó, dijo, un equipo sin un solo error, lo cual le fue atenuando a medida que avanzaba la gira su histórico terror a un fallo técnico que arruinara todo un número, como les había acaecido alguna vez. «Y además, un equipo de muy cariñoso trato».

Después, rememorando cenas anteriores de final de gira, ironizó: «Yo debería hablar ahora de cómo se pone Wenceslao (risas cómplices),* pero no debo».

Y aún sumó una confesión más: «Teníamos otras fechas para terminar, y las dimos de baja. Porque hubo una confabulación entre Javier Navarro y yo, que es secreta. ¿Por qué —se peguntó. Y golpeando la mesa, se respondió para concluir—: ¡Porque sabíamos que lo que Jorge quería era que terminásemos en Bahía Blanca!».

---

* Véase la página 289, donde se contó cómo se ponía Wenceslao.

Se desatan los aplausos y Maronna eleva las dos manos haciendo con los dedos el signo de la victoria.

Algunos de los presentes se llevaban los dedos a los ojos... quizá para quitarse alguna mota de polvo.

Esa circunstancia de que la localidad natal de Maronna se constituyese en estación de término para Les Luthiers propició que Jorge recibiera además un homenaje de su ciudad de origen, en un emocionante acto. Durante su discurso de agradecimiento, resaltó cómo el entorno musical de su infancia (incluidos los desfiles de la banda local) habían influido en que más tarde se convirtiera en un luthier.

Y llegó la función de despedida, el 10 de diciembre de 2023, en la que los artistas estarían acompañados, además de por los espectadores que llenaban el teatro, por familiares y amigos, entre ellos las esposas de Puccio y Maronna (Carolina Martínez y Claudia Rodríguez Carrera), además de hijos, primos, nietos, sobrinos y demás parientes.

La última actuación mezcló en los corazones de todo el equipo la tristeza de cualquier despedida, la satisfacción por el trabajo bien hecho durante tantos años y el disfrute del enorme cariño acumulado entre los espectadores y expresado en los aplausos finales, interminables.

Pero también significaba el inicio de una nueva etapa para Jorge y Pucho: una etapa destinada a disfrutar de la paz (que no solamente se encuentra en Bolivia).*

Ahora ya podrán gozar del tiempo libre y de la despreocupación que tantas veces habrán añorado.

Jorge confesaba al día siguiente sobre aquellos últimos instantes en el escenario:

> En cada momento de la función estuve pendiente de lo que sentía, porque después de toda una vida en Les Luthiers, ¿cómo sería eso de hacer una última presentación? El público fue muy efusivo; y el clima de la función, como siempre, de fiesta. En bambalinas nos abrazamos emocionados, artistas y técnicos. Estaba preparado para llorar, pañuelo en bolsillo, pero al terminar, para mi

---

* El chiste está plagiado de un número de Les Luthiers. Con tanto hablar de Mastropiero, algo se me ha contagiado.

sorpresa, sentí una curiosa sensación de tristeza y a la vez de alivio enorme.

Al terminar la función, Carlos y Jorge se fundieron en un abrazo. Largo, intenso. Ahí dentro estaban cincuenta años de vida y de amistad.

13

¿Aquí acaba todo?

Este libro no puede concluir sin que se les pregunte a Puccio y Maronna acerca de la hipótesis de algún tipo de continuidad, ahora sobre los hombros de Turano, O'Connor, Antier, Mayer-Wolf y los últimos reemplazantes, Pablo Rabinovich y Santiago Otero.

Las respuestas de Maronna, de setenta y cinco años, y Puccio, de setenta y siete —las resumo a continuación—, expresan un cierto cariño hacia esa idea, pero plantean algunas dificultades que tal vez la conviertan en imposible:

- El acuerdo firmado en 2020 para la continuidad de la marca obliga a que alguno de los luthiers clásicos asuma la dirección artística (para garantizar la *línea luthiers*), con el trabajo que eso implica. Maronna y Puccio se ven «un poco más viejos» que cuando decidieron continuar, y ya se han merecido un descanso y disfrutar de sus familias. Ambos desean quedarse al margen del ingente esfuerzo que supondría supervisar o dirigir los espectáculos, y ni mencionemos el de crearlos o montarlos.
- *Más tropiezos de Mastropiero* ha disfrutado de un recorrido extenso por diez países. Tal vez le quedasen algunos más, pero tendría una fecha de caducidad. No hay mercado para mantenerlo indefinidamente. Y es muy difícil construir un nuevo programa sin la cooperación de alguno de los integrantes tradicionales. (Los nuevos luthiers son maravillosos intérpretes y músicos, pero carecen de la experiencia creadora de sus veteranos compañeros).

- Desarrollar un siguiente espectáculo lleva un trabajo de tres años, que se va ensayando y ampliando paralelamente durante las giras, como sucedió con *Más tropiezos*. Se trata de un empeño descomunal y ahora no resultaría fácil responder.
- Les Luthiers es una miniempresa, con una plantilla de empleados de la que viven muchas personas. Sus gastos de remuneración y desplazamientos suman cifras considerables (seguros, vuelos, hoteles, dietas), y además los sueldos se abonan también en las etapas en que no se perciben ingresos (semanas de descanso o de ensayos, intervalos entre giras...). Por eso se necesita una continua actividad como la que han mantenido hasta ahora a fin de garantizar esos compromisos.
- A ello se une la difícil situación de Argentina, con una inflación desbocada y unos sindicatos que plantean exigencias difíciles de atender para un empeño como este, y que incluso ya pusieron en dificultades esta última gira.

El material que han producido Les Luthiers a lo largo de su historia da para pasar unas largas horas, que se harán cortas, ante el vídeo o el ordenador o computador o computadora (la riqueza del español o castellano, no sé si he comentado algo al respecto), para seguir riendo con ellos. Muchos de sus espectáculos se hallan en YouTube, a veces en grabaciones penosas tomadas desde el público; pero también es posible adquirir esos vídeos, supervisados por los propios artistas, que ofrecen realización de imágenes y montaje y sonido profesionales a un módico precio. (¿Hay algún módico que no sea precio?). Ya no se podrán adquirir en el vestíbulo del teatro, pero sí en los grandes almacenes de gestión sagaz o mediante venta telemática con reparto a domicilio. (Tengo una ética, no cito marcas si no me pagan por ello).

Así que nada termina, porque todo sigue ahí. Les Luthiers continúan vigentes en el éter de internet, en el disco duro de la computadora, en los archivos de televisión; inmortales también en discos, cintas, cedés (o CD, o cidís, la diversidad de nuestra lengua llega hasta estas últimas páginas). Y, sobre todo, en el poderoso recuerdo de millones de admiradores en todo el mundo hispano, en la nostalgia alegre de sus chistes y de sus canciones, que circularán durante muchos años por sobremesas y tertulias; en la eternidad de sus personajes: Mastropiero, Esther Píscore, José Duval...; y en las hojas de este libro, destinado a dejar constancia de la aventura vital y artística de aquellos jóvenes que un buen día adoptaron la paradójica decisión de tomarse sus propias bromas en serio.

Cuánta felicidad nos han dado. Cuántas risas nacidas de su ingenio y guardadas en nuestros recuerdos pueden salir todavía a nuestro encuentro.

14

Anécdotas para terminar el relato

Las horas que pasé junto a los miembros de Les Luthiers durante los últimos años me han dado para atesorar como joyas unas cuantas anécdotas. Referiré a continuación las que me parecen más divertidas, ya fueran vividas directamente por mí o bien contadas a mi oído por algunos de ellos, especialmente por Jorge Maronna, quien gusta de anotarlas cuando se topa con tales hechos divertidos (como ya se vio en la primera parte de este libro). Es una pena que se me hayan olvidado muchas otras. Junto a ellos debería haber estado siempre con una libreta abierta y anotando sus frases.

La camarera

Daniel Rabinovich y yo estamos almorzando juntos en el restaurante El Teletipo, en la calle de García de Paredes, en Madrid. Charlamos sobre el común amigo Daniel Samper Pizano, a quien ustedes ya conocen y seguramente han leído, y que recibe nuestros generosos elogios por su nobleza y buen humor. La atractiva camarera pasa con un inocente bamboleo de caderas junto a nosotros. Se hace un silencio. Admirado, le digo a Daniel:

—¡Qué buen tipo!

Y Rabinovich contesta con malicia:

—Sí, qué buen tipo... este Samper.

Los Chalchaleros

Cuando estaban ensayando con el famoso grupo folclórico argentino Los Chalchaleros para una de sus despedidas, Jorge Maronna le dice a Juan Carlos Saravia, quien cantaba a su derecha:
—¡Maestro, qué honor estar a tu lado! Porque de chico yo iba siempre a escucharlos en Bahía Blanca.
A lo que Saravia le respondió:
—¡También yo cuando era chico iba a escuchar a Les Luthiers!

Ensayos

Quien les escribe a ustedes en este momento, un servidor, publicó en 2019 su primera novela, tras haber castigado a sus lectores previamente con unos cuantos libros de ensayo sobre periodismo, lenguaje y comunicación. Cuando llegó a oídos de Marcos Mundstock que había escrito mi primera obra de ficción, me dijo por correo: «Enhorabuena por la novela. Después de ocho libros de ensayo te habrá salido bien por fin».

El idioma

Varios miembros del grupo bajan en un ascensor del hotel Presidente de Ciudad de México. Una señora que va con ellos les dice, al oírles hablar:
—¿Ustedes son italianos?
—No, señora. Argentinos.
—Ah. ¡Igual hablan bastante bien el castellano!

Extraño horario

Jorge Maronna toma nota del cartel que lee en el ascensor de ese mismo hotel mexicano: «Visite nuestro nuevo restaurante y disfrute de nuestros desayunos, comidas y cenas, en el horario de 6 de la mañana a 12 del mediodía».

310

Repetir

A principios de 2019, estuve en contacto con Marcos por correo electrónico porque Les Luthiers deseaban presentar a Joan Manuel Serrat como candidato al premio Princesa de Asturias, igual que el año anterior. Y me ofrecí a cumplir de nuevo el papel de intermediario a fin de tramitar los papeles pertinentes, igual que habíamos hecho en 2018. A eso, Marcos Mundstock respondió así a mi correo: «Me parece bien repetir la presentación: la presentación, la presentación, la presentación... etc.».

Consejo de aeropuerto

Maronna se halla haciendo tiempo en la zona libre de impuestos (*duty free*) del aeropuerto de Miami. Observa con curiosidad una botella de champán Nectar Imperial Rosé de Moët, que no conocía. Se le acerca una vendedora para ofrecerle asesoramiento. Él le pregunta si ese champán es dulce, a lo que responde la empleada: «Claro: como dice "Rosé", tiene rosas, y por eso es un poco dulce. Pero en el fondo tiene el típico sabor de las manzanas, que es con lo que se hace el champán».

Una queja en ascenso

En el hotel de Sevilla del grupo Melià donde se hospedan en 2023, la pileta o piscina (qué transparente este idioma) no se puede usar porque en el espacio donde esta se halla ha sido programado «un evento» (o acto social). Jorge Maronna se queja al director del hotel, que le escucha con aire distraído:

—Elegí este hotel por la piscina y me parece indignante que no pueda usarla porque hay un evento. La piscina es un servicio del hotel. Es como si usted me dijera que, por un evento, cierto día no funcionan los ascensores.

De repente, el director le mira por fin con atención, y visiblemente alarmado le dice:

—¿Qué? ¿Es que no funcionan lo' ascensore'?

311

No es una presión

Daniel Rabinovich me escribe animándome a asistir a una de las representaciones de Les Luthiers fuera de Madrid. «De manera que espero tu próxima comunicación, con las coordenadas de viaje. No lo tomes como una presión, es simplemente una orden».

Eso está en chino

Los integrantes de Les Luthiers siempre han mantenido un gran interés por la lengua, sus palabras, sus variedades. En su primer viaje a Lima les llamaron la atención, como a otros muchos visitantes de Perú, los carteles con la palabra «chifa» que veían en todos los restaurantes de aspecto chinesco de la ciudad. Y se preguntaban qué significaría. Alguno arriesgó con poca convicción que se trataba de una contracción de los términos *China* y *fast* (o sea, comida rápida china). Ya de vuelta en Buenos Aires, Jorge Maronna llevó al colegio a su hijo Juan, todavía un niño, y allí se topó con un hombre taiwanés y padre de un compañerito de clase. ¡Era su oportunidad! Le preguntó el significado de la palabra y este respondió balbuceando en su castellano primitivo con acento oriental:

—¿Chifa? Eeeh, chifa es… es, sí… palabra…, sí, palabra… eeeh… chifa…

Le dijo que no se complicara, que no tenía importancia. Cuando regresó a casa consultó internet: «Chifa: fusión entre la comida peruana y la comida china de los inmigrantes cantoneses. En chino cantonés, "chifa" significa "comida"».

Al día siguiente llevó de nuevo a Juan al colegio, y al entrar le llamó el padre taiwanés, quien le mostraba un papel con símbolos chinos dibujados en lápiz y, mientras los iba señalando, explicaba feliz: «Chifa es: Hombre sabio. Árbol que toca nube. Guarida del tigre. Cometa que vuela alto…».

Maronna, siempre extremadamente educado, reunió el coraje suficiente para decirle con amabilidad que había averiguado por su cuenta que en realidad «chifa» significaba «comida» en chino cantonés. El taiwanés le respondió con tono ofendido: «¡Ah, no, nosotros chino cantonés, no!». Y orgulloso: «¡Nosotros, chino mandarín!».

Le pidió disculpas y le preguntó: «¿Y cómo se dice "comida" en chino mandarín?».
—Ah, se dice muy muy distinto: ¡«chiva»!

Permisividad

El avión que lleva al grupo aterriza en Santa Cruz de la Sierra (Bolivia), donde deben actuar. La azafata abre la puerta y ellos se aprestan a salir, pero desde la manga (que algunos incultos llaman *finger*) un funcionario boliviano ordena:
—¡Tienen que bajar todos con barbijo! [mascarilla, tapabocas, cambuj, nasobuco... el castellano es hermoso].
Ante el desconcierto de los pasajeros, que no tienen esos objetos a mano, la azafata, sorprendida también, le contesta al funcionario:
—Pero cómo, ¡si ya no es necesario!
Y el funcionario responde:
—Ah, bueno, entonces pasen.

Ser conocidos

Maronna hablaba con Barenboim cuando algo le hizo ver enseguida que había metido la pata.
—Maestro, hagamos este concierto en España, tendría éxito, ¡allí somos muy conocidos!
Barenboim, un poco ofendido, le respondió:
—A mí también me conocen allí.*

Esos cuadros

El 18 de marzo de 2009, todo el grupo (incluidos los técnicos y gestores) celebra la tradicional cena de fin de gira en Madrid. Laura Glezer, esposa de Marcos Mundstock cuenta que acaba de visitar el

* Excepto el camarero (o mesero) de la nota de la página 248.

Museo Thyssen y se produce este diálogo con el propio Marcos y con Rabinovich:

LAURA GLEZER, esposa de MUNDSTOCK: Estuve esta tarde en el Museo Thyssen. Mi hija me pidió que le comprara allí unos bolígrafos muy originales que venden en la entrada. Y hemos comprado muchas otras cosas en el museo: unos paraguas, postales, llaveros...

DANIEL RABINOVICH: Sí, tienen muchos productos para vender, con el logotipo del museo. Yo estuve hace unos días y vi unos paraguas rarísimos, me gustaron mucho y compré uno.

MARCOS MUNDSTOCK: Qué cosas tan interesantes en ese museo... ¿Y no vieron unos cuadros?

DANIEL RABINOVICH: Sí, los vi. Pero ¡eran carísimos!

Apéndices

Instrumentología informal

(Listado general y descripción de los aparatos de tocar de Les Luthiers)

Los instrumentos informales han sido desde siempre un sello característico de Les Luthiers..

El grupo posee un taller equipado especialmente para el diseño, construcción y reparación de sus instrumentos. En este proceso participa uno de los integrantes del conjunto y varios artesanos de distintas profesiones contratados para cada ocasión. Esto es necesario, puesto que en la construcción de los estrambóticos instrumentos se da cita todo tipo de tecnologías.

La creación de los artilugios obedece a tres criterios:

Dentro del primer grupo o criterio se encuentran los instrumentos que parodian a otros ya conocidos. Por ejemplo, el latín o violín de lata, violín construido a partir de una lata de jamón. También se han elaborado parodias de la viola, del cello, del contrabajo, etcétera. Son también paródicos los *gom-horn*, que imitan a la trompeta y de los cuales hay tres versiones, el natural, el a pistones y el da testa. La guitarra dulce es la parodia luthierana de la guitarra española y está construida con dos latas de dulce de batata.

En el segundo grupo hay que mencionar aquellos instrumentos que nacen de un objeto cualquiera, preferiblemente cotidiano, y se transforman en un aparato musical como la mandocleta o el nomeolbídet.

Corresponden al tercer grupo los instrumentos en los que Les Luthiers han investigado y aplicado nuevas formas de producir soni-

317

dos de timbres insólitos. El yerbomatófono d'amore son calabazas de mate cortadas por la mitad, lijadas y ensambladas. Al soplar y cantar por su abertura el sonido se amplifica y distorsiona de manera muy graciosa.

INSTRUMENTOS DE CUERDA

BAJO BARRÍLTONO
Estrenado en «San Ictícola de los Peces»
1994

Fue construido por Carlos Iraldi como una parodia del contrabajo. La caja armónica es un gran barril sobre el que va adosado la tastiera con las cuerdas. Para ejecutar este instrumento, el músico debe introducirse dentro del barril y sacar los brazos por la parte superior. Posee además cinco ruedas en la parte in-ferior que permiten al ejecutante caminar mientras toca el instrumento. Su intérprete es Jorge Maronna y se lo puede ver en la obra «San Ictícola de los Peces», del espectáculo *Les Luthiers unen canto con humor.*

CELLATO
Estrenado en «Teresa y el oso»
1975

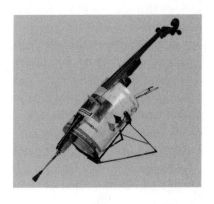

En el cuarteto de cuerdas luthierano es el instrumento que parodia al violoncello. Ha sido construido a partir de una lata de líquido limpiador. Posee cuatro cuerdas, y su afinación y posibilidades son idénticas a las del cello. Se lo ha empleado en numerosas obras del conjunto. Su intérprete más virtuoso es, sin duda, Jorge Maronna.

CELLO LEGÜERO

Estrenado en «Piazzolísimo»
1967

Uno de los primeros instrumentos informales de Les Luthiers. Construido por Gerardo Masana a partir de una vieja guitarra a la que le subió el puente y le adicionó una pata de madera, para lograr así un híbrido entre guitarra y violoncello. Fue utilizada en las primeras versiones de la «Cantata Laxatón» y su intérprete era Jorge Maronna.

Es un híbrido entre el violoncello y el bombo legüero. Posee cuatro cuerdas que pueden ser tocadas con arco, como si fuera un cello, y su parche percutido, con una baqueta, como si fuera un bombo. Se lo puede contemplar en «Lo que el sheriff se contó», y su intérprete es Jorge Maronna.

EXORCÍTARA

Se estrenó en «El día del final»
2008

CONTRACHITARRONE DA GAMBA

Estrenado en «Cantata Laxatón»
1966

El instrumento es un gran bastidor con forma de arpa cuyas «cuerdas» son once tubos de luz de neón. Ideada y construida por Hugo Domínguez, consta de una parte aguda de ocho tubos de color turquesa que se articulan por la parte media, mientras que la parte grave son tres tubos fijos de color rojo. Los ejecutantes se colocan detrás del instrumento que, por ser luminoso, no deja ver los músicos. Cuando comienza la obra, los ejecutantes enseñan las manos, enfundadas en guantes blancos, por entre los tubos y los tañen como si fueran las cuerdas de un arpa. La ma-

319

nipulación de los tubos cierra un circuito que proporciona un sonido electrónico. Ejecutan la exorcítara en simultánea López Puccio, Maronna y Núñez Cortés.

prete indiscutible es Jorge Maronna. Se la puede ver en «La balada del Séptimo Regimiento», del espectáculo *El Reír de los Cantares*, y en el tango «Ella me engaña con otro», de *Los Premios Mastropiero*.

GUITARRA DULCE
Estrenado en «La balada del Séptimo Regimiento»
1989

LATÍN O VIOLÍN DE LATA
Estrenado en «El látigo y la diligencia», «Me voy por fin...», «El alegre cazador...»
1968*

El latín, o violín de lata, es la parodia luthierana del violín de la orquesta y fue uno de los primeros instrumentos informales construidos por Gerardo Masana. El grupo posee en la

Es la parodia luthierana de la guitarra española. Fue construida por Carlos Iraldi a partir de dos latas cilíndricas que contenían dulce de batata (la patata dulce o boniato). Ambas latas fueron atravesadas con una tastiera de madera a la que se agregó un clavijero común de seis cuerdas. El instrumento, así construido, suena casi como una guitarra real y posee todas las características de esta. Su intér-

* Aunque esta es la fecha oficial de estreno del latín, conviene acotar a los historiadores minuciosos que el 2 de octubre de 1967 Daniel Rabinovich ya había pulsado el instrumento en el debut de Les Luthiers, que fue una presentación privada. Más tarde, a fines de ese año, volvió a emplearlo en *Les Luthiers cuentan la ópera*.

actualidad al menos cuatro de estos instrumentos. Para su construcción se emplean latas de jamón envasado a las que luego de vaciarlas se les agrega la tastiera y un clavijero de cuatro cuerdas. La afinación es idéntica a la del violín común y posee la misma versatilidad que este, lo que le ha valido ser incluido en la mayoría de las obras del grupo. Sus intérpretes son Carlos López Puccio y Daniel Rabinovich. Se puede ver un trío de latines en el tema «Pepper Clemens», de *Las obras de ayer.*

LATÓN
Estrenado en *Más tropiezos de Mastropiero*
2022

Fue diseñado y construido por Hugo Domínguez. Utiliza como caja acústica un antiguo recipiente de zinc, y tiene tapa de madera y cuerdas de poliuretano. Su corta longitud le permite ser portable. Produce un sonido similar al del contrabajo.

LIRA DE ASIENTO
Estrenado en «Iniciación a las artes marciales»
1987

El instrumento permite adivinar fácilmente la clase de objeto que sirvió de base para su construcción. Efectivamente, se trata de una vulgar tabla de inodoro, W.C. o excusado (sin uso previo, eso sí) a la que se le adosó un clavijero de mandolina, un puente con microafinadores y ocho cuerdas de metal que abarcan una extensión de una octava. Al carecer de tastiera, las cuerdas solo pueden ser pulsadas al aire, lo que limita su tesitura a esas ocho únicas notas. Se la ha utilizado en dos obras: «Iniciación a las artes marciales» y «Loas al cuarto de baño». Sus intérpretes son Carlos López Puccio y Jorge Maronna.

MANDOCLETA

Estrenada en «El zar y un puñado...»
1985

Construida en 1984 por Iraldi y Núñez Cortés, fue empleada en la obra «El zar y un puñado de aristócratas...» (parodia de opereta rusa), en el espectáculo *Humor dulce hogar.* El instrumento de cuerda que lleva adosado en la parte trasera es un bouzouki, especie de mandolina de origen griego. La rueda trasera lleva seis plectros que, al girar, tañen las cuerdas de la mandolina y producen un sonido tremolando. En el manubrio va montado un pequeño teclado de una octava y media. Las teclas accionan, mediante un mecanismo idéntico al freno de las bicicletas, los pequeños «dedos» mecánicos que aprietan las cuerdas de la mandolina. Durante la opereta, el ejecutante, que era Carlos Núñez, podía ir tocando y cantando mientras conducía la bicicleta.

NOMEOLBÍDET

Estrenado en «Loas al cuarto de baño»
1999

Es uno de los instrumentos que integran el cuarteto (o cuartito) de baño. Fue construido por el artesano Hugo Domínguez, quien consiguió un híbrido entre un artefacto sanitario —el bidet o bidé— y un antiguo instrumento medieval: el organistrum o *vielle à roue*. Se toca haciendo girar una manivela que pone en movimiento dos carretes unidos a una cinta sin fin. Esta cinta, que está tratada con resinas, frota dos cuerdas afinadas al unísono. Su intérprete es Jorge Maronna.

SILLA ELÉCTRICA

Estrenado en «Paz en la campiña»
2008

Es uno de los instrumentos basados en las sillas Thonet. Fue construido por el artista Pablo Reinoso, y consiste en una guitarra inscripta dentro de una silla, la cual permite al ejecutante pasar los brazos a través de ella y tañer sus cuerdas. La afinación y posibilidades son las mismas que para una guitarra común. Ejecuta la silla eléctrica Jorge Maronna.

VIOLATA
Estrenado en «Los noticiarios...» 1971

En el cuarteto de cuerdas luthierano es el instrumento que parodia a la viola. Fue construida por Masana a partir de una lata de pintura a la que agregó una tastiera y un clavijero de viola. Posee además un trípode para apoyarla en el suelo, ya que se ejecuta como una viola da gamba. El modelo actual, algo diferente, fue construido por Iraldi a partir de una lata de jamón. Su intérprete es, por lo general, López Puccio.

INSTRUMENTOS DE VIENTO

ALAMBIQUE ENCANTADOR
Estrenado en «Valdemar y el hechicero» 2005

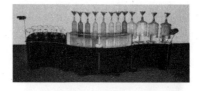

Fue creado por Hugo Domínguez para ser utilizado en la obra «Valdemar y el hechicero» del espectáculo *Los Premios Mastropiero*. El instrumento está dividido en tres secciones, y para su ejecución se necesitan tres músicos a la vez. La primera sección, la más aguda, consta de once copas de acrílico. Las copas poseen un reborde metálico, el cual, al ser frotado por los dedos del intérprete, genera una onda electrónica de timbre similar al de una copa de cristal. La segunda sección consta de ocho botellas de plástico a las que se les ha quitado el fondo y que están parcialmente sumergidas en unas cubetas de agua. Cuando las botellas son empujadas hacia abajo, el líquido que entra comprime el aire interior for-

323

zándolo a salir por el cuello del recipiente a través de unas lengüetas de acordeón. Al soltarlas, gracias a un mecanismo de válvulas y resortes, las botellas vuelven a su posición original. Por último, la tercera sección consta de cuatro grandes botellones, los cuales, por un mecanismo idéntico al de las botellas, generan las notas más graves del instrumento. El instrumento es ejecutado, simultáneamente, por López Puccio, Maronna y Núñez Cortés.

ALT-PIPE A VARA
Estrenado en «Chanson de L. L.»
1971

Fue creado por Gerardo Masana como una versión aguda del *bass-pipe* a vara utilizando, en lugar de los tubos de cartón, tubos plásticos de PVC. Es muy difícil de tocar, aunque Daniel Rabinovich lograba siempre sacarle algún sonido. En la obra orquestal «Teresa y el oso» representaba al Jabalí Alí. Intervino también en alguna de las obras de jazz instrumentales.

BASS-PIPE A VARA
Estrenado en «Cantata Laxatón»
1966

Se trata de uno de los primeros instrumentos de Les Luthiers, elaborado por Gerardo Masana a partir de tubos de cartón (de los utilizados para almacenar rollos de tela). Se compone de cuatro tubos que pueden variar su longitud deslizándose dentro de otros de mayor diámetro (como en un trombón a vara). Los tubos van montados en un pequeño carrito con ruedas, lo que permite su movilización. El instrumento, que produce sonidos sordos y graves, es bastante difícil de tocar y en un principio lo tocaba Gerardo Masana. Posteriormente el encargado de esta tarea fue Daniel Rabinovich. Se lo puede escuchar en muchas obras del conjunto, como por ejemplo en las de jazz, en «El alegre cazador», en la «Marcha de la conquista» o en «Teresa y el oso», donde representa los bajos instintos de la princesa Teresa.

BOCINETA

Estrenado en «Manuela's Blues»
1971

En las obras de jazz instrumentales Les Luthiers utilizaban siempre kazoos, por su peculiar timbre (similar al del viejo recurso del peine con el papel de seda). No obstante, por tener este instrumento poca potencia, no les permitía hacer los sonidos *jungle*, tan típicos de las orquestas negras. Un día acoplaron una bocina de gramófono al kazoo. Así nació la bocineta.

BOLARMONIO

Estrenado en «Rhapsody in Balls»
2008

Fue creado por el artesano Fernando Tortosa para presentarlo en el concurso de Instrumentos Informales celebrado durante la exposición de los cuarenta años de Les Luthiers. El instrumento ganó el primer pre-

mio y el grupo decidió incluirlo en el espectáculo *Lutherapia*, del año siguiente. Consta de dieciocho pelotas de fútbol dispuestas en forma de teclado frente al ejecutante. Las pelotas, al ser oprimidas, lanzan el aire a través de unas lengüetas de acordeón. El instrumento es muy versátil y posee diversas aptitudes sonoras, como ejecutar escalas, acordes, vibratos y trinos. Lo ejecuta en la obra Jorge Maronna.

CALEPHONE DA CASA

Estrenado en «Visita a la Universidad de Wildstone»
1977

Es uno de los instrumentos que integran el cuarteto (o cuartito) de baño. La primera versión de este instrumento, construido sobre la base de un calefón de serpentín, era muy difícil de tocar y fue utilizado solamente en la obra «Visita a la Universidad de Wildstone». Años más tarde, Hugo Domínguez perfeccionó el instrumento empleando la tubería de un trombón a pistones. El trombón fue cortado en varias partes y vuelto a soldar, de manera que pudiera entrar en el gabinete del calefón. Su intérprete era Daniel Rabinovich.

CLAMANEUS
Estrenado en «Vote a Ortega»
1989

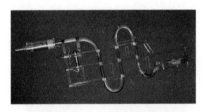

Es de la familia del glamocot, ya que posee la peculiar embocadura del cromorno, pero suena una cuarta más grave. Es uno de los tres instrumentos, junto con el glamocot y la melódica, que van conectados a la gaita de cámara que tocan Maronna, Núñez y Rabinovich en la obra «Vote a Ortega». Un poco de etimología: así como glamocot es al revés tocomal-G, o sea, «toco mal en sol», clamaneus viene a ser suenamal-C, o sea, «suena mal en do».

CORNETA DE ASIENTO
Estrenado en «La vida es hermosa»
1996

Este extraño instrumento (al que los luthiers denominan simplemente «banquitos») está constituido por un pequeño banco de madera que emite un sonoro cornetazo de índole algo escatológica cuando alguien se sienta en él. Cada «banquito» emite una sola nota, o sea, que se necesitan varios ejecutantes para tocar una simple melodía. Fueron construidos por Carlos Núñez y Héctor Isamu y se los ha empleado solamente en una obra: «La vida es hermosa», del espectáculo *Bromato de armonio*.

FERROCALÍOPE
Estrenado en «Fronteras de la ciencia»
1994

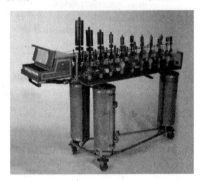

Construida por Carlos Iraldi y Carlos Merlassino en 1994, es una calíope donde los tubos de órgano han sido reemplazados por silbatos de ferrocarril accionados por vapor de agua. El vapor proviene de tres calderas donde el agua es calentada por resistencias eléctricas. Un teclado, al frente del instrumento, acciona los silbatos y al mismo tiempo enciende una lamparita de color que ilumina el chorro de vapor. El efecto visual del instrumento es tan notable como su potencia sonora. Lo interpreta Carlos Núñez cuando intenta comunicarse con los marcianos en la obra «Fronteras de la ciencia», del espectáculo *Les Luthiers unen canto con humor.*

GAITA DE CÁMARA
Estrenado en «Vote a Ortega»
1989

Este instrumento, una especie de gaita gigante, fue construido por Iraldi y Núñez Cortés a partir de la cámara

de una rueda de tractor. Tres tubos flexibles conducen el aire desde la cámara hasta los instrumentos, pasando previamente por unos reguladores de presión muy sensibles, que permiten a cada instrumento trabajar con la presión adecuada (entre treinta y sesenta milibares). Unos pequeños pedales, construidos con mecanismo similar al que usan los pistones de las trompetas, funcionan como interruptores del suministro de aire. El instrumento alimenta a tres aerófonos a la vez: el glamocot, el clamaneus y una melódica modificada, y permite a los intérpretes tocar sus instrumentos de viento y cantar simultáneamente. Fue utilizada en la obra «Vote a Ortega», del espectáculo *El Reír de los Cantares.*

GLAMACOT
Estrenado en «Teresa y el oso»
1975

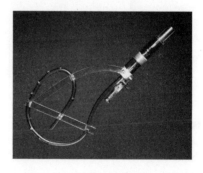

De aspecto transparente y sonido grave pero dulce, es el Oso Libidinoso en la obra sinfónica «Teresa y el oso». Lo construyó Núñez Cortés basándose en un raro instrumento medieval: el cromorno. En este instrumento el sonido es generado por una doble lengüeta de caña encapsulada en un barrilote (como en el roncón de las gaitas), lo que da como resultado un timbre notable, parecido al de un pequeño fagot. El glamocot también puede oírse en el trío instrumental que acompaña a Daniel Rabinovich cuando canta «La gallina dijo eureka» en el espectáculo *Les Luthiers hacen muchas gracias de nada*. Su intérprete es Carlos Núñez.

GLISÓFONO PNEUMÁTICO
Estrenado en «Atlantic 3,1416»
1966

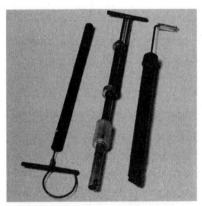

Posee el mismo principio que el tubófono, es decir, es una especie de flauta de Pan. La afinación, variable, se logra gracias a un émbolo que posee en el extremo opuesto al que se sopla. Se lo puede escuchar en «Teresa y el oso» (obra que Les Luthiers consideran su guía orquestal), donde representa a la Bruja Granuja.

GOM-HORN NATURAL
Estrenado en «El alegre cazador»
1966

Es uno de los primeros instrumentos informales creados por Les Luthiers. Es la parodia de una trompeta y está construido básicamente con una manguera de jardín y un embudo. Su intérprete era Marcos Mundstock y se lo escucha en las primeras obras del conjunto, como «El alegre cazador» y «Los noticiarios cinematográficos».

GOM-HORN A PISTONES
Estrenado en «Manuela's Blues»
1971

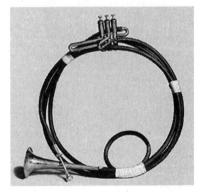

Es una versión mejorada del *gom-horn* natural. La manguera ha sido seccionada por su parte media y se le han agregado pistones de trompeta. Sus intérpretes han sido Ernesto Acher y Marcos Mundstock.

GOM-HORN DA TESTA
Estrenado en «Lilly Higgins»
1974

Esta es, posiblemente, la versión más popular del *gom-horn* y también la más sofisticada. Tiene pistones de trompeta y el extremo de la manguera va montado sobre un casco que el ejecutante lleva sobre su cabeza. Se lo puede escuchar en prácticamente todas las obras de jazz y sus intérpretes han sido Ernesto Acher y Marcos Mundstock.

MANGUELÓDICA PNEUMÁTICA
Estrenado en «Cantata Laxatón»
1966

Es una vulgar melódica a la que se le han conectado dos grandes globos de cotillón. La melódica está colocada en posición horizontal, lo que permite ejecutarla con ambas manos. Se la puede apreciar en varias de las obras del conjunto, tales como «Les nuits de Paris», de *Humor dulce hogar*, y el «Cuarteto Opus 44», de *Luthierías*.

NARGUILÓFONO
Estrenado en «Serenata medio oriental»
1983

La construcción del narguilófono obedeció a la necesidad de formar una orquesta tipo árabe para acompañar la «Serenata medio oriental». En esta escena, del espectáculo *Por humor al arte*, Daniel era un jeque que debía cantar una serenata de amor bajo el balcón de sus veinte futuras esposas. El instrumento en realidad es un injerto de flauta dulce con un narguile. Lo tocaba Carlos Núñez y tenía la particularidad de echar humo.

ÓRGANO A PISTONES
Estrenado en *Más tropiezos de Mastropiero*
2022

ÓRGANO DE CAMPAÑA
Estrenado en «Marcha de la conquista»
1981

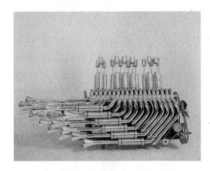

Creado por Fernando Tortosa. Posee quince pistones que se utilizan para ejecutarlo. Al presionar sobre cada pistón, el paso interno del aire provoca la vibración de una membrana; esta vibración produce un sonido que se propaga por el interior de un tubo cuya longitud determina las diferentes alturas musicales: los tubos largos producen notas graves y los cortos notas agudas. Es un instrumento expresivo, de timbre similar al del clarinete bajo, que permite realizar escalas, trinos, vibratos y graduar la intensidad de cada nota.

Fue construido por Iraldi y Núñez Cortés en 1981 para *Luthierías*. Íntegramente portátil, es un órgano de tubos montado sobre una mochila, lo que permite al ejecutante desplazarse mientras lo interpreta. El teclado, eléctrico y alimentado con baterías, acciona electroimanes que abren los conductos que comunican la «secreta» (una cámara de aire a presión constante) con los tubos del órgano. Estos tubos fueron construidos de plástico y fibra de vidrio para aligerar el peso. El aire es proporcionado por dos fuelles, sujetos bajo los zapatos del intérprete, y enviado mediante tubos anillados a un tercer fuelle-reservorio, instalado en la parte inferior de la mochila. Se lo empleó solamente en una obra, «Marcha de la conquista», y lo ejecutaba Carlos Núñez, quien estaba obligado a caminar continuamente para asegurar el suministro de aire.

TUBÓFONO SILICÓNICO CROMÁTICO
Estrenado en «Cantata Laxatón»
1966

YERBOMATÓFONO D'AMORE
Estrenado en «Cantata Laxatón»
1966

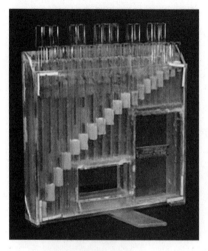

Está constituido por treinta y un tubos de ensayo (aquellos utilizados en los laboratorios químicos) dispuestos en doble hilera en un soporte de acrílico. Los tubos han sido afinados cromáticamente con cantidades crecientes de silicona, hasta lograr sonidos que abarcan una extensión de dos octavas y media. El tubófono es similar a los sikus del norte argentino o a la legendaria flauta de Pan. Se trata de un instrumento muy versátil que ha sido empleado en muchísimas obras de Les Luthiers. Se luce especialmente en «Teresa y el oso», donde representa al Pajarillo Amarillo, en el «Cuarteto Opus 44» y en todas las obras de jazz. Lo interpreta Carlos Núñez Cortés.

Es uno de los primeros instrumentos diseñados por Gerardo Masana. Está constituido por la calabaza de un mate, de ahí su nombre: yerbomatófono. Para construirlo hay que cortar la calabaza por la mitad y lijar los dos hemisferios con sumo cuidado para que las superficies coincidan. Al cantar por la abertura, el mate vibra y agrega un timbre rugoso a la melodía. Les Luthiers emplean conjuntos de yerbomatófonos en muchos de sus temas. El más característico es el de la marcha introductoria a «Los noticiarios cinematográficos».

APÉNDICES

INSTRUMENTOS DE PERCUSIÓN

ANTENOR (ROBOT MUSICAL)
Estrenado en «Trío Opus 115»
1979

Este robot se construyó para intervenir en el «Trío Opus 115» del espectáculo *Les Luthiers hacen muchas gracias de nada*. Su concepción fue muy avanzada para la época en que se construyó (1979) y planteó múltiples problemas de ingeniería mecánica. El robot en sí pesaba ochenta kilos y estaba dotado de varios motores que le permitían desplazarse por el escenario, girar la cabeza, etcétera. Su fuente de energía era una batería de corriente continua de veinticuatro voltios. Poseía trece cornetas con altavoces y una batería de tambores. La cabeza tenía boca, mejillas, ojos y cejas con los que podía expresar alegría, enfado o tristeza. Tres personas en simultánea coordi-

nación se encargaban de gobernar estas funciones desde bambalinas y por control remoto. Una controlaba el desplazamiento, otra, las expresiones faciales y una tercera, la parte musical. Aunque para el público el único que se comunicaba con Antenor y le ordenaba qué hacer era Carlos López Puccio.

CAMPANÓFONO A MARTILLO
Dos versiones del instrumento. La primera estrenada en «Educación sexual moderna», en 2008, y la segunda en la reposición de la obra en 2011.

Este instrumento, al igual que el alambique encantador, es un artefacto del cual se hicieron dos versiones. La primera fue construida por Héctor Isamu, técnico en electrónica, sobre una idea de Carlos Iraldi. Se trata de tubos metálicos que al ser

332

percutidos suenan como campanas. El instrumento posee al frente un teclado que acciona electroimanes, los que ponen en movimiento unos martillos que percuten sobre los tubos. Lo ejecutaba Jorge Maronna cuando hacía de monje consejero sexual en la obra «Educación sexual moderna» del espectáculo *Bromato de armonio* y en «El día del final» del espectáculo *Lutherapia*. La segunda versión, mucho más teatral, es obra del artesano Fernando Tortosa. También posee tubos metálicos percutidos por martillos pero, a diferencia del anterior, carece de teclado; el ejecutante permanece arrodillado frente al instrumento y acciona los martillos halando cuerdas y poleas. Este prototipo lo maneja Carlos Núñez Cortés en la versión de «Educación sexual moderna» de la antología *¡Chist!*

CASCARUDO
Estrenado en «Teresa y el oso»
1975

Pequeño instrumento de percusión con unos pocos sonidos básicos. Imitaba el andar de un cascarudo, una especie de escarabajo. Fue utilizado en la versión teatral de «Teresa y el oso», pero cuando se hizo la versión discográfica, el cascarudo fue reemplazado por la mariposa golosa. También fue el diablito que tocaba Jorge Maronna en «El sendero de Warren Sánchez».

DACTILÓFONO O MÁQUINA DE TOCAR
Estrenado en «Canciones levemente obscenas»
1967

Es uno de los primeros instrumentos del conjunto y fue construido por Gerardo Masona a partir de una vieja máquina de escribir. Posee unos delgados tubos de aluminio que cuando son percutidos por las teclas de la máquina dan un sonido similar al de un xilófono. Es un instrumento cromático con una extensión de dos octavas completas y su afinación es muy precisa, cualidades que lo han hecho intervenir en muchas de las obras del grupo.

DESAFINADUCHA
Estrenado en «Loas al cuarto de baño»
1999

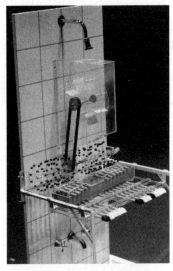

Es uno de los instrumentos que integran el cuarteto (o cuartito) de baño. Diseñado y construido por Hugo Domínguez, está inspirado en la ducha de un cuarto de baño. El chorro de agua cae sobre las aspas de un molino. Este, a través de una polea, hace girar unas ruedas con martillitos de acrílico que percuten en las placas de un metalófon. El efecto logrado es un tremolando que, mezclado con el fluir del agua, produce un sonido dulce y peculiar.

MARIMBA DE COCOS
Estrenado en «Música y costumbres de Makanoa»
1983

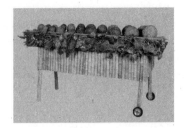

Como su nombre lo indica, es una marimba donde las placas sonoras de madera han sido reemplazadas por cocos de palmera. Los cocos fueron vaciados de su copra y calados de tal manera que suenan cuando se los percute. En total son diecinueve y están afinados cromáticamente. Fueron necesarios dos años de paciente recolección de cocos de distintos lugares del mundo hasta lograr una extensión de una octava y media. Este instrumento, construido por Iraldi y Núñez Cortés, fue concebido especialmente para ser utilizado en el número «Música y costumbres de Makanoa», del espectáculo *Por humor al arte*.

OMNI (OBJETO MUSICAL NO IDENTIFICADO)
Estrenado en «El polen ya se esparce…»
1999

> SI ES UN OBJETO MUSICAL NO IDENTIFICADO, NO LO VAMOS A IDENTIFICAR AHORA

334

Un émbolo neumático, como el inflador de una bicicleta, expulsa con violencia un tapón de corcho por el extremo del tubo. El efecto es similar al sonido producido al descorchar una botella. Les Luthiers emplean este instrumento en contadas ocasiones, y solo como efecto. Se lo puede escuchar a continuación de una subida de glisófono, en las tres primeras estrofas de «El polen ya se esparce por el aire».

cuten con una baqueta dura. Es interpretado por Núñez Cortés mientras canta y toca el piano.

PERCUSILLA
Estrenado en «Pasión bucólica»
2008

PERCUCHERO
Estrenado en «Pasión bucólica»
2008

Es otro de los instrumentos Thonet construido por el artista Pablo Reinoso. Son tres sillas unidas y dispuestas una al lado de la otra. Las sillas de los extremos poseen sendos parches de tambor, los cuales pueden ser percutidos con baquetas. Lo interpreta Jorge Maronna, mientras canta y toca el cellato en «Pasión bucólica», del espectáculo *Lutherapia*.

SHOEPHONE
Estrenado en «El asesino misterioso»
1977

Es un instrumento basado en los percheros Thonet, según diseño y construcción del artista Pablo Reinoso. El artilugio va montado en la parte superior de uno de ellos. Consta de cinco *temple blocks* (maderas ahuecadas similares a la caja china pero de forma esférica) que se per-

Un complejo mecanismo de engranajes y manivelas hace que un par de zapatos (número 42) se eleven, para luego caer sobre una base de madera. Con ese estrambótico artefacto, Les Luthiers logran imitar los misteriosos pasos en el corredor en «El asesino misterioso», del espectáculo *Mastropiero que nunca*.

TABLAS DE LAVAR
Estrenado en «Pepper Clemens…»
1983

Las tablas de lavar fueron construidas en 1983 por Ernesto Acher para la obra de jazz «Pepper Clemens». Años más tarde, cuando se decidió incluir esta obra en la antología *Las obras de ayer*, Hugo Domínguez desarrolló un modelo algo más perfeccionado. El instrumento actual consta de la típica tabla de lavar de madera, forrada de hojalata, con varios adminículos de percusión adosados: un pequeño platillo, una caja china y un cencerro, todos los cuales son percutidos con dedales de costu-

rera. El instrumento porta también una pequeña bocina afinada en tres notas distintas (una para cada tabla) a fin de producir el acorde de si bemol mayor. Son interpretadas por Maronna, López Puccio y Núñez Cortés mientras cantan el último coro del «Pepper Clemens».

TAMBURETE
Estrenado en «Pasión bucólica»
2008

Uno más de los instrumentos Thonet construido por el artista Pablo Reinoso. Consta de dos parches de bongó montados en un atractivo taburete de estilo. Se percute con dos baquetas y lo interpreta Jorge Maronna, mientras canta y toca el cellato en «Pasión bucólica», del espectáculo *Lutherapia*.

Espectáculos luthieranos

¿MÚSICA? SÍ, CLARO / 1966

Estrenado el 17 de mayo de 1966 en la sala del Centro de Artes y Ciencias de Buenos Aires.
Libro: M. Mundstock.
Música: G. Masana. Colaboración en ambos de Jorge Schussheim.
Se representó cinco veces.
Integrantes de I Musicisti: Daniel Durán, Horacio López, Guillermo Marín, Jorge Maronna, Gerardo Masana, Marcos Mundstock, Carlos Núñez Cortés, Raúl Puig, Daniel Rabinovich y Jorge Schussheim.

«PRÓLOGO»
«CANTATA MODATÓN (LAXATÓN)» (Cantata)
«ATLANTIC 3,1416» (Obertura trágica)
«SEPTENTA Y QUATRO METRUM SUNT» (Jingle místico)
«EL ALEGRE CAZADOR…» (Scherzo concertante)
«EPÍLOGO»

IMYLOH (I MUSICISTI Y LAS ÓPERAS HISTÓRICAS) / 1967

Estrenado el 8 de mayo de 1967 en el Instituto Di Tella de Buenos Aires.
Libro: M. Mundstock, Jorge Schussheim y Raúl Puig. (Adapta-

337

ción libre del texto original de Rafael Leopoldo Palomino de Guzmán y José de la Cuesta).
Música: G. Masana, C. Núñez Cortés y Jorge Schussheim (Partitura de *Il figlio del pirata* de Carlos Mangiagalli).
Se representaron cincuenta y siete funciones. Última función el 4 de septiembre de 1967.
Ese día el grupo I Musicisti se dividió y nacieron Les Luthiers.
Integrantes de I Musicisti: Daniel Durán, Horacio López, Guillermo Marín, Jorge Maronna, Gerardo Masana, Marcos Mundstock, Carlos Núñez Cortés, Raúl Puig, Daniel Rabinovich y Jorge Schussheim.
Colaboración de Ana María Osorio (como la Condesa Antonina).

AMATI Y STRADIVARIUS (Dúo de contrachitarrone y serrucho)

«EL REY ESTÁ ENOJADO» (Arietta)
«IL FIGLIO DEL PIRATA». 1.ª parte (Opereta cómica)
«EL REY ESTÁ ENOJADO». Conclusión
«TEOREMA DE THALES» (Divertimento matemático)
«IL FIGLIO DEL PIRATA». 2.ª parte
«CONFERENCIA DE SIGMUND FREUD» (Conferencia psicoanalítica)
«PIAZZOLÍSIMO» (Tango)
«IL FIGLIO DEL PIRATA». 3.ª parte
«CANCIÓN A LA CAMA DEL OLVIDO» (Canción levemente obscena)
«SI TE VEO JUNTO AL MAR» (Canción levemente obscena)
«TEOREMA DE THALES». *Reprise*
«IL FIGLIO DEL PIRATA». 4.ª parte

LES LUTHIERS CUENTAN LA ÓPERA / 1967

Estrenada el 13 de noviembre de 1967 en el Instituto Di Tella de Buenos Aires.
Libro: M. Mundstock. (Adaptación libre del texto original de Rafael Leopoldo Palomino de Guzmán y José de la Cuesta).

338

Música: G. Masana, J. Maronna (Partitura de *Il figlio del pirata* de Carlos Mangiagalli).

Les Luthiers: Jorge Maronna, Gerardo Masana, Marcos Mundstock y Daniel Rabinovich.

Colaboración de Elizabeth Henri (como la Condesa Antonina), Mario Candel (como Rafaello), Víctor Laplace (como Arquímedes) y Armando Krieger (pianista acompañante).

«IL FIGLIO DEL PIRATA» (Opereta cómica)

«CALYPSO DE ARQUÍMEDES» (Principio musical)

«CHANSON DE LES LUTHIERS» (Vaudeville)

«CHACARERA DEL ÁCIDO LISÉRGICO» (Tradicional alucinógeno)

«ZAMBA DE LA AUSENCIA» (Zamba)

«CANCIÓN A LA CAMA DEL OLVIDO» (Canción levemente obscena)

(y otros)

TODOS SOMOS MALA GENTE / 1968

Participación en el ciclo de televisión que emitía Canal 7, durante 1968.

Letra: M. Mundstock.

Música: G. Masana, J. Maronna.

Les Luthiers: Jorge Maronna, Gerardo Masana, Marcos Mundstock y Daniel Rabinovich.

Músicos e invitados: Clara de Rabinovich, Julio Raggio, Perla Caron.

«EL LÁTIGO Y LA DILIGENCIA» (Aire de danza pecuaria)

«EL ALEGRE CAZADOR...» (Scherzo concertante)

«CANCIÓN DE LA MALA GENTE»

«CHICOS, NO SE ALEJEN DEL TELEVISOR»

«ME VOY POR FIN A ANALIZAR»

«EL PATITO» (Cuento infantil)

«LA SONRISA DEL FANTASMA»

«CANTATA DE TARZÁN» (Cantata)

«CALYPSO DE ARQUÍMEDES» (Principio musical)

(y otros)

BLANCANIEVES Y LOS SIETE PECADOS CAPITALES / 1969

Estrenado el 14 de agosto de 1969 en el Instituto Di Tella de Buenos Aires.

Estuvo dos temporadas en cartel, 1969 y 1970.

Libro: M. Mundstock.

Música: J. Maronna, G. Masana y C. Núñez Cortés.

Les Luthiers: Jorge Maronna, Gerardo Masana, Marcos Mundstock, Carlos Núñez Cortés, Daniel Rabinovich.

Actores invitados: Moira Bártoli (Blancanieves), Julio López (el Guardabosque), Alicia Rosendorn (la Bruja-Madrastra).

Músicos invitados: Clara Rabinovich, Julio Raggio, Mario Neiman, Rubén Verna, Liliana Piedeferri y Coco Pérez.

LA PEREZA, LA ENVIDIA, LA SOBERBIA, LA IRA, LA AVARICIA, LA LUJURIA, LA GULA

Dentro de estos cuadros se encontraban algunas obras que posteriormente fueron utilizadas (en forma aislada) en otros espectáculos, a saber: «Berceuse», «Cantata de Tarzán», «El polen ya se esparce por el aire», «Gloria Hosanna» y «Oi Gadóñaya».

QUERIDA CONDESA / 1970

Estrenada en mayo de 1970 en el café-concierto La Cebolla de Buenos Aires.

Última función el 6 de febrero de 1971 en el Club Horizonte de Mar del Plata.

Letra: M. Mundstock.

Música: J. Maronna G. Masana y C. Núñez Cortés.

A partir de este show el formato de los espectáculos será de recital.

Les Luthiers: Carlos López Puccio, Jorge Maronna, Gerardo Masana, Marcos Mundstock, Carlos Núñez Cortés y Daniel Rabinovich.

Músicos invitados: Mario Neiman y Máximo Lamalfa.

«Té para Ramona» (Madrigal reminiscente)
«El látigo y la diligencia» (Aire de danza pecuaria)
«El polen ya se esparce...» (Canción levemente obscena)
«Desconfíe del ciclo natural» (Cantata de la planificación natural)
«Calypso de las píldoras» (Cantata de la planificación natural)
«Chacarera del ácido lisérgico» (Tradicional alucinógeno)
«Zamba de la ausencia» (Zamba)
«Candonga de los colectiveros» (Candombe-milonga)
«Berceuse» (Canción de cuna)
«Calypso de Arquímedes» (Principio musical)
«Teorema de Thales» (Divertimento matemático)
«El alegre cazador» (Scherzo concertante)

LES LUTHIERS OPUS PI / 1971

Estrenado el 9 de abril de 1971 en el Teatro Astengo de Rosario. Posteriormente se representó varias veces en La Cebolla y en el Teatro IFT de Buenos Aires.

Última función el 18 de febrero de 1972 en el café-concierto 3 y 2 de Villa Gesell (Argentina).

A partir de este espectáculo ya no se especificarán las autorías.

Les Luthiers: Ernesto Acher, Carlos López Puccio, Jorge Maronna, Gerardo Masana, Carlos Núñez Cortés y Daniel Rabinovich.

«Chanson de Les Luthiers» (Vaudeville)
«Voglio entrare per la finestra» (Aria de ópera)
«Chacarera del ácido lisérgico» (Tradicional alucinógeno)
«Romanza escocesa sin palabras» (Romanza)
«Tristezas del Manuela» (Blues)
«Pieza en forma de tango» (Tango)
«Quinteto de vientos» (Quinteto de vientos)
«Bolero de Mastropiero» (Boleró)
«Oda a la alegría gitana» (Scherzo para solaz y esparcimiento)
«Los noticiarios cinematográficos» (Oratorio)

341

RECITAL 72 / 1972

Estrenado el 29 de mayo de 1972 en el Teatro Astral de Buenos Aires.
Posteriormente se representó varias veces en La Cebolla y en el Teatro Margarita Xirgu de Buenos Aires.
Última función el 28 de febrero de 1973 en el café-concierto La Fusita, en Punta del Este (Uruguay).
Les Luthiers: Ernesto Acher, Carlos López Puccio, Jorge Maronna, Gerardo Masana, Marcos Mundstock, Carlos Núñez Cortés y Daniel Rabinovich.

«CHANSON DE LES LUTHIERS» (Vaudeville)
«VOGLIO ENTRARE PER LA FINESTRA» (Aria de ópera)
«SI NO FUERA SANTIAGUEÑO» (Chacarera de Santiago)
«YA EL SOL ASOMABA EN EL PONIENTE» (Marcha militar)
«TRISTEZAS DEL MANUELA» (Blues)
«CONCIERTO DE MPKSTROFF» (Concierto para piano y orquesta)
«LA BOSSA NOSTRA» (*Bossa nova*)
«BOLERO DE MASTROPIERO» (Boleró)

RECITAL SINFÓNICO 72 / 1972

Única función el 6 de noviembre de 1972 en el Teatro Ópera de Buenos Aires.
Con el Ensemble Musical de Buenos Aires. Es el primer recital sinfónico del grupo.
Versiones sinfónicas del «Concerto grosso alla rustica» y del «Concierto de Mpkstroff».
Les Luthiers: Ernesto Acher, Carlos López Puccio, Jorge Maronna, Gerardo Masana, Marcos Mundstock, Carlos Núñez Cortés y Daniel Rabinovich.

Ensemble Musical
«*IL SIGNOR BRUSCHINO*» (G. Rossini)
«*UNA BROMA MUSICAL*» (W. Mozart)
Les Luthiers

«*Voglio entrare per la finestra*» (Aria de ópera)
«*Ya el sol asomaba en el poniente*» (Marcha militar)
«Tristezas del Manuela» (Blues)
Les Luthiers y Ensemble Musical
«Concerto grosso alla rustica» (Concerto grosso)
«Concierto de Mpkstroff» (Concierto para piano y orquesta)

RECITAL 73 / 1973

Estrenado el 6 de abril de 1973 en el Teatro Lasalle de Buenos
Aires.
En Buenos Aires estuvo en cartel hasta octubre de ese año.
Última función el 30 de junio de 1974 en el Teatro Poliorama de
Barcelona (España).
Les Luthiers: Ernesto Acher, Carlos López Puccio, Jorge Maron-
na, Gerardo Masana, Marcos Mundstock, Carlos Núñez Cortés y
Daniel Rabinovich.

«New chanson de Les Luthiers»
«Brotan und Gretchen» (Aria aria)
«Serenata Mariachi» (Serenata mariachi)
«Les nuits de Paris» (Chanson francesa)
«Concierto de Mpkstroff» (Concierto para piano y orquesta)
«Recitado gauchesco» (Aires de manguera)
«Rock del amor y la paz» (Rock)

RECITAL 74 / 1974

Estrenado el 23 de agosto de 1974 en el Teatro Lasalle de Buenos
Aires.
Última función el 1 de junio de 1975 en el Teatro Coliseo de
Buenos Aires.
Les Luthiers: Ernesto Acher, Carlos López Puccio, Jorge Maron-
na, Marcos Mundstock, Carlos Núñez Cortés y Daniel Rabinovich.
Esta formación ya no ha de cambiar hasta agosto de 1986, con el
alejamiento de Ernesto Acher.

«SOL LA SI LA SOL LA DO DO SI» (Lied)
«MI AVENTURA POR LA INDIA» (Guarania)
«MISS LILLY HIGGINS...» (Shimmy)
«LA BOSSA NOSTRA» (*Bossa nova*)
«LA YEGUA MÍA» (Triunfo/empate)
«EL LAGO ENCANTADO» (Ballet leído)

RECITAL 75 / 1975

Estrenado el 2 de julio de 1975 en el Teatro Odeón de Buenos Aires.
Última función el 12 de junio de 1976 en el Teatro Argentino de La Plata (Argentina).
Les Luthiers: Ernesto Acher, Carlos López Puccio, Jorge Maronna, Marcos Mundstock, Carlos Núñez Cortés y Daniel Rabinovich.

«TERESA Y EL OSO» (Cuento sinfónico)
«VIENTOS GITANOS» (Aires gitanos)
«DOCTOR BOB GORDON...» (Foxtrot)
«EL EXPLICADO» (Gato didáctico)
«IL SITIO DI CASTILLA» (Fragmento de ópera)

VIEJOS FRACASOS (ANTOLOGÍA) / 1976

Estrenado el 22 de julio de 1976 en el Teatro Odeón de Buenos Aires.
Última función el 15 de mayo de 1977 en el Teatro Coliseo de Buenos Aires.
Se trata de la primera antología del grupo. Por primera vez se filma íntegramente el espectáculo.
Les Luthiers: Ernesto Acher, Carlos López Puccio, Jorge Maronna, Marcos Mundstock, Carlos Núñez Cortés y Daniel Rabinovich.

«MISS LILLY HIGGINS...» (Shimmy)
«BROTAN UND GRETCHEN» (Aria de ópera)
«SERENATA MARIACHI» (Serenata mariachi)

«EPOPEYA DE EDIPO DE TEBAS» (Cantar bastante de gesta)
«LES NUITS DE PARIS» (Chanson francesa)
«RECITADO GAUCHESCO» (Milonga campera)
«SI NO FUERA SANTIAGUEÑO» (Chacarera de Santiago)
«CONCIERTO DE MPKSTROFF» (Concierto para piano y orquesta)

MASTROPIERO QUE NUNCA / 1977

A partir de este espectáculo, los shows de Les Luthiers estarán (en Buenos Aires) dos años en cartel.

Estrenado el 9 de septiembre de 1977 en el Teatro Odeón de Buenos Aires.

Última función el 27 de febrero de 1983 en el Teatro Alcalá Palace de Madrid (España).

Les Luthiers: Ernesto Acher, Carlos López Puccio, Jorge Maronna, Marcos Mundstock, Carlos Núñez Cortés y Daniel Rabinovich.

«JINGLE BASS-PIPE» (Jingle)
«LA BELLA Y GRACIOSA MOZA» (Madrigal)
«EL ASESINO MISTERIOSO» (Música de cine publicitario)
«VISITA A LA UNIVERSIDAD DE WILDSTONE» (Música de cine documental)
«KATHY, LA REINA DEL SALOON» (Música de cine mudo)
«EL BESO DE ARIADNA» (Aria de ópera)
«SONATAS PARA LATÍN Y PIANO» (Sonatas)
«LAZY DAISY» (Hall music)
«PAYADA DE LA VACA» (Payada)
«CANTATA DEL ADELANTADO DON RODRIGO DÍAZ DE CARRERAS» (Cantata)

LES LUTHIERS HACEN MUCHAS GRACIAS DE NADA / 1979

Estrenado el 15 de junio de 1979 en el Teatro Coliseo de Buenos Aires.

Última función el 30 de noviembre de 1980 en el Teatro de la Ciudad de Ciudad de México.

Les Luthiers: Ernesto Acher, Carlos López Puccio, Jorge Maronna, Marcos Mundstock, Carlos Núñez Cortés y Daniel Rabinovich.

«LA CAMPANA SUONERÁ» (Rock lento para campana y orquesta)
«EL REY ENAMORADO» (Fragmento de drama)
«SINFONÍA INTERRUMPIDA» (Música de radioteatro)
«LA TANDA» (Música para televisión)
«CANCIÓN PARA MOVERSE» (Canción infantil en 12 movimientos)
«LA GALLINA DIJO EUREKA» (Canción infantil)
«TRÍO OPUS 115» (Trio para latín, cellato y piano)
«CARTAS DE COLOR» (Comedia musical)

LOS CLÁSICOS DE LES LUTHIERS / 1980

Este espectáculo fue ideado para ser representado en Nueva York (Estados Unidos).

Estaba constituido por una selección de obras de anteriores espectáculos, las cuales fueron traducidas al inglés.

De este espectáculo hubo una versión en castellano (con la pequeña diferencia de una obra en los programas) que fue representada en Rosario, Mar del Plata y Buenos Aires.

Estrenado (en castellano) el 15 de octubre de 1980 en el Teatro La Comedia de Rosario (Argentina).

La única función en inglés se llevó a cabo el 2 de noviembre de 1980 en la sala Avery Fisher Hall del Lincoln Center de la ciudad de Nueva York (Estados Unidos).

Última función (en castellano) el 18 de abril de 1981 en el Teatro Coliseo de Buenos Aires.

Les Luthiers: Ernesto Acher, Carlos López Puccio, Jorge Maronna, Marcos Mundstock, Carlos Núñez Cortés y Daniel Rabinovich.

Programa en castellano
«BROTAN UND GRETCHEN» (Aria aria)
«SONATAS PARA LATÍN Y PIANO» (Sonatas)
«DOCTOR BOB GORDON...» (Foxtrot)
«MI AVENTURA POR LA INDIA» (Guarania)
«KATHY, LA REINA DEL SALOON» (Música de cine mudo)

«Lazy Daisy (Hall music)
«Concierto de Mpkstroff» (Concierto para piano y orquesta)
Programa en inglés
«Death and Farewell» (in that order)
«Of The God Brotan»
«Four sonatas. Opus 17»
«Doctor Bob Gordon...» (foxtrot... or not)
«The Sue Ann Lake Ballet»
«Kathy, Queen of the Saloon»
«Lazy Daisy»
«Concerto for Piano and Sin-Phonic Orchestra»

LUTHIERÍAS / 1981

Estrenado el 21 de mayo de 1981 en el Teatro Astengo de Rosario (Argentina).
Última función el 18 de abril de 1984 en el Teatro Mella de La Habana (Cuba).
Les Luthiers: Ernesto Acher, Carlos López Puccio, Jorge Maronna, Marcos Mundstock, Carlos Núñez Cortés y Daniel Rabinovich.

«Marcha de la conquista» (Marcha forzada)
«Bolero de los celos» (Trío pecaminoso)
«Cuarteto Opus 44» (Cuarteto para quinteto)
«El poeta y el eco» (Canción... ón... ón...)
«Papa Garland...» (Rag)
«Las majas del Bergantín» (Zarzuela náutica)
«Añoralgias» (Zamba catástrofe)
«Huesito Williams» (Top ten shits)

POR HUMOR AL ARTE / 1983

Estrenado el 15 de junio de 1983 en el Teatro La Comedia de Rosario (Argentina).
Última función el 5 de mayo de 1985 en el Teatro Libertador de Córdoba (Argentina).

Les Luthiers: Ernesto Acher, Carlos López Puccio, Jorge Maronna, Marcos Mundstock, Carlos Núñez Cortés y Daniel Rabinovich.

«Cardoso en Gulevandia» (Ópera bilingüe)
«No puedo vivir atado» (Éxitos inexplicables)
«Solo necesitamos» (Canción ecológica)
«Entreteniciencia familiar» (Música de cámara de TV)
«Canción a la independencia de Feudalia» (Marcha atrás)
«Pepper Clemens...» (Ten step)
«El regreso» (Escena de película)
«Serenata medio oriental» (Música medio árabe)
«Música y costumbres de Makanoa» (Suite cocofónica)

«Cardoso en Gulevandia» se interpretó solo durante el primer
año del rodaje del espectáculo (1983), luego fue quitada del programa, siendo reemplazada por la zarzuela «Las majas del bergantín».

HUMOR DULCE HOGAR / 1985

Estrenado el 30 de mayo de 1985 en el Teatro El Círculo de Rosario (Argentina).
Última función el 21 de abril de 1987 en el Teatro San Martín de
Azul (Argentina).
Les Luthiers: Ernesto Acher, Carlos López Puccio, Jorge Maronna, Marcos Mundstock, Carlos Núñez Cortés y Daniel Rabinovich.
De este espectáculo hubo una versión para quinteto debido al
alejamiento de E. Acher. Esta versión se representó desde octubre de
1986 hasta su bajada definitiva en abril de 1987.
A partir de este espectáculo se comienza a incluir los géneros de
las obras, entre paréntesis y a continuación de estas.

«Vea esta noche» (Suite circense)
«Serenata tímida» (Canción pusilánime)
«El zar y un puñado de aristócratas...» (Fuga en Siberia)
«Una canción regia» (Canon escandaloso)
«Truthful lulu pulls thru zulus» (Blues)
«El valor de la unidad» (Carnavalito divergente)

«LES NUITS DE PARIS» (Chanson francesa)
«PASIÓN BUCÓLICA» (Vals geriátrico)
«EPOPEYA DE LOS QUINCE JINETES» (Oratorio autóctono)

En las giras internacionales de este espectáculo se reemplazó la «Epopeya de los quince jinetes» por la zarzuela «Las majas del bergantín».

RECITAL SINFÓNICO 86 / 1986

Única función el 11 de agosto de 1986 en el Teatro Colón de Buenos Aires.
Con la Orquesta Sinfónica del Teatro Colón dirigida por C. López Puccio.
Versiones sinfónicas de «Concerto grosso alla rustica», «Concierto de Mpkstroff» y «Las majas del bergantín».
Les Luthiers: Ernesto Acher, Carlos López Puccio, Jorge Maronna, Marcos Mundstock, Carlos Núñez Cortés y Daniel Rabinovich.

Les Luthiers
«TRUTHFUL LULU PULLS THRU ZULUS» (Blues)
«CUARTETO OPUS 44» (Cuarteto para quinteto)
«KATHY, LA REINA DEL SALOON» (Música de cine mudo)
«EL POETA Y EL ECO» (Canción... ón... ón...)
«RECITADO GAUCHESCO» (Aires de manguera)
«AÑORALGIAS» (Zamba catástrofe)
Les Luthiers y orquesta
«CONCERTO GROSSO ALLA RUSTICA» (Concerto grosso)
«CONCIERTO DE MPKSTROFF» (Concierto para piano y orquesta)
«LAS MAJAS DEL BERGANTÍN» (Zarzuela náutica)
Bises
«LA BELLA Y GRACIOSA MOZA» (Madrigal)
«LAZY DAISY» (Hall music)
«BOLERO DE LOS CELOS» (Trío pecaminoso)
«TEOREMA DE THALES» (Divertimento matemático)

VIEGÉSIMO ANIVERSARIO / 1987

Estrenado el 13 de mayo de 1987 en el Teatro Astengo de Rosario (Argentina).
Última función el 9 de julio de 1989 en el Teatro Tronador de Mar del Plata (Argentina).
· A partir de este espectáculo, con el alejamiento de Ernesto Acher, Les Luthiers serán un quinteto.
Les Luthiers: Carlos López Puccio, Jorge Maronna, Marcos Mundstock, Carlos Núñez Cortés y Daniel Rabinovich.

«INICIACIÓN A LAS ARTES MARCIALES» (Música ceremonial)
«ROMANCE DEL JOVEN CONDE...» (Romance onomatopéyico)
«ENCUENTRO EN EL RESTAURANTE» (Rapsodia gastronómica)
«MI BEBÉ ES UN TESORO» (Balada pueril)
«EL ACTO EN BANANIA» (Marchas oficiales)
«QUIEN CONOCIERA A MARÍA...» (Canción con mimos)
«EL SENDERO DE WARREN SÁNCHEZ» (Salmos sectarios)
«SOMOS ADOLESCENTES...» (Motete menor)

EL REÍR DE LOS CANTARES / 1989

Estrenado el 27 de julio de 1989 en el Teatro Astengo de Rosario (Argentina).
Última función el 7 de marzo de 1992 en el Teatro de la Ciudad de Ciudad de México.
Les Luthiers: Carlos López Puccio, Jorge Maronna, Marcos Mundstock, Carlos Núñez Cortés y Daniel Rabinovich.

«ROMEO Y JUAN CARLOS» (Tráiler cinematográfico)
«FLY AIRWAYS» (Aires aéreos)
«DON JUAN» DE MASTROPIERO» (Dúo de barítono y tenorio)
«VOTE A ORTEGA» (Música proselitista)
«¿QUIÉN MATÓ A TOM MCCOFFEE?» (Música en serie)
«LA HORA DE LA NOSTALGIA» (Diez minutos de recuerdos)
«AMAMI, OH BEATRICE» (Madrigal)
«LA BALADA DEL SÉPTIMO REGIMIENTO» (Canciones en el frente)

«EL POETA Y EL ECO» (Canción... ón... ón...)
«SELECCIÓN DE BAILARINES» (Comedia musical)

El madrigal «Amami, oh Beatrice» se interpretó solo durante el primer año del rodaje del espectáculo (1989), luego fue quitado del programa.

LES LUTHIERS, GRANDES HITOS (ANTOLOGÍA) / 1992

Antología de los veinticinco años del grupo.
Estrenado el 7 de mayo de 1992 en el salón del Club Independiente de Neuquén (Argentina).
Última función el 18 de enero de 1996 en el Palacio de Congresos de Salamanca (España).
Les Luthiers: Carlos López Puccio, Jorge Maronna, Marcos Mundstock, Carlos Núñez Cortés y Daniel Rabinovich.

«EL SENDERO DE WARREN SÁNCHEZ» (Salmos sectarios)
«SERENATA MEDIO ORIENTAL» (Música medio árabe)
«KATHY, LA REINA DEL SALOON» (Música de cine mudo)
«ENCUENTRO EN EL RESTAURANTE» (Rapsodia gastronómica)
«CANCIÓN PARA MOVERSE» (Canción infantil en 12 movimientos)
«ENTRETENICIENCIA FAMILIAR» (Música de cámara de TV)
«LAZY DAISY» (Hall music)
«LAS MAJAS DEL BERGANTÍN» (Zarzuela náutica)

LES LUTHIERS UNEN CANTO CON HUMOR / 1994

Estrenado el 9 de junio de 1994 en el Teatro Astengo de Rosario.
Última función el 31 de enero de 1999 en el Teatro Auditorium de Mar del Plata.
Les Luthiers: Carlos López Puccio, Jorge Maronna, Marcos Mundstock, Carlos Núñez Cortés y Daniel Rabinovich.

«EL REGRESO DEL INDIO» (Chanson indienne)
«MANUEL DARÍO» (Canciones descartables)
«ASÍ HABLABA SALI BABA» (Verdades hindudables)
«EL NEGRO QUIERE BAILAR» (Pas de merengue)
«SAN ICTÍCOLA DE LOS PECES» (Tarantela litúrgica)
«A LA PLAYA CON MARIANA» (Balada no avalada)
«PERDÓNALA» (Bolérolo)
«FRONTERAS DE LA CIENCIA» (Música del tercer tipo)

BROMATO DE ARMONIO / 1996

Estrenado el 13 de junio de 1996 en el Teatro Astengo de Rosario (Argentina).
Última función el 3 de diciembre de 2002 en el Pabellón de Deportes de León (España).
A partir de este espectáculo, los shows de Les Luthiers estarán (en Buenos Aires) tres años en cartel.
También una pieza se desarrollará a lo largo de todo el show (en este caso, «La comisión»).
Les Luthiers: Carlos López Puccio, Jorge Maronna, Marcos Mundstock, Carlos Núñez Cortés y Daniel Rabinovich.

«PARA ELISABETH» (Sonata a la carta)
«LA PRINCESA CAPRICHOSA» (Pequeña serenata para grandes instrumentos)
«LA VIDA ES HERMOSA» (Disuacidio)
«LA HIJA DE ESCIPIÓN» (Fragmento de ópera)
«LA REDENCIÓN DEL VAMPIRO» (Hematopeya)
«EDUCACIÓN SEXUAL MODERNA» (Cántico enclaustrado)
«¿QUIÉN MATÓ A TOM MCCOFFEE?» (Música en serie)
«LA COMISIÓN» (Himnovaciones)

TODO POR QUE RÍAS / 1999

Estrenado el 3 de junio de 1999 en el Teatro Astengo de Rosario (Argentina).

Última función el 8 de mayo de 2005 en el Auditorio Alfredo
Kraus de Las Palmas de Gran Canaria (España).

A semejanza de *Bromato de armonio* ahora hay dos piezas que se
desarrollan a lo largo de todo el show: «Radio Tertulia» y la serie de
serenatas a Cristina García.

Les Luthiers: Carlos López Puccio, Jorge Maronna, Marcos Mundstock, Carlos Núñez Cortés y Daniel Rabinovich.

«LO QUE EL SHERIFF SE CONTÓ» (Chistes de saloon)
«RADIO TERTULIA» (Programa radial)
«LOAS AL CUARTO DE BAÑO» (Obra sanitaria)
«SERENATA TÍMIDA» (Canción pusilánime)
«DANIEL Y EL SEÑOR» (A Dios ópera sacra)
«SERENATA ASTROLÓGICA» (Carta serenatal)
«ME ENGAÑASTE UNA VEZ MÁS» (Tanguito)
«GLORIA DE MASTROPIERO» (Tangum)
«SERENATA INTIMIDATORIA» (Último aviso)
«LOS JÓVENES DE HOY EN DÍA» (R.I.P. al rap)

DO-RE-MI-JA! (RECITAL SINFÓNICO) / 2000

Recital sinfónico de Les Luthiers con la Camerata Bariloche.
Única función el 21 de agosto de 2000 en el Teatro Colón de
Buenos Aires.

A beneficio de Collegium Musicum de Buenos Aires.

Versiones sinfónicas de «Concerto grosso alla rustica» y «La hija
de Escipión».

Les Luthiers: Carlos López Puccio, Jorge Maronna, Marcos
Mundstock, Carlos Núñez Cortés y Daniel Rabinovich.

Camerata
«DOBLE CONCIERTO EN RE MENOR» (J. S. BACH)
«DIVERTIMENTO N.° I K.136» (W. A. Mozart)
«DANZAS FOLCLÓRICAS RUMANAS» (B. Bartók)
Les Luthiers
«PARA ELISABETH» (Sonata a la carta)
«SERENATA TÍMIDA» (Canción pusilánime)

«Educación sexual moderna» (Cántico enclaustrado)
«¿Quién mató a Tom McCoffee?» (Música en serie)
Les Luthiers y Camerata Bariloche
«Concerto grosso alla rustica» (Concerto grosso)
«La hija de Escipión» (Fragmento de ópera)
Bises
«Perdónala» (Bolérolo)
«Añoralgias» (Zamba catástrofe)

EL GROSSO CONCERTO (RECITAL SINFÓNICO) / 2001

Recital sinfónico de Les Luthiers con la Camerata Bariloche.
Estrenado el 7 de diciembre de 2001 en el Teatro Argentino de
La Plata.
Última función el 15 de diciembre de 2002, en el Estadio Luna
Park de Buenos Aires.
Versiones sinfónicas de «La hija de Escipión», «Concierto de
Mpkstroff», «Las majas del bergantín» y «Concerto grosso alla rustica».
Les Luthiers: Carlos López Puccio, Jorge Maronna, Marcos
Mundstock, Carlos Núñez Cortés y Daniel Rabinovich.

Camerata Bariloche
«Gran dúo concertante» (Bottesini)
«Danzas folclóricas rumanas» (Bartók)
Les Luthiers
«Perdónala» (Bolérolo)
«A la playa con Mariana» (Balada no avalada)
«La hora de la nostalgia» (Diez minutos de recuerdos)
«Añoralgias» (Zamba catástrofe)
«Los jóvenes de hoy en día» (R.I.P. al rap)
Les Luthiers y Camerata Bariloche
«La hija de Escipión» (Fragmento de ópera)
«Concierto de Mpkstroff» (Concierto para piano y orquesta)
«Las majas del bergantín» (Zarzuela náutica)
Bises
«Concerto grosso alla rustica» (Concerto grosso)

LAS OBRAS DE AYER (EL REFRITO) / 2002

Antología de los treinta y cinco años del grupo. Estrenado el 24 de mayo de 2002 en el Teatro Astengo de Rosario.
Les Luthiers: Carlos López Puccio, Jorge Maronna, Marcos Mundstock, Carlos Núñez Cortés y Daniel Rabinovich.

«EL SENDERO DE WARREN SÁNCHEZ» (Salmos sectarios)
«LA BALADA DEL SÉPTIMO REGIMIENTO» (Canciones en el frente)
«EL EXPLICADO» (Gato didáctico)
«PEPPER CLEMENS...» (Ten step)
«QUIEN CONOCIERA A MARÍA...» (Canción con mimos)
«SAN ICTÍCOLA DE LOS PECES» (Tarantela litúrgica)
«CANCIÓN A LA INDEPENDENCIA DE FEUDALIA» (Marcha atrás)
«LA HORA DE LA NOSTALGIA» (Diez minutos de recuerdos)
«CANTATA DEL ADELANTADO DON RODRIGO...» (Cantata)

La «Canción a la independencia de Feudalia» se interpretó solo durante los dos primeros años del rodaje de este espectáculo (2002 y 2003), luego fue quitada del programa.

CON LES LUTHIERS Y SINFÓNICA (RECITAL SINFÓNICO) / 2004

Recital sinfónico de Les Luthiers con la Orquesta Filarmonía de Madrid bajo la dirección del maestro Juan José García Caffi.
Estrenado el 26 de junio de 2004 en el Teatro Coliseum de La Coruña (España).
El programa de este espectáculo está basado en «El grosso concerto», recital sinfónico estrenado en Argentina tres años antes, al cual se le agregaron algunas obras y se orquestaron otras.
Les Luthiers: Carlos López Puccio, Jorge Maronna, Marcos Mundstock, Carlos Núñez Cortés y Daniel Rabinovich.

Primera parte
«CAN CAN» del ballet «El lago encantado» (Obertura orquestal)
«LA HIJA DE ESCIPIÓN» (Fragmento de ópera)
«CONCIERTO DE MPKSTROFF» (Concierto para piano y orquesta)
«MANUEL DARÍO» (Canciones descartables)
«CONCERTO GROSSO ALLA RUSTICA» (Concerto grosso)
«LOS JÓVENES DE HOY EN DÍA» (R.I.P. al rap)
Segunda parte
«BENVENISO A GULEVANDIA» de la ópera *Cardoso en Gulevandia*
(Obertura orquestal)
«A LA PLAYA CON MARIANA» (Balada no avalada)
«SERENATA MARIACHI» (Serenata mariachi)
«LA HORA DE LA NOSTALGIA» (Diez minutos de recuerdos)
«LAS MAJAS DEL BERGANTÍN» (Zarzuela náutica)
Bises
«LA BELLA Y GRACIOSA MOZA» (Madrigal)

RECITAL FOLCLÓRICO COSQUÍN / 2005

Recital íntegramente folclórico para la 45.ª edición del Festival de la Canción Popular Argentina.

Única función el 28 de enero de 2005 en la plaza Próspero Molina de la localidad de Cosquín, provincia de Córdoba (Argentina).

Esa noche también actuaron en el mismo escenario Peteco Carabajal, Suna Rocha, Paco Garrido y otros músicos argentinos.

Les Luthiers: Carlos López Puccio, Jorge Maronna, Marcos Mundstock, Carlos Núñez Cortés y Daniel Rabinovich.

«EL EXPLICADO» (Gato didáctico)
«AÑORALGIAS» (Zamba catástrofe)
«RECITADO GAUCHESCO» (Aires de manguera)
«PAYADA DE LA VACA» (Pavada)
«EPOPEYA DE LOS QUINCE JINETES» (Oratorio autóctono)
Bises
«LA YEGUA MÍA» (Triunfo/empate)
«CANDONGA DE LOS COLECTIVEROS» (Candombe-milonga)

LOS PREMIOS MASTROPIERO / 2005

Estrenado el 29 de julio de 2005 en el Teatro Astengo de Rosario. El espectáculo consiste en una ceremonia de entrega de premios, como la de los Oscar de Estados Unidos, donde se anuncian las diferentes categorías, los nominados, los ganadores y sus discursos, las obras premiadas, etcétera.

En este espectáculo Les Luthiers contaron con la colaboración de Norma Aleandro en la voz de la princesa Ginebra.

Les Luthiers: Carlos López Puccio, Jorge Maronna, Marcos Mundstock, Carlos Núñez Cortés y Daniel Rabinovich.

«EL DESDÉN DE DESDÉMONA» (Madrigal caribeño)
«AMOR A PRIMERA VISTA» (Bossa libidinossa)
«TIENES UNA MIRADA...» (Rock de alabanza)
«LOS MILAGROS DE SAN DÁDIVO» (Cantata opus 0800-DÁDIVO)
«YA NO TE AMO, RAÚL» (Bolera)
«ELLA ME ENGAÑA CON OTRO» (Dúo de amor para varios intérpretes)
«JUANA ISABEL» (Canción con forma de merengue)
«YA NO ERES MÍA» (Ex rock)
«VALDEMAR Y EL HECHICERO» (Comedia musical infantil para adultos)

LUTHERAPIA / 2008

Estrenado el 22 de agosto de 2008 en el Teatro Astengo de Rosario (Argentina).

El espectáculo gira alrededor de una terapia psicoanalítica. El analista y el paciente son dos luthiers y de la conversación entre ambos surgen los temas que darán paso a cada uno de los números que conforman el show.

Les Luthiers: Carlos López Puccio, Jorge Maronna, Marcos Mundstock, Carlos Núñez Cortés y Daniel Rabinovich.

«EL CRUZADO, EL ARCÁNGEL Y LA HARPÍA» (Opereta medieval)
«DOLORES DE MI VIDA» (Galopa psicosomática)

«PASIÓN BUCÓLICA» (Vals geriátrico)
«PAZ EN LA CAMPIÑA» (Balada mugida y relinchada)
«LAS BODAS DEL REY PÓLIPO» (Marcha prenupcial)
«RHAPSODY IN BALLS» (Handball blues)
«EL FLAUTISTA Y LAS RATAS» (Orratorio)
«DILEMA DE AMOR» (Cumbia epistemológica)
«ARIA AGRARIA» (Tarareo conceptual)
«EL DÍA DEL FINAL» (Exorcismo sinfónico-coral)

¡CHIST! / 2011

Antología de los cuarenta y cuatro años del grupo.
Estrenado el 13 de mayo de 2011 en el Teatro Astengo de Rosario (Argentina).
Les Luthiers: Carlos López Puccio, Jorge Maronna, Marcos Mundstock, Carlos Núñez Cortés y Daniel Rabinovich.

«MANUEL DARÍO» (Canciones descartables)
«LA COMISIÓN» (Himnovaciones)
«LA BELLA Y GRACIOSA MOZA» (Madrigal)
«SOLO NECESITAMOS» (Canción ecológica)
«LA HIJA DE ESCIPIÓN» (Fragmento de ópera)
«BOLERO DE LOS CELOS» (Trío pecaminoso)
«EDUCACIÓN SEXUAL MODERNA» (Cántico enclaustrado)
«LA REDENCIÓN DEL VAMPIRO» (Hematopeya)
«ENCUENTRO EN EL RESTAURANTE» (Rapsodia gastronómica)
«LOS JÓVENES DE HOY EN DÍA» (R.I.P. al rap)

VIEJOS HAZMERREÍRES / 2014

Estrenado el 9 de mayo en el Teatro Astengo de Rosario y el 23 de mayo en el Teatro Gran Rex de Buenos Aires.
Les Luthiers: Carlos López Puccio, Jorge Maronna, Marcos Mundstock, Carlos Núñez Cortés y Daniel Rabinovich.
Reemplazantes: Horacio «Tato» Turano, Pedro Menéndez y Martín O'Connor.

«¿QUIÉN MATÓ A TOM MCCOFFEE?» (Música en serie)
«ASÍ HABLABA SALI BABA» (Verdades hindudables)
«LOAS AL CUARTO DE BAÑO» (Obra sanitaria)
«LAS MAJAS DEL BERGANTÍN» (Zarzuela náutica)
«RADIO TERTULIA»
«RECETA POSTRERA» (Vals culinario)
«AMOR A PRIMERA VISTA» (*Bossa* epistemológica)
«PEPPER CLEMENS…» (Ten-step)

GRAN RESERVA / 2017

Estrenado el 5 de mayo de 2017 en el Teatro Astengo (Rosario). Les Luthiers: Carlos López Puccio, Jorge Maronna, Martín O'Connor, Horacio «Tato» Turano, Carlos Núñez Cortés (luego Tomás Mayer-Wolf) y Marcos Mundstock (luego Roberto Antier). Reemplazantes: Santiago Otero y Pablo Rabinovich.

«ENTRETENICIENCIA FAMILIAR (Música de cámara de TV)
«LO QUE EL SHERIFF SE CONTÓ» (Chistes de saloon)
«SAN ICTÍCOLA DE LOS PECES» (Tarantela litúrgica)
«MÚSICA Y COSTUMBRES DE MAKANOA» (Suite cocofónica)
«LA HORA DE LA NOSTALGIA» (Diez minutos de recuerdos)
«QUIEN CONOCIERA A MARÍA AMARÍA A MARÍA» (Canción con mimos)
«LA BALADA DEL SÉPTIMO REGIMIENTO» (Canciones en el frente)
«RHAPSODY IN BALLS» (Handball blues)
«YA NO TE AMO, RAÚL» (Bolera)

MÁS TROPIEZOS DE MASTROPIERO / 2022-2023

Estrenado el 18 de noviembre de 2022 en el Teatro Astengo (Rosario). Textos, música y dirección: Carlos López Puccio y Jorge Maronna. Les Luthiers: Carlos López Puccio, Jorge Maronna, Martín O'Connor, Horacio «Tato» Turano, Tomás Mayer-Wolf y Roberto Antier.

Reemplazantes: Santiago Otero y Pablo Rabinovich.

«DIÁLOGOS CON MASTROPIERO» (monólogos)
«VILLANCICOS OPUS 25-12» (Villancicos navideños para Navidad)
«DAYS OF DORIS» (Andante con fuoco de metralla)
«ELLA ME ENGAÑÓ» (Bolero de protesta)
«TRISTEZA QUE ENTRISTECE» (Allegro molto, molto moderato)
«DON CICCIO» (Capriccio italiano)
«ARIA AGRARIA» (Tarareo conceptual)
«PARTITURA INVALUABLE» (Marcha semifúnebre)
«¡ARRIBA LOS CARTELES!» (De protesta)
«PASIÓN BUCÓLICA» (Vals geriátrico)
«VOTE A ORTEGA» (Música proselitista)
«LA CLASE DE MÚSICA» (Música de primera clase)
«CHACHACHÁ PARA ÓRGANO A PISTONES» (Andante con moto)
«CODA A LA ALEGRÍA» (Oda)

Discografía

SONAMOS, PESE A TODO
Septiembre de 1971

1. «Presentación»
2. «El alegre cazador que vuelve a su casa con un fuerte dolor acá» (Scherzo concertante)
3. «Conozca el interior» (Chacarera del ácido lisérgico)
4. «El polen ya se esparce por el aire» (Canción levemente obscena)
5. «Cantata de la planificación familiar»
6. «Concerto grosso alla rustica»
7. «Quinteto de vientos» (3.er movimiento)
8. «Oi Gadóñaya» (Canción rusa)
9. «Epopeya de Edipo de Tebas» (Cantar bastante de gesta)
10. «Candonga de los colectiveros» (Candombe-milonga)
11. «Teorema de Thales» (Divertimento matemático)
12. «Gloria Hosanna, That's The Question» (Nomenclátor sacro-polifónico)

CANTATA LAXATÓN
Agosto de 1972

1. «Cantata Laxatón»
   Sinfonía
   Recitativo: Laxatón soluciona

CORAL: ¡OH! QUÉ FELICES DÍAS
RECITATIVO: CONTIENE...
CORAL: NORMALIZA Y ESTIMULA
ARIA SOPRANO: ACTÚA SUAVEMENTE
CORAL: ES GRACIAS A TI
RECITATIVO: LA PRESENTACIÓN LÍQUIDA
ARIA BAJO: NO DEBE SER UTILIZADO
RECITATIVO: NO PROVOCA HÁBITO
CORAL: ANGUSTIAS Y DOLOR, ¡ADIÓS!
RECITATIVO: UNA GRAGEA
ARIA CONTRALTO: ES EFICAZ
RECITATIVO: SU ADMINISTRACIÓN
CORO FINAL: ¡OH LAXATÓN!
2. «BOLERO DE MASTROPIERO»
3. «TRISTEZAS DEL MANUELA»
4. «PIEZA EN FORMA DE TANGO»
5. «SI NO FUERA SANTIAGUEÑO»
6. «VALS DEL SEGUNDO»

LES LUTHIERS VOLUMEN III
Septiembre de 1973

1. «VOGLIO ENTRARE PER LA FINESTRA»
2. «MISS LILLY HIGGINS SINGS SHIMMY IN MISSISSIPPI'S SPRING»
3. «YA EL SOL ASOMABA EN EL PONIENTE»
4. «LA BOSSA NOSTRA»
5. «ROMANZA ESCOCESA SIN PALABRAS»
6. «SUITE DE LOS NOTICIARIOS CINEMATOGRÁFICOS»
7. «FE DE ERRATAS»

LES LUTHIERS VOLUMEN IV
Noviembre de 1976

1. «TERESA Y EL OSO» (Cuento sinfónico)
2. «MI AVENTURA POR LA INDIA» (Guarania)
3. «LA YEGUA MÍA» (Triunfo)

4. «Doctor Bob Gordon Shops Hot Dogs From Boston» (Foxtrot)
5. «Serenata Mariachi» (Serenata mariachi)

MASTROPIERO QUE NUNCA
Mayo de 1979

1. «Jingle bass-pipe» (Obertura)
2. «La bella y graciosa moza marchose a lavar la copa»
3. «El asesino misterioso»
4. «Visita a la Universidad de Wildstone»
5. «El beso de Ariadna»
6. «Poemas de Gemini»
7. «Lazy Daisy»
8. «Payada de la vaca»
9. «El explicado»
10. «Cantata del adelantado don Rodrigo Díaz de Carreras, de sus hazañas en tierras de Indias, de los singulares acontecimientos en que se vio envuelto y de cómo se desenvolvió»

LES LUTHIERS HACEN MUCHAS GRACIAS DE NADA
Octubre de 1980

1. «El rey enamorado»
2. «La tanda»
3. «Consejos para padres»
4. «La gallina dijo eureka»
5. «Cartas de color»

LES LUTHIERS VOLUMEN VII
Agosto de 1983

1. «El lago encantado»
2. «Marcha de la conquista»

3. «Papa Garland Had a Hat and a Jazz Band and a Mat and a Black Fat Cat» (Rag)
4. «Homenaje a Huesito Williams»
L' otro día caminando
Siento algo por ti
Dime si ella...
El teléfono del amor

CARDOSO EN GULEVANDIA
Octubre de 1991

1. «Iniciación a las artes marciales» (Música lejanamente oriental)
2. «Solo necesitamos» (Canción ecológica)
3. «Una canción regia» (Canon escandaloso)
4. «Añoralgias» (Zamba catástrofe)
5. «Romance del joven conde, la sirena y el pájaro cucú. Y la oveja» (Zoo-cuento infantil)
6. «Cardoso en Gulevandia» (Ópera bilingüe)

CD LIBRO SEBASTIÁN MASANA
Diciembre de 2003

1. «Il figlio del pirata. Fragmento» (Vals sobre las olas)
2. «Il figlio del pirata. Fragmento» (Llegada del peregrino)
3. «Blues de Tarzán»
4. «Valencia» (Arreglo para instrumentos informales)
5. «Té para Ramona»
6. «Teorema de Thales»
7. «Zamba de la ausencia atormentada»
8. «Chanson de Les Luthiers»
9. «Cantata Laxatón» (Selección)
10. «Voglio entrare per la finestra»

LES LUTHIERS EN VIVOS
Agosto de 2007

Volumen 1
1. «EL REGRESO DEL INDIO» (Chanson indienne)
2. «GLORIA DE MASTROPIERO» (Tangum)
3. «PERDÓNALA» (Bolérolo)
4. «SAN ICTÍCOLA DE LOS PECES» (Tarantela litúrgica)
5. «A LA PLAYA CON MARIANA» (Balada no avalada)
6. «LA HIJA DE ESCIPIÓN» (Fragmento de ópera)

Volumen 2
1. «LO QUE EL SHERIFF SE CONTÓ» (Chistes de saloon)
2. «SERENATA TÍMIDA» (Canción pusilánime)
3. «ASÍ HABLABA SALI BABA» (Verdades hindudables)
4. «BOLERO DE LOS CELOS» (Trío pecaminoso)
5. «EDUCACIÓN SEXUAL MODERNA» (Cántico enclaustrado)
6. «SERENATA MEDIO ORIENTAL» (Música medio árabe)
7. «LAS MAJAS DEL BERGANTÍN» (Zarzuela náutica)

MUCHAS GRACIAS MASTROPIERO
Agosto de 2007

Tributo de los grupos vocales argentinos a Les Luthiers
1. «TEOREMA DE THALES» (Divertimento matemático)
   Extramuros - Bs. As.
2. «OI GADÓÑAYA» (Canción de los barqueros del Vólgota)
   Grupo Vocal de Difusión - Bs. As.
3. «EPOPEYA DE EDIPO DE TEBAS» (Cantar bastante de gesta)
   Coro de la Facultad de Ingeniería de la Universidad de Bs. As.
4. «BOLERO DE MASTROPIERO» (Boleró)
   Magüey - Córdoba
5. «SI NO FUERA SANTIAGUEÑO» (Chacarera de Santiago)
   Albahaca - Bs. As.
6. «LA YEGUA MÍA» (Triunfo/empate)
   Trilce - Bs. As.

7. «EL EXPLICADO» (Gato didáctico)
   Santaires - Bs. As.
8. «LA BELLA Y GRACIOSA MOZA» (Madrigal)
   Cantábile - Bs. As.
9. «LAZY DAISY» (Hall music)
   Cabernet - Bs. As.
10. «SOMOS ADOLESCENTES, MI PEQUEÑA» (Motete menor)
    Ellos- Córdoba
11. «AÑORALGIAS» (Zamba catástrofe)
    Librevoz - La Rioja
12. «PERDÓNALA» (bolérolo)
    La Maroma - Bs. As.
13. «EDUCACIÓN SEXUAL MODERNA» (Cántico enclaustrado)
    El Viento del Oeste - Bs. As.
14. «JUANA ISABEL» (Canción con forma de merengue)
    Camaleones - Bs. As.

LES LUTHIERS MÁS VIVOS
Mayo de 2013

1. «LOS JÓVENES DE HOY EN DÍA» (R.I.P. al rap)
2. «YA NO TE AMO, RAÚL» (Bolera)
3. «DILEMA DE AMOR» (Cumbia epistemológica)
4. «JUANA ISABEL» (Canción con forma de merengue)
5. «LAS BODAS DEL REY PÓLIPO» (Marcha prenupcial)
6. «PAZ EN LA CAMPIÑA» (Balada mugida y relinchada)
7. «ARIA AGRARIA» (Tarareo conceptual)
8. «DOLORES DE MI VIDA» (Galopa psicosomática)
9. «EL FLAUTISTA Y LAS RATAS» (Orratorio)
10. «EPOPEYA DE LOS QUINCE JINETES» (Oratorio autóctono)

Videografía

MASTROPIERO QUE NUNCA
1979

1. «Jingle bass-pipe» (Obertura)
2. «La bella y graciosa moza marchose a lavar la ropa»
3. «El asesino misterioso»
4. «Visita a la Universidad de Wildstone»
5. «Kathy, la reina del saloon»
6. «El beso de Ariadna»
7. «Lazy Daisy»
8. «Sonatas para latín y piano. Opus 17»
9. «Payada de la vaca»
10. «Cantata del adelantado don Rodrigo Díaz de Carreras, de sus hazañas en tierras de Indias, de los singulares acontecimientos en que se vio envuelto y de cómo se desenvolvió»
11. «El explicado»

Espectáculo estrenado el 9 de septiembre de 1977.
Grabado en vivo en el Teatro Coliseo, Buenos Aires, 20 de mayo de 1979.
Duración del vídeo: 120 minutos.
Subtítulos: español, inglés, francés, italiano y portugués.

LES LUTHIERS HACEN MUCHAS GRACIAS DE NADA
1980

1. «LA CAMPANA SUONERÁ»
2. «EL REY ENAMORADO»
3. «SINFONÍA INTERRUMPIDA»
4. «LA TANDA»
5. «CANCIÓN PARA MOVERSE»
6. «LA GALLINA DIJO EUREKA»
7. «TRÍO OPUS 115»
8. «CARTAS DE COLOR»
9. «TANGO OPUS 11»

Espectáculo estrenado el 15 de junio de 1979.
Grabado en vivo en el Teatro Coliseo, Buenos Aires. 24 y 25 de octubre de 1980.
Duración del vídeo: 98 minutos.
Subtítulos: español, inglés, francés, italiano y portugués.

LES LUTHIERS, GRANDES HITOS
(ANTOLOGÍA)
1995

1. «EL SENDERO DE WARREN SÁNCHEZ» (Salmos sectarios, 1987)
2. «SERENATA MEDIO ORIENTAL» (Música medio árabe, 1983)
3. «KATHY, LA REINA DEL SALOON» (Música de cine mudo, 1977)
4. «ENCUENTRO EN EL RESTAURANTE» (Rapsodia gastronómica, 1987)
5. «CANCIÓN PARA MOVERSE» (Canción infantil en 12 movimientos, 1979)
6. «ENTRETENICIENCIA FAMILIAR» (Música de cámara de TV, 1983)
7. «LAZY DAISY» (Hall music, 1977)
8. «LAS MAJAS DEL BERGANTÍN» (Zarzuela náutica, 1981)
9. «LA HORA DE LA NOSTALGIA» (Diez minutos de recuerdos)

Espectáculo estrenado el 7 de mayo de 1992.
Grabado en vivo en el Teatro Coliseo, Buenos Aires. 29 de marzo de 1995.
Duración del vídeo: 110 minutos.
Subtítulos: español, inglés, francés, italiano y portugués.

BROMATO DE ARMONIO
1998

1. «PARA ELISABETH» (Sonata a la carta)
2. «LA PRINCESA CAPRICHOSA» (Pequeña serenata para grandes instrumentos)
3. «LA VIDA ES HERMOSA» (Disuacidio)
4. «LA HIJA DE ESCIPIÓN» (Fragmento de ópera)
5. «LA REDENCIÓN DEL VAMPIRO» (Hematopeya)
6. «EDUCACIÓN SEXUAL MODERNA» (Cántico enclaustrado)
7. «¿QUIÉN MATÓ A TOM MCCOFFEE?» (Música en serie)
8. «LA COMISIÓN» (Himnovaciones)
9. «PERDÓNALA» (Bolérolo)

Espectáculo estrenado el 13 de junio de 1996.
Grabado en vivo en el Teatro Coliseo, Buenos Aires, 27 de junio de 1998.
Duración del vídeo: 113 minutos.
Subtítulos: español, inglés, francés, italiano y portugués.

LES LUTHIERS UNEN CANTO CON HUMOR
1999

1. «EL REGRESO DEL INDIO» (Chanson indienne)
2. «MANUEL DARÍO» (Canciones descartables)
3. «Así HABLABA SALI BABA» (Verdades hindudables)
4. «EL NEGRO QUIERE BAILAR» (Pas de merengue)
5. «SAN ICTÍCOLA DE LOS PECES» (Tarantela litúrgica)
6. «A LA PLAYA CON MARIANA» (Balada no avalada)
7. «PERDÓNALA» (Bolérolo)
8. «FRONTERAS DE LA CIENCIA» (Música del tercer tipo)
9. «VOTE A ORTEGA» (Música proselitista)

Espectáculo estrenado el 9 de junio de 1994.
Grabado en vivo en el Teatro Auditorium, Mar del Plata, Buenos Aires, 30 de enero de 1999.
Duración del vídeo: 114 minutos.
Subtítulos: español, inglés, francés, italiano y portugués.

HUMOR DULCE HOGAR
1986

1. «VEA ESTA NOCHE» (Suite circense)
2. «SERENATA TÍMIDA» (Canción pusilánime)
3. «EL ZAR Y UN PUÑADO DE ARISTÓCRATAS RUSOS HUYEN DE LA PERSECUCIÓN DE LOS REVOLUCIONARIOS EN UN PRECARIO TRINEO, DESAFIANDO EL VIENTO, LA NIEVE Y EL ACECHO DE LOS LOBOS» (Fuga en Siberia)
4. «UNA CANCIÓN REGIA» (Canon escandaloso)
5. «TRUTHFUL LULU PULLS THRU ZULUS» (Blues)
6. «EL VALOR DE LA UNIDAD» (Carnavalito divergente)
7. «LES NUITS DE PARIS» (Chanson francesa)
8. «PASIÓN BUCÓLICA» (Vals geriátrico)
9. «LAS MAJAS DEL BERGANTÍN» (Zarzuela náutica)
10. «BOLERO DE LOS CELOS» (Trío pecaminoso)
11. «MARCHA DE LA CONQUISTA» (Marcha forzada)
12. «CUARTETO OPUS 44» (Cuarteto para quinteto)

Espectáculo estrenado el 30 de mayo de 1985.
Grabado en vivo en el Teatro Colón, Bogotá (Colombia), 12 de abril de 1986. (Los números 11 y 12 fueron grabados el 8 de noviembre de 1981).
Duración del vídeo: 109 minutos.
Subtítulos: español, inglés, francés, italiano y portugués.

VIEGÉSIMO ANIVERSARIO
1989

1. «INICIACIÓN A LAS ARTES MARCIALES» (Música ceremonial)
2. «ROMANCE DEL JOVEN CONDE, LA SIRENA Y EL PÁJARO CUCÚ. Y LA OVEJA» (Romance onomatopéyico)
3. «ENCUENTRO EN EL RESTAURANTE» (Rapsodia gastronómica)
4. «EL ACTO EN BANANA» (Marchas oficiales)
5. «EL SENDERO DE WARREN SÁNCHEZ» (Salmos sectarios)
6. «CONCIERTO DE MPKSTROFF» (Concierto para piano y orquesta)
7. «MI BEBÉ ES UN TESORO» (Balada pueril)
8. «SOMOS ADOLESCENTES, MI PEQUEÑA» (Motete menor)

9. «El poeta y el eco» (canción... ón... ón...)
10. «Homenaje a Huesito Williams» (Top ten shits)
    L'otro día caminando
    Siento algo por ti
    Dime si ella...
    El teléfono del amor

Espectáculo estrenado el 13 de mayo de 1987.
Grabaciones efectuadas en el Auditorio Palma, Palma de Mallorca (España), 30 de marzo de 1989 (números 1, 2, 3, 4, 5 y 6). Programa televisivo, Barranquilla (Colombia), 25 de noviembre de 1988 (número 7). Programa televisivo, Santiago de Chile, 22 de agosto de 1989 (número 8). Teatro Colón, Bogotá (Colombia), 8 de noviembre de 1981 (números 9 y 10).
Duración del vídeo: 113 minutos.
Subtítulos: español, inglés, francés, italiano y portugués.

TODO POR QUE RÍAS
2000

1. «Lo que el sheriff se contó» (Chistes de saloon)
2. «Radio Tertulia» (Programa radial)
3. «Loas al cuarto de baño» (Obra sanitaria)
4. «Serenata tímida» (Canción pusilánime)
5. «Daniel y el Señor» (A Dios ópera sacra)
6. «Serenata astrológica» (Carta serenatal)
7. «Me engañaste una vez más» (Tanguito)
8. «Gloria de Mastropiero» (Tangum)
9. «Serenata intimidatoria» (Último aviso)
10. «Los jóvenes de hoy en día» (R.I.P. al rap)
11. «Educación sexual moderna» (Cántico enclaustrado)

Espectáculo estrenado el 3 de junio de 1999.
Grabado en el Teatro Coliseo, Buenos Aires, 8 de julio de 2000.
Duración del vídeo: 120 minutos.
Subtítulos: español, inglés, francés, italiano y portugués.

EL GROSSO CONCERTO
2001

Camerata Bariloche
1. «GRAN DÚO CONCERTANTE» (Giovanni Bottesini)
2. «DANZAS FOLCLÓRICAS RUMANAS» (Béla Bartók)
Les Luthiers
1. «PERDÓNALA» (Bolérolo)
2. «A LA PLAYA CON MARIANA» (Balada no avalada)
3. «LA HORA DE LA NOSTALGIA» (Diez minutos de recuerdos)
4. «AÑORALGIAS» (Zamba catástrofe)
5. «LOS JÓVENES DE HOY EN DÍA» (R.I.P. al rap)

Les Luthiers y Camerata Bariloche
1. «LA HIJA DE ESCIPIÓN» (Fragmento de ópera)
2. «CONCIERTO DE MPKSTROFF» (Concierto para piano y orquesta)
3. «LAS MAJAS DEL BERGANTÍN» (Zarzuela náutica)
4. «CONCERTO GROSSO ALLA RUSTICA» (Concerto grosso)

Espectáculo estrenado el 7 de diciembre de 2001.
Grabado en vivo en el Teatro Argentino, La Plata, Buenos Aires, 8 y 9 de diciembre de 2001.
Duración del vídeo: 120 minutos.
Subtítulos: No.

VIEJOS FRACASOS
(ANTOLOGÍA)
1977

1. «MISS LILLY HIGGINS SINGS SHIMMY IN MISSISSIPPI'S SPRING» (Shimmy)
2. «MUERTE Y DESPEDIDA DEL DIOS BROTAN» (Aria aria)
3. «SERENATA MARIACHI» (Serenata mariachi)
4. «EPOPEYA DE EDIPO DE TEBAS» (Cantar bastante de gesta)
5. «LES NUITS DE PARIS» (Chanson francesa)
6. «SI NO FUERA SANTIAGUEÑO» (Chacarera de Santiago)
7. «RECITADO GAUCHESCO» (Aires de manguera)
8. «CONCIERTO DE MPKSTROFF» (Concierto para piano y orquesta)
9. «OI GADÓÑAYA» (Canción de los barqueros del Vólgota)

Espectáculo estrenado el 22 de julio de 1976.
Grabado en vivo en el Teatro Municipal, Santiago de Chile, 29 y 30 de abril de 1977.
Duración del vídeo: 83 minutos.
Blanco y negro.
Subtítulos: español.

LAS OBRAS DE AYER
(ANTOLOGÍA)
2002

1. «La balada del Séptimo Regimiento» (Canciones en el frente)
2. «El explicado» (Gato didáctico)
3. «Pepper Clemens Sent the Messenger Nevertheless the Reverend Left the Herd» (Ten step)
4. «Quien conociera a María amaría a María» (Canción con mimos)
5. «San Ictícola de los Peces» (Tarantela litúrgica)
6. «Canción a la independencia de Feudalia» (Marcha atrás)
7. «Cantata del adelantado don Rodrigo Díaz de Carreras, de sus hazañas en tierras de Indias, de los singulares acontecimientos en que se vio envuelto y de cómo se desenvolvió» (Cantata)
Bonus tracks
8. «El regreso de Carlitos» (Escena de película)
9. «Fly Airways» (Aires aéreos)
10. «Don Juan Tenorio o el Burlador de Sevilla» (Dúo de barítono y tenorio)
11. «Selección de bailarines» (Comedia musical)

Espectáculo estrenado el 24 de mayo de 2002.
Grabaciones efectuadas en el Teatro Coliseo, Buenos Aires (Argentina), 24 de agosto de 2002 (números 1, 2, 3, 4, 5, 6 y 7). Teatro Teresa Carreño, Caracas (Venezuela), 4 de noviembre de 1983 (número 8). Teatro Ollin Yoliztli, México D. F. (México), febrero de 1992 (números 9, 10 y 11).
Duración del vídeo: 105 minutos.
Subtítulos: español, inglés y francés.

LOS PREMIOS MASTROPIERO
2006

1. «Los Premios Mastropiero» (Ceremonia de entrega de premios)
2. «El desdén de Desdémona» (Madrigal caribeño)
3. «Amor a primera vista» (Bossa libidinossa)
4. «Tienes una mirada…» (Rock de alabanza)
5. «Los milagros de San Dádivo» (Cantata Opus 0800-DADIVO)
6. «Ya no te amo, Raúl» (Bolera)
7. «Ella me engaña con otro» (Dúo de amor para varios intérpretes)
8. «Juana Isabel» (Canción con forma de merengue)
9. «Ya no eres mía» (Ex rock)
10. «Valdemar y el hechicero» (Comedia musical infantil para adultos)
11. «Pepper Clemens Sent the Messenger, Nevertheless the Reverend Left the Herd» (Ten step)

Espectáculo estrenado el 29 de julio de 2005.
Grabado en vivo en el Teatro Gran Rex, Buenos Aires (Argentina), los días 2, 3 y 4 de junio de 2006.
Duración del vídeo: 100 minutos.
Subtítulos: español, inglés y francés.

AQUÍ LES LUTHIERS
RECITAL FOLCLÓRICO DE COSQUÍN
2005

1. «El explicado» (Gato didáctico)
2. «Añoralgias» (Zamba catástrofe)
3. «Recitado gauchesco» (Aires de manguera)
4. «Payada de la vaca» (Payada)
5. «Epopeya de los quince jinetes» (Oratorio autóctono)
6. «La yegua mía» (Triunfo/empate)
7. «Candonga de los colectiveros» (Candombe-milonga)
8. «El lago encantado» (Ballet leído) (Versión de Julio Bocca y el Ballet Argentino) Bonus tracks

9. «TEOREMA DE THALES» (Divertimento matemático)
10. «MÚSICA Y COSTUMBRES» de Makanoa (Suite cacofónica)

Espectáculo estrenado el 28 de enero de 2005.
Grabaciones efectuadas en la plaza Próspero Molina, Cosquín, provincia de Córdoba (Argentina), el día 28 de enero de 2005 (números 1-2-3-4-5-6-7). Teatro Ópera, Buenos Aires (Argentina), en octubre de 2005 (número 8). Teatro Gran Palace, Santiago de Chile (Chile), el día 18 de noviembre de 1978 (número 9). Teatro Teresa Carreño, Caracas (Venezuela), el día 4 de noviembre de 1983 (número 10).
Duración del vídeo: 88 minutos.
Subtítulos: español.

LUTHERAPIA
2009

1. «EL CRUZADO, EL ARCÁNGEL Y LA HARPÍA» (Opereta medieval)
2. «DOLORES DE MI VIDA» (Galopa psicosomática)
3. «PASIÓN BUCÓLICA» (Vals geriátrico)
4. «PAZ EN LA CAMPIÑA» (Balada mugida y relinchada)
5. «LAS BODAS DEL REY PÓLIPO» (Marcha prenupcial)
6. «RHAPSODY IN BALLS» (Handball blues)
7. «EL FLAUTISTA Y LAS RATAS» (Orratorio)
8. «DILEMA DE AMOR» (Cumbia epistemológica)
9. «ARIA AGRARIA» (Tarareo conceptual)
10. «EL DÍA DEL FINAL» (Exorcismo sinfónico-coral)

Espectáculo estrenado el 22 de agosto de 2008.
Grabado en vivo en el Teatro Gran Rex, Buenos Aires (Argentina), los días 29, 30 y 31 de mayo de 2009.
Duración del vídeo: 97 minutos.
Subtítulos: español, inglés y francés.

¡CHIST!
(ANTOLOGÍA)
2013

1. «Manuel Darío» (Canciones descartables)
2. «La comisión» (Himnovaciones)
3. «La bella y graciosa moza marchose a lavar la ropa» (Madrigal)
4. «Solo necesitamos» (Canción ecológica)
5. «La hija de Escipión» (Fragmento de ópera)
6. «Bolero de los celos» (Trío pecaminoso)
7. «Educación sexual moderna» (Cántico enclaustrado)
8. «La redención del vampiro» (Hematopeya)
9. «Encuentro en el restaurante» (Rapsodia gastronómica)
10. «Los jóvenes de hoy en día» (R.I.P. al rap)
11. «Rhapsody in Balls» (Handball blues)

Espectáculo estrenado el 13 de mayo de 2011.

Grabado en vivo en el Teatro Gran Rex, Buenos Aires (Argentina), los días 15 y 16 de junio de 2013.

Duración del vídeo: 110 minutos.

Subtítulos: español, inglés y francés.

Elogios de la crítica

He aquí algunos de los comentarios difundidos por periodistas y críticos profesionales sobre el último espectáculo de Les Luthiers, *Más tropiezos de Mastropiero*:

«En pie»

Diego Rojas, portal *Infobae*, 14 de enero de 2023. «El *show* muestra que el paso del tiempo no incide en un ápice en la originalidad, inteligencia e ingenio del humor de Les Luthiers [...] El *show* terminaba y el público se ponía de pie para aplaudir a rabiar, mientras algunos gritaron: «¡Los amo!» o «¡Gracias por tanto!».

«Gloriosa despedida»

Juan Garff. *La Nación*, de Buenos Aires, 13 de enero de 2023. «*Más tropiezos de Mastropiero* es una gloriosa despedida de los maestros del juego musical». «Les Luthiers guarda la coherencia que sostuvo a lo largo de 55 años». «Les Luthiers son maestros del juego musical».

«Permanece»

Eduardo Barone. Diario *Clarín*, Buenos Aires, 6 de enero de 2023. «Sin ánimos de quitarle sorpresa al estreno, este periodista asistió a los *shows* de Rosario y puede atestiguar que el gran humor que siempre ha sido sello del grupo permanece allí, entero. El trabajo de los *cuatro nuevos* puede sorprender incluso a los más fanáticos de la formación clásica […] Sería un grosero error, entonces, ir a este *show* esperando más de lo mismo».

«Sutileza»

Pedro Squillaci, diario *La Capital*, Rosario, 21 de noviembre de 2022. «[…] Siempre tuvieron un común denominador basado en la sutileza del lenguaje, el malentendido originado en el juego de palabras y, desde ya, el talento musical y la creación disparatada de instrumentos informales. Hay que agradecer y aplaudir la primera obra nueva en catorce años, craneada por dos históricos como Jorge Maronna y Carlos López Puccio».

«Vigencia viva»

Lupe Torres, *La Nación*, Buenos Aires, 26 de noviembre de 2022. «Gloriosa despedida». «Les Luthiers estrenó un nuevo espectáculo, luego de años, y fue ovacionado». «Tras 55 años de historia, cambios de integrantes, portazos y alegrías, la vigencia de Les Luthiers sigue viva como la primera vez y, a esta altura, su éxito es de todo menos fugaz». «Sus integrantes fueron cambiando, pero su sello trascendió a las personas».

«Rotundo *sí*»

Viviana Aubele, portal *martínwullich.com*, 25 de marzo de 2023. «A las preguntas de si realmente valdría la pena que Carlos López Puccio y Jorge Maronna siguieran haciendo funcionar la banda con elenco renovado…, al interrogante de si valdría la pena pagar una entrada para *Más tropiezos de Mastropiero*: la respuesta es un rotundo sí. Vale toda la pena del mundo. Dos horas que uno desearía que fueran cuatro».

«Duelo a risotadas»

Carlos Solano, *El Tiempo*, de Bogotá, 8 de mayo de 2023. «Para los fanáticos, los que recordamos el Les Luthiers de Marcos Mundstock (2020), de Daniel Rabinovich (quien murió en 2015), este concierto homenaje fue un confuso viaje entre carcajadas bañadas en lágrimas, ante la sensación de que, ahora sí, es la última vez para ver al grupo que definió la comedia inteligente latinoamericana, receptor del premio Princesa de Asturias. Un duelo a risotadas».

«Loas»

Brigitte Baptiste, *La República*, de Bogotá, 6 de mayo de 2023. «La dupla Mastropiero/Luthiers ha construido una constelación de innovaciones tecnológicas inexplicablemente sin patente o estudio de impacto ambiental, llena de errores afortunados, que como los del ADN han hecho evolucionar la vida de manera maravillosa. Loas a todos, todas y todes Les Luthiers».

«Como siempre»

Cecilia Della Croce, portal *ociopatas.com*, 12 de febrero de 2023. «Con *Más tropiezos de Mastropiero*, Les Luthiers, tan geniales como siempre y más inolvidables que nunca, le ponen un broche de oro a una carrera brillante de 55 años».

«Fábrica de carcajadas»

Fernando Rodríguez Murube, *Abc* de Sevilla (España), 28 de junio de 2023. «Fueron una fábrica de carcajadas a pleno rendimiento durante toda la velada». «Los teatros más importantes de medio mundo derraman lágrimas estos días por culpa de Les Luthiers. Si durante más 55 años esas gotitas han asomado por sus mejillas de pura e irrefrenable risa, ahora lo hacen de lamento solo de pensar que a partir del año próximo estos artistas que personifican la quintaesencia del humor hispanohablante podrán disfrutarse solo en las redes, los discos o YouTube, pero no en persona y sobre el escenario».

«Rendido por completo»

Gonzalo Gragera, *Diario de Sevilla*, 28 de junio de 2023. «Una noche en la que predominó el humor de Les Luthiers, caracterizado por los dobles sentidos, por los juegos de palabras, por un inteligente manejo del lenguaje que levanta, irremediablemente, la carcajada. Todo se resumió en un extraordinario desfile de ironía, parodias y sutil crítica social… El público estaba sentado pero a su vez en pie. Ya rendido por completo a Les Luthiers».

«Espectáculo soberbio»

Eugenio Cabezas, diario *Sur*, de Málaga, 1 de julio de 2023. «El mítico grupo argentino ofreció un espectáculo soberbio». «Hubo quien al término de las casi dos horas que duró el espectáculo teatro-musical aún tenía ganas de más. Pero no sería porque no se rio. Los argentinos no defraudan y nunca dejan de sorprender».

«Lección de profesionalismo»

Gonzalo Ponce, *Uno*, Mendoza (Argentina), 24 de agosto de 2023. «El *elenco 2019* de Les Luthiers dio una lección de profesionalismo». «Sobre el escenario fueron pura calidad, prolijidad y alegría que transmitieron con total éxito a la audiencia». «El resultado fue una andanada de *gags* verbales y juegos de palabras sorprendentes, absurdos, inteligentes, clásicos y con el inconfundible estilo del grupo, que provocó carcajadas y aplausos casi en *loop* a lo largo de dos horas».

«No decae»

Valentina Buttini, *MDZ*, Mendoza (Argentina), 24 de agosto de 2023. «A pesar del tiempo, Les Luthiers no decae. Es que, con *Más Tropiezos de Mastropiero* el único que cae en las risas y los aplausos es el público que los sigue con profunda admiración».

«El espíritu clásico»

Emilia Palazzo, *Los Andes*, Mendoza (Argentina), 26 de agosto de 2023. «La magia está en el aire». «Un *show* limpio, impecable, ordenado en el que los nuevos textos de López Puccio y Maronna cobijan el espíritu de los grandes clásicos de Les Luthiers».

«Su sello»

Diego Tabachnik, *La Voz*, Córdoba (Argentina), 12 de septiembre de 2023. «Les Luthiers deja los escenarios con su sello de genialidad intacto». «Esta despedida ratifica que mantienen la chispa y la agudeza». «Este es el *Les Luthiers elenco 2019*, con integrantes que se han acoplado de maravillas a la formación, respetando el código y los roles, pero sin caer en la copia de quienes ya no están (en especial, Marcos Mundstock y Daniel Rabinovich)». «Les Luthiers se meten con todo sin miedo a la corrección política». «Son demasiado buenos, vigentes y divertidos como para que esta sea la última vez». «Su último acto de grandeza es quizá precisamente este: retirarse con un éxito. Muchas gracias, por siempre».

«Está a la altura»

Mirta Isabel Lazzaroni, *La Gaceta*, Tucumán (Argentina), 11 de agosto de 2023. «El show con el que Les Luthiers dicen adiós a su público, hecho para la ocasión, está a la altura de los grandes espectáculos a los que estos humoristas nos acostumbraron a lo largo de seis décadas». «En los diálogos y canciones que se despliegan en la puesta se puede percibir la identidad intacta de Les Luthiers».

«Enorme admiración»

Mario Córdova, *Las Últimas Noticias* (Chile), 7 de octubre de 2023. «Les Luthiers dejaron claro que tanto cambio en sus integrantes no ha mermado su ingenio creativo... Este columnista que ha seguido de cerca la larga vida artística de Les Luthiers no puede sino manifestar su enorme admiración ante su capacidad ilimitada de hacer humor musical del mejor nivel».

«Excelencia intacta»

Jorge Machado Obaldía, *CoolTivarte* (Uruguay), 10 de octubre de 2023. «Les *otros* Luthiers». «Aquí debería leerse el siguiente intertítulo: "Consejo para ver estos últimos *shows* de Les Luthiers: olvídese de todo lo anterior". «La excelencia, sin embargo, está intacta, como desde el inicio». «Un *grand finale* que termina con el auditorio aplaudiendo de pie».

«Estuvo por arriba»

Pablo Mendelevich, en el programa *Esta mañana*, que se emite de lunes a viernes de 08.00 a 10.00 por AM 1110, de la Ciudad de Buenos Aires, 4 de febrero de 2023. «Y para los que estarán preguntándose si anoche en el estreno Les Luthiers estuvo al nivel de Les Luthiers, yo diría que no: estuvo por arriba. Es el Les Luthiers profundo, el originario, aquel que se mofa de la cultura y satiriza la música clásica desde un lugar de mucha inteligencia. Fabuloso. Y la nueva formación es excelente. Tenés que despojarte en la cabeza... Hay un giro de tipo narrativo que es espectacular».

«Son arriesgados»

Ana Mónica Rodríguez, *La Jornada*, de México, 28 de abril de 2023. «Los temas de actualidad, reflejo de la sociedad contemporánea se entretejieron con la potencia musical y creatividad de los integrantes *históricos* del grupo: Carlos López Puccio y Jorge Maronna, quienes hicieron una elegante y sutil crítica del mundo en que vivimos. "Son arriesgados", sostuvo uno de los asistentes, que reía sin dejar de mirar el espectáculo. "Cada peso que pagué valió la pena", aseguró otro».

«Triunfal adiós»

Ricardo Arriagada Gómez, revista *Zumbido*, septiembre de 2023, Chile. «*Más Tropiezos de Mastropiero* es un cierre definitivo que, sin ganas de caer en la melancolía, deja una sonrisa permanente tal como Les Luthiers lo ha hecho por décadas. Un triunfal adiós que rinde tributos a los que no están, manteniendo ese espíritu para la sangre nueva que conservan hasta el momento en que todo termine».

«Despedida bien arriba»

Gabriel Imparato, *Noticias1440.com*, Argentina, 21 de enero de 2023. «Plantear una despedida bien arriba es la mejor manera que este logrado proyecto merece después de 55 años». «Horacio "Tato" Turano muestra su sapiencia en la interpretación de diferentes instrumentos, mientras Tomas Mayer Wolf hace gala de un histrionismo impactante para sus roles en el proscenio, sin olvidar su talento al piano en el duelo colegiado del final. Martín O'Connor baila con la parte más difícil del espectáculo, teniendo sobre sus hombros un papel que siempre sobresalió con Daniel Rabinovich; pero apostando a su seguridad escénica y algún recurso de repentización, lleva a buen puerto y con mucha destreza una titánica tarea de sincronizar el humor con la música. Exponiendo a cada instante su crecimiento y consolidación profesional, Roberto Antier luce fantástico en su rol de moderador y maestro de ceremonias, pero cuando toca el piano desnuda toda su magia para encarar cautivantes momentos musicales». «Les Luthiers, a través de sus integrantes con mayor antigüedad, ha planteado ahora la despedida de un inmaculado símbolo del humor inteligente».

Bibliografía sobre Les Luthiers

Caro Lopera, Miguel Ángel, y Carlos Alberto Castrillón, *Burlemas e infortunios en la ironía de Les Luthiers*, Pereira, Colombia, Universidad Tecnológica de Pereira, 2011.

Guerrero, Juliana, *Johann Sebastian Mastropiero: su incursión en el tango según Les Luthiers*, en Buch, Esteban (compilador), *Tangos Cultos*, Buenos Aires, Gourmet Musical, 2012.
—, *Música y humor en la obra de Les Luthiers*, Ediciones UNL (Santa Fe) - Editorial Universitaria de Buenos Aires, 2020.

Horovitz, Gerardo, *Les Luthiers: Las fotos de Gerardo Horovitz*, Buenos Aires, Lino Patalano, 2013.

Maronna, Jorge, y Daniel Samper Pizano, *La vida privada de Les Luthiers*, Barcelona, Península, 2016. Y también Buenos Aires, Planeta, 2017.

Masana, Sebastián, *Gerardo Masana y la fundación de Les Luthiers*, Barcelona, Belacqua, 2004.

Mendelevich, Pablo, *Neneco: Daniel Rabinovich más allá de Les Luthiers*, Buenos Aires, Planeta, 2017.

Núñez Cortés, Carlos, *Memorias de un Luthier*, Buenos Aires, Planeta, 2017).
—, *Los juegos de Mastropiero*, Buenos Aires, Emecé Editores, 2007.

Perandones, Miriam, y José Errasti (editores), *La inapreciable contribución de Johann Sebastian Mastropiero a la historia de la música*, Universidad de Oviedo, 2017.

Samper Pizano, Daniel, *Les Luthiers, de la L a la S*, Barcelona, Ediciones B, 2007. Y también Buenos Aires, La Flor, 2014.

Suárez, Bernardo, *Discurso humorístico. Una mirada desde la polifonía enunciativa a los textos de Les Luthiers*, Editorial Universitaria de Buenos Aires, 2013.

Índice alfabético

abril, Editorial, 30
Acher, Ernesto, 41, 60-61, 63, 75, 82, 209, 272
Acosta, Clotilde, 38
Aisenberg, Chiche, 51, 60, 75
Aleandro, Norma, actriz, 52, 139
Alfonsín, Raúl, presidente argentino, 144, 243
Allen, Woody, 68, 93, 105, 152
Almada, Enrique, 201
Álvarez, Julián, futbolista, 199
Álvarez Masteche, Enrique, 229, 230-231
Amanpour, Christiane, periodista, 240
Antenor, robot musical, 116-117, 121, 132, 170, 178, *332*
Antier, Roberto, 13, 193, 195, 197, 205, 208, 212, 217, 237, 249, 256, 263, 275, 281, 289, 293, 297, 306
   biografía de, 199-200
   cuestionario de, 200-202
Antier, Violeta, actriz, madre de Roberto, 199
Antón Marín, Pablo, periodista, 232
Argerich, Martha, pianista, 201, 211, 245, 246, 247, 290
Aridjis, Homero, 67
Aristarain, Adolfo: *Roma*, 140
Armstrong, Louis, 152
Avelluto, Pablo, 254
Avogadro, Enrique, 216

Ayala, Francisco, escritor y académico, 220
Ayala, Francisco José, biólogo, 240

Bach, Johann Sebastian, 68, 114, 124, 152, 186, 195, 204
   Pasión según San Mateo, 126, 222
Ball, Lucille, 201
Ballet Argentino, 133
Banda Elástica, La, grupo, 61
Barberis, José Luis, asistente, 35, 36
Barbieri, Alberto Edgardo, rector, 208
Barenboim, Daniel, 243, 245, 246
   y n., 247, 290, 313
Baron, Martin, 240
Barragán, Marcelo, 218
Bean, Mr. (Rowan Atkinson), 152, 195, 198, 201, 204
Beatles, The, 68, 105, 152, 195
Beauvoir, Simone de, 136
Beethoven, Ludwig van, 68152
Béla Bartók, 153
Belén, Ana, 221, 225
Bemoles, Los, grupo, 26
Berg, Alban, 68
Bergoglio, Jorge Mario, 169
Bermúdez, Alejandra, 287
Bernstein, Leonard, 201
Betancur, Belisario, presidente colombiano, 133
Billiken, revista, 91
Biondi, Pepe, 195, 201

Biondo, Rodolfo, 286
Bizet, Georges, 93
Bocca, Julio, bailarín, 52, 133, 188
Bores, Tato, 198
Brahms, Johannes, 93, 105
Brassens, Georges, 68
Brel, Jacques, 68
Brooks, Mel, 68, 201, 204
Brotsky, Mario, pediatra, 126
Bunge, Mario, 243
Burnett, Carol, 201

Cabral, Facundo, cantautor, 188
Calvo, Carmen, vicepresidenta
    española, 221, 224
Camerata Bariloche, 129, 130
Campanella, José, director de cine,
    264
Carell, Steve, 204
Cassano, Eleonora, 133
Cassirer, Ernst, 230
Castro, Félix Fernando de, 229
Castro, Nelson, periodista, 207
Caturla, José, 49, 242
Cea, J. C., periodista, 233
Cebolla, café-concierto La, 34, 35, 51,
    60
Centro Cultural Recoleta (CCR), de
    Buenos Aires, 169-170, 178
Centro de Amigos de Les Luthiers,
    157
Chaikovski, Piotr I., 93, 201
Chalchaleros, Los, grupo folclórico,
    310
Chaplin, Charles, Charlot, 105,
    153-154, 195
Chapman, Graham, 247
Chevalier, Maurice, 153
Chico Buarque, 68, 93, 105, 152
Chopin, Frédéric, 195, 201
Chuminsky, Mario Abraham, 84
Clarín, diario, 38, 155
Coll, José Luis, 151, 242
Coltrane, John, 195
Confirmado, El, revista, 126
    «Delirios: breve historia de
    un laxante musical», 28

Congreso Internacional de la Lengua
    Española (2019), en Córdoba
    (Argentina), 253-255
    ponencia de Marcos Mundstock,
    257-263
Coro de la Fundación Princesa
    de Asturias, 234-235
Cortázar, Julio, 148
Cosquín, Festival de, 53
Costa, Gal, 178
Coyuyos, Los, conjunto de música
    folclórica, 67
Cuzzani, Agustín: El centroforward
    murió al amanecer, 83
    Los indios estaban cabreros, 83

Debussy, Claude, 68, 204
Di Tella, Torcuato, 215
Diz, Ernesto, diseñador de
    iluminación, 96, 131, 156
Domínguez, Hugo, luthier, 96,
    108-109, 111, 114, 291-292, 319
Donizetti, Gaetano, 93
Durán, Daniel, 24
Duval, José, 97

Edwards, Jorge, 220
Efe, Agencia, 241
Errasti, José, 229
Estebarena, Carolina, 216
Estefan, Gloria, 53
Estrella, Eduardo, 287
Estrella, Rafael, 242
Expo Les Luthiers, 169-171

Fatiga, perra de Mundstock, 147
Fauré, Gabriel, 68
Feliciano, José, 178
Felipe de Borbón, rey, 241, 244, 257
Feliz domingo, programa de televisión,
    199
Feria Internacional del Libro de
    Guadalajara, 240
Fernández, Cristina, 207
Fernández, Daniela, coreógrafa, 132
Fernández, Pepa: programa No es un
    día cualquiera, 191

Fernández de la Vega, María Teresa, vicepresidenta, 175
Ferrando, Esther, asesora de coreografía, 96, 105, 132
Festival de Coros Universitarios, 27
Fontán, Maximiliano, 218, 286
Fontanarrosa, Roberto, colaborador creativo, 14, 16, 18, 56-57, 68, 76, 79-80, 84, 85, 96, 105, 121, 140, 170, 195, 234, 254, 266, 272
Fosse, Bob, 285
Franck, César, compositor, 105, 152
Friends, serie, 201
Fryszberg, Alan, 286
Fundación Di Tella, 215

García Lorca, Federico: *Yerma,* 67
García Márquez, Guillermo, 153, 220
García Montero, Luis, director del Cervantes, 221, 223-224
García Villalibre, Alejandro, 229-230, 231
Gardel, Carlos, 195
Garner, Erroll, 201
Gasalla, Antonio, 201
Gaudeamus igitur, himno universitario, 212, 231
Gemini, Torcuato, 142-143
Gershwin, George, 201
Gil, Manolo, 287
Gila, Miguel, 152, 198, 242
Girondo, Oliverio, 67
Glezer, Laura, esposa de Mundstock, 313-314
Goldenberg, Jorge, 140
González, Felipe, 133
González, Kevin, 286
Gràcia, Joan, 225-226
Granados, Enric, 195
Grijelmo García, Álex, 14, 242
biografía, 190
en el homenaje en Gijón, 232, 233
Defensa apasionada del español, 192
La seducción de las palabras, 192
Guevara, Nacha, 37-38
Guthrie, Woody, 190

Haendel, Georg Friedrich: *Aleluya,* 212
Halevy, Abraham K., 149-150
Harrison, George, 272
Hartich, Lalo, 196
Henri, Elizabeth, 30
Heras, Leo, 218
Hill, Benny, 195
Hoffnung, Gerard, 26
Horovitz, Daniela, 178
Horovitz, Gerardo, fotógrafo, «Zoilo», 96, 178-179, 223

I Musicisti, grupo antecesor de Les Luthiers, 29, 31, 33, 34, 52, 208
separación de, 24-25, 128
«Teorema de Thales», 128
I Musicisti ataca de nuevo, 25
I Musicisti otra vez con lo mismo, 32
I Musicisti y las óperas históricas (IMYLOH), 23, 24, 25, 29, 127, 222, 337-338
Modatón, 27, 28, 124
¿Música? Sí, claro, 29, 123, 124, 127, 337
Piccola canta Finch, 29
Iglesias, Julio, 53, 104
Imrenhazy, Lajos, compositor, 142
Instituto Cervantes de Madrid, 219-221
Instituto Di Tella, en Buenos Aires, 23, 25, 30, 34, 128, 129, 132, 157, 215-217
Iraldi, Carlos, *luthier* de Les Luthiers, 28-29, 30, 46, 107, 111-113, 114, 116, 318, 320
muerte de, 108

Jardiel Poncela, Enrique, 68, 105
Jobim, Tom, 105, 201
Joyce, James, 108
Juan Carlos I, rey, 176
Juana y sus hermanas, serie de televisión, 141
Jusid, Juan José: *Espérame mucho,* 141

Kafka, Franz, 94

Katz, Julio, 26
Key, Dany, 198
Kirchner, Néstor, 207
Klein, Susana, actriz, 294
Kröpfl, Francisco, 66

Lacroix, María Isabel, 32
Lampada (Lampinho), Dorival, 39
Landriscina, Luis, 93, 195
Laurel y Hardy, 105
Lebón, David, rockero, 250
Leibovitz, Annie, fotógrafa, 241
León, Rosa, cantante, 224
León-Portilla, Miguel, filósofo, 240
Leoncavallo, Ruggero: «Mattinata», 30
Les Frères Jacques, 136
Les Quatre Barbus, 136
Letizia, reina, 244
Lewis, Jerry, 198, 201
Lledó, Emilio, filósofo, 240
López, Horacio, 24, 28
López Portillo, José, presidente mexicano, 133
López Puccio, Carlos Alberto, 13, 17, 18, 34-35, 38, 39, 49, 52, 63-64, 70, 74, 75, 79-81, 87, 90, 97, 100, 101, 116-117, 137, 138-139, 141, 145, 157, 158, 176, 189, 192, 193, 213-214, 221-222, 222, 224, 234, 244, 246, 247-248, 256, 281, 282, 284, 285, 292-293, 305, 306, 320
  discurso en la cena de despedida, 303
  biografía de, 118-121
  cuestionario de, 121-122
Luna, Cantalicio, folclorista, 256
Luna Park de Buenos Aires, estadio porteño de, 53, 130, 196, 203
Luthiers, Les
  boletín de prensa de su creación, 25, 30, 169
  división del trabajo, 78-80
  leyes importantes del trabajo creativo grupal de, 88
  método de creación, 81-82
  origen del nombre, 19-20

origen étnico-religioso de sus miembros, 90-91
perros de los miembros de, 146-148
tensiones entre los miembros, 60
verdadero sexo de, 158-159

CANCIONES, NÚMEROS Y OBRAS
«Amami, oh Beatrice», 163
«Amor a primera vista...», 273
«Añoralgias», 129, 130, 137, 200
«Archivaldo García», 125
«Aria agraria», 203, 235, 291, 296
«¡Arriba los carteles!», 197, 296
«Así hablaba Salí Baba», 272
«Atlantic 3,1416», 328
«Berceuse», 165
«Boleró», 164, 167
«Bolero de los celos», 270
«Bolero de Mastropiero», 39, 146, 164, 167
«Brotan und Gretchen», 68
«Buscando a Helmut Bösengeist», 277
«Calypso de Arquímedes», 30, 34, 128
«Canción de homenaje a Eutanasio», 167
«Canción para moverse o canción infantil en 12 movimientos», 234
«Canciones levemente obscenas», 333
«Candonga de los colectiveros», 131
«Cantata de la planificación familiar», 34
«Cantata del adelantado don Rodrigo Díaz de Carreras», 82, 93, 104, 145, 194, 197, 200
«Cantata Laxatón», 40, 126, 173, 222, 266, 319, 324, 329, 331
«Cardoso en Gulevandia», 137
«Cartas de color», 200
«Chacarera del ácido lisérgico», 30, 34
«Chanson de L. L.», 324
«Coda a la alegría», 297
«Concerto grosso alla rustica», 93, 104, 129, 130

«Concierto de Mpkstroff», 99, 130
«Concierto para piano y orquesta», Opus 57, 166
«Cuarteto Opus 44», 162
«Days of Doris», 201
«Dilema de amor», 203, 250, 256, 273, 274
«Don Ciccio», 282, 295
«"Don Juan" de Mastropiero», 121
«Educación sexual moderna», 129, 332
«El acto en Banania, 121»
«El alegre cazador que vuelve a su casa con un fuerte dolor acá», 34, 320, 328
«El asesino misterioso», 335
«El beso de Ariadna», 104
«El blus del fortín», 256
«El calipso de Arquímedes», 218
«El día del final», 319
«El explicao», 130, 247, 256, 280
«El lago encantado», 133, 164
«El látigo y la diligencia», 320
«El negro quiere bailar», 142
«El orratorio de las ratas», 104, 125
«El Papamoscas», 273, 274
«El poeta y el eco», 151
«El polen ya se esparce por el aire», 30, 334
«El rey enamorado», 223, 227
«El sendero de Warren Sánchez», 93, 137
«El vals del segundo», 166
«El zar y un puñado...», 322
«Ella me engaña con otro», 320
«Encuentro en el restaurante», 92, 151, 270
«Epopeya de los quince jinetes», 130-131
«Fronteras de la ciencia», 113, 326
«Fuera de programa», 226, 280
«Gloria», 167
«Iniciación a las artes marciales», 321
«Kathy, la reina del saloon», 118
«La balada del Séptimo Regimiento», 98, 200, 223, 233, 279, 300, 320
«La bella y graciosa moza», 56, 194, 202, 219, 270
«La bossa nostra», 39, 47, 83, 166, 199
«La campana suonerá», 104, 113
«La clase de música», 203, 296, 289
«La comisión», 172, 200, 203, 271
«La consagración de la primavera», Opus 21, 168
«La danza del moscardón», 125
«La hija de Escipión», 129, 130, 196, 252, 270
«La hora de la nostalgia», 195, 203
«La redención del vampiro», 249, 270
«La tanda», 151
«La vida es hermosa», 326
«La yegua mía», 131
«Las majas del bergantín», 85, 93, 130, 194, 199, 211, 214, 233, 250, 256
«Lazy Daisy», 164, 199
«Les nuits de Paris», 105
«Lilly Higgins», 329
«Lo que el sheriff se contó», 203, 319
«Loas al cuarto de baño», 40 n., 109, 272, 322, 334
«Los jóvenes de hoy en día», 132, 211, 250, 256, 271, 280, 281
«Los noticiarios...», 323
«Manuel Darío», 269
«Manuela's Blues», 143, 165, 325, 328
«Marchas de la conquista», 330
«Mattinata», 30
«Me voy por fin...», 320
«Mi bebé es un tesoro», 93, 99-100, 105, 121, 151
«Miserere», 165
«Música y costumbres de Makanoa», 112, 204, 256, 278, 334
«No puedo vivir atado», 67
«No te vayas con él», 125
«Oda a la alegría gitana», 165, 166
«Oi Gadóñaya», 167
«Para Elisabeth», 129, 163
«Partitura invaluable», 282, 296

«Pasión bucólica», 98, 105, 291, 296, 335, 336
«Payada de la vaca», 130
«Paz en la campiña», 322
«Pepper Clemens...», 197, 200, 203, 256, 274, 336
«Perdónala», 129, 152, 256, 277, 300
«Piazzolísimo», 83, 319
«Pieza en forma de tango», 82, 125-126, 166
«Quien conociera a María amaría a María», 68, 256, 278-279
«¿Quién mató a Tom McCoffee?», 40 n., 93, 129, 203, 272
«Radio Tertulia», 271
«Receta postrera», 173, 273
«Recitado gauchesco», 130
«Rhapsody in Balls», 172, 233, 250, 256, 266, 271, 279, 297, 325
«Rock de la vida sana», 125
«Romance del joven conde», 137
«Romanza escocesa sin palabras», 115, 165, 166
«San Ictícola de los Peces», 194, 203, 277, 278, 318
«Selección de bailarines», 101
«Serenata medio oriental», 145, 329
«Serenata tímida», 129
«Si no fuera santiagüeño», 166
«Solo necesitamos», 137, 270
«Somos adolescentes, mi pequeña», 132
«Su bohío queda al norte», 125
«Suite de los noticieros cinematográficos», 47
«Teorema de Thales», 34, 127, 219, 233, 250
«Teresa y el oso», 58, 104, 200, 318, 327, 333
«Trío Opus 115», 116, 332
«Tristeza que entristece», 291
«Tristezas del Manuela», 166
«Una canción regia», 137
«Valdemar y el hechicero», 323
«Valencia», 31
«Vientos gitanos», 165
«Villancicos. Opus 25/12», 283-284, 294

«Visita a la Universidad de Wildstone», 325
«Voglio entrare per la finestra», 39, 40, 47, 165, 219
«Vote a Ortega», 112, 132, 291, 326, 327
«Ya el sol asomaba en el poniente», 39, 47, 166
«Ya no te amo, Raúl», 256
«Zamba de la ausencia», 83

DISCOGRAFÍA
Cantata Laxatón, 361-362
Cardoso en Gulevandia, 364
CD Libro Sebastián Masana, 364
Les Luthiers en vivos, 365
Les Luthiers hacen muchas gracias de nada, 363
Les Luthiers más vivos, 366
Les Luthiers Volumen III, 47, 362
Les Luthiers Volumen IV, 57, 362-363
Les Luthiers Volumen VII, 363-364
Mastropiero que nunca, 57, 363
Muchas gracias Mastropiero, 365-366
Sonamos, pese a todo, 135, 361

DISTINCIONES
Doctorado *Honoris causa* (2017) en Buenos Aires, 207-208, 233
Homenaje en Gijón (2017), 232-235
Legado en el Instituto Cervantes (2019), 219-227
Libro académico sobre Mastropiero (2017), 228-231
Placa en recuerdo del Instituto Di Tella, 215-219
Premio Grammy Latino, categoría Excelencia (2011), 177-178
Premio Princesa de Asturias de Comunicación y Humanidades (2017), 206, 208, 227-228, 232, 238-244
Premios del Congreso de la Nación argentina (2017), 206-207

ESPECTÁCULOS

Blancanieves y los siete pecados capitales, 30 n., 32, 33, 87, 128, 340
Bromato de armonio, 151, 172, 270, 352
¡Chist!, 173, 198, 200, 268-271, 276, 283, 358
Con Les Luthiers y Sinfónica (Recital sinfónico), 355-356
Do-Re-Mi-Ja!, 129, 353
El grosso concerto, 130, 354
El Reír de los Cantares, 61, 87, 98, 101, 112, 144, 155, 272, 279, 320, 350-351
Gran reserva, 255, 268, 269, 275-280, 283, 286, 295, 301, 359
Humor dulce hogar, 60, 63, 131, 291, 296, 348-349
Las obras de ayer (El Refrito), 129, 173, 194, 195, 355
Les Luthiers cuentan la ópera, 30, 32, 124, 128, 216, 338-339
Les Luthiers, grandes hitos, 129, 145, 351
Les Luthiers hacen muchas gracias de nada, 57, 86, 116, 117, 132, 196, 345-346
Les Luthiers Opus Pi, 38, 157, 341
Les Luthiers unen canto con humor, 113, 142, 269, 272, 277, 318, 351-352
Los clásicos de Les Luthiers, 346-347
Los Premios Mastropiero, 54, 80, 109, 172, 173, 223, 273, 279, 320, 357
Lutherapia, 171-172, 173, 268, 271, 273, 282, 290, 291, 296, 357-358
Lutherías, 67, 151, 202, 272, 277, 347
Más tropiezos de Mastropiero, último espectáculo, 14, 121, 189, 195, 197, 200, 268, 279, 280, 282, 286, 289, 290, 291-297, 301, 306, 321, 330, 359-360
Mastropiero que nunca, 56, 87, 131, 229 n., 270, 345
Por humor al arte, 112, 144, 145, 270, 275, 276, 278, 347-348
Querida condesa: cartas de Johann Sebastian Mastropiero a la condesa Shortshot, 33, 35, 124, 340-341

Recital '72, 39, 342
Recital '73, 343
Recital '74, 54, 343-344
Recital '75, 344
Recital folclórico Cosquín, 356
Recital sinfónico '72, 342-343
Recital sinfónico '86, 349
Todo por que rías, 109, 132, 173. 271, 272, 277, 352-353
Todos somos mala gente, 339
Viegésimo aniversario, 61, 87, 104, 125, 350
Viejos fracasos, 129, 344-345
Viejos hazmerreíres, 173, 195, 204, 221, 255, 268, 269, 271-275, 276, 281, 282, 283, 301, 358-359

INSTRUMENTOS

alambique encantador, 109, 110, 111, *323*
alt-pipe a vara, *324*
antenor (robot musical), 116-117, 121, 132, 170, 178, *332*
bajo barríltono, 108, *318*
bass-pipe a vara, 25, 28, 110, 111, 113, 168, 170, 186, 194, 275,*324*
bocineta, *325*
bolarmonio, 171, 172, 233, 250, 252, 256, 266, 271, 279, 288, 290, 299 n., *325*
calephone da casa, 109, 111, *325*
campanófono a martillo, *332*
cascarudo, *333*
cellato, 170, *318*, 335, 336
cello legüero, 25, 111, 120, 168, 317, *319*
clamaneus, *326*, 327
contrachitarrone da gamba, 25, 28, 107, 108, 222, *319*
corneta de asiento, *326*
dactilófono o máquina de tocar, 111, 168, 170, 222, *333*
desafinaducha, 109, 272, *334*
exorcítara, *319*, 320
ferrocalíope, 113, *326*
gaita de cámara, 112, 326, *327*
glamacot, *327*

glisófono pneumático, *328*
gom-horn a pistones, *328*
gom-horn da testa, 170, *329*
gom-horn natural, 168, *328*
guitarra dulce, 114, 317, *320*
latín o violín de lata, 111, 114, 222, 317, *320*
latón, *321*
lira de asiento, 111, *321*
mandocleta, 111, 317, *322*
manguelódica pneumática, 28, 111, 170, *329*
marimba de cocos, 111-112, *334*
narguilófono, *329*
nomeolbídet, 109, 111, 170, 211, 272, 317, *322*
omni (objeto musical no identificado), *334*
órgano a pistones, 297, *330*
órgano de campaña, 112, 170, *330*
percuchero, *335*
percusilla, *335*
shoephone, 111, 170, *335*
silla eléctrica, *322*
tablas de lavar, 109, *336*
tamburete, *336*
tubófono silicónico cromático, 111, 114, *331*
violata, 120, 170, *323*
yerbomatófono d'amore, 25, 28, 111, 168, 223, 224, 318, *331*

VIDEOGRAFÍA
Aquí Les Luthiers. Recital folclórico de Cosquín, 374-375
Bromato de armonio, 369
¡Chist! (Antología), 376
El grosso concierto, 372
Humor dulce hogar, 370
Las obras de ayer (Antología), 373
Les Luthiers, grandes hitos (Antología), 368
Les Luthiers hacen muchas gracias de nada, 368
Les Luthiers unen canto con humor, 369
Los premios Mastropiero, 374

Lutherapia, 375
Mastropiero que nunca, 367
Todo por que rías, 371
Viegésimo aniversario, 370-371
Viejos fracasos (Antología), 372-373

MacLaine, Shirley, 188
Macocos, Los: *La fabulosa historia de los inolvidables*, 66
Macri, Mauricio, presidente argentino, 207
Magdalena, *véase* Tomás, Magdalena Luisa
Mahler, Gustav, 121
Malaguita, Rubén Sánchez Millán, 287
Mangiagalli, Carlos: *Il figlio del pirata*, 26-27, 30
Maragno, Virtú, maestro, 26
Mareco, Juan Carlos: programa *Pinocho*, 27 n.
Marín, Guillermo, 24, 28
Maronna, Jorge, 13, 24, 25, 27 y n., 28, 30, 31, 33, 37, 39, 41, 42, 53, 58-59, 70, 71, 72, 75, 76, 78, 79-81, 89, 90, 96, 98, 107, 108, 114-115, 118, 136, 137, 138-139, 140, 141, 172, 188, 193, 210-211, 216, 218, 219, 221, 224, 232, 237, 248, 256, 281, 282, 284, 292, 306, 318, 319, 320
anécdotas de, 44-46, 309-313
biografía de, 65-67
cuestionario a, 67-68
discurso en la cena de despedida, 302-303
en la función de despedida, 304-305
Cantando bajo la ducha, 66
El sexo puesto, 66
El tonto emocional, 66
La vida privada de Les Luthiers, 66, 266-267
Parapapá, 66
telenovela *Leche*, 66, 141
Maronna, Juan, 188
Maronna, Pablo, hijo de Jorge, 287, 288, 289

Marsé, Juan, 220-221
Marshall, Niní, 201
Martínez, Carolina, 304
Martínez, Julio, 218
Martínez Menéndez, Pablo, 230
Marx, Groucho, 105
Marx Bros, 201
Masana, Ana, 40, 47
Masana, Gerardo, fundador y director, 23-24, 25, 26-27, 30, 31, 32, 33, 36-37, 88, 99, 107, 110-111, 113, 123, 124, 126, 209, 219, 222, 238, 241, 247, 319
    enfermedad y muerte de, 40-41, 46-48, 185
Masana, Magdalena, 209
Masana, Sebastián, asesor cibernético, 40, 47, 96, 111, 124, 208, 209, 241, 302
    Gerardo Masana y la fundación de Les Luthiers, 27 n., 31, 136, 218, 241
Mayer-Wolf, Tomás, 13, 186, 188, 193, 197, 208, 217, 224, 237, 249, 256, 269, 271, 273, 275, 281, 289, 297, 306
    biografía de, 202-203
    cuestionario de, 203-205
McCartney, Paul, 198
Mellano, Eugenio, 286
Méndez, José Ignacio, 232
Méndez, Natalia, 232
Menéndez, Pedro, 173
Menken, Alan, 201, 204
Mercury, Freddy, 198
Merlassino, Carlos, 113
Messi, Leo, 199
Michetti, Gabriela, vicepresidenta argentina, 207
Milei, Javier, 207
Minelli, Liza, 188
Mir, Paco, 225-226
Miranda, Osvaldo, 201
Miró, Joan, 241
Miyamoto, Shigeru, 241
Molina, César Antonio, 220
Molina, Horacio, cantante, 39
Monicelli, Mario, 93

Monty Python, 68, 105, 121, 239, 247
Monzó, Emilio, presidente de los diputados, 207
Morelli, Liliana, periodista, 188
Mosca & Smith, serie humorística policial, 140-141
Mozart, Wolfgang Amadeus, 68, 93, 105, 152, 195
Mundstock, Lucía, hija de Marcos, 285
Mundstock, Marcos, 24, 25, 28, 31, 33, 34, 36, 37-39, 41, 42 n., 52, 57, 59, 62, 64, 69, 70, 73-74, 76, 79, 84, 85, 88, 91, 95, 97, 100, 105, 111, 123, 124, 125, 134, 136-137, 139, 140, 141-142, 146 n., 147, 156, 175, 176, 185, 186, 188, 192, 195, 199, 202, 207, 209, 212, 217, 221, 222, 226, 231, 232, 236-237, 246, 247, 248, 253, 257, 283-284, 299, 310, 311, 314
    biografía de, 92
    cuestionario a, 92-93
    discurso de agradecimiento en el Premio Princesa de Asturias, 242-243
    participaciones en películas, 140-141
    ponencia en el Congreso de Córdoba (2019) de, 257-263
    muerte (2020) de, 13, 184, 187, 284

Nachtwey, James, fotoperiodista, 240
Nación, La, diario, 263-264
Nadal, Rafael, 288
Naroski, Tito: *Cien caracoles argentinos*, 177
National Geographic Society, 241
Nature, revista, 241
Navarro, Javier, mánager, 52, 97, 183, 189, 217, 267, 286, 287, 289, 303
Negrete, Jorge, 48
Neiman, Mario, 34
Nielsen, Leslie, 204
Núñez Cortés, Carlos, 24, 28, 31-33, 35-36, 37, 42 y n., 43, 48, 58, 61, 62-63, 71, 72-73, 76, 79, 81-82, 85, 86, 90, 95, 95, 98, 99, 111-112, 128,

136, 141, 145, 158, 160, 169, 172,
176, 186, 195, 198, 211, 212, 214,
217, 218, 222, 227, 232-234, 236,
237, 248, 269, 297, 320
biografía de, 102-104
cuestionario a, 104-106
jubilación de, 13, 189, 203, 248,
252-253, 269
Cien caracoles argentinos, 177
Los juegos de Mastropiero, 176-177
Memorias de un luthier, 265-266

O'Connor, Elsa, 196
O'Connor, Horacio, actor, padre
de Martín, 196
O'Connor, Martín, 13, 173, 186, 193,
208, 214, 217, 232, 237, 248, 256,
257, 271, 275, 281, 293, 306
biografía de, 196-197
cuestionario de, 197-199
Oberon, Merle, 30
Ochs Sulzberger Jr., Arthur, 240
Offenbach, Jacques, 93
Olimpiadas Culturales de México, 24
Olmedo, Alberto, 198
Onganía, Juan Carlos, dictador, 212
n., 213
Opus 4, grupo vocal, 250
Orégano, grupo musical, 191
Ortea, Cristian, 236
Ortega, Pedro Ignacio, 230
Osorio, Ana María, 30 n.
Otero Ramos, Santiago, 298, 301, 306

Pablo, Luis de, 221
Paenza, Adrián, 176
País, El, diario, 191, 253
Panchos, Los, 270
Parra, Nicanor, poeta chileno, 220
Patalano, Lino, agente, 51-52, 97, 197,
199, 205, 208, 217, 266-267, 285,
286, 300
muerte de, 187-189
Peral, Carlos del: *Mens sana in corpore
sano*, 29, 127
Perandones, Miriam, 229, 231
Pérez, Coco, 32

Perfil, diario, 188
Pescetti, Luis: *Copyright*, 66
Piazzolla, Astor, 152, 188, 198, 204
Pimpinela, Dúo, 93
Pinti, Enrique, cómico, 52
Playboy, revista, 158
Polanuer, Jorge, 218
Poletti, Bruno, asistente de luces, 96,
286
Poletti, Francesco, coordinador
técnico, 63, 96
Prokofiev, Serguéi, 93
Puccini, Giacomo, 93, 204
Puenzo, Luis: *La historia oficial*, 139
Puig, Raúl, 24, 28
Pujal, Jerónimo, segundo operador
de sonido, 96, 218, 286
Pujía, Sandro, diseñador de
iluminación, 97

Quino, Joaquín Salvador Lavado,
68, 105, 121, 195, 240-241, 243,
293-294

Rabinovich, Clara de, 30 n., 69, 254
Rabinovich, Daniel, administrador,
24, 25, 30 n., 31, 32, 34, 35, 37, 41-
42, 46, 48, 50-51, 61, 62, 69, 73-74,
76, 79, 81, 84, 86, 87, 90, 95, 98, 99,
110, 118, 129, 138, 141, 142-143,
176, 185, 191-192, 195, 198, 209,
225, 237-238, 239, 241, 283, 301,
309, 312, 314
biografía de, 149-151
cuestionario de, 151-152
muerte de, 13, 184-185, 187, 197,
245, 247, 269
Rabinovich, Ignacio, 286
Rabinovich, Lupe, 299
Rabinovich, Pablo, 198, 298-301, 306
Radio Nacional de España en
Barcelona, 191
Raíces, grupo de música folk, 190
Rauch, Gerónimo, tenor, 188
Ravel, Maurice, 68, 105, 204
Razón, La, diario, 55
Regás, María Luz, 51

Reinoso, Pablo, 170
Rey, Leal: *Angelito, el secuestrado*, 30
Rico, Antonio, 229, 230
Rico, Avelino, 151
Ríos, Miguel, 221, 225
Rodríguez Carrera, Claudia, mujer
  de Maronna, 67, 304
Romero Pereiro, Bernardo, telenovela
  Leche, 66, 141
Ronstadt, Linda, 178
Rossini, Gioachino, 93
Royal Society, The, 241

Sábat, Hermenegildo, caricaturista,
  170
Sabina, Joaquín, 225, 257
Sabines, Jaime, 67
Saint-Saëns, Camille: *El carnaval de los
  animales*, 246-247
Samaniego, Félix María, 53 n.
Samper Pizano, Daniel, 14, 15, 17, 66,
  183, 221, 224, 227, 248, 309
  Cantando bajo la ducha, 66
  El sexo puesto, 66
  El tonto emocional, 66
  La vida privada de Les Luthiers, 66,
  266-267
  Parapapá, 66
  telenovela *Leche*, 66, 141
Samper Pizano, Ernesto, presidente
  colombiano, 133
Sans, Carles, 225-226
Saravia, Juan Carlos, 310
Scarone, Rubén, gerente, 97, 134
Schickele, Peter, 136
Schneider, Maria, 204
Schubert, Franz, 68, 93
Schussheim, Jorge, 24, 25, 29, 123
Science, revista, 241
Sclippa, Cinthia, 287
Scorsese, Martin, 240
Seeger, Pete, 190
Segni, Lidia, coreógrafa, 133
Sellers, Peter, 201
Sendero Luminoso, grupo guerrillero,
  134
Serra, Màrius, 176

Serrat, Joan Manuel, 93, 152, 198, 221,
  224-225, 242, 266, 311
Shakespeare, William, 137
Shakira, 53
Shankar, Ravi, 272
Shaw, George Bernard
  Andocles y el león, 67
  Hombre y superhombre, 67
Shiri, perra de Carlos Núñez, 146-147
Sinatra, Frank, 195
SoHo, revista, 76
Sonidópolis, Escuela de Música, 234
Sosa, Mercedes, 188
Spinetta, Luis Alberto, 198
Stiletano, Marcelo, periodista, 263-264
Strauss, Richard, 121
Stravinski, Ígor: *La historia del soldado*,
  246
Swingle Singers, The, 29
Szylowicki, Susana, viuda de
  Rabinovich, 207-208, 209, 210, 217,
  241

Taratuto, Juan: *No sos vos, soy yo*, 140
Tasso, Torcuato, 67
Teatro Alcalá de Madrid, 202
Teatro Argentino de La Plata, 130
Teatro Argos de Colegiales, 157
Teatro Astengo de Rosario, 172, 276,
  293
Teatro Campoamor de Oviedo, 241
Teatro Coliseo de Buenos Aires, 54-55,
  101, 134, 146
Teatro Colón de Bogotá, 227
Teatro Colón de Buenos Aires, 129,
  144, 245-246
  actos del Bicentenario de la
  Independencia (2016) frente al,
  249-251
  función benéfica (1986) en el, 60,
  106, 152
Teatro Gran Plaza de Bahía Blanca,
  última actuación en el, 302
Teatro Gran Rex de Buenos Aires, 54,
  55, 245, 263-264, 275
Teatro Jovellanos de Gijón, 232
Teatro Lasalle, 51

Teatro Margarita Xirgu, de Buenos Aires, 39
Teatro Negro de Praga, 134
Teatro Odeón, de Buenos Aires, 51, 100
Teatro Poliorama de Barcelona, 224
Teatro Real de Madrid, 240
Teatro Romano de Mérida, 245, 251-253
Teatro Roxy de Mar del Plata, 61, 148
Teatro Teresa Carreño, 145
Telecataplum, programa de televisión, 29
Tiempo final, serie de televisión, 141
Tinivella, Liliana, 56-57
Tip y Coll, 152
Todos somos mala gente, programa de televisión, 31
Tomás, Magdalena Luisa, novia y después esposa de Masana, 26, 27, 40, 41, 47, 110-111, 209, 217
Tortosa, Fernando, 171, 290, 299 n.
Tosti, Paolo, 93
Tricicle, 68, 121, 152, 198, 204, 221, 224, 225-226, 242, 266
Troilo, Aníbal, 195
Trozzoli, Hugo, arquitecto y contable, 97
Turano, Horacio «Tato», 14, 64, 173, 186, 188, 189, 196, 198, 201, 202, 208, 211-212, 213, 217, 218, 232, 237, 248, 256, 271, 275, 281, 306
biografía de, 193-194
cuestionario de, 194-196

Ughi, Uto, violinista, 114
Ulanovsky, Carlos, 155
Ulloa, Fernando Octavio, psicoanalista, 47, 48, 55, 60, 74-75, 84, 88, 90, 154-155
Universidad de Oviedo: *La inapreciable contribución de Johann Sebastian Mastropiero a la historia de la música*, 228, 230
Universidad Di Tella, 215
Universidad Nacional de Córdoba, actuación en el campus de la (2019), 255

Vania, perro de Rabinovich, 147
Vatelot, Étienne, *luthier*, 20
Verdi, Giuseppe, 93
Víctor Manuel, 221, 225
Villaverde, Ricardo, 232
Voz de Asturias, La, diario, 233-234

Wallese, Raúl Alberto, 157
Weavers, The, 190
West-Eastern Divan, orquesta de cámara, 245, 246
Williams, Robin, 204
Wonder, Stevie, 204

Yupanqui, Atahualpa, 56

Zagajewski, Adam, poeta, 243
Zapata, Emiliano, 48
Zoilo, *véase* Horovitz, Gerardo